Thomas Trenczek

Inobhutnahme
Krisenintervention und Schutzgewährung durch die Jugendhilfe
§§ 8a, 42 SGB VIII

Inobhutnahme

Krisenintervention und Schutzgewährung durch die Jugendhilfe §§ 8a, 42 SGB VIII

von

Prof. Dr. iur. Thomas Trenczek M. A.

2., völlig neu bearbeitete Auflage

RICHARD BOORBERG VERLAG
STUTTGART · MÜNCHEN
HANNOVER · BERLIN · WEIMAR · DRESDEN

Bibliografische Information Der Deutschen Bibliothek

Die Deutsche Bibliothek verzeichnet diese Publikation in der Deutschen Nationalbibliografie; detaillierte bibliografische Daten sind im Internet über http://dnb.ddb.de abrufbar.

2. Auflage, 2008
ISBN 978-3-415-03931-5

Scharrstraße 2
70563 Stuttgart
www.boorberg.de

Satz: Dörr + Schiller GmbH, Stuttgart
Druck + Weiterverarbeitung: Kessler Druck + Medien GmbH & Co. KG, Michael-Schäffer-Straße 1, 86399 Bobingen

Geleitwort

Das Thema Kinderschutz hat in den letzten Jahren eine traurige Karriere gemacht. Aufgeschreckt durch immer neue Meldungen über vernachlässigte oder gar tote Kinder, hat die Debatte darüber, wie Kinder – auch vor ihren eigenen Eltern – am wirkungsvollsten geschützt werden können, eine gesellschaftliche Dimension erreicht, die es bislang so noch nicht gab. Dabei wurden von verschiedenen Seiten wiederholt neue gesetzliche Regelungen angemahnt, die die Balance zwischen Elternrecht, Recht des Kindes und den Aufgaben des Staates zur Wahrung dieser Rechte der Kinder neu justieren sollen.

Art. 6 Abs. 2 und 3 GG bilden trotz ihrer nur wenigen Worte die Bandbreite und das Ausmaß des mit dem Kinderschutz verbundenen Dilemmas ab. In Abs. 2 Satz 1 heißt es: „Pflege und Erziehung der Kinder sind das natürliche Recht der Eltern und die zuvörderst ihnen obliegende Pflicht." Damit wird deutlich, dass es schon eines außergewöhnlichen Grundes bedarf, um Eltern das Recht auf Pflege und Erziehung der eigenen Kinder streitig zu machen. In Satz 2 wird allerdings ergänzt, dass die staatliche Gemeinschaft darüber wacht, dass Eltern nicht nur dieses Recht beanspruchen, sondern auch die Pflicht erfüllen. Damit soll der Schutz von Minderjährigen in der eigenen Familie gewährleistet werden.

Neben den Familiengerichten (im BGB) sind es zuallererst die Jugendämter, denen im SGB VIII die Aufgaben, Pflichten und Befugnisse übertragen werden, dieses staatliche Wächteramt wahrzunehmen. Insbesondere § 8a sowie § 42 SGB VIII regeln den Umgang des Jugendamtes mit Gefährdungsmeldungen sowie die Voraussetzungen und den Inhalt der Krisenintervention.

Diesem hochaktuellen, wichtigen und komplexen Thema stellt sich Thomas Trenczek mit dem vorliegenden Buch. Von unterschiedlichen Seiten widmet er sich dieser Thematik.

Dem Ziel der Reihe „Praxis der Jugendhilfe" folgend, bilden die gesetzlichen Regelungen des SGB VIII das Herzstück des Buches und die Grundlage für seinen ausführlichen vierten Teil. Es spricht jedoch für die Weitsicht des Autors, dass er es nicht dabei belässt, sondern in den ersten drei Teilen rahmende Informationen zur Verfügung stellt, etwa des sozialpädagogischen Kontextes oder einer umfangreichen Darstellung der vorhandenen Statistik zu dieser Thematik. Damit wird es der Leserin und dem Leser möglich, die

Bestimmungen der §§ 8a und 42 SGB VIII in einen größeren übergeordneten Zusammenhang zu stellen.

Das vorliegende Buch ist in gewisser Weise eine Neubearbeitung des mittlerweile mehr als zehn Jahre alten siebten Bandes der Reihe „Praxis der Jugendhilfe". Damals hat sich Thomas Lakies mit den §§ 42 und 43 SGB VIII befasst, die zu diesem Zeitpunkt die wesentlichen Regelungen der Inobhutnahme enthielten. Die seitdem erfolgten gesetzlichen Änderungen – insbesondere die Einführung des § 8a SGB VIII – haben jedoch eine grundlegende Neubearbeitung des Themas notwendig gemacht.

Das vorliegende Buch von Thomas Trenczek ist an die Reihe „Praxis der Jugendhilfe" angelehnt und ist in dieser Tradition eine hervorragende Arbeitshilfe für Praxis und Wissenschaft. Es gibt einen fundierten Überblick über die Rechtslage, ordnet diese in den Gesamtzusammenhang ein und bietet den Mitarbeiterinnen und Mitarbeitern der Fachpraxis eine konkrete Hilfestellung zu der Anwendung. Ich bin mir sicher, dass dieses Buch als Leitfaden auch für die Praxis vor Ort hilfreich und zielführend ist.

München, im Mai 2008
Prof. Dr. Thomas Rauschenbach
Direktor und Vorstandsvorsitzender des Deutschen Jugendinstituts e.V.;
Professor für Sozialpädagogik an der Technischen Universität Dortmund

Vorwort

Es vergeht derzeit kaum eine Woche, in der die Medien nicht über die Vernachlässigung, die Misshandlung oder gar den Tod von Kindern berichten. Zwar ist kaum anzunehmen, dass die tatsächliche Zahl von Kindesmisshandlungen, Missbrauchs- und Fällen schwerer Vernachlässigung heute wesentlich höher als früher ist, vielmehr werden diese schrecklichen Geschehen aufgrund einer größeren Sensibilität vom Dunkel- ins Hellfeld transportiert und durch die allgegenwärtige Medienwelt überregional schneller und dichter präsentiert. Die Betroffenheit ist angesichts jedes einzelnen dieser erschütternden Schicksale groß. Stets wird gefragt, wie es dazu kommen konnte, schnell kommt der Vorwurf, das Jugendamt oder die Sozialarbeiter hätten versagt. Um der Fassungs- und Hilflosigkeit und dem eigenen Unverständnis Luft zu machen, braucht man einen Schuldigen. In manchen Foren ist die Diskussion an Heuchelei nicht mehr zu überbieten. Da werden von selbsternannten Fachleuten, Politikern und Medien schlichte und z.T. nachgewiesen untaugliche Rezepte des härteren Eingreifens beschworen und immer wieder Sanktionen gefordert. Die tagespolitischen Vorschläge beschränken sich entweder auf eine inhaltslose Rhetorik oder auf die Forderung nach mehr Kontrolle und Eingriffen, Vorschläge, die für eine symbolische Politik geeignet sind und entschlossenes Handeln suggerieren sollen, aber an den Lebensverhältnissen und Gefährdungen von Kindern und Jugendlichen in dieser Gesellschaft nichts ändern. Ungeachtet einer intensiven Kindesschutz- und Präventionsrhetorik wird hier das gesellschaftliche Versagen sichtbar, Familien mit Kindern angemessene Unterstützungsleistungen und Hilfen gerade in Schwierigkeiten zuteil werden zu lassen. Zurecht kritisierten die deutschen Kinderschutz- und Jugendhilfeverbände deshalb unlängst in einer aktuellen Presseerklärung, dass hier lediglich, „mit alten Reflexen der Ausweitung von Kontrolle“[1] reagiert und somit die Chance vertan werde, sich den tatsächlichen Herausforderungen zu stellen.

Die sozialpädagogische **Fachlichkeit** in der Jugendhilfe gerät immer wieder unter Druck insbesondere von Medien und Politik, die jeweils ihre eigenen Vorstellungen darüber entwickeln, was Jugendhilfe alles tun muss oder nicht tun darf, um Kinder zu schützen. Einerseits wird den Jugendämtern

1 Gemeinsame Presseerklärung der Kinderschutz- und Jugendhilfeverbände JAmt 2008, 16.

und ihren Mitarbeitern[2] (insbesondere im ASD) in der Öffentlichkeit vorgeworfen, trotz Kenntnis von Indizien für eine Gefährdung untätig geblieben zu sein oder eine rechtzeitige und notwendige Risikoabschätzung versäumt zu haben. Andererseits werden Mitarbeiter der Jugendämter immer wieder kritisiert, wenn sie es wagen, sich „vorschnell" in das Elternrecht einzumischen oder die Grenzen des Budgets für präventive Unterstützungsleistungen und intensive Erziehungshilfen für Familien in belastenden Lebenslagen überziehen.

Im Bereich des **Kinderschutzes** gibt es keine einfachen Antworten, müssen hier doch gerade in den schwierigen Fällen, in den Krisen stets mehrere Faktoren gleichzeitig und in kürzester Zeit bedacht und gegeneinander abgewogen werden. Freilich sind in der Öffentlichkeit, in Politik und Medien weder die komplexen verfassungsrechtlichen Grundlagen und die differenzierten rechtlichen Regelungen des Familien- bzw. des Kinder- und Jugendhilferechts bekannt noch werden die Prinzipien und Standards sozialpädagogischen Handelns im Rahmen des Kinderschutzes und der Kinder- und Jugendhilfe verstanden. Gerade diese höchst komplexen Fragestellungen und schwierigen Klärungs- und Veränderungsprozesse machen die Sozialarbeit in der Kinder- und Jugendhilfe zu einem höchst anspruchsvollsten Arbeitsfeld.

Die **Inobhutnahme** ist eine Intervention im Bereich des Kinderschutzes, es geht vielfach um die Sicherung des Kindeswohls in eskalierten Konflikten und akuten Gefährdungssituationen, um Schutz vor extremer Vernachlässigung, Misshandlung und Missbrauch. Welcher Anlass auch immer zu einer Inobhutnahme führt, es geht immer um die Bewältigung einer anders nicht mehr zu bewältigenden Situation und damit um **Krisenintervention**. Allerdings ist die Krisenintervention in der Jugendhilfe nicht auf die Inobhutnahme beschränkt, vielmehr steht diese am Ende eines Kontinuums sozialpädagogischer Interventionen zur Abwendung das Kindeswohl beeinträchtigender Situationen und Lebensbedingungen. Die Inobhutnahme ist deshalb konzeptionell in einem **Gesamtsystem sozialpädagogischer Krisenintervention der Jugendhilfe** zu entwickeln.

Ziel dieser Arbeitshilfe ist es, mit einer interdisziplinären Perspektive und gleichzeitig der erforderlichen disziplinär-fachlichen Gründlichkeit eine Orientierung für die schwierige Arbeit im Alltag der Krisenintervention durch die Jugendhilfe zu geben. Hierzu werden im ersten Kapitel zunächst

2 Im Interesse der Lesbarkeit werden die Personen- und Berufsbezeichnungen in der der deutschen Rechtschreibung entsprechenden Form verwendet und auf sprachliche Feminismen verzichtet.

die wichtigsten sozialpädagogischen Grundlagen der Krisenintervention dargestellt und die interdisziplinären Erkenntnisse der Bezugswissenschaften zugänglich gemacht. Im zweiten Kapitel wird die Praxis der Inobhutnahme im Spiegel der statistischen Daten sowie einiger empirischer Untersuchungen beleuchtet. Im dritten Kapitel wird in die unverzichtbaren verfassungsrechtlichen, familien- und sozialrechtlichen Grundlagen der Schutzverpflichtung und Inobhutnahme durch die Jugendhilfe eingeführt. Diese drei Kapitel bilden die Grundlage für die detaillierte Kommentierung der Bestimmungen für die Durchführung der Krisenintervention in der Jugendhilfe, angefangen vom Umgang mit Gefährdungsmeldungen bis zur Durchführung und Beendigung der Inobhutnahme. Für Studierende und Neueinsteiger sollen die Ausführungen eine umfassende Darstellung der interdisziplinären Grundlagen der Krisenintervention/Inobhutnahme in der Jugendhilfe darstellen, erfahrenen Praktikern insbesondere der Jugendschutzstellen und Jugendämter soll die Arbeitshilfe Klärung und Antworten für die konkreten im Arbeitsalltag immer wieder auftretenden Einzelfragen bieten.

Zu den besonders erfreulichen Erfahrungen bei der Arbeit an diesem Buch zählt die Unterstützung von zahlreichen Kollegen aus Wissenschaft und Praxis. Prof. Dr. Maud Zitelmann hat mir ihre noch unveröffentlichten Daten aus der bundesweiten Befragung der Inobhutnahmestellen zur Verfügung gestellt (vgl. Kap. 2.2) und war mir eine besonders kollegiale Gesprächspartnerin. Dr. Jens Pothmann von der Arbeitsstelle Kinder- und Jugendhilfestatistik der Universität Dortmund hat mir einige nicht unmittelbar aus der amtlichen Statistik des Statistisches Bundesamt ersichtliche Daten übermittelt und weitere wichtige Hinweise gegeben. Viel gelernt habe ich in der fachlichen Auseinandersetzung mit engagierten Kollegen und Kolleginnen der Praxis, für konkrete Anregungen und Diskussionen sei an dieser Stelle insbesondere Graham Lewis aus Minden und dem Arbeitskreis Inobhutnahme der IGFH gedankt, ebenso Andreas Neumann-Witt vom Jugendnotdienst Berlin, Ulla Lerch-Fricke und den Mitarbeitern der Clearingstelle des Jugendamts Hannover, Roland Levin vom Jugendamt der Region Hannover und den Mitarbeitern der Jugendhilfestation Barsinghausen sowie der Leitung und den Mitarbeitern der Kinder- und Jugendhäuser GmbH in Jena. So wichtig die Unterstützung der Kollegen war, Fehler gehen zu meinen Lasten. Kritik und sonstige Rückmeldungen nehme ich gerne entgegen.

Hannover im Februar 2008
Thomas Trenczek

P.S.: Nach Abschluss des Manuskripts hat der Deutsche Bundestag am 23.4.2008 das „Gesetz zur Erleichterung familiengerichtlicher Maßnahmen bei Gefährdung des Kindeswohls“ beschlossen und dabei v. a. einige für das Arbeitsfeld wesentliche Regelungen des BGB und FGG geändert (BT-Drs. 16/8914). Soweit diese Regelungen bereits im Gesetzgebungsverfahren erkennbar waren, war im Manuskript auf diese Gesetzesnovellierung bereits hingewiesen worden. Gegenüber dem Gesetzentwurf (BT-Drs. 16/6815) hat es noch einige kleinere Änderungen gegeben. Aufgrund der dann doch früher als erwartet beschlossenen Novellierung wurden in den Druckfahnen noch einige Aktualisierungen und Umstellungen vorgenommen. Das Gesetz soll voraussichtlich Ende Mai den Bundesrat passieren und wird am Tag nach der Ausfertigung (wohl nicht vor Juni 2008) in Kraft treten.

Inhalt

1 Krisenintervention in der Jugendhilfe – Sozialpädagogischer Hintergrund

1.1 Krise als Interventionsanlass für die Jugendhilfe

Mit dem Begriff „Krise" wird in der psycho-sozialen Arbeit üblicherweise eine akute, temporäre, für die Akteure problematisch-belastende, mitunter zugespitzte Situation, ein sog. kritisches Lebensereignis (*critical life event*) bezeichnet, die mit ihren herkömmlichen Problembewältigungsmustern anscheinend nicht gelöst werden kann.[3] Etymologisch weist der Krisenbegriff[4] allerdings auch auf einen Konflikt[5] und Krise

---

3 Vgl. z.B. Caplan 1964, 53; Cullberg 1978, 26; Sonneck u.a. 2000, 15; Ulich 1987, 37 u. 49ff. Zu kritischen Lebensereignissen (Krisen) als Gegenstand der Sozialen Arbeit vgl. insbesondere Adl-Amini; 2004; Filipp 1995; Mennemann 2000, 224; Schuchardt 1988.

4 Krise (griechisch: krísis – „Beurteilung", „Entscheidung"). Die **Bivalenz von Krisen** wird vielfach mit dem Hinweis auf das aus zwei Schriftzeichen bestehende Wort in der chinesischen Sprache verdeutlicht (vgl. Mennemann 2004, 207; Sonneck u.a. 2000, 29). Während das eine Zeichen („wei") „Gefahr" bedeutet, meint das andere („ji") „Gelegenheit" und „Chance". In Anlehnung an das Stufenmodell der psychosozialen Entwicklung nach Erikson (1989, s.u. Fn. 9) sind Krisen (bi)polar zu begreifen, um in ihnen eine Aufgabe zur Entwicklung und Reifung sowie zur Bewusstseinsentwicklung zu entdecken (Adl-Amini 2004, 170ff.). Im Hinblick auf die psychosoziale Arbeit spricht man statt von Bivalenz besser von **Ambivalenz**, um nicht nur die Zweipoligkeit, sondern die Gleichzeitigkeit von widerstreitenden Wahrnehmungen, Gefühlen und Handlungsmustern deutlich zu machen.

5 Krise entspricht insoweit dem **Konfliktbegriff**, der ebenfalls ergebnisoffen mit den zwei Polen Risiko und Chance zu begreifen ist. Nicht bearbeitete Konflikte sind häufig durch eine eskalierende Dynamik gekennzeichnet, sie führen mitunter zu extremen Veränderungen der Lebenssituation und verdichten sich dabei gelegentlich zu Lebenskatastrophen, in denen familiäre und Alltagstrukturen zerfallen. So nahe sich die Begriffe Krise und Konflikt insoweit stehen, so ist im Hinblick auf die angemessene Intervention zumindest zu unterscheiden zwischen der primär ein Individuum betreffenden, mit dem Gefühl der Überforderung verbundenen Krisensituation und dem sozialen Konflikt zwischen zwei Parteinen, der durch eine als Beeinträchtigung empfundenen Unvereinbarkeit im Denken, in der Wahrnehmung, im Wollen oder von Interessen verstanden wird. Soweit in der Praxis Mediation

damit eine noch offene Entscheidungssituation hin, er ist also nicht zwingend negativ besetzt, der positive Ausgang ist nicht ausgeschlossen. Menschliche Krisen werden seit den in den 1950/60er Jahren durchgeführten Arbeiten von Gerald Caplan zwar einerseits als relativ kurze Phase der Störung und Unordnung begriffen, gleichzeitig aber auch als „Wendepunkte" bzw. „Wendezeiten", in denen neue und notwendige Entwicklungen ihren Anfang nehmen können.[6] Angesichts der Situation von Schutz suchenden und gefährdeten, misshandelten und missbrauchten Kindern und Jugendlichen fällt es schwer, kritische Lebensereignisse nicht ausschließlich negativ zu besetzen, sondern begrifflich und phänomenologisch (am)bivalent zu begreifen.[7] Sinn und Inhalt der Inobhutnahme ist die fachgerechte (den Kindesschutz umfassende) **sozialpädagogische Krisenintervention.**[8] Deshalb ist es auch in diesem Zusammenhang im Hinblick auf strukturelle und methodische Interventionen hilfreich, die prinzipielle Offenheit und Zukunftgerichtetheit von Krisen nicht aus dem Auge zu verlieren ohne damit erlittene Gewalt und schweres Leid zu bagatellisieren. Denn erst das „Verstehen" von Krisen ermöglicht eine hilfreiche Intervention, die zur Entschärfung der krisenhaften Situation beiträgt und dadurch den Blick für eventuelle Problemlösungen öffnet.[9] Die Aner-

---

als Intervention auch zur Regelung von Krisen angewandt oder empfohlen wird, ist Vorsicht geboten, da Mediation methodisch Zeit benötigt und sich i. d. R. (insb. in Trennungs- und Scheidungssituationen) gerade nicht (immer) als akute Krisenintervention eignet. Dies schließt freilich ein mediatives Handeln in Konflikten und eine entsprechende Kommunikationsführung nicht aus (zu den Grundlagen und Methoden der Mediation vgl. Trenczek 2005a, 2005b; Trenczek u. a. 2008, 162 ff.).

6 Zur Ausformulierung des Krisenansatzes durch Caplan (1964 u. a.) und den hierbei von ihm selbst gemachten Entwicklungen und Veränderungen vgl. sehr instruktiv Ulich 1987, 30 ff.

7 Schwer fällt der Umgang mit Krisen im Kinder- und Jugendschutz auch deshalb, weil mit dem Erleben von Gewalt- und sexuellem Missbrauchsgeschehen auch eigene Ängste berührt werden und nicht nur die Betroffenen, sondern auch die beteiligten Helfer in Krisen geraten können (vgl. Recht 1998, 233 ff.).

8 Vgl. die weiterhin geltende Zielvorstellung des Gesetzgebers, BT-Drs. 11/5948, 79.

9 Vgl. BT-Drs. 11/6576, 140 f.; Münder u. a. (seit der 4. Aufl. 2003) § 42 Rz. 1; Rotering/Lengemann 2002, 702 f.

kennung der Ambivalenz von Krisen ist in der psychosozialen Arbeit Ausgangspunkt jeder Intervention. Freilich gibt es weder „die“ Krise noch „die“ Krisenintervention, mit der kritische Lebensereignisse bewältigt werden könnten. So interdisziplinär die Krisenterminologie formuliert ist und Krisenkonzeptionen angelegt sind, so vielfältig sind die Krisenereignisse wie die individuellen und institutionellen Handlungsoptionen zur Bewältigung der Krise selbst innerhalb eines abgegrenzten Arbeitsfeldes wie der Inobhutnahme durch die Jugendhilfe.

Sozialpädagogische Sicht von Krisen

Da sich Menschen zumeist erst bei Problemen und in Notsituationen an professionelle Helfer wenden, hat es die Soziale Arbeit in vielfacher Weise mit Krisen zu tun. Krise ist schon deshalb ein zentraler Begriff der Sozialen Arbeit.[10] Kennzeichen der Krisenterminologie ist ihre disziplinär z. T. sehr unterschiedliche Ausformulierung. Der Krisenbegriff ist bislang stark durch psychologische, medizinische, soziologische, ökonomische oder politische Konzepte gefüllt, die für die Soziale Arbeit zwar zum Erkennen und Verstehen hilfreich und nutzbar, aber insbesondere im Hinblick auf die spezifisch sozialpädagogische Intervention nicht hinreichend sind. Eine nur disziplinäre (Welt)Sicht greift angesichts der Komplexität des (Alltags)Lebens und seiner Krisenphänomene in der Regel zu kurz. So ist z. B. im Unterschied zur defizitorientierten (medizinischen) Perspektive für den Krisenbegriff im sozialpädagogischen Sinne wesentlich, dass die Krise selbst keine krankhafte Störung oder ein pathologischer Zustand ist. Aus Sicht der Sozialpädagogik dürfen Krisenauslöser zudem weder (psychologisierend) individualisiert und privatisiert noch (makrosoziologisch) individuelle Handlungsmuster außer Acht gelassen worden. Eine („transdisziplinär-ganzheitliche“) **sozialpädagogische Sichtweise** von Krise nutzt positiv eklektisch die interdisziplinären Erläuterungen und Deutungsansätze und richtet ihr Augenmerk im Wesentlichen auf drei Aspekte: die Handlungs- und Entwicklungspotentiale des Subjekts, den Einfluss des sozialen und

10 Mennemann (2000) mit einem hervorragenden Überblick über die unterschiedlichen disziplinären Begriffsinhalte. Adl-Amin (2004) spricht sogar von einer sog. „Krisenpädagogik“, die sich aber bislang nicht als eigenständige Disziplin verselbständigt hat.

gesellschaftlichen Umfeldes sowie handlungsorientiert auf die Unterstützungsmöglichkeiten für Menschen in Krisensituationen.[11] Die spezifisch sozialpädagogische Sichtweise von Krisen denkt die Krisenintervention stets mit unter Berücksichtigung der Lebenslagen und Lebenswelt der Betroffenen und ihrer Bewältigungs- und Entwicklungsressourcen. Die Soziale Arbeit betrachtet Menschen in der Krise als soziale und aktiv handelnde Wesen und muss deshalb Handlungskonzepte entwickeln, die es den Betroffenen ermöglicht, sich aus der Krise in einen gelingenden Alltag zu befreien.

Arten von Krisen

Die Sehnsucht nach einem Leben in Harmonie und Balance lässt Krisen als etwas Bedrohliches erscheinen. Krisen gehören aber zum Leben. Individuell wie gesellschaftlich ist ein dauerhaft krisenfreier Normalzustand nicht möglich. Dabei unterscheidet man im Hinblick auf die Art der individuellen Belastungssituation üblicherweise zwischen sog. Entwicklungs- und Veränderungskrisen und akzidentiellen, traumatischen Krisen.[12]

Zum einen sind Krisen im Rahmen der psychosozialen Entwicklung, die sich über den gesamten Lebenszyklus einer Person erstreckt, notwendige Ereignisse und Entwicklungsaufgaben.[13] Hierzu zählen die zum Teil planbaren Schritte und „normalen" **Entwicklungs- und Veränderungskrisen**, die jeder Lebens- und Entwicklungsphase innewohnen (Besuch des Kindergartens, Einschulung, Pubertät, Ausbildungs- und Berufsbeginn, Partnerwahl, Verlassen des Elternhauses, Pensionierung, …). Gerade die als „Jugend", „Pubertät" und „Adoleszenz" bezeichnete Lebensphase ist geradezu

11 Mennemann 2000, 225.

12 Caplan (1964; 1989) nach Ulich 1987, 35 ff.; Cullberg 1978, 25 ff.; Sonneck u. a. 2000, 32 ff.

13 Nach dem Stufenmodell der psychosozialen Entwicklung nach Erikson gehören Krisen notwendig zur normalen menschlichen Entwicklung. (Reife)Krisen sind notwendige Wendepunkte im Wachstums- und Reifungsprozess, in der das Individuum zu Entscheidungen zwischen gegensätzlichen Polen gezwungen ist (vgl. insbesondere Erikson 1998, 55 ff.). Für das menschliche Wachstum einer gesunden Persönlichkeit ist es notwendig, innere und äußere Konflikte durchzustehen, um hieraus insbesondere mit einem stärkeren Gefühl innerer Einheit und Zuversicht hervorzugehen. Hierzu vgl. auch Adl-Amini 2004, 9 ff. 181 ff.; Ulich 1987, 63 ff.

wesensimmanent durch Konflikte und Krisen gekennzeichnet. Sie ist selbst eine „normative Krise", weil diese durch vermehrte Konflikte und offen zutage tretende Schwankungen der Ichstärke gekennzeichnet ist.[14]

Anders als die Veränderungskrisen wird die sog. **traumatische Krise** durch ein plötzlich eintretendes kritisches Lebensereignis ausgelöst, sie ist eine mitunter schicksalhafte Begleiterscheinung im Leben unabhängig vom Alter und der Persönlichkeitsentwicklung eines Menschen. Hierzu zählen unvorhergesehene, akut-akzidentielle Krisenereignisse wie Krankheiten, Unfälle und Katastrophen, Verlust des Arbeitsplatzes und Armut, Trennungen und Scheidungen, Gewalterfahrungen (z. B. Missbrauch und Misshandlung), Krieg, Folter und Tod aber auch Sinnkrisen. Sie treffen Menschen unterschiedlichen Alters quer durch alle Bevölkerungsgruppen unabhängig von ihrer sozialen und gesellschaftlichen Stellung.

Merkmale von Krisen

Unabhängig vom Anlass ähneln sich Krisen in wesentlichen Merkmalen. Gemeinsam ist ihnen die Störung des (mehr oder weniger) funktionierenden Alltags und der gewohnten Routinen sowie das Empfinden einer Belastung und ggf. Überforderung, weil die akute Situation mit den herkömmlichen Problembewältigungsmustern anscheinend nicht gelöst werden kann.

Während die Bewältigung dieser Entwicklungsaufgaben stets als immanenter Teil der Persönlichkeitsentwicklung angesehen werden konnte, stellt die Akzeleration der gesellschaftlichen Prozesse die Menschen vor besondere Herausforderungen. In der sich schnell wandelnden modernen Risikogesellschaft werden den Individuen innerhalb einer Generation mehrfach und laufend neue Anpassungsleistungen an sich verändernde Normalitätsmuster abverlangt; zunächst als tragfähig angesehene oder gar traditionelle Lebensentwürfe verlieren in kurzer Zeit ihre Tauglichkeit. Die Krisenpotentiale sind so vielfältig, die Krisenerfahrungen so allgegenwärtig und verbreitet, dass diese bereits als normal erscheinen („Normalitätskrise").[15] Reichen die Bewältigungsressourcen

14 Erikson 1970; Meurer 2004, 197; Olbrich 1995, 131ff.

15 Keupp 2004, 20ff..

der Betroffenen nicht aus, können sich aus diesen Überlastungen sog. **Strukturkrisen** entwickeln, in denen die Betroffenen (Familien) Dauerbelastungen auf verschiedenen Gebieten ausgesetzt sind.[16] Diese strukturellen Defizite treffen ganz überwiegend Familien in sozio-ökonomischen Mängellagen mit gravierenden Belastungen und Mangelerfahrungen in Einkommen, Bildung und Sozialisation.

Krisensymptome

Wenn sich eine Person in einer kritischen Situation (Krise) befindet, die sie mit ihren bislang zur Verfügung stehenden Handlungsressourcen (zunächst, offenbar, anscheinend) nicht bewältigen kann, gerät sie mitunter aus dem Gleichgewicht, die Balance zwischen den Anforderungen der äußeren Welt und den inneren Verarbeitungsprozessen ist gestört. Eine Krise stellt bisherige Erfahrungen, Normen, Ziele und Werte in Frage und kann deshalb die Akteure überfordern und sie aus dem seelischen Gleichgewicht bringen. Die Krise äußert sich in der Regel in (heftigen) Gefühlen. Abhängig vom Krisenanlass kann der Betroffene sich unbehaglich, unsicher oder bedroht fühlen, angespannt sein und Angst empfinden, in Rat-, Hilf- und Hoffnungslosigkeit, Resignation oder gar in eine depressive Verstimmung verfallen. Diese emotionalen Reaktionen äußern sich in bzw. führen gleichzeitig wiederum zu körperlichen Beschwerden (Symptome)[17], z. B.:

- Angst: Schweißausbrüche, Herzrasen, Atemnot, Erstickungsanfälle, motorische Unruhe;
- Spannung: Kopfschmerzen, Einschlafstörung, Kreislaufbeschwerden, Verdauungsstörungen, Zittern („Nervosität“);
- Depression: Erschöpfung, Durchschlafstörung, Appetitverminderung, Gewichtsverlust, Verlangsamung der Motorik.

Abwehrmechanismen

Häufig versagen die Selbstregulierungsmechanismen, Ängste und Panik können die Betroffenen lähmen, aber auch Wut und Feindseligkeit sowie andere Abwehrmechanismen auslösen, z. B. Weglaufen, Depressionen und psychosomatische

16 Vgl. auch BMFSFJ 2002, 393. Im Hinblick auf sozialstrukturelle Krisen gewinnt der Anomiebegriff von Robert K. Merton (Social Theory and Social Structure, 1968) und entsprechende Bewältigungskonzepte wieder aktuelle Bedeutung (vgl. Mennemann 2000, 212).

17 Sonneck u. a. 2000, 58 ff.

Erkrankungen oder (Auto)Aggressionen.[18] Die psychische Verfassung ist Resultat aus dem Krisenanlass und der Reaktion des Betroffenen. Ängste wie Abwehrreaktionen weisen dabei nicht selten eine alters- und geschlechtsspezifische Ausprägung auf. So wird immer wieder berichtet, dass Mädchen tendenziell häufiger psychosomatische, depressive und autoaggressive Reaktionen zeigten, während Jungen eher laut, aggressiv und gewalttätig reagierten, um ihre Frustrationen, Ängste und Ohnmacht zu kompensieren.[19]

Kinder in Krisen

Kinder und Jugendliche reagieren auf belastende Lebensereignisse anders als Erwachsene und zeigen nicht immer die gleichen Symptome auf traumatische Ereignisse.[20] Kinder sind häufig nicht in der Lage ihre Nöte, Auslöser und Hintergründe der Krise zu verbalisieren. Sie können sich mangels Erfahrung nicht in die Vorstellungswelt der Erwachsenen einfühlen: „Nur der Erwachsene kann sich mühsam in die Erlebniswelt des Kindes zurückversetzen."[21] Kinder reagieren auf belastende Ereignisse mitunter ganz unmittelbar und spontan, andererseits verschlossen und angepasst, teilweise mit totaler Unterwerfung, teilweise mit heftiger (Auto)Aggression. Sie zeigen mitunter durchaus widersprüchliche Verhaltensäußerungen, -änderungen und -auffälligkeiten, die häufig nicht „richtig" (und) als Krisensymptome verstanden werden. Im Kontakt mit den betroffenen Kindern und Jugendlichen ist insbesondere zu beachten, dass ihre früheren Beziehungserfahrungen ein hohes Risikopotential für kurz- und langfristige Störungen ihrer Autonomieentwicklung in sich bergen.[22] Insbesondere vernachlässigte, misshandelte und sexuell missbrauchte Kinder können ihr Selbst nur vergleichsweise unzureichend wahrnehmen, wertschätzen und entwickeln. Die Misshandlung führt zu schweren Störungen der Entwicklung des Selbst, bei der das Kind schließlich

18 Hierzu Sonneck u. a. 2000, 29 ff.

19 Z.B. Rotering/Lengemann 2002, 703.

20 Meurer 2004, 196 ff.; Sonneck u. a. 2000, 118 ff.; Kindler u. a. 2006 Kap. 68 u. 70 sowie die Beiträge in Egle u. a. 2005. Zum Erleben der Lebenssituation von Kindern und den Möglichkeiten und Grenzen, die Perspektive des Kindes zu erfassen vgl. Liegle 2000. Zu den Lebenserfahrungen misshandelter Kinder vgl. auch Harnach 2007, 207 ff.; Zitelmann 2001, 251 ff.

21 Mitscherlich (1983, 264) nach Westermann 1998, 38.

22 Zitelmann 2001, 263 f.

nicht mehr weiß, wer es ist.[23] Es verwundert deshalb nicht, dass sie oft nicht in der Lage sind oder es vermeiden, anderen Menschen ihre tatsächlichen Gefühle, Wünsche und Befürchtungen mitzuteilen. Andererseits aktivieren Kinder zum Überleben und zur Bewältigung von bedrohlichen Erfahrungen in hohem Maße psychische Verarbeitungs- und Anpassungskapazitäten.[24] Viele dieser Kinder sind sehr bemüht, sich „wie ein Chamäleon" anzupassen und die Wünsche von Erwachsenen zu erraten und zu erfüllen. Darüber hinaus suchen sie alternative Bewusstseinszustände, angefangen von einer erhöhten Phantasietätigkeit bis hin zum Rückzug und zur Aufspaltung in verschiedene Instanzen der Persönlichkeit, um die bedrohlichen Lebenssituationen und ihre (Todes)Ängste[25] zu kontrollieren.

Krisensignale

Die in der Praxis der Krisenintervention bekannten Signale und Alarmzeichen[26] für schwere (mitunter suizidale) Krisen von Kindern und Jugendlichen sind nicht immer leicht zu erkennen oder gar zu interpretieren. Dabei zeigen sich in den unterschiedlichen Entwicklungsstufen durchaus unterschiedliche Symptome bzw. charakteristische Ausprägungen: im Kleinkindalter (trauriger Gesamteindruck, Ess- und Sprachstörungen), im Vorschulalter (z. B. verminderte Motorik, Ess- und Schlafstörungen mit Alpträumen, Trennungsängste, Einnässen und Einkoten), im Schulalter (verbale Äußerungen von Traurigkeit bis hin zu suizidalen Äußerungen, Unlust und Apathie, Schulleistungsstörungen, Hyperaktivität, psychosomatische Störungen) oder in der Jugendphase (Selbstwertprobleme, Leistungs- und Konzentrationsstörungen, aggressives Verhalten, depressive Phasen).

---

23 Mitscherlich 1983, 264: „In der Ohnmacht seiner Lage empfindet es das Kind als überwältigendes Erlebnis seiner Schande, seiner Schuld, die ihm die Liebe und den Schutz der Eltern geraubt haben. … Für das Kind zählt nur noch der Zustand des Außer-sich-Seins" (zit. nach Westermann 1998, 38).

24 Kanthak 2004, 182; Zitelmann 2001, 255.

25 Über die Todesangst des misshandelten Kindes vgl. Westermann 1998.

26 Vgl. z. B. Meurer 2004, 196 ff.; Motzkau 1997; 57 f.; Sonneck u. a. 2000, 118 ff.

Übersicht 1: Symptome, Signale und Alarmzeichen von Kindern und Jugendlichen in schweren Krisen

- ungewöhnliche (körperliche) Verletzungen oder Mangelversorgungszustände
- trauriger, depressiver Gesamteindruck; Mangel oder Verlust, Freude empfinden zu können (Anhedonie)
- extreme Stimmungsschwankungen (völlig aufgedreht und dann wieder deprimiert)
- Unfähigkeit (mit anderen) spielen zu können
- regressives Verhalten, Rückkehr zur Nuckelflasche, altersunangemessenes Einnässen und Einkoten
- erheblich reduzierte Frustrationstoleranz, Neigung zu extremen Wutausbrüchen, extreme Reizbarkeit
- aggressiv-abwehrendes Verhalten
- Rückzug aus bestehenden Beziehungen und soziale Isolierung
- extreme Veränderung der äußeren Erscheinung (Mimik und Gestik, starke Gewichtszunahme oder -abnahme, Aussehen und Kleidung)
- Appetitlosigkeit, Essstörungen, Anorexie und Bulimie
- vermehrter Alkohol- und sonstiger Drogenkonsum, Tablettenmissbrauch
- Körperliche, psychosomatische Symptome: ungewöhnliche Erschöpfung, dauernde Müdigkeit, nicht nur vorübergehende Kopf- und Bauchschmerzen
- Schlafstörungen, Angst vor der Dunkelheit, vor dem Einschlafen
- länger andauernde Angstphasen, Angst- und Alpträume
- überstarke Wachsamkeit und Empfindsamkeit
- Trancezustände und Halluzinationen, Hören von inneren Stimmen
- extreme Veränderung im Verhalten: z. B. introvertiertes oder auffällig extrovertiertes Verhalten, Aufgabe von Hobbys und Interesselosigkeit, Hyperaktivität
- Auffälligkeit im sozialen Verhalten (z. B. ungewöhnliche Distanzlosigkeit, Überangepasstheit, völliger Rückzug)
- totale Unterwerfung
- ungewöhnliches Vermeidungsverhalten
- Weglaufen und Ausreißen
- massive Selbstwertprobleme
- Sprachentwicklungsstörungen, Sprachstörungen
- Konzentrations- und Leistungsstörungen, auffallende Leistungsveränderungen in der Schule, Schulverweigerung
- selbst schädigendes/verletzendes Verhalten (Ritzen, Schneiden, Verbrennen), vermehrte Unfallneigung
- verbale und schriftliche Äußerungen, die auf die eigene Wertlosigkeit und Verzweifelung hindeuten; Verwendung von düster-deprimierenden Zeichen und Symbolen, „philosophische Auseinandersetzung" mit dem Tod, Suizidfantasien

Solche Symptome und Signale sind selten eindeutig zu deuten und zu verstehen. Wesentliche Kriterien bei der Beurteilung sind u. a. Alter und Geschlecht des Kindes, die gegenwärtigen Lebensumstände und der kulturelle Kontext, die Vielfalt, Art, Dauer, Häufigkeit und Intensität des Symptoms.[27] Im Säuglings- und Kleinkindalter geht es vorrangig um die sofortige Sicherstellung der existenziellen Grundbedürfnisse, so dass hier bei Anzeichen von Mangelerscheinungen oder Misshandlungen schnell Abhilfe geschaffen werden muss. Das Auftreten einzelner Konflikt- und Krisensignale kann z. B. im Übergang vom Kindes- in das Jugendalter auch Kennzeichen einer pubertären Auseinandersetzung und damit einer ganz normalen Entwicklung sein, sie können aber auch auf eine Gefährdung hinweisen. In der Regel kann man aber auf eine schwere Krise nur dann schließen, wenn mehrere dieser Symptome und diese nicht nur kurzfristig vorliegen. Man kann sie auch auf Basis einer besonderen fachlichen Qualifikation oft nur erkennen und richtig verstehen, wenn man die Person kennt und bemerkt, dass sich ihr Verhalten (schnell, extrem) ändert oder zu anderen Personen besonders auffällig ist. Diese Verhaltensweisen stellen zunächst einen Anpassungsversuch an die belastende Situation dar, sie müssen als **vitale Schutzreaktion** wahr- und ernst genommen werden. Vielfach gelingt es (starken) Kindern und Jugendlichen selbst, ggf. mit angemessener Unterstützung von Eltern, Freunden und anderen nahe stehenden Personen, die Krise zu bewältigen. Zeigen Betroffene aber über längere Zeit problematische Belastungssymptome, besteht die Gefahr, dass sie die Krise offenbar alleine nicht bewältigen können.

Kindeswohlgefährdung als Krise

Wenn von Krisen im Rahmen der Inobhutnahme die Rede ist, geht es häufig um mit dem Begriff Kindeswohlgefährdung umschriebene Belastungssituationen. Sie knüpfen an eine das Kindeswohl[28] gefährdende (bei den sog. Selbstmeldern an eine zumindest als solche erlebte) Situation an und werden üblicherweise in (physische und psychische/seelische) Misshandlung, sexuellem Missbrauch und (extreme) Ver-

27 Harnach 2007, 91 ff.

28 Zu Begriff und Reichweite des Kindeswohlbegriffs s. u. Kap. 3.1 S. 112 und Kap. 3.2 S. 121 m. w. N.

nachlässigung unterschieden,[29] wobei sich diese phänomenologische Differenzierung nicht genau mit der normativen Perspektive des BGB deckt, da diese im Hinblick auf Art. 6 Abs. 2 und 3 GG an die Personensorge anknüpft (zur Definition und Beispielen einer Kindeswohlgefährdung „im engeren Sinne", siehe unten Kap. 3.2.2, S. 123 ff.). Kinder und Jugendliche erleben in diesen Fällen die Erwachsenen als grauenvolle Macht, sich selbst als machtlos, hilflos und wertlos.[30] Sie sind mit der extremen (Stress)Situation und ihrer Bewältigung völlig überfordert, ihr Gleichgewicht ist gestört, sie befinden sich zumeist in einer schweren, traumatischen Krise mit häufig schwersten Folgen, Störungen und (insbesondere psychischen und psychosomatischen) Erkrankungen

29 Eine gute Übersicht über die unterschiedlichen Begrifflichkeiten findet man bei Deegener 2005; Kindler u.a. 2005 Kap. 2 ff.; zur **Misshandlung** insb. Brassard/Hardy; Engfer 2005; Feldmann 2002; Goldstein u.a. 1982, 57 ff.; Kindler u.a. 2006 Kap. 4 u. 5; zu den Folgen psychischer Misshandlungen Kindler u.a. 2006 Kap. 25; zu den Folgen physischer Misshandlung Kindler u.a. 2006 Kap. 26. Zum **sexuellen Missbrauch** Gründer u.a. 2004; Hartwig/Hensen 2003; Joraschky/Petrowski 2005; Unterstaller 2006a. Zur **Vernachlässigung** Cantwell 2002; Deutscher Kinderschutzbund (NRW) 2006; Goldstein u.a. 1982, 68 ff.; Joraschky/Petrowski 2005; Kindler u.a. 2006 Kap. 2.

30 Um einer nicht angemessenen Beschönigung der Herausforderungen in der Praxis vorzubeugen: Es ist nicht ausgeschlossen, dass ältere Kinder und Jugendliche Körper-, Gesundheits- und Freiheitsverletzungen gegenüber ihren Eltern begehen, weshalb das Gewaltschutzgesetz sie auch nicht ausnimmt (vgl. BT-Drs 14/5429, 32). Auch gefährdete Kinder und Jugendliche sind – wenn auch Opfer der Gewalt Erwachsener – nicht immer nett und freundlich. Gerade wenn und weil sie in schweren Krisen stecken, sind sie mitunter auch unangenehm, schwierig und aggressiv. Jugendliche provozieren, beleidigen, bedrohen gelegentlich die Mitarbeiter der Jugendschutzstellen oder werden ihnen gegenüber sogar gewalttätig, sodass es in der Praxis auch schon zu wechselseitigen Übergriffen gekommen ist. Gerade im Rahmen der Krisenintervention gilt der Satz: Kinder und Jugendliche machen (mitunter) Schwierigkeiten, weil sie Schwierigkeiten haben. Diese schwierigen Situationen mit schwierigen Kindern und Jugendlichen angemessen zu meistern, ist Teil der besonderen Professionalität der Arbeit in Kriseninterventionseinrichtungen und bedarf gut aus- und fortgebildeter, in ein kollegiales Team eingebundener, supervidierter Fachkräfte. Unnötig sollte es eigentlich sein darauf hinzuweisen, dass die Wahrnehmung von Schwierigkeiten im Umgang mit gefährdeten Kindern und Jugendlichen nichts an der ihnen zugefügten Gewalt und dem Leid ändert und diese dadurch auch nicht bagatellisiert wird.

im weiteren Leben.[31] An dieser Stelle sei aber gleichwohl darauf hingewiesen, dass Krisen nicht immer eine Kindeswohlgefährdung indizieren. Selbst wenn deutliche Symptome auf eine Krise hindeuten, sind damit die Ursachen und Krisenanlässe nicht geklärt, vor allem deutet nicht jede Krise auf eine Misshandlung, einen Missbrauch oder eine extreme Vernachlässigung hin. Neben Übergriffen und Missachtung von Erwachsenen insbesondere bei familiären Belastungen geraten junge Menschen auch wegen anderer Faktoren in schwere Krisen, z. B. wegen Leistungsstress und schulischer Überforderung, schwerer Konflikte, Mobbing/Bullying und Gewalt von Gleichaltrigen, Unsicherheit in der (homo)sexuellen Identität/Orientierung oder aufgrund der Unvereinbarkeit (inter)kultureller Anforderungen. Befinden sich junge Menschen in Krisen, bedürfen sie der Unterstützung und professioneller Hilfe. Das gilt erst recht, wenn sie selbst danach suchen und um Hilfe bitten. Hierzu bedarf es keiner Kindeswohlgefährdung (s. o. Kap. 4.2.1.1, S. 195). Junge Menschen können sich wegen aller Angelegenheiten an das Jugendamt, an Jugendschutz- oder andere Kriseninterventionsstellen der Jugendhilfe wenden (vgl. §§ 8 Abs. 2 und 3, 42 Abs. 1 Nr. 1 SGB VIII).

Krisenverlauf

Krisen zeigen ungeachtet intra- und interindividueller Unterschiede sehr häufig einen typischen Verlauf in mehreren ineinander übergehenden Phasen, die bei traumatischen Krisen einen geradezu eigengesetzlichen Verlauf annehmen können (s. u. Übersicht 2).[32]

Bei den traumatischen Krisen folgt dem akuten Krisenanlass zunächst ein sog. Krisenschock, der wenige Sekunden bis etwa 24 Stunden dauern kann, in denen die Betroffenen besonders viel Zuwendung und Empathie bedürfen. Die Gefühle sind besonders heftig und führen zu ziellosen Akti-

31 Zu den möglichen Auswirkungen und (Krankheits-)Folgen vgl. u. a. Bürgin/Rost 2005 sowie weitere Beiträge in Egle u. a. 2005; Kinder u. a. 2005 Kap. 24 ff.; Moggi 2005; zu den Folgen sexuellen Missbrauchs Unterstaller 2006b.

32 Kritisch demgegenüber und mehr die individuellen Unterschiede betonend Ulich (1987, 43 ff.), der gleichwohl darauf hinweist, dass die Auseinandersetzung mit Krisen, also der Verarbeitungsprozess, sich in typische Phasen gliedere (Ulich 1987, 39). Genau dies ist für ein Handlungs- und Interventionskonzept der Sozialen Arbeit letztlich entscheidend (s. u. S. 22 f.).

vitäten oder zu Betäubung. Daran schließt sich die sog. Reaktionsphase an, „eine Tage bis Wochen andauernde Periode, in der affektive Turbulenz sich mit Apathie abwechselt, tiefste Verzweiflung, Depressivität, Hoffnungslosigkeit, Hilflosigkeit, Feindseligkeit und Aggression, Wut und Trauer und oft schwere körperliche Begleitsymptomatik den Menschen belasten."[33] In der Reaktionsphase ist die Konfrontation mit der Realität unvermeidlich, wobei diese aber unter Einsatz von psychischen Abwehrmechanismen mitunter verdrängt, geleugnet, rationalisiert werden. Dadurch besteht die Gefahr der Fixierung und Chronifizierung des (untauglichen) Krisenverhaltens. Im positiven Falle wird dieses Stadium nicht kontinuierlich aufrechterhalten, sondern es schließt durchaus Phasen der Entlastung mit ein, die insbesondere durch eine angemessene Krisenintervention gefördert werden können und in denen eine Bearbeitung der Krise (dritte Phase) einsetzen und damit eine Lösung vom Trauma und der Vergangenheit beginnen und in eine Neuorientierung (vierte Phase) münden kann, in der das Selbstwertgefühl wieder erstarkt und neue Beziehungen hergestellt werden. Gelingt dies nicht in ausreichendem Maße, muss immer wieder mit dem neuerlichen Auftreten der Krisensymptomatik, der Fehlanpassung und Chronifizierung gerechnet werden, als deren Folge häufig Alkohol-, sonstiger Drogen- und Medikamentenmissbrauch, der Ausbruch von (psychosomatischen und psychischen) Erkrankungen bis hin zu Autoaggression und Suizid festgestellt werden kann.

Anders als traumatische Krisen setzen Entwicklungs- und Veränderungskrisen nicht schlagartig ein, sondern entwickeln sich in ineinander übergehenden Phasen über eine längere Zeit von einigen Tagen oder Wochen zum „Vollbild der Krise" mit dann durchaus ähnlichen psychischen Auswirkungen und Symptomen wie bei der traumatischen Krise.[34] Zunächst wird der Betroffene mit einem Ereignis, einer Entscheidungssituation konfrontiert, das einen Veränderungsbedarf auslöst. Misslingt die Lösung mithilfe der zur Verfügung stehenden (eingeschränkten) Ressourcen, können in der

33 Sonneck 2000, 17.

34 Hierzu Sonneck u.a. 2000, 36ff. im Anschluss an Caplan 1964.

Übersicht 2: Verlaufsphasen von Krisen[35]

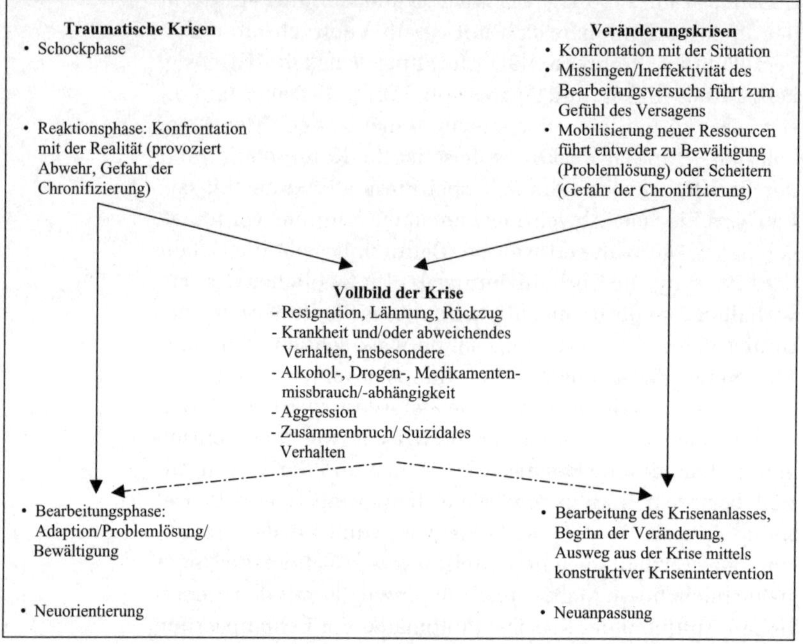

zweiten Phase die Spannungen ansteigen und das Selbstwertgefühl sinken. Der Betroffene erlebt das Gefühl des Versagens.[36] Der innere Druck führt in der dritten Phase zu einer Mobilisierung aller, ggf. neuer (innerer wie äußerer) Bewältigungskapazitäten. Sind Verhalten und die Hilfe adäquat, kommt es zur Bewältigung und damit auch zur Beendigung dieser eben erst beginnenden Veränderungskrise, ist die Hilfe inadäquat, kann es zu Rückzug und Resignation und letztlich wiederum zur Chronifizierung und zum „Vollbild der Krise“

---

35 Vereinfachtes Modell; vgl. Sonneck 2000, 32 ff. im Anschluss an die Arbeiten von Caplan (1964, 40 f.; 1989) für die Veränderungskrisen und Cullberg (1978, 27 ff.) für traumatische Krisen.

36 Allerdings muss man auch darauf hinweisen, dass eine Krise mitunter auch einen Gewinn für den Betroffenen bereit halten kann (z. B. erhöhte Zuwendung), der sich bei der Krisenbewältigung als hemmend erweisen kann. Eine besonders absurd anmutende Ausprägung ist das sog. Münchhausen-by-proxy-Syndrom (s. u. S. 58).

kommen mit den entsprechenden Folgen wie bei der traumatischen Krise. Eine Veränderung beginnt durch die konstruktive Bearbeitung des Krisenanlasses und kann den Ausweg aus der Krise einleiten und eine Neuanpassung ermöglichen.

Krisenbewältigung

Nach Caplan wird das menschliche Verhalten in der Krise bestimmt durch das Wechselspiel von vier Faktoren: der Situation, seine Persönlichkeitsmerkmale, kulturelle Faktoren und der Interaktion mit anderen Personen.[37] Von der Bewältigung einer Krise kann man sprechen, wenn im Rahmen der Krisenbearbeitung die belastenden Umgebungsfaktoren verändert, die Emotionen „reguliert“ und in ein Gleichgewicht gebracht und/bzw. die kognitive Problembedeutung verändert wurde.[38] In einer Krise befindet sich der Betroffene in einem Ungleichgewicht, zu dessen Überwindung seine bisherigen Handlungskompetenzen offenbar (noch) nicht ausreichen. Schwierigkeiten entstehen vor allem aus der Unfähigkeit, das Problem wahrzunehmen und zu definieren, wegen ungeeigneter Bearbeitungsstrategien oder wegen fehlender emotionaler oder tatkräftiger Unterstützung. Das führt häufig zu einer zunehmend gestörten Kommunikation, zu Rückzug und/oder letztlich zu einer sich verschlechternden psychischen Verfassung. Ein „mehr desselben“[39] führt nicht zur Lösung, sondern zur Verfestigung der Krise und des Leidens und macht deshalb einen „schöpferischen“, „qualitativen Sprung“[40] in den Bewältigungskompetenzen erforderlich. Gerade deshalb bergen Krisen die Chance zu „gesunden“ Anpassungsversuchen und „reiferen“ Problemlösungen in sich, andererseits aber auch die Gefahr von „ungesunden“

37 Caplan 1964 (nach Ulich 1987, 31).

38 Mennemann 2004, 218.

39 Vgl. die Katastrophenrezepte von Paul Watzlawik in seiner Anleitung zum Unglücklichsein (1985, 27).

40 Kast 1989; Mennemann (2004, 222) definiert mit diesem qualitativen Sprung den Unterschied zwischen den bivalenten Begriffen „Konflikt“ und „Krise“. Während sich das Problemlösungsverhalten beim Konflikt noch innerhalb der Handlungskompetenzen des Betroffenen und damit im individuellen Stabilitätsbereichs lägen, beschreibe Krise im Instabilitätsbereich ein inneres oder äußeres Ereignis, dessen Bewältigung das Erreichen eines höheren Bewältigungsniveaus voraussetze.

Bewältigungsversuchen, eskalierender Desorganisation und Zerstörung.[41]

Entwicklungs- und Veränderungskrisen, die durch Konfrontation mit dem Krisenanlass ausgelöst werden, lassen sich insbesondere von intakten Persönlichkeiten durchaus frühzeitig angemessen bearbeiten und in das Leben integrieren, vor allem wenn die Betroffenen angemessene Unterstützung erhalten. Gelingt dies nicht reibungslos, kann der Einzelne aufgrund seiner Lebenslagen und Lebensumstände oder seiner psychischen Disposition mit der Krisensituation nicht angemessen umgehen, kann die Krise zu einem dauerhaften Ungleichgewicht führen, zu dem Gefühl des Versagens, zum Ansteigen von Druck und innerer Spannung. Krisen können so die Persönlichkeitsentwicklung und die Ausbildung von Handlungskompetenzen behindern oder gar traumatisierende Wirkung haben. Gerade die Nichtbewältigung von Schicksalsschlägen und anderen akzidentiellen Krisen führt häufig zu einer Verletzung der seelisch-psychischen Integrität (Traumata), die einerseits akute Belastungsreaktionen zur Folge haben, anderseits sich zu sog. posttraumatischen (z. T. chronischen) Belastungsstörungen verdichten, die ein „normales" Leben nicht mehr möglich machen.[42] Andererseits kann eine konstruktiv bewältigte Krise selbst zur Ressource werden. Deshalb ist für das Wachsen der Persönlichkeit nicht die Abwesenheit von (Veränderungs-)Krisen erstrebenswert, sondern der konstruktive Umgang mit ihnen.

Wahrnehmung und Bewertung

Gemeinsam ist den Krisenanlässen (Entwicklungs- und Veränderungskrisen bzw. akzidentiellen Krisen), dass für sie allein die **subjektive Deutung der Betroffenen** relevant ist. Die Zuschreibung von Ursachen und Verantwortung ist nicht nur bzw. in erster Linie von objektiven Bedingungen und Vorgängen abhängig, sondern von der individuellen Wahrnehmung und Deutung und diese wiederum von persönlichen Vorerfahrungen, Werten und Normen.[43] Der Umgang mit einer

41 Mennemann 2004, 215; Sonneck 2000, 18f.; Ulich 1987, 33 spricht im Anschluss an Caplan (1963 und1989) von „gesunden" und „ungesunden" Anpassungsversuchen.

42 Schmidt 2004, 231ff.; Sonneck u. a. 2000, 36ff.

43 Mennemann 2004, 216f.; Sonneck 2000, 18f.

Krise ist individuell höchst unterschiedlich und abhängig von der subjektiven Einschätzung der Situation und des Bedrohungsgrades einerseits sowie andererseits von der subjektiven Einschätzung der individuellen Bewältigungsmöglichkeiten und Handlungsressourcen einer Person (Kontrollerwartung). Sowohl die Krisenanfälligkeit als auch die Bewältigungsfähigkeit ist von der Fähigkeit eines Menschen abhängig, sich mit der Krise auseinander zu setzen, vor allem aufgrund früherer Lernerfahrungen und dem Maß der sozialen Integration.

Schutzfaktoren/Resilienz

Ob eine Krise bewältigt und beendigt wird oder nicht, hängt damit von den zur Verfügung stehenden Ressourcen des Individuums, insbesondere seinen internen Schutzfaktoren (z. B. Grad der Autonomie, hohes Aktivitätsniveau, Wahrnehmungs- und kommunikative Fähigkeiten, Impulskontrolle, Selbstwirksamkeitsgefühl und Selbstachtung, internale Kontrollüberzeugungen) ab. Von besonderer Bedeutung sind hierbei die aus der Resilienzforschung[44] bekannten internen Schutzmechanismen und positiven Entwicklungsbedingungen (stabile emotionale Beziehungen, Rollenvorbilder für konstruktives Bewältigungsverhalten bei Belastungen, Erfahrung von Sinnhaftigkeit, Struktur und Bedeutung der eigenen Entwicklung). Insbesondere Sir Michael Rutter hat Moderatoren herausgearbeitet, die den Zusammenhang zwischen Misshandlung, ihren Folgen und ihrer Bewältigung beeinflussen.[45]

Der aus dem Englischen stammende technische Begriff „Resilienz" bezeichnet ursprünglich die Eigenschaft von (Werk)Stoffen, nach starken Verformungen die ursprüngliche Gestalt aufgrund einer „elastischen Abfederung" wieder anzunehmen (sog. „Fußballeffekt") Auf die psychosoziale Arbeit übertragen bezeichnet man mit Resilienz das Vermögen eines Menschen bzw. eines sozialen Systems (z. B. der Familie) sich trotz schwieriger Lebensbedingungen auf sozial akzeptiertem Wege positiv zu entwickeln.[46] Wahrend die Risikoforschung untersucht, welche Risiken in welchem Ausmaß

44 Hierzu Bender/Lösel 2005; Lösel/Bliesener 1990; Rutter 1985 und 1987; Sturzbecher 2007; Ulich 1988; Vanistendael 2003.

45 Rutter 1985 u. 1987.

46 Bender/Lösel 2005, 319; Sturzbecher 2007, 2.

und auf welche Weise mit Entwicklungsbeeinträchtigungen verknüpft sind (sog. pathogenetische Perspektive), fragt die Resilienzforschung danach, warum sich Menschen trotz erdrückender Entwicklungsrisiken zu psycho-sozial gesunden und gesellschaftlich integrierten Persönlichkeiten entwickeln (salutogenetische Betrachtungsweise). Die Frage nach den Ursachen und Risiken von Gefahren rückt in den Hintergrund, der Fokus liegt darauf, was Menschen trotz der Risiken und ungünstigen Bedingungen gesund erhält.[47] Auf Kinder zuformuliert geht es um die Frage: Was macht Kinder stark?

Übersicht 3: Resilienzfaktoren – interne Schutzmechanismen und positive Entwicklungsbedingungen

- Stabile emotionale Beziehung zu mindestens einem Elternteil oder einer anderen Bezugsperson
- Soziale Unterstützung durch Personen außerhalb der Familie, Akzeptanz der Person
- Emotional positives offenes, beratendes, unterstützendes, lenkendes und normorientiertes, strukturgebendes Erziehungsklima
- Rollenvorbilder für ein konstruktives Bewältigungsverhalten bei Belastungen
- Balance von sozialen Verantwortlichkeiten und Leistungsanforderungen
- Kognitive Kompetenzen (z. B. zumindest Durchschnittsintelligenz)
- Temperamentsmerkmale, die effektives Bewältigungsverhalten begünstigen (z. B. Flexibilität, Frustrationstoleranz, Soziabilität, Humor)
- Selbstverwirklichungserfahrungen, Selbstachtung, interne Kontrollüberzeugungen
- Aktives Bemühen, Stressoren zu bewältigen statt sie zu vermeiden oder zu relativieren
- Erfahrung von Sinnhaftigkeit, Struktur und Bedeutung in der eigenen Entwicklung

Quelle: Bender/Lösel 2005; Lösel/Bliesener 1990; Sturzbecher 2007.

47 Dieser resilienztheoretische Ansatz hat eine Nähe zu den sog. kontrolltheoretischen Überlegungen der Devianz- bzw. Integrationsforschung z. B. nach Walter Reckless oder Travis Hirschi (Walter 2005, 58 ff.), nach denen nicht die nicht mehr veränderbaren in der Vergangenheit liegenden biographischen Belastungen, sondern die aktuellen **Bindungs- und Integrationsmechanismen** entscheidende Bedeutung für die zukünftige Lebensbewältigung (insb. Legalbewährung) und soziale Integration haben.

Bei den Resilienzfaktoren wird zwischen Eigenschaften des Kindes, Merkmalen des Familiensystems und Eigenschaften des außerfamiliären Umfelds unterschieden. Resilienz ist keine einheitliche Persönlichkeitseigenschaft, sie entwickelt sich in Phasen und abgestuften Facetten, die risikotypisch und kontextabhängig sind. Das Resilienzvermögen eines Menschen umfasst den Widerstand gegen die Zerstörung der eigenen Identität unter äußerem Druck sowie den Aufbau eines positiven Lebens unter widrigen Umständen. Die Schutzfaktoren bilden sich in der Wechselwirkung von Individuum und System heraus und können auch in der Krise aktiviert werden. Deshalb ist (auch) die Reaktion der sozialen Umwelt, Art und Ausmaß der sozialen Unterstützung für den Verlauf und die Bewältigung von Krisen von entscheidender Bedeutung.[48] Krisenbewältigung ist ungeachtet der Bedeutung subjektiver Wahrnehmung und Deutung nicht nur ein intrapsychischer Entwicklungs- und Verarbeitungsprozess, sondern das Ergebnis handlungsorientierter Interaktion.[49] Der Resilienzansatz verzichtet auf die zuschreibende Individualisierung von Risiken, sondern konzentriert sich auf die Handlungsressourcen der Betroffenen und der Hilfesysteme im konkreten gesellschaftlichen und kulturellen Kontext. Die Erkenntnisse der Resilienzforschung lassen sich für eine ebenso lebenswelt- und prozessorientierte wie emanzipatorische Soziale Arbeit (Hilfe zur Selbsthilfe), insbesondere in der Krisenintervention der Jugendhilfe hervorragend nutzbar machen. Diese vitalen Schutzfaktoren zu erkennen, zu aktivieren und sie im Rahmen der Krisenbearbeitung gezielt für Übergänge („Transitionen“[50]) in einen erfolgreichen Alltag zu fördern, ist der Ausgangspunkt, vielleicht sogar das „A und O“ jeder Krisenintervention bei jungen Menschen durch die Jugendhilfe.

Aktivierung des Resilienzvermögens

Transition

48 So bereits Caplan (1964) nach Ulich 1987, 37.

49 Mennemann 2004, 223; Schuchardt 1988, 27 ff.

50 Transitionen unterbrechen den Lebensverlauf, lösen Individuen/Systeme aus Zusammenhängen und erfordern eine Reorganisation des Lebens. Sie verändern Rollen, Beziehungen und Identitäten. Sie führen zu einer veränderten Selbst- und Umweltwahrnehmung sowie schließlich zu einem neuen emotionalen Gleichgewicht; (vgl. Sturzenbecher 2007, 7).

Krisenintervention

Als Krisenintervention bezeichnet man ungeachtet disziplinärer Besonderheiten alle Aktionen des Betroffenen sowie seiner (nicht zwingend) professionellen Berater und anderer Personen, die ihm bei der Bewältigung der aktuellen Situation (Krisenanlass) helfen, die immanenten Folgen der Krise zu verhüten oder zu lindern.[51] Im engeren Sinne geht es um die schnelle und kurzfristige Intervention in der akuten Krise zu deren Deeskalation und Sicherstellung vitaler Grundbedürfnisse, an die sich ein darüber hinausgehender Bearbeitungs- und Hilfeprozess anschließen kann. Medizin, Psychiatrie, Psychotherapie, Pädagogik und Soziale Arbeit basieren hierbei auf ganz unterschiedlichen Konzepten und bedienen sich unterschiedlicher methodischer Ansätze. Für die Soziale Arbeit ist es freilich nichts Ungewöhnliches, unterschiedliche disziplinäre und methodische Ansätze inter-/transdisziplinär zu nutzen, zu verknüpfen und zu ergänzen, um flexible und bedarfsgerechte Hilfen zu entwickeln. Aus sozialpädagogischer Sicht sind alle Interventionen, die die **Autonomiebildung** fördern, den Maßnahmen vorzuziehen, die als direkte, u.U. mit Zwang verbundenen Eingriffe nötig werden, um Gefährdungen und Schäden abzuwenden.[52] Eine sozialpädagogische Intervention muss sich deshalb stets aus der Lebenslage der Betroffenen legitimieren. Eine unmittelbare Drittintervention ist (nur) dann zu rechtfertigen und kann mitunter physische Interventionen (z.B. Festhalten) unabdingbar machen, wenn die Betroffenen ihre Fähigkeit zur Selbststeuerung verloren haben, wenn sie sich selbst oder andere in einer nicht tolerierbaren Weise schädigen (vgl. Kap. 4.2.6, S. 261).

---

51 Vgl. z.B. Sonneck 2000, 61 ff. Im Hinblick auf die Begriffsdefinition ist von Bedeutung, dass man Intervention nicht ausschließlich als Dritt-Intervention, also das Eingreifen und Einmischen von (professionellen) Helfern, versteht und damit Konzepten der Fremdbestimmung Vorschub leistet. Demgegenüber bezeichnet man als Konflikt- und Krisenmanagement die systematischen und zielgerichteten Steuerungsmaßnahmen zur Konflikt- und Krisenbewältigung in professionellen Zusammenhängen mit dem Ziel, frühzeitig potentielle Konflikte/Krisen zu erkennen, sie konstruktiv zu bearbeiten und zu bewältigen, um zu verhindern, dass ein Individuum, ein Unternehmen bzw. ein System substantiell destabilisiert, gefährdet oder sogar zerstört wird.

52 Vgl. Speck 1991, 188; zu den Grundsätzen sozialpädagogisch-methodischen Handelns vgl. Krauß 2005, 582 f.; v. Spiegel 2005, 586 f.

Freiwilligkeit und Zwang

Gerade in der Krisenintervention ist die Freiwilligkeit der Klienten nicht immer gewährleistet, weshalb die **Soziale Arbeit in Zwangskontexten** der besonderen Legitimation und Fachlichkeit bedarf. Aus Sicht der Pädagogik sind Erziehungsprozesse nicht allein in Freiheit und Selbstbestimmung vorstellbar, sondern in einer weiten Spannung von Abhängigkeit und Autonomie, von Fremdbestimmung und Eigensinn möglich.[53] Gleichwohl darf die Subjektstellung der Betroffenen auch in diesen Grenzsituationen nicht verloren gehen, ihre (noch) vorhandenen Ressourcen müssen aktiviert und gefördert werden.[54] Hierzu greift die Krisenintervention in der sozialen Arbeit z.B. auf Elemente der klassischen Einzelfallhilfe, des Case Managements, unterschiedlicher (klientenzentrierter) Beratungskonzepte, der Coping-Strategien, wie auch der aufsuchenden Sozialarbeit zurück, wobei die ambulante psychosoziale Beratung im Hinblick auf die stationäre Unterbringung im Rahmen einer Inobhutnahme mit den spezifischen Konzepten der Heimerziehung/stationären Betreuung kombiniert wird.[55]

Ziel der Krisenintervention

Ziel der Krisenintervention ist immer die **Hilfe zur Selbsthilfe** im Sinne einer aktiven Bewältigung, der Betroffene muss seine Handlungs- und Entscheidungsfähigkeit möglichst schnell wiedergewinnen. Ein Charakteristikum der Krisenintervention ist, dass ihre Ziele kurzfristig realisierbar sein müssen, eine tiefer greifende Persönlichkeitsentwicklung anzustreben, wäre zu diesem Zeitpunkt nicht sinnvoll, auch wenn sich hieraus über den ersten Ausweg hinaus nachhaltige Schritte in einen gelingenden Alltag ergeben könnten und sollten.[56] Es geht darum, Alternativen zu den bisherigen Handlungsstrategien und Bewältigungsmustern zu finden. Wenn die gewohnten und bisher bewährten Strategien versagen, mag die Suche nach Alternativen mitunter dazu führen, gänzlich neue Wege auszuprobieren, was man noch nie pro-

53 Hierzu Conen 2007, 370ff.; Kähler 2005; Salgo 2007, 14ff.; Schrapper 2003, 119; Stoppel 2007.

54 In diesem Sinne insbesondere das Empowering-Konzept, vgl. Herriger 2006.

55 Zu den Methoden Sozialer Arbeit im Überblick Galuske 2007; Meinhold 2001; Müller 2001; v. Spiegel 2005; Gildemeister/Robert 2001.

56 Vgl. aus medizinischer Sicht Sonneck u.a. 2000, 61.

biert hat und unter normalen Umständen nie gewagt hätte auszuprobieren.[57] Weil die inneren Selbstregulierungsmechanismen in Krisen durcheinander geraten oder zerfallen (sind), bedarf es im Rahmen der Krisenintervention zunächst schnell verfügbarer äußerer Strukturen, die Entspannung, Halt und Orientierung geben.

Prinzipien und Charakteristika der Krisenintervention

Ungeachtet disziplinärer Unterschiede und Besonderheiten kristallisieren sich einige grundsätzliche Merkmale („Prinzipen“) eines generellen Konzepts der Krisenintervention heraus, zu denen insbesondere gehören:[58]

- rascher Beginn (dringliches und schnelles Handeln) und zeitliche Begrenzung,
- Fokus auf das Individuum,
- die angemessene Aktivität des Helfers,
- die situations- und persönlichkeitsgerechte Methodenflexibilität und Variabilität im Hilfearrangement (insbesondere die angemessene Verknüpfung ambulanter und ggf. stationärer Hilfen),
- die interdisziplinäre/-professionelle Zusammenarbeit.

Hieran anknüpfend lassen sich einige **Charakteristika psychosozialer Interventionskonzepte** formulieren:

- die Konzentration auf die aktuelle Situation (insbesondere Schutzgewährung und Deeskalation),
- die Auseinandersetzung mit der emotionalen Situation (Entlastung bis zu einem Maß, dass der Wunsch nach Veränderung nicht verloren geht),
- die Einbeziehung der sozialen Umwelt und ihrer Ressourcen,
- die vorbereitete Beendigung der Krisenintervention.

Im Hinblick auf eine erfolgreiche Krisenintervention ist es hilfreich, sich daran zu erinnern, dass Krisen in mehreren ineinander übergehenden Phasen ablaufen (s.o. S. 12f.). Auch die **Krisenverarbeitung ist ein Prozess** und in jeder Phase sind spezifische Interventionen möglich. Die Krisenin-

---

57 Gerade hierin, in der Aktivierung von (neuen) Handlungsressourcen und -kompetenzen liegt ja gerade die Bivalenz der Krise (ebenso Sonneck 2000, 18f).

58 Sonneck u.a. 2000, 19ff. u. 61ff.; zum Umriss einer „Krisen-Theorie“ vgl. auch Ulich 1987, 37ff..

tervention sollte deshalb in Etappen („prozesshaft“) gestaltet werden, wobei die einzelnen Interventionsschritte bedarfsgerecht miteinander verknüpft, mitunter mehrfach (zirkulär) durchlaufen werden.[59]

- Zugang und Kontaktaufnahme,
- Einschätzung der Situation und der aktuellen Schwierigkeiten (z. B. Diagnose, um abzuklären ob eine stationäre Hilfe notwendig oder ambulante Hilfe ausreichend ist),
- Planung der Intervention gerichtet auf eine möglichst schnelle Wiederherstellung des Gleichgewichts,
- Durchführung der Intervention,
- Begrenzung und Auflösung der Intervention: Zukunftsplanung, Krisenintervention soll nicht als langfristige oder dauerhafte Hilfe konzipiert sein, sondern ggf. in Anschlusshilfen überleiten.

Zugang zum Betroffenen und Widerstand

Krisenintervention steht und fällt mit dem Zugang zum Betroffenen und seiner emotionalen Situation. Der Erstkontakt und die Entwicklung einer tragfähigen und belastbaren **Klienten-Helfer-Beziehung** sind hierfür von entscheidender Bedeutung.[60] Dies ist ohne die Entwicklung einer beziehungsfördernden **Grundhaltung**, die von Zuwendung und Empathie und gleichzeitig von der professionellen Balance von Nähe und Distanz gekennzeichnet ist, nicht möglich. Gerade für die Kontaktaufnahme in Krisen sind die für eine solche empathische Grundhaltung geradezu typischen (sozialpädagogischen) Leitsätze von besonderer Bedeutung:

- Ich hole den anderen dort ab, *wo* er gerade steht.
- Ich nehme den anderen an, *wie* er ist.
- Ich zeige dem anderen aktiv, dass ich *da* bin, Kontakt und Hilfe *anbiete*.
- Ich orientiere mich an den *Bedürfnissen* des anderen.

---

59 Hierauf hat insbesondere Erika Schuchardt (1988, 27 ff.) mit ihrem Modell der Krisenverarbeitung als Lernprozess in Spiralphasen aufmerksam gemacht; vgl. auch Mennemann 2000, 218; Ulich 1987, 39. Zum prozesshaften Verlauf der Intervention im Rahmen der Inobhutnahme s. u. S. 29 ff.

60 Das gilt gleichermaßen für den freiwillig gesuchten Kontakt durch den Klienten (Selbstmeldung) wie auch die Kontaktaufnahme im Zuweisungs- oder gar Zwangskontext (s. o. S. 21).

– Ich verzichte auf argumentierendes Diskutieren und auf das Anlegen eigener oder (vermeintlich) „objektiver" Wertmaßstäbe.

Widerstand

Geduld, Empathie, Verständnis sind im Kontext klientenzentrierter Beratung wesentliche Bedingungen erfolgreicher Intervention – sie gelangen allerdings in manchen Krisen in der Abwägung widerstreitender Rechtsgüter und Interessen an ihre Grenzen. Allerdings gibt es selten Veränderungen ohne Widerstand (Abwehrreaktionen). In pädagogischen Kontexten ist nicht immer das Auftreten von Widerständen, sondern mitunter deren Ausbleiben Anlass zur Beunruhigung. Widerstand enthält zumeist eine (verschlüsselte) Botschaft. Die Nichtbeachtung von Widerstand führt zu blinden Flecken und Blockaden. Insbesondere dann ist es mitunter notwendig, mit dem Widerstand und nicht gegen ihn zu gehen, Druck wegzunehmen (dem Widerstand Raum geben), um in den Dialog zu treten. Andererseits ist Freiwilligkeit ein mitunter mystisch überhöhtes Konstrukt. Immer geht es um die Wahl zwischen mehreren Optionen, um eine Spannung von Abhängigkeit und Autonomie, um eine Entscheidung zwischen den Polen Selbst- und Fremdbestimmung, in denen Soziale Arbeit wirken, auf Grenzen hinweisen und Orientierung geben kann.[61]

1.2 Inobhutnahme als Krisenintervention

Kinder und Jugendliche durchleben und verarbeiten Krisen anders als Erwachsene und benötigen deshalb spezielle Kriseninterventionsangebote. Diese sind dabei nicht auf die Jugendhilfe beschränkt, sondern schließen therapeutische und jugendpsychiatrische Einrichtungen mit ein.[62] Zur Inob-

61 Vgl. Schrapper 2003, 119. Zum Umgang mit Widerstand im Bereich des Kinderschutzes vgl. Kinderschutz-Zentrum Berlin 2000, 105 ff.; Kohaupt 2005, 218 ff.

62 Beklagt wird allerdings, dass die bestehenden Jugendhilfeeinrichtungen in vielen Fällen mit der massiven Problematik junger Menschen überfordert sind, es bestehe ein „Angebotsloch" zwischen Jugendhilfe und Psychiatrie, das dazu führe, dass Kinder und Jugendliche unnötig in die stationäre Psy-

hutnahme durch die Jugendhilfe kommt es regelmäßig in Krisen, die von jungen Menschen, ggf. ihren Familien sowie von den sie mitunter begleitenden (auch professionellen) Helfern mit den ihnen zur Verfügung stehenden Handlungskompetenzen und Problemlösungsmechanismen nicht (mehr) bewältigen bzw. lösen können oder wollen. Die im Rahmen der Inobhutnahme relevanten Krisensituationen, Notlagen und Schutzbedürfnisse von Kindern und Jugendlichen sind sehr unterschiedlich und u.a. abhängig vom Alter, dem Geschlecht und vom sozialen Umfeld (ausführlich hierzu Kap. 2.2.). Sie reichen vom nicht versorgten Säugling, über Wochen und Monate vernachlässigte Kinder, den „elternlosen", unbegleiteten minderjährigen Migranten über Kinder und Jugendliche, die Schutz vor körperlichen oder sexuellen Übergriffen suchen, und junge Menschen, die sich in heftigen, bisweilen gewalttätigen Konflikten in und außerhalb von Familien befinden, bis hin zu jungen Wohnsitzlosen, Trebegängern und auf der Straße lebenden Kindern und Jugendlichen. Krisenintervention und Inobhutnahme sind damit ein Teilbereich praktizierten **Kinderschutzes.**[63]

Bedingungen effektiven Kinderschutzes

In Anlehnung an die Ergebnisse der allgemeinen Kriseninterventionsforschung kann im Hinblick auf das Kindeswohl eine Krisenintervention durch die Jugendhilfe nur dann gelingen, wenn wesentliche protektive und prospektive Faktoren gewährleistet werden:

- der unmittelbare Schutz vor Gewalt und Vernachlässigung (= Konzentration auf die aktuelle Situation). Gerade bei Säuglingen und kleinen Kindern ist die unmittelbare lebensnotwendige (gesundheitliche/medizinische) Versorgung absolut vorrangig.[64]

---

chiatrie abgeschoben werden (Meurer 2004, 196; Petersen 2001, 18ff.). Gefordert werden deshalb eine stärkere Differenzierung bestehender Angebote und die engere Kooperation zwischen Einrichtungen der Jugendhilfe mit den Angeboten ambulanter psychiatrischer Behandlung.

63 Als Kinder- bzw. Kindesschutz bezeichnet man alle rechtliche Regelungen, Maßnahmen und Institutionen, die dem Schutz von Kindern vor Beeinträchtigungen wie Misshandlung, Missbrauch, Verwahrlosung, Krankheit und Armut dienen sollen.

64 Ungeachtet dessen steht die Zielgruppe der Säuglinge und kleinen Kinder sowie ihre gesundheitliche und medizinische Versorgung nicht im Fokus der hier vorliegenden Arbeitshilfe.

- die Aktivierung und Bereitstellung externer Ressourcen nicht nur im Hinblick auf die Versorgung und Befriedigung der (materiellen) Grundbedürfnisse (Unterkunft, Nahrung, Kleidung),
- die emotionale Entlastung des Kindes bzw. des Jugendlichen, ihre emotionale und soziale Unterstützung und Stärkung im Hinblick auf die anstehenden Klärungsprozesse,
- die Entwicklung von Perspektiven für die Zeit danach, für einen gelingenden Alltag und die Beendigung der Krisenintervention.

Obhut und Beistand

Zunächst muss der räumliche und zeitliche Schutz in Zufluchtsstätten unbedingt (ohne Voraussetzung und auf jeden Fall) bereit gestellt werden, Refugien, Orte der Ruhe, in denen die Betroffenen Obhut und Beistand finden und einen Neuanfang wagen können. Die Inobhutnahme ist allerdings mehr als die Unterbringung eines Kindes oder Jugendlichen, es handelt sich um die **sozialpädagogisch betreuende Schutzgewährung junger Menschen in Krisen**. Bei der Inobhutnahme geht es vorrangig um die Bewältigung akuter Krisen, die jedoch auch das Ergebnis schön länger bestehender (z. T. chronischer) Schwierigkeiten, (Beziehungs-)Konflikte und sozialer Problemlagen sowie auch fehlverlaufender Interaktions- und Hilfeprozesse sein können. Sehr häufig gehen Gefährdungslagen gravierende familiäre Konflikte und sonstige Beziehungsumbrüche voraus, die zu einer akuten Eskalation der Krise und einer Inobhutnahme führen können.[65] In den meisten Fällen handelt es sich um ein ganzes Bündel unterschiedlicher Faktoren und Anlässe, wobei dann neben den bereits genannten Einzelgründen v.a strukturelle Mängellagen (insbesondere mangelnde Bildung, Ausbildung und Erwerbslosigkeit, Finanz- und Wohnungsprobleme) deutlich werden. Ungeachtet einer intensiven Präventionsrhetorik wird insoweit auch das gesellschaftliche Versagen sichtbar,

65 Vgl. hierzu z. B. den 8. Jugendbericht, BT-Drs. 11/6576, 140 f.: „In unvorhersehbaren Konflikten – wenn Auseinandersetzungen in Familien sich zu Katastrophen verdichten, wenn Menschen zusammenbrechen, ausbrechen, weglaufen – müssen rasche, direkte, intensive Hilfen erreichbar sein, in denen nicht nur die unmittelbare Katastrophe entdramatisiert, Auswege konzipiert und angebahnt, sondern auch die Hintergründe transparent gemacht werden können."

Familien mit Kindern angemessene Unterstützungsleistungen und Hilfen gerade in Schwierigkeiten zuteil werden zu lassen. Von der Jugendhilfe werden dann Feuerwehreinsätze erwartet, um im Krisenfall Mängel zu kompensieren und das Schlimmste zu verhüten.

Inobhutnahme als kritisches Lebensereignis

Nicht nur der Krisenanlass, sondern die Inobhutnahme selbst, die Unterbringung, das Leben und die Auseinandersetzungen in der Einrichtung, stellt für Kinder und Jugendliche (auch für die sog. Selbstmelder) ein kritisches Lebensereignis[66] dar, denn sie werden von ihrem gewohnten Umfeld vorübergehend getrennt, sie werden mit ihnen zumeist unbekannten Personen konfrontiert und vor neue, unbekannte Handlungsanforderungen gestellt. Gleichwohl birgt auch hier die krisenhafte Situation, die zum Ausbruch aus den bisherigen Lebenszusammenhängen geführt hat, „in sich auch die Chance der Aufarbeitung der zugrunde liegenden Konflikte im Sinne der Einleitung eines positiven Lösungsprozesses, andererseits aber auch – beim Fehlen geeigneter Hilfen zum richtigen Zeitpunkt – die Gefahr des Verfestigens der Ausbruchstendenz bis hin zum Abgleiten in eine „Karriere" abweichenden Verhaltens".[67] Es darf kein Zweifel daran gelassen werden, dass es im Bereich des Kinderschutzes darum geht, neue (Lebens-)Chancen für Kinder und Jugendliche zu eröffnen. Es ist deshalb erforderlich, dass die Jugendhilfe gerade aus Anlass von Krisen sozialpädagogische Unterstützungsangebote bereit hält, die von den Kindern und Jugendlichen trotz ihrer Not angenommen werden können, ihnen Schutz, Zeit und Raum geben, sie entlasten und Möglichkeiten von Veränderungsprozessen eröffnen. Angesichts der Krise müssen diese Hilfen niedrigschwellig organisiert, schnell und unbürokratisch erreichbar, andererseits aber ungeachtet ihrer nur vorübergehenden Dauer nicht nur oberflächlich, sondern der Problemlage angemessen intensiv sein. Von wesentlicher Bedeutung für eine gelingende Intervention durch die Jugendhilfe ist es, dass junge Menschen die Erfahrung machen, dass es trotz (innerer) Not und Verzweiflung, dass es trotz ihrer mitunter negativen Erfahrung mit der

---

66 Zur Heimerziehung als kritisches Lebensereignis vgl. Lambers 1996.
67 BT-Drs. 11/5948, S. 79;

Erwachsenenwelt in dieser verlässliche Ansprechpartner gibt, mit deren Unterstützung sie die Krise bewältigen können.

Clearingstelle

Das Ziel der Inobhutnahme geht über die bloße Unterbringung und den unmittelbaren Schutz hinaus. Inobhutnahme heißt auch durch eine sorgfältige psychosoziale Diagnose und unmittelbar einsetzende Hilfeplanung die Chance zu wahren, Wege aus der Krise in einen gelingenden Alltag zu finden. Die Inobhutnahmestellen müssen deshalb als eine Art „Clearingstelle“ aus Anlass der Krise und im Rahmen der Krisenintervention versuchen, gemeinsam mit den Betroffenen die Weichen richtig zu stellen.[68] Das ist umso wichtiger, da die Inobhutnahme für viele Kinder und Jugendliche die einzige Chance ist, ihrem Lebensweg eine positive Wende zu geben.[69] Jugendschutz- und anderen Inobhutnahmestellen kommt deshalb eine besondere Verantwortung und „Schlüsselfunktion“ innerhalb des Netzes sozialer Einrichtungen zu.[70]

System sozialpädagogischer Krisenintervention der Jugendhilfe

Allerdings ist die Krisenintervention in der Jugendhilfe nicht auf die Inobhutnahme beschränkt, vielmehr steht diese am Ende eines Kontinuums sozialpädagogischer Interventionen zur Abwendung das Kindeswohl beeinträchtigender Situationen und Lebensbedingungen. „Schwierigkeiten entwickeln sich in Stufen, in Phasen, im Lauf einer Biographie; sie würden sich häufig nicht entwickeln, wenn die Situationen weniger belastend wären und wenn Hilfen rechtzeitig gelängen, also: wenn präventive Hilfen erreichbar gewesen

68 Der Begriff Clearingstelle ist aufgrund höchst unterschiedlicher Zuschreibungen nicht unproblematisch. Hier wird er lediglich zur Bezeichnung eines Ortes verwendet, in dem innerhalb einer begrenzten Zeit des Übergangs mit einer spezifisch fachlichen Kompetenz wesentliche Klärungen im Hinblick auf notwendige Anschlusshilfen herbeigeführt werden. Skeptisch zum Konzept der Clearingstelle Rotering/Lengemann (2002, 708) im Hinblick auf die mitunter notwendige längere Zeit für notwendige Abklärungsprozesse. Allerdings liegt hierin ja gerade die besondere über die bloße Schutzgewährung hinaus reichende Qualität und Herausforderung der Inobhutnahme, im Hinblick auf die Anschlussalternativen eine möglichst positive Entwicklung zu eröffnen. Der Gesetzgeber hat diesen schwierigen Klärungsauftrag im Rahmen der Inobhutnahme als Einstieg in die Hilfeplanung verbindlich vorgeschrieben (§ 42 Abs. 2 Satz 1, Abs. 3 Satz 5; hierzu Kap. 4.2.2.4, S. 216 ff.).

69 Vgl. AKI 2002; Schön 2004, 3.

70 BT-Drs 11/5948, S. 79.

wären."[71] Unter Berücksichtigung der verfassungsrechtlichen Vorgaben einerseits und andererseits in Wissenschaft und Praxis der Jugendhilfe verankerter sozialpädagogischer Prinzipien formuliert das Kinder- und Jugendhilferecht[72] die Möglichkeiten der sozialpädagogischen Krisenintervention im Wesentlichen auf vier Stufen und eröffnet dabei ungeachtet der Orientierung an der vorrangigen Elternverantwortung direkte Zugänge für junge Menschen in Not- und Konfliktsituationen:

1. Zunächst haben Kinder und Jugendliche das Recht, sich in allen Angelegenheiten der Erziehung und Entwicklung selbst an das Jugendamt zu wenden (§ 8 Abs. 2 SGB VIII). Dabei können sie ohne Kenntnis der Personensorgeberechtigten (ambulant) beraten werden, wenn die Beratung aufgrund einer Not- und Konfliktlage erforderlich ist und solange durch die Mitteilung an den Personensorgeberechtigten der Beratungszweck vereitelt würde (§ 8 Abs. 3 SGB VIII).
2. Wahrnehmung des Schutzauftrages gemeinsam mit den Eltern/der Familie zur Abklärung des Gefährdungsrisikos und ggf. Einleitung notwendiger Hilfen (§ 8a Abs. 1 SGB VIII),
3. Initiierung familiengerichtlicher Entscheidungen (§ 8a Abs. 3 Satz 1 SGB VIII),
4. Inobhutnahme in akuten nicht anders abwendbaren Gefährdungssituationen (§§ 8a Abs. 3 Satz 2, 42 SGB VIII).

Die Inobhutnahme ist deshalb konzeptionell in einem **Gesamtsystem sozialpädagogischer Krisenintervention der Jugendhilfe** und darüber hinaus in der interdisziplinären Kooperation mit anderen Einrichtungen und Diensten unter Berücksichtigung der grundsätzlich leistungs- und präventionsorientierten Ausrichtung des Kinder- und Jugendhilferechts zu entwickeln (hierzu Kap. 3.3, S. 149 ff.). Der Schutz-

71 8. Jugendbericht, BT-Drs. 11/6576, 85.

72 Der im Rahmen der sozialpädagogischen Orientierung vorweggenommene Vor-/Rückgriff auf die im 3. Kapitel erläuterten normativen Standards des Kinder- und Jugendhilferechts macht die fachlich-sozialpädagogische Fundierung des SGB VIII deutlich und weist gleichzeitig auf die untrennbare Verknüpfung von sozialpädagogischem und normativem Denken im Rahmen der Jugendhilfe hin (hierzu Trenczek u.a. 2008, 100).

auftrag des Jugendamtes (§§ 1 Abs. 3, 8a SGB VIII) bezieht sich auf Leistungen wie auf die anderen, hoheitlichen Aufgaben. Der Schutz von Kindern und Jugendlichen ist zunächst und am besten durch Gestaltung einer kinder- und familienfreundlichen Gesellschaft, durch den Abbau von Benachteiligungen sowie durch niedrigschwellig organisierte und präventiv wirksame Unterstützungsangebote zu gewährleisten. Ungeachtet der präventiven Orientierung des SGB VIII lassen sich nicht alle kindeswohlgefährdenden Situationen vermeiden. Häufig werden Jugendämter erst in Kenntnis gesetzt, wenn es schon zu einer massiven Gefährdung oder Verletzung gekommen ist. Insbesondere Vernachlässigungen sind keine momentanen Ereignisse, sondern eine fortdauernde Versagung wesentlicher kindlicher Grundbedürfnisse. Sie entwickeln sich prozesshaft und erstrecken sich oft über einen längeren Zeitraum. Soweit es bereits zu Gefährdungen und Verletzungen gekommen ist, muss es darum gehen, solche Prozesse abzubrechen und künftigen Gefährdungen vorzubeugen, um Kinder und Jugendliche vor weiterer Vernachlässigung, Misshandlung oder Missbrauch zu schützen.

Unterstützung in Veränderungsprozessen

Die Familie ist der Lebensort, in dem die meisten Kinder ihre natürliche Heimat haben, gleichzeitig zeigt sich täglich, dass sie nicht immer von Harmonie und Fürsorge bestimmt, sondern Ort des größten Grauens ist. Gerade in der Familie beginnen in aller Regel die Krisen, die Kinder und ihre Eltern zu bewältigen haben. Die Autoren einer vom BMFSFJ (2002) herausgegebenen Studie zur Bereitschaftspflege beschreiben mit Rückgriff auf die Krisen- und Interventionsforschung eine grundlegende Struktur von Veränderungsprozessen in (familiären) Krisen mit sechs ineinander übergehenden **Phasen der Veränderung**, die einen Ausweg aus der Krise mit den Familien ermöglichen.[73] In der

1. Phase der Präkontemplation besteht (in den Familien, aber auch bei professionellen Erziehern und Helfern) noch kein Problembewusstsein oder kein Bewusstsein dafür, dass man selbst am Bestehen des Problems Anteil hat.

---

73 BMFSFJ 2002, 393 ff.

2. Während der sog. Kontemplation entwickelt sich das Problembewusstsein. Die Betroffenen sind aber noch unentschlossen, ob sich die Mühen der Veränderungen lohnen. Hier ist es nicht ratsam, die Betroffenen zu drängen und zum Handeln anzutreiben. Erst in der
3. Phase der sog. Vorbereitung werde entschieden, eine Veränderung anzustreben. In diesem Zusammenhang sind deren Ziele sowie geeignete Strategien und Schritte zu klären, wobei stets mehrere Optionen eine Wahlfreiheit garantieren sollten. In der
4. Handlungsphase werden die Ziele und Schritte umgesetzt. Anschließend müssen in der
5. Phase der Aufrechterhaltung die (ersten) Erfolge abgesichert und die Motivation aufrechterhalten werden bevor in dem letzten Stadium, der
6. Phase (Beendigung), das Ausgangsproblem bewältigt ist und nicht mehr besteht.

Dieses Verlaufsmodell ist Anlass und Problem unspezifisch und ungeachtet seiner Einfachheit nicht nur im Beratungskontext der Bereitschaftspflege, sondern allgemein im Rahmen der Krisenintervention nutzbar. Die Bearbeitungsphasen werden freilich von den Betroffenen unterschiedlich schnell und gelegentlich mit Rückschlägen durchlaufen. Dabei kann die Inobhutnahme selbst das Durchlaufen der Schritte bis zum Handeln lähmen oder beschleunigen. Eltern befinden sich bei Beginn einer Inobhutnahme in aller Regel auf einer der ersten vier Stufen. Beratungsziele lassen sich nach diesem Modell nur schrittweise entwickeln. Beratung kann dabei nur jeweils den Schritt zur nächsten Stufe unterstützen. Insbesondere in der Phase der Kontemplation, wenn sich das Problembewusstsein entwickelt, ist es nicht ratsam, zur Veränderung und zum Handeln anzutreiben, gar mit (Schuld)Vorwürfen oder Ultimaten. Ein Erzwingenwollen von Handlungen hat wenn überhaupt nur Sinn, wenn die vorhergehenden Schritte erreicht sind. Es ist sinnvoll, Eltern Zeit zu geben, um deren Sichtweisen und Entwicklungen zu verstehen. In der Anerkennung der Dynamik von (kindeswohlgefährdenden) Krisen sowie andererseits der Veränderungsprozesse liegen Voraussetzung und Risiko jeder fachlich-professionellen Krisenintervention.

Elternarbeit

Es ist eine (leider nicht seltene) Sichtbegrenzung, Kinder und ihre Eltern vorschnell als Antagonisten zu begreifen und das Wohl der Kinder gegen die Eltern schützen zu wollen. Kinderschutz und Unterstützung der Eltern stehen grundsätzlich nicht im Widerspruch zueinander, sondern bedingen sich in aller Regel. Pointiert ausgedrückt mag man sagen: **Elternwohl ist Kindeswohl und Kindeswohl ist Elternwohl.**[74] Kinderschutz gelingt frühzeitig-präventiv wie nachhaltig nur durch Unterstützung der Eltern. Es ist die Aufgabe und gleichzeitig mit die größte Herausforderung der Mitarbeiter der Jugendhilfe, Eltern in ihrer Ambivalenz und beim Ringen zwischen widerstreitenden eigenen und den Interessen ihrer Kinder in einer (professionellen) Weise beizustehen, damit sie sich zugunsten des Wohls ihrer Kinder entscheiden können. Es muss deshalb zunächst stets versucht werden, mit ihnen eine über den Augenblick hinausreichende gemeinsame Lösung zu finden (**Klärungshilfe** und **gemeinsame Problemdefinition**).[75] Denn selbst nach einer in extremen Fällen ggf. notwendigen Trennung von Kindern und ihren Eltern endet der Hilfeprozess nicht. Er geht weiter, sei es zur Ermöglichung von Rückkehroptionen oder im Hinblick auf die (emotional) notwendige Unterstützung und Befreiung von Kindern, sich an einem Ort außerhalb der Familie weiter entwickeln zu dürfen. Will man die Eltern als Partner des Erziehungsprozesses nicht für immer verlieren, dürfen sich die Mitarbeiter des Jugendamtes nicht in einen Machtkampf um die Definitionshoheit stürzen, sondern müssen sich ernsthaft bemühen, mit Widerstand konstruktiv zu arbeiten und Perspektiven aufzuzeigen.[76] Viele Eltern werden aufgrund der dem Jugendamt vorauseilenden Zuschreibungen („Kinderklaubehörde"), eigener negativer Vorerfahrungen oder auch

Klärungshilfe

---

74 Diese Bipolarität hat Ute Heidelbach (2005, 432 ff.) sehr instruktiv beschrieben (aus juristischer Perspektive vgl. hierzu unlängst Finke 2008). Bei dem Begriff Elternwohl geht es freilich nicht um ihr Wohlbefinden um ihrer selbst willen, mitunter gar auf Kosten ihrer Kinder, sondern darum, dass die Berücksichtigung auch ihrer Interessen eine gute Basis für einen gelingenden Alltag und damit das Wohl der Kinder ist; vgl. auch AKI 2006.

75 Vgl. Kinderschutz-Zentrum Berlin 2000, 96 ff.; Kohaupt 2005, 218 ff, 221; Münder u. a. 2006 § 8a Rz. 22, § 42 Rz. 26 ff.

76 Zum Umgang mit Widerstand vgl. Kinderschutz-Zentrum Berlin 2000, 105 ff.; Kohaupt 2005, 218 ff.

aufgrund der von ihnen vielfach als abwertend und peinlich wahrgenommenen Situation nicht immer sofort mit der Einschätzung der Fachkräfte des Jugendamts übereinstimmen (Problemkongruenz). Vielfach wird man aber die Eltern dazu bewegen können, ihr Einverständnis über den vorläufigen Verbleib des Kindes oder des Jugendlichen in der Inobhutnahmestelle zu erklären. Je mehr Zeit man sich für die Eltern nimmt, desto weniger Widerstände, Widersprüche und Verschließungen werden provoziert und desto größer ist die Akzeptanz nicht nur im Rahmen der Krisenintervention, sondern auch im Hinblick auf ggf. erforderliche Anschlusshilfen.

Problemkongruenz

Mit Blick auf die elterliche Sorgeverpflichtung und den nicht verhandelbaren Kindesschutz hat die Freiwilligkeit der Eltern, sich auf Hilfeprozesse einzulassen, allerdings ihre Grenzen. Zeit, Empathie, Verständnis sind im Kontext klientenzentrierter Beratung wesentliche Bedingungen erfolgreicher Intervention – im Rahmen des Kinderschutzes sind sie nur begrenzt belastbar. Erforderlich ist eine kontinuierliche Abwägung zwischen den elterlichen Interessen einerseits und den Schutz- und Entwicklungsbedürfnissen von Kindern andererseits. Hier kommen die Mitarbeiter der Jugendhilfe schnell an ihre Grenzen, da „Emotionen eskalieren, Polarisierung entsteht, sie angefeindet und hinterfragt werden, schnell, besonnen, aber entschieden handeln sollen, umfassend recherchieren und bewerten müssen, alles beachten und nichts vergessen dürfen.“[77] Stets sind die Folgen der Intervention für den weiteren Hilfeprozess zu beachten. Krisenintervention ist immer eine Gratwanderung, „Gefahren des Misslingens, eines Absturzes in eines der tiefen Täler sind bei dieser Gratwanderung immer gegeben. ... Die Täler, in die man stürzen kann, tragen die Namen zu früh, zu spät, zu viel oder zu wenig.“[78] Die aufgrund der verfassungsrechtlichen Vorgaben (hierzu Kap. 3.1, S. 110 ff.) notwendige, immer wieder vorzunehmende, schwierige Abwägung zwischen Elternverantwortung und Kinderrechten konfrontiert die Mitarbeiter der Jugendhilfe kontinuierlich „mit dem letztlich nie aufzulösenden Widerspruch zwischen dem *noch* Unterstüt-

77 Heidelbach 2005, 434.

78 Salgo 1995, 361 mit Bezug auf Goldstein u.a. 1982.

zen und Helfen und dem *schon* Eingreifen."[79] Die Risiken und Gefahren liegen sowohl in der zu frühen wie in der zu späten Intervention.

Um nicht aus der Balance zu geraten, ist der Aufbau einer tragfähigen Klienten-Helfer-Beziehung und eine im Hinblick auf das bipolare Verhältnis von Eltern und Kindern im Bereich des Kinderschutzes spezifische professionelle **Grundhaltung** eine wesentliche Voraussetzung nicht nur in der unmittelbaren Bewältigung der Krise, sondern auch im Hinblick aber auf die Nachhaltigkeit von (Anschluss)Hilfen. Es geht um eine Haltung Kindern und Eltern gegenüber, sie soll klar und transparent, eindeutig und einfach sein[80]:

- Die Eltern und ihr Wohl sind für das Wohl des Kindes wichtig.
- Den Eltern des Kindes ist zum Wohl des Kindes zu helfen.
- Eltern können ihren Kindern nicht immer helfen.
- Die Mitarbeiter der Jugendhilfe helfen den Eltern, wenn sie diese davor schützen, ihren Kindern etwas anzutun.
- Eltern bleiben immer die Eltern ihrer Kinder – die Kinder immer Kinder ihrer Eltern.

Aufgaben im Rahmen der Inobhutnahme

Im Hinblick auf die im Rahmen der Inobhutnahme konkret wahrzunehmenden Aufgaben wird zumeist allgemein auf ein breites Tätigkeitsspektrum verwiesen, ohne dass diese Hinweise wesentlich mehr beinhalten als aus der normativen Aufgabenbeschreibung des § 42 SGB VIII zu entnehmen ist. Erste Anhaltspunkte für die Breite und Komplexität der Aufgaben gibt das sog. „Notfallset" des Arbeitskreises Inobhutnahme in der IGFH.[81]

---

79 Fegert u.a. 1996, 448.

80 Ein Beispiel einer solchen empathisch-professionellen Grundhaltung im Bereich der Jugendhilfe/des Kinderschutzes zeichnet Ute Heidelbach (2005, 344), auch wenn sie im Anschluss daran Inhalt und Reichweite der Garantenstellung der Sozialarbeiter/innen verkennt.

81 http://www.igfh.de/aki/set.html (Stand 16.8.2007); Zum Verfahrensablauf der Inobhutnahme s. u. Kap. 4.2.7 S. 264.

Übersicht 4: Notfallset Inobhutnahme (AK Inobhutnahme in der IGFH)

Präambel: Kinder von heute sind die Zukunft von morgen. Daher bedürfen gerade sie der Hilfe und des besonderen Schutzes. Dieser Maxime und dem damit verbundenen gesetzlichen Auftrag fühlen sich Inobhutnahmeeinrichtungen aller Art bei ihrem Tätigwerden verpflichtet. Tätigwerden heißt dabei immer, die Bewältigung von Krisen zwischen Erwachsenen und Minderjährigen ernst zu nehmen, zu deeskalieren und neue Lösungsansätze zu finden. Das Wesen dieser Krisenarbeit liegt in einer Grundhaltung der Akzeptanz, des Verstehens, des gemeinsamen Lösens sowie einer Allparteilichkeit der MitarbeiterInnen im Sinne des Kindeswohles.

1. Grundbedürfnisse

1.1 Soziale Notwendigkeiten
Schaffung von Beziehungsangeboten
Bereitstellung von Betreuungsangeboten
Sicherstellung von Ruhezeiten und Rückzugsmöglichkeiten
Gesprächsbereitschaft der MitarbeiterInnen
Sonstige Kontaktangebote
Gestaltung freier Zeit
Alltagsgestaltung
Stabilisierung und Stützung

1.2 Versorgung und Verpflegung
Versorgung bei Aufnahme
Einkaufen und Bereitstellung von drei Mahlzeiten pro Tag, ausgewogen, altersentsprechend, individuell abgestimmt (auf Religion und Anschauung)
Zurverfügungstellung von Notbekleidung/Hygieneartikeln
Einschätzung des gesundheitlichen Zustandes
Einleitung von medizinischer Versorgung
Sicherstellung notwendiger Medikamenteneinnahme
Anleitung und Hilfe bei Körperhygiene/-pflege

1.3 Räumliche Gegebenheiten
Alters- und geschlechtsspezifische Unterbringung in Einzel- und Mehrbettzimmern mit Rückzugsmöglichkeiten
Gemeinschafts-/Wohn- und Küchenbereich
Separate Räume für Beratung
Büro-/Schlaf- und Sanitärbereich für MitarbeiterInnen

1.4 Hauswirtschaftliche Gegebenheiten
Reinigung der Räume
Anleitung und Unterstützung bei der Reinigung der Zimmer der Jugendlichen
Pflege der Wäsche und Kleidung
Bereitstellung von Waschmaschinen und Trocknern

2. Klärung der Problemlage

2.1 Erstgespräch
Beruhigung und Deeskalation der Krisensituation
Kontakt- und Beziehungsaufbau
Info über Aufgabe und Verfahrensweise der Einrichtung
Situationsklärung und Datenerhebung
Ermittlung möglicher Gefährdungspotenziale (Anonymität)
Klärung medizinischer Versorgungsnotwendigkeiten
Klärung weiterer Verfahrensweisen
Aufklärung über Rechte und Pflichten
Klare Arbeitsaufteilung und Klärung von Verantwortlichkeiten

2.2 Kontakte zu Eltern und Sorgeberechtigten
Beruhigung und Deeskalation der Krisensituation
Kontakt- und Beziehungsaufbau
Info über Aufgabe und Verfahrensweise der Einrichtung
Situationsklärung und Datenerhebung
Ermittlung möglicher Gefährdungspotenziale (Anonymität)
Klärung weiterer Verfahrensweisen
Aufklärung über Rechte und Pflichten
Klare Arbeitsaufteilung und Klärung von Verantwortlichkeiten
Duldung der/oder Einverständnis zur Inobhutnahme einholen
Weitere Vorgehensweise klären

2.3 Kontakte zu zuständigen Jugendämtern
Mitteilung über Inobhutnahme/Information über Sachstand
Gemeinsamer Fachaustausch
Abklärung der weiteren Vorgehensweisen
Klare Arbeitsaufteilung und Klärung von Verantwortlichkeiten

2.4 Begleitung des weiteren Hilfeprozesses
Einbeziehung des sozialen Umfeldes
Einbeziehung anderer Fachdienste
Präzisierung der Ausgangslage durch weitere Gespräche
Klärung von Kindeswohl und Kindeswille

3. Schutz

Schutz vollzieht sich auf unterschiedlichen Ebenen:
Vor sich selber
Vor internen und externen Schädigungen
Vor Minderjährigen
Vor festgefahrenen Sichtweisen
Vor Erwachsenen

3.1 Räumliche Voraussetzungen
Rückzugsmöglichkeiten
Möglichst Einzel-, maximal jedoch Zweibettzimmer
Akzeptanz der Institution im Wohngebiet
Möglichkeiten der Anonymisierung schaffen

3.2 Kooperative Voraussetzungen
Jugendamt
Polizei
Kinderklinik
Psychiatrie
Rettungsdienste
Andere Notdienste

3.3 Materielle Voraussetzungen
Schnurloses Telefon
Sichere Schließanlage
Gute Beleuchtung

3.4 Pädagogisch/inhaltliche Voraussetzungen
Ergeben sich unmittelbar aus der Klärung der Problemlage (siehe Punkt 2)
Trennung von Krisenintervention und Gruppenarbeit
Klärung besonderer Gefährdungsmomente
Umsetzung besonderer Schutzmaßnahmen

4. Perspektiventwicklung

4.1 Weiterführende Diagnostik
Beobachtung
Fakten
Soziales Umfeld
Beteiligtes Helfernetz

4.2 Entwicklung und Abwägung der Hilfemöglichkeiten
Intern (Team)
Mit Betroffenen
Teilnahme an Helferkonferenzen
Kontaktpflege mit Nachfolgeeinrichtungen- Angeboten
Angebot des konkreten Kennenlernens von Hilfsmöglichkeiten
Teilnahme an der Entscheidung über zukünftige Hilfeform (Hilfeplanung)
Planung des Entlassens und der Verabschiedung

5. Grundlagen der Arbeit (Boden)

5.1 Personelle Ausstattung
Der Personalschlüssel muss sich an den Aufgaben orientieren und nicht an der Platzzahl.

	Fachlich qualifiziertes Kindesschutzpersonal mit Fachhochschulausbildung Mitarbeiter und Mitarbeiterinnen Doppelbesetzung zur Sicherstellung von Inobhutnahmen und Kriseninterventionsarbeit
5.2	Sachliche Ausstattung Komplettausstattung mit Kommunikationstechnik Fahrmöglichkeiten (PKW/Fahrdienste) Altersgerechte Medienangebote und Freizeitmaterialien
5.3	Dokumentation Vorgangsdokumentation intern Vorgangsdokumentation extern nach Absprache Führen und Auswertung von Statistiken intern/extern Öffentlichkeitsarbeit Schriftliche Vereinbarung des Trägers über Aufgabe und Verpflichtungen der Institution
Quelle: http://www.igfh.de/aki/set.html (Stand 16.8.2007)	

Grundsätze der Inobhutnahme

Angesichts der Unmöglichkeit abschließender Aufzählungen lassen sich die Aufgabenbereiche im Rahmen der Inobhutnahme unter Berücksichtigung der oben formulierten Prinzipien einer gelingenden Krisenintervention unter sechs Aspekten zusammenfassen:

1. Die unmittelbare **Beratung** und **Betreuung** der Kinder und Jugendlichen, die häufig hochgradig emotional irritiert und verstört sind und einen erheblichen Bedarf an sozialpädagogischer, z. T. auch therapeutischer Hilfe haben. Die Arbeit in Inobhutnahmestellen stellt die Fachkräfte gerade in dieser Hinsicht vor enorme Belastungen, erfordert überdurchschnittliche Reflexionsbereitschaft und -fähigkeit, Kommunikations- und Konfliktlösungskompetenzen.
2. Die **Absicherung der Grundbedürfnisse** (Unterkunft, Lebensunterhalt, medizinische Versorgung[82]) sowie Auf-

82 Gerade im Hinblick auf mangelversorgte oder misshandelte Säuglinge und Kleinkinder geht es vorrangig um die sofortige (medizinische) Sicherstellung der elementaren Grundbedürfnisse. Sozialpädagogisches Handeln kann und muss hier zunächst zurückstehen und bezieht sich dann hier vorrangig auf die Eltern.

rechterhaltung oder Neugestaltung der Alltagsstruktur des jungen Menschen (z. B. Beschaffung von Bekleidung, notwendigen Sachen und persönlichen Gegenständen, Regelung des Kindergarten- und Schulbesuches, die Organisation von Umgangskontakten). Faustregel: So viel Alltag wie irgend möglich. Das Leben geht auch in der Ausnahmesituation weiter. Freilich müssen Vernachlässigungen kompensiert werden. Hierzu gehören neben einer liebevollen Betreuung auch gute Mahlzeiten, freundliche Räumlichkeiten u. a.m.

3. Die Arbeit im Hinblick auf die z. T. eskalierten **Beziehungskonflikte** zwischen Kindern und Jugendlichen und ihren Eltern, Familien und sonstigen Bezugspersonen. Elternarbeit ist ebenso wichtig wie die Betreuung des Kindes. Insoweit erfordert die Inobhutnahme von den Fachkräften eine klare Rollendefinition. Es ist zu klären, welche Personen ausschließlich und parteilich mit und für die Kinder und Jugendlichen arbeiten und welche Personen die Vermittlungsarbeit zwischen den Konfliktparteien leisten.
4. Die **Klärung zukünftiger Perspektiven** insbesondere im Hinblick auf den sich anschließenden Alltag in den Familien bzw. Erziehungshilfen (sog. Clearing durch systematische Gewinnung von Informationen zur Einschätzung der Vorgeschichte, der aktuellen Situation, der möglichen Gefährdung und der weiteren Perspektiven eines Kindes/Jugendlichen). Insoweit stellt die Inobhutnahme besondere Erfordernisse an die sozialpädagogische Diagnose und fachgerechte Hilfeplanung im Hinblick auf die Kooperation von Inobut- und Heimatjugendamt sowie von öffentlichen und freien Trägern.
5. Die Inobhutnahme erfordert sehr häufig die **Mitwirkung in gerichtlichen Verfahren** insbesondere bei einem Widerspruch von Eltern und Personensorgeberechtigten bzw. im Hinblick auf ggf. erforderliche gerichtliche Entscheidungen bei Kindeswohlgefährdungen. Das erfordert von den sozialpädagogischen Fachkräften besondere (rechtliche) Fachkenntnisse und Kommunikationsfähigkeiten.
6. Die Krisenintervention muss einen sozialräumlichen Bezug aufweisen, der ein funktionierendes interdiszipli-

näres und Institutionen übergreifendes **Kooperationsnetzwerk** von Jugendamt und Jugendschutzstellen, Erziehungsberatungsstellen, Sozial- und Gesundheitsdiensten und -einrichtungen, Schulen und Polizei erfordert.

In der Krisenintervention, insbesondere im Übergang vom 4. zum 5. Aufgabenbereich der Inobhutnahme, werden die klassischen professionellen Dilemmata und die strukturellen Paradoxien gesellschaftlich organisierter Sozialer Arbeit (Hilfe und Kontrolle; kurzfristige Nothilfe und Klärung langfristiger Perspektiven in einer zukunftsoffenen Situation) sichtbar. Sie lassen sich nicht vermeiden, sondern lediglich professionell bewältigen.

1.3 Risikoeinschätzung und psychosoziale Diagnose

Der gesetzlich-gesellschaftliche Auftrag im Rahmen des Kinderschutzes verlangt von den Mitarbeitern der Jugendhilfe oftmals in kürzester Zeit komplexe und komplizierte (Risiko)Einschätzungen und (Diagnose- und Interventions-)Entscheidungen. „Durchblicken und unterscheiden können (Bedeutung des griechischen diágnosis), was Menschen prägt und Situationen ausmacht", gehört zu den Kernaufgaben sozialpädagogischer Fachkräfte.[83]

Als **Diagnose** (griechisch diágnosi; wörtlich: Unterscheidung, unterscheidende Beurteilung) bezeichnet man in unterschiedlichen Professionen die genaue Zuordnung von Phänomenen und Symptomen zu einem Befund, in der Medizin und der Psychiatrie insbesondere zu einem Krankheitsbefund. Die Methoden der Diagnosefindung werden zusammengefasst mit Diagnostik bezeichnet. **Risikoeinschätzung** wird im Zusammenhang mit dem Kindesschutz definiert als Prozess der Informationssammlung und der darauf aufbauenden fallbezogenen prognostischen Überlegungen zur Wahrscheinlichkeit des zukünftigen (fortdauernden) Auftretens einer oder mehrere Formen einer Kindeswohlgefährdung.

83 Schrapper 2005, 189. Vgl. auch Harnach 2007, 13ff.

Wissenschaft und Praxis der sozialen Arbeit haben mitunter ein gespanntes Verhältnis zu diagnostischen Verfahren[84], weil sie sich dabei lediglich der Einschätzungsautorität anderer Professionen bediene, die der Tradition des hermeneutischen Fallverstehens widersprächen.[85] An dieser Stelle soll darauf verzichtet werden, diesen grundsätzlichen Konflikt und eine „leidige Diskussion“ [86] nachzuzeichnen. Vielmehr soll darauf aufmerksam gemacht werden, dass die Sichtweisen anderer Disziplinen und Professionen für die Soziale Arbeit aufgrund ihres transdisziplinär begründeten Handlungsauftrags durchaus relevant und hilfreich sind, ohne dass diese dadurch herabgesetzt oder kolonialisiert wird oder sich hierin erschöpft. Entscheidend ist vielmehr zu welchem Zweck und mit welcher professionellen Attitüde (Haltung) diagnostische Verfahren eingesetzt werden. Ohne die grundsätzlichen Fragen und Grenzen psychosozialer Diagnosen ignorieren oder klein reden zu wollen, die auf fachlichen Kriterien beruhende Einschätzung von Gefährdungssituationen ist zur Abwägung von Risiken einerseits sowie andererseits zur Entwicklung weiterführender Unterstützungsleistungen und Anschlusshilfen unabdingbar.[87] Werden dem Jugendamt Hinweise auf die Misshandlung oder Vernachlässigung eines Kindes bekannt, haben dessen Mitarbeiter die Aufgabe durch eine fachkundige Informationssammlung und Bewertung zu klären, ob eine solche Gefährdungslage vorliegt und welche Interventionen zu deren Abwendung durchzuführen sind. Ob eine zu einer Intervention Anlass gebende Gefährdungslage vorliegt und welche Anschlusshilfen gegebenenfalls angeboten werden können, hat sich dabei stets an den gesetzlich definierten Kriterien zu orientieren (hierzu Kap. 3.2.2, S. 123 ff.). Es geht also insbesondere im Kontext der Krisenin-

84 Hierzu Ader u. a. 2001; Egle u. a. 1997; Bayerisches Landesjugendamt 2001; Heiner 2001 u. 2004; Harnach 2007; Mollenhauer/Uhlendorf 1999; Schrapper 2003a, 2004 u. 2005.

85 Zur Kritik vgl. Heiner 2001, 253; Merchel 2006, 63 ff.; Mollenhauer/Uhlendorff 1999, 9 ff.; Schrapper 2005, 190 ff.; Uhlendorf 2005.

86 Ebenso Jordan 2005, 491; vgl. auch Schrapper 2005, 190.

87 Vgl. Dettenborn 2003; Fegert 2007; Kindler 2001; 2005, 386, 2006 h; Salgo 2006, 533; Ostler/Ziegenhain 2007. Zu den Konsequenzen einer mangelhaften Hilfeplanung und einer vorschnellen Überführung der Inobhutnahme in ungeeignete Erziehungshilfen vgl. unten S. 107.

terventionsarbeit vorrangig um eine **entscheidungsorientiert-legitimatorische Diagnostik,** die ebenso sozialarbeiterisch legitim wie methodisch ist wie andere Verfahren des sozialpädagogischen (z. B. biographisch-rekonstruktiven) Fallverstehens, wobei insbesondere auch die Möglichkeiten von (begleiteten) Veränderungsprozessen prognostisch im Rahmen der Prozesssteuerung berücksichtigt werden sollen.[88] Aus rechtsstaatlichen Gründen bedarf es sowohl im Hinblick auf die sozialpädagogische Krisenintervention (Schutz- und Leistungsgewährung) als auch im Hinblick auf die privatrechtlichen Entscheidungen des Familiengerichts (z. B. im Hinblick auf das Personensorgerecht der Eltern) letztlich subsumierbarer Sachverhalte. Die normativen Vorgaben erfordern von den fallverantwortlichen Fachkräften dabei eine Informationsbewertung auf zwei Ebenen:

- die Bewertung in fachlich-sozialpädagogischer Hinsicht (Diagnose und Prognose),
- die Bewertung in rechtlicher Hinsicht (Subsumtion[89]).

Beide Ebenen, sozialpädagogische Bewertung und rechtliche Subsumtion, sind oftmals untrennbar miteinander verknüpft und erscheinen mitunter als „widersprüchliche Einheit von Entscheidungszwang und Begründungsverpflichtung".[90]

Die rechtliche Bewertung baut einerseits auf der fachlich-diagnostischen Einschätzung der Situation und ggf. einer Prognose im Hinblick auf künftige Entwicklungen auf; andererseits darf sich jene nur auf die rechtlich vorgegebenen, relevanten Kriterien beziehen. Im Rahmen der Subsumtion werden die rechtlich relevanten Kriterien und der Sachverhalt aufeinander bezogen, der Sachverhalt wird im Hinblick auf seine rechtliche Relevanz überprüft. Auch bei der inhaltlichen Ausgestaltung und Durchführung der konkreten Intervention wirken rechtliche Kriterien weit in den Hilfeprozess hinein. Stets verknüpfen sich dabei zwei in sich komplexe Faktorenbündel. Die Einschätzung der Schwierigkeiten von Heranwachsenden und Familien (das eine Faktorenbündel)

88 Vgl. Beelmann 2001; Schrapper 2001, 20f.

89 Ausführlich zu den Grundlagen der Rechtsanwendung, insbesondere zur Subsumtion vgl. Trenczek u. a. 2008, 97 ff., (121 ff.).

90 Nölke 1999, 661.

muss bezogen werden auf Ressourcen, Chancen und Schwierigkeiten in den Hilfeangeboten (das zweite Faktorenbündel).[91] Es ist gerade ein Element der Fachlichkeit, die jeweiligen Besonderheiten des Einzelfalls sozialarbeiterisch-methodisch zu erfassen, diese bewusst in den juristisch-normativen Entscheidungsprozess einzubringen und dabei insbesondere Entscheidungsalternativen zu erkennen. Bei Diagnosen und Risikoabschätzungen/Prognosen sind Zweifel und Risiken der Fehleinschätzungen (insbesondere im Hinblick auf die prognostischen Einschätzungen immanente Zukunftsperspektive) unvermeidlich, methodische und sonstige handwerkliche Fehler allerdings durch fachgerechtes, d.h. an anerkannten fachlichen Standards ausgerichtetes, und sorgfältiges Arbeiten zu vermeiden. Allerdings scheinen viele Mitarbeiter der Inobhutnahmestellen und Sozialarbeiter der Jugendämter mit psychodiagnostischen Verfahren wenig vertraut noch in der Subsumtion der normativen Handlungsanweisungen sicher zu sein. Wenn von den Mitarbeitern der sozialen Dienste bestehende Unsicherheiten aus Angst vor eigener Stigmatisierung und Abwertung verdeckt werden, besteht allerdings die Gefahr, dass professionelle Helfer krisenhafte Geschehen verharmlosen oder überdramatisieren und damit in der Krisenintervention und Hilfeplanung unbewusst Wiederholungen schädigender Beziehungsmuster inszenieren.[92]

Funktion und Reichweite der sozialpädagogischen Diagnose

Ungeachtet der unterschiedlichen Zwecke von entscheidungsorientierten oder rein biographisch-rekonstruktiven oder inszenierenden Verfahren müssen im Hinblick auf die Diagnose im Rahmen der öffentlichen Jugendhilfe vor allem zwei Aspekte berücksichtigt werden. Auch eine qualifizierte Risikoeinschätzung, Verdachtsabklärung und Hilfeplanung der Sozialdienste kann eine darüber hinausgehende psychologische, medizinische oder psychiatrische Begutachtung[93] nicht ersetzen, sondern geht ihr notwendig voraus. Bei Verdacht auf körperliche Misshandlungen sind z.B. medizini-

91 Vgl. hierzu das Kapitel 6.2 „Zuweisungskriterien/Diagnosen" im 8. Jugendbericht BT-Drs. 11/6576 S. 132 ff.

92 So zurecht Recht 1998, 237.

93 Hierzu Balloff 2004, 119 ff.; Döpfner 2000, Fegert 2001; Jäger 1988; Kanthak 2004; Schmidt 2005.

sche Untersuchungen indiziert und mitunter eine sofortige ärztliche Versorgung erforderlich. Gemeinsames **Hauptziel** jeder psycho-sozialen (sozialpädagogischen wie psychologisch-therapeutischen) Diagnostik ist nicht nur das Erkennen von Mangelsymptomen, Gefährdungslagen und Krisen, sondern stets die darüber hinaus reichende Indikationsstellung und differenzierte Planung von pädagogischen, psychologischen oder sonstigen therapeutischen Interventionen.[94] Es handelt sich damit *nicht* um eine Beweisdiagnostik im Hinblick auf die Durchführung eines Strafverfahrens, welches dem komplexen Familiengeschehen und dem längerfristigen Hilfebedarf von Kindern und Jugendlichen nicht gerecht werden kann (hierzu Kap. 3.5, S. 167 ff.). Ein bedarfs- und behandlungsorientierter Diagnoseansatz kann „niemals eine absolute Sicherheit oder Wahrheit liefern [...], schon gar nicht darüber, was genau vorgefallen ist".[95] Darüber hinaus geht es dem Jugendamt nicht nur um eine Bewertung in der Vergangenheit liegender Geschehnisse, sondern im Hinblick auf das Kindeswohl muss im Rahmen der Krisenintervention stets auch der **Blick in die Zukunft** gerichtet werden. Im konkreten Einzelfall bleiben Prognosen stets unsicher, auch eine Reihe von in der Vergangenheit festgestellten Einzelmerkmalen prädisponieren nicht automatisch eine Gefährdung in der Zukunft. Zwischen der belegbaren Misshandlung bzw. Vernachlässigung und dem erneuten Auftreten einer (weiteren/fortdauernden) Kindeswohlgefährdung besteht empirisch nur ein schwacher Zusammenhang. Unter prognostischen Gesichtspunkten fehlt es an validen Kriterien, die das Risiko weiterer Gefährdungen oder Entwicklungsverläufe zuverlässig bestimmen könnten.[96] Im Hinblick auf die Interventionen der Jugendhilfe ist mit Nachdruck darauf hinzuweisen, dass die hauptsächliche Orientierung an Schädigungen in der Vergangenheit und Gegenwart nicht nur zu falsch-negativen, sondern auch zu falsch-positiven Einschätzungen führen kann mit der Gefahr übertriebener, der Situation des Kindes unangemessener Gefährdungsfehleinschätzungen und da-

---

94 Kanthak 2004, 181.

95 Kanthak 2004, 181.

96 Kindler 2005, 391; zu sozialwissenschaftlichen Prognosen vgl. auch Albrecht 1990; Beelmann 2001.

raus folgenden (Fehl)Interventionen (**sekundäre Kindeswohlgefährdungen**/Viktimisierung).[97] Die Risikoeinschätzung kann für sich genommen niemals eine Intervention legitimieren. Auch eine in der Vergangenheit liegende Kindeswohlgefährdung und selbst eine gegenwärtig noch fortbestehende Gefährdungssituation kann für sich genommen – weder sozialpädagogisch noch rechtlich (s.u. Kap. 3.2.2, S. 123ff.) – eine Abkehr der vorrangigen Orientierung auf Hilfe und Unterstützung begründen. Nach § 1666 BGB und § 8a Abs. 3 SGB VIII ist ausdrücklich die fehlende Bereitschaft und/oder Fähigkeit der Eltern zur Gefahrabwehr konstitutives Merkmal jedes juristischen wie sozialpädagogischen Zwangseingriffs.

Problem- und Hilfeverständnis der Betroffenen

In diesem Zusammenhang ist deshalb besonders zu berücksichtigen, dass sich häufig deutliche **Unterschiede im Problem- und Hilfeverständnis** der Betroffenen einerseits und bei den Fachkräften der Jugendhilfe andererseits feststellen lassen. Schon die Schwere und die Häufigkeit von Misshandlungen sind nicht immer Fakten, die einfach ohne Weiteres zur Verfügung stehen. Sie lassen sich mitunter nur mühsam rekonstruieren,[98] da die Einschätzungen und Vermutungen über gefährdende Situationen und Beziehungen aufgrund der unterschiedlichen Zugänge zu den Kindern und ihren Fami-

97 Balloff 2004, 225f.; Dettenborn 2003, 295ff.; Kindler 2005, 387.

98 Unter Rückgriff auf die klassische Wahrnehmungstheorie geht die Neuro- und **Kognitionswissenschaft** heute davon aus, dass die Fähigkeit zur Wahrnehmung auf der Fähigkeit basiert, die gesamte Erfahrung zu organisieren. Es ist die Fähigkeit des Menschen, seine vergangene Erfahrung kontinuierlich mit den gegenwärtigen Sinnesreizen synthetisch zu verbinden. Wahrnehmung ist also ein aktiver Prozess und nicht nur eine passive Verarbeitung von Umweltreizen durch die Sinnesorgane. Nie können wir die Wirklichkeit „an sich“ erleben. Immer vermischen sich die Perzeption von Sinnesreiz und Informationsverarbeitung. Wahrnehmung ist somit gleichzeitig immer auch subjektiv und selektiv, ist immer Interpretation und Konstruktion. Erkenntnistheoretisch basiert hierauf der sog. **Konstruktivismus**, womit der Fokus weggelenkt wird von den zu beobachtenden Objekten hin zu dem wahrnehmenden Subjekt, seinen internen Strukturen, seinen Filterungs- und Bewertungsprozessen. Ein gänzlich objektiver Blick, ein Blick ohne Brille, scheint für den Menschen nicht möglich zu sein. Wirklichkeit erscheint also immer als soziale Konstruktion, die in der Kommunikation mit anderen ausgehandelt und hergestellt werden muss (hierzu vgl. Balgo 1989; Kleve 2003; Watzlawik/Kreuzer 2007).

lien und Kontakte zu Meldern unterschiedliche Erwartungen und Befürchtungen auslösen (können).[99] Sozialpädagogische wie diagnostische Fragestellungen sind gerade im Rahmen des Kinderschutzes mit den Konstruktionsregeln für die Herstellung sozialer Wirklichkeit radikaler konfrontiert, als dies in anderen Arbeitsfeldern der Fall ist, denn „wer an der Zone sozialer Abweichung arbeitet, sich diese gar pädagogisch zum Thema macht, der muss sich, wenn er in dieser Lage pädagogisch wahrhaftig sein soll, auf Lebensentwürfe einlassen, die curricular nicht vermessen werden können, obzwar durchaus rechtsförmig."[100]

Darüber hinaus ist zu beachten, dass die Mitarbeiter von Jugendämtern und Kinderschutzstellen bei der Konstruktion von Wirklichkeiten selbst mitwirken. Sie haben hier durch ihre Version der Geschichte, ihre Wahrnehmungen und Interpretationen sogar einen sehr wesentlichen Einfluss, denn im Regelfall erfolgt die Definition einer Kindeswohlgefährdung zunächst durch die zuständigen Sozialarbeiter im ASD selbst, wenn erste Anzeichen von Dritten gemeldet werden.[101] Die

Fehlerquellen

Fehlerquellen bei der Informationsgewinnung und -bewertung sind zahlreich (z. B. unvollständiger Sachverhalt, selektive Wahrnehmung, Schwierigkeiten bei der Gewichtung und Verknüpfung von Informationen; sonstige Fehler bei der Urteilsbildung).[102] Es darf vor allem nie vergessen werden, dass die institutionellen Zwänge der Jugendhilfe „zu Verkürzungen, z. B. zu Erwartungen [verführen], dass Probleme in gesetzlich vorgegebenen Maßnahmen oder Strukturen hineindefiniert werden, also in die traditionell individualisierenden Verständnismuster verwaltungstechnischer, pädagogischer oder therapeutischer Provenienz (deren Wirkung oft noch verstärkt wird durch die reduktionistischen und stigmatisierenden Konsequenzen von Fallberichterstattung und Aktenführung".[103] Deshalb muss immer wieder mit Nach-

99 Kohaupt 2005, 218 ff.; BMFSFJ 2002, 391; Faltermeier 2000; zu den unterschiedlichen Problem- und Hilfeverständnissen vgl. auch Kinderschutz-Zentrum Berlin 2000, 105 ff.

100 Mollenhauer/Uhlendorff 1999, 22.

101 Münder Mutke/Schone 2000, 348.

102 Hierzu Harnach 2007, 29 f.

103 So bereits die Verfasser des 8. Jugendberichtes BT-Drs. 11/6576, 133.

druck darauf hingewiesen werden, dass eine sozialpädagogische Hilfe auch im Kindesschutz nachhaltig nur prozesshaft-interaktiv gelingen kann und die Diagnostik am Anfang einer mitunter längerfristigen pädagogischen Arbeit mit dem Kind und seiner Familie steht. Der Aufbau einer möglichst vertrauensvollen Arbeitsbeziehung ist einerseits zur Vorbeugung gegen Verschließungstendenzen bei dem Kind und seiner Familie notwendig, andererseits darf dieses Zwischenziel nicht die Augen vor unmittelbar abzuwendenden akuten Gefährdungen verschließen lassen.

Risikoeinschätzung

Es ist vielleicht die methodisch schwierigste Frage, wie der Verdacht auf Misshandlung, Missbrauch oder Vernachlässigung abgeklärt werden kann. Ärzte und medizinisch geschulte Mitarbeiter können auf unterschiedlichen Wegen zur Verdachtsabklärung beitragen. Körperliche Verletzungen oder Mangelversorgungszustände bedürfen der sofortigen ärztlichen Versorgung, sie können häufig auf Misshandlung, Missbrauch oder Vernachlässigung als Faktum hinweisen, allerdings nur mehr oder weniger gesichert auf deren Ursachen. Die Vernachlässigung von Kindern wird in der Regel nicht durch einzelne Ereignisse sichtbar, sondern bezeichnet einen chronischen Zustand. Auch die psychische Misshandlung lässt sich anders als körperliche Gewalt und sexuelle Nötigung selten an einzelnen Handlungen festmachen und ist mitunter nicht leicht von unpädagogischem, rüdem, falschem aber noch rechtmäßigem Erziehungsverhalten abzugrenzen. Entsprechendes gilt für die verschiedenen Formen der Kindeswohlgefährdung untereinander. Jede körperliche Misshandlung ist eine seelische. Körperlich misshandelte Kinder werden häufig auch vernachlässigt. Das gemeinsame Vorkommen von Übergriffen und Vernachlässigungen scheint eher die Regel als die Ausnahme zu sein.[104] Mitarbeitern der Jugendhilfe wird es gleichwohl oft nicht gelingen, genau festzustellen, ob eine Kindeswohlgefährdung (im engeren Sinne) vorliegt. Dies ist freilich auch nicht notwendig, da die Jugendhilfe/das Jugendamt nicht die Aufgabe hat, einen (gar strafrechtlich verwertbaren) beweiskräftigen Sachverhalt festzu-

104 Die empirischen Befunde zusammenfassend Bender/Lösel 2005, 318; Kindler 2005.

stellen. Was sie aber im Hinblick auf Krisenintervention und Hilfeangebote leisten muss, ist das Erkennen von Risiken, die zu einer Kindeswohlgefährdung führen können. Die empirische Forschung hat mittlerweile eine Reihe ganz brauchbarer Faktoren erarbeitet, die auf ein erhöhtes Risiko von Kindern und Jugendlichen insbesondere in familiären Belastungssituationen hinweisen.[105] Nicht immer realisieren sich diese Risiken, sie geben aber Anlass, genauer hinzuschauen, das Gespräch zu suchen, Hilfen anzubieten und ggf. Schutzmaßnahmen zu ergreifen. Risikoeinschätzungen sind Teil einer die Jugendhilfe kennzeichnenden Prozessorientierung.[106] Risikofreie Entscheidungen sind im Rahmen des Kindesschutzes nicht möglich, sie lassen sich aber durch fachliche Standards minimieren.

Risikofaktoren

Übersicht 5: Risikobereiche und Beispiele von Risikofaktoren zur strukturellen Einschätzung des Misshandlungs- und Vernachlässigungsrisikos[107]

Merkmale der Bezugspersonen	– unangemessen autoritäre Erziehungsvorstellungen, distanzierte bis hilflose Fürsorgestrategie – Bejahung drastischer Formen der Bestrafung – überzogene, unerfüllbare Erwartungen an das Kind – ausgeprägte Gefühle der Belastung, Hilflosigkeit bzw. Überforderung; hohe Stressbelastung – depressive Störungen – Suchtmittelabhängigkeit – eigene extreme Vernachlässigungs- und Misshandlungserfahrungen in der Kindheit – leicht auszulösende, intensive Gefühle von Trauer, Niedergeschlagenheit oder Ärger – geringe Frustrationstoleranz – Geschichte aggressiver Übergriffe auf Andere – extreme Desorganisation des Alltags

105 Bender/Lösel 2005; Kindler 2005, 388ff.; Vgl. hier auch die Beiträge in dem Band von Egle u. a. 2005.

106 Kindler 2005, 387; Schrapper 2001.

107 Im Anschluss an Kindler 2001, 128f.; 2005, 392ff.; Kindler 2006 g; vgl. auch Fegert 2007, 198; Ostler/Ziegenhain 2007, 79.

Merkmale der Familie und Umwelt	– soziale Isolierung – massive Partnerschaftskonflikte/Partnergewalt
Merkmale des Kindes (insbesondere aus der Sicht der Eltern im Hinblick auf deren erhöhte Stressbelastung und besonders hoher Erziehungsanforderungen)	– unzureichende Befriedigung wesentlicher Grundbedürfnisse (Ernährung, Pflege, Kleidung, Schutz, Sicherheit, Ansprache) – Entwicklungsverzögerung – Krankheit, Behinderung – besonders auffälliges, abweichendes Verhalten – „schwieriges Temperament", Hyperaktivität
Kennzeichen früherer Misshandlungen bzw. Vernachlässigungen	– Bagatellisierung – nicht nur singuläre/mehrere Vorfälle
Merkmale der Eltern-Kind-Interaktion	– frühe/längere Trennung in der Vorgeschichte – beobachtbare „Zwangszirkel" – Ablehnung, beständige Zurückweisung des Kindes, Sündenbockrolle – fortlaufende Drohungen, das Kind fortzuschicken oder zu verlassen – Kontaktvermeidung, Angst
Zugang potentieller Misshandler zum Kind	– dominante Stellung in der Familie

Regelgeleitetes Diagnoseverfahren

Wie soll mit den betroffenen Kindern und Jugendlichen, den Eltern usw. Kontakt aufgenommen und kommuniziert werden, welche sonstigen Möglichkeiten gibt es, Risiken und Kindeswohlgefährdungen festzustellen und gleichzeitig möglichst effektiv und nachhaltig zu helfen? Auch wenn Eltern mutmaßlich Verursacher und Täter von Gefährdungen ihrer Kinder sind, ist es im Hinblick auf die normativ geforderte und sozialpädagogisch sinnvolle Elternarbeit (s. u. S. 173 ff. u. 225 ff.) zunächst wesentlich, den eigenen Auftrag und den Zweck der Risikoabklärung (Schutz- und Hilfeauftrag, nicht Beweiserhebung) nicht aus den Augen zu verlieren und im Kontakt mit den Betroffenen transparent zu machen. Ein respektvolles Agieren, die klientenzentriert angemessene Kommunikation ist in aller Regel geboten, um die Situation gemeinsam mit den Eltern zu erkennen, an die Hinter- und Beweggründe ihres Verhaltens zu gelangen und dieses zu verstehen, um angemessene Interventionen zu initiieren.

In der Kinderschutz-Praxis hat sich ein Vorgehen bewährt, das sich an vier Fragen orientiert[108]:

1. **Gewährleistung des Kindeswohls:** Inwieweit ist das Wohl des Kindes oder Jugendlichen durch die Eltern/Sorgeberechtigten gewährleistet oder ist dies nur zum Teil oder überhaupt nicht der Fall?
2. **Problemakzeptanz:** Sehen die Eltern/Sorgeberechtigten und die Kinder oder Jugendlichen selbst ein Problem oder ist dies weniger oder gar nicht der Fall?
3. **Problemkongruenz:** Stimmen die Eltern/Sorgeberechtigten und die beteiligten Fachkräfte in der Problemkonstruktion überein oder ist dies weniger oder gar nicht der Fall?
4. **Hilfeakzeptanz:** Sind die betroffenen Eltern/Sorgeberechtigten und Kinder oder Jugendlichen bereit, die ihnen gemachten Hilfeangebote anzunehmen und zu nutzen oder ist dies nur zum Teil oder gar nicht der Fall?

Klärungshilfe

Gerade im Hinblick auf mangelversorgte oder misshandelte Säuglinge und Kleinkinder[109] geht es zunächst und vorrangig um die sofortige (medizinische) Sicherstellung der vitalen Grundbedürfnisse. Sozialpädagogisches Handeln muss hier ggf. zunächst zurückstehen. Im Hinblick auf die **Klärungshilfe** und **gemeinsame Problemdefinition** geht es nicht nur darum, die aktuelle Einschätzung der Krisensituation und unmittelbaren Gefährdung des Kindeswohls verlässlicher und transparenter vorzunehmen, sondern über die akute Risikoeinschätzung hinaus mit den weiterhin verantwortlichen Eltern die Grundlage für deren Problem- und Hilfeakzeptanz zu schaffen. Hierzu kommen in der Praxis mittlerweile verschiedene standardisierte Prüfverfahren zur Anwendung.[110]

---

108 Vgl. Kinderschutzzentrum Berlin 2000, 111 ff.; Kohaupt 2005, 233, 221 f.; Stadt Dormagen 2001, 89; Deutscher Städtetag 2003, 228.

109 Vgl. Frank 2007; Kindler 2007; hierzu auch Kindler u.a. 2006 Kap. 13 ff.

110 Vgl. z.B. Interdisziplinäre AG Hannover 1997; Jordan 2005, 491 ff. (insbesondere „Glinder Manual").; Kindler 2005, 391 ff. (z.B. BridgeAlert-Fragebogen); Schultz 2005, 469; Stadt Recklinghausen 2001; Reich 2005 (Stuttgarter Kinderschutzbogen), vgl. auch Kappis/Hardt 2005; Offe 2007, 238 ff.; Ostler/Ziegenhain 2007, 67 ff.. Diese standardisierten Verfahren zur Beobachtung und Interpretation von Risikosituationen sind zu unterschei-

Diagnoseverfahren

Diese Arbeitshilfen für das Erkennen von Gefährdungslagen haben das Potential, individuelle Ausbildungs- und Beurteilungsmängel zu überwinden und ein **regelgeleitetes Diagnoseverfahren** nicht nur im Hinblick auf die Risikoabschätzung, sondern auch im Hinblick auf die Feststellung des erzieherischen Bedarfes (Gewährleistung des Kindeswohls[111], vgl. § 27 SGB VIII) und geeigneter Hilfeformen zu fördern.[112] Freilich haben auch diese Arbeitshilfen immer nur eine begrenzte Wirkung und Reichweite und können den Problemen von Kindern und Jugendlichen sowie ihrer Familiensysteme nicht immer gerecht werden, soweit standardisierte Verfahren auf der Erwartung „objektiv" feststellbarer Fakten und Daten basieren und zu wenig berücksichtigen, dass die Wirklichkeit auch in Gefährdungssituationen wie bereits erwähnt in einem dialogischen Kommunikationsprozess mit den Betroffenen mitunter erst mühsam rekonstruiert werden müssen. Man muss aber nicht so weit gehen, den Anwendern von standardisierten Verfahren vorzuwerfen, sie machten die Betroffenen durch die „Technisierung der Entscheidungen" per se zu einem „Objekt" diagnostischen bzw. pädagogisch-therapeutischen Handelns[113], wenn es auch bei Anwendung standardisierter Leitfäden und Orientierungen gelingt, die parallele Gültigkeit der Prinzipien von Fachlichkeit und Beteiligung aufrecht und in der Balance zu halten.[114] Die Nützlichkeit standardisierter Leitfäden für das diagnostische Vorgehen besteht ja nicht nur oder nicht einmal in erster Linie im Sammeln und der Dokumentation von Daten und deren rechtlicher Bewertung, sondern zeigt sich darin, die Beteiligung und die Selbstsicht der Betroffenen im pädagogischen Alltag systematisch zu reflektieren und zum Ausgangspunkt

---

den von den Verfahrensstandards für das Vorgehen bei Gefährdungsmeldungen (zum Umgang mit Gefährdungsmeldungen s.u. Kap. 4.1, S. 173 ff.)

111 Zu den unterschiedlichen Interventionsschwellen Gefährdung und Gewährleistung des Kindeswohls s.u. Kap. 3.3.1, S. 149 f. sowie Trenczek/Tammen/Behlert 2008, 387.

112 Z.B. Bayerisches Landesjugendamt 2001; Becker/Petermann 1997; Harnach 2000, 98 ff.; kritisch hierzu Merchel 2006; Uhlendorff 2005.

113 Merchel 1994, 45; 2006, 65.

114 Schefold 2002, 1090. Zu den Qualitätskriterien psychosozialer Diagnosen vgl. Harnach 2007, 40 ff.

Risikochecklisten

pädagogischen Handelns zu machen.[115] Das gilt auch für relativ einfach strukturierte Risikochecklisten, sofern diese inhaltlich nicht nur leicht wahrnehmbare Fakten, sondern vor allem auch dynamische und damit veränderbare Faktoren in den Blick nehmen, und vor allem sofern sie nicht nur als schlichtes „technisch" zu handhabendes Bewertungsraster („Multiple-Choice-System") verwendet, sondern methodisch im Rahmen der kollegialen Beratung (s. u. S. 59) und im Dialog mit den Betroffenen eingesetzt und gemeinsam kommunikativ validiert werden.[116] Eltern und Kinder sind ja gerade nicht Objekte der professionellen Analyse, die Einbeziehung der Klienten ist ein Wesensmerkmal der sozialpädagogischen Fachlichkeit nicht nur im Rahmen der sozialpädagogischen Hilfe, sondern auch der vorausgehenden Diagnoseverfahren und Deutungsmethoden. Partizipation der Klienten schon im Klärungsprozess ist ein entscheidendes Merkmal sozialpädagogischer Qualität.[117] Diagnostik in der Jugendhilfe ist deshalb normativ (vgl. §§ 8a Abs. 1, 36 Abs. 1 u. 2 SGB VIII) und damit „per se" ein **interaktives Verfahren,** bei der die Sichtweise der Betroffenen als Adressaten der Hilfe notwendig einbezogen wird.[118] Dies gilt nicht nur für den Leistungsbereich der Jugendhilfe und den sog. „Aushandelungsprozess" im Rahmen einer fachgerechten Hilfeplanung, sondern ebenso im Rahmen der Krisenintervention. Gefahren der Stigmatisierung der Familien als Adressaten sozialpädagogischer Interventionen werden durch die Verwendung strukturierter Erhebungsinstrumente im Rahmen eines regelgeleiteten Diagnose-

115 Harnach 2000, 41 ff.; Jordan 2005, 491 f.; Kinderschutzzentrum Berlin 2000, 60 ff.; Kindler 2007, 390 ff.; Schön 2004, 5; Schrapper 2005, 193 ff.

116 Reich 2005, 513: Die kommunikative Validierung hat zum Ziel, sich vor dem fachlichen Hintergrund in einer gemeinsamen Runde über die Gültigkeit der Interpretation beobachteter Situationen oder Sachverhalte auszutauschen und sich zu einigen.

117 Vgl. Schrapper 2001, 22 ff.

118 Vgl. die Gesetzesbegründung zu § 36 SGB VIII bei Einführung des KJHG, BT-Drs. 11/5948, 73; Münder u. a. 2006, § 36, Rz. 23. Freilich wird insoweit nicht übersehen, dass Anspruch und Wirklichkeit auch in der Sozialen Arbeit des Jugendamtes mitunter auseinander fällt. So haben Münder/Mutke/Schone (2000, 348) festgestellt, dass die Beteiligung der Betroffenen im Rahmen der Hilfeplanung häufig nur formal realisiert und nicht selten traditionell fürsorglich verfahren wird, sodass eine Stärkung der Beteiligungsmöglichkeiten und -fähigkeiten tatsächlich nicht stattfinde.

verfahren nicht zwingend erhöht. Der im konkreten Fall mangelhafte Umgang mit (diagnostischen) Methoden ist kein spezifisches Problem der Diagnostik und der stigmatisierende Umgang mit Klienten ist vielmehr ein unspezifisches Zeichen unprofessionellen Verhaltens. Entscheidend ist stets die auf Dialog und Emanzipation ausgerichtete **Grundhaltung** und **Fachlichkeit** der Mitarbeiter der Jugendhilfe. Standardisierte Verfahren setzen entsprechend qualifizierte und erfahrene Fachkräfte voraus, diagnostische Kompetenzen der fallverantwortlichen Fachkräfte sollen durch ihre Verwendung nicht verschüttet oder entwertet, sondern als Einstiegshilfe unterstützt werden.[119]

Zugang zu den Betroffenen

Die Fachkräfte der Jugendämter und Jugendschutzstellen sind gerade in der Exploration[120] und der Beratung von Kindern, Jugendlichen und ihren Eltern vor besondere Anforderungen gestellt, zumal Kinder und Jugendliche nicht immer in der Lage sind, Störungen und Krisenauslöser „erwachsengerecht“ zu verbalisieren (hierzu s. o. Kap. 1.1, S. 7). Die Praxis der Kinder- und Jugendschutzstellen muss deshalb gerade hierauf Rücksicht nehmen und Gesprächs- und Diagnosekonzepte entwickeln, die es ihr erlauben, einen Zugang zur inneren („bösen“) Welt[121] des Kindes zu gewinnen und es Kindern und Jugendlichen ermöglichen, Vertrauen zu entwickeln und sich zu öffnen.

In der Krisenintervention mit Kindern werden häufig Materialien (Handpuppen, Spielzeugtiere, Malutensilien u. a.) verwendet, um ihnen die Möglichkeit zu geben, ihre Erlebnisse und Gefühle auszudrücken. Bei der Bewertung solcher szenischen Beschreibungen ist allerdings Vorsicht geboten, sie dienen zunächst lediglich dazu, einen kindgerechten, wenig Angst auslösenden Zugang zum Kind und seiner Erlebniswelt zu schaffen, nicht aber um die „Wahrheit“ von Vorgängen

---

119 Kindler 2005, 395.

120 Wörtlich bedeutet der Begriff Exploration „Erforschung“, meint aber nicht die beweiskräftige Erforschung von Sachverhalten wie z. B. im Rahmen einer polizeilichen Ermittlung, sondern hat als Bezeichnung für eine fachlichen Kriterien entsprechende Diagnose Eingang in die psycho-soziale Terminologie gefunden.

121 Liegle 2000; Westermann 1998. Vgl. z. B. Gründer u. a. 2004.; Nowotny 2006.

feststellen zu können.[122] Es sollte deshalb davor gewarnt werden, wenn hierzu nicht spezifisch ausgebildete und erfahrene Personen (insoweit halbprofessionelle Laien) sich anmaßen, entsprechende Diagnosen zu stellen. Entsprechendes gilt für die Anwendung von Testverfahren[123], zumal umstritten ist, ob diese Verfahren wissenschaftlichen Gütekriterien entsprechen. Ein unrühmliches Beispiel, wie mit fragwürdigen Testmethoden viel zusätzliches Leid verursacht werden kann, sind die Fälle, in denen in einer Vermischung von helfender Beratung und eigenmächtigen Ermittlungsversuchen aufgrund Kinderzeichnungen von Mitarbeitern einer Kindertagesstätte angestellte Vermutungen über den sexuellen Missbrauch der betreuten Kinder in der Familie einer seriösen Überprüfung nicht Stand hielten.[124] Ohne die Einbeziehung von spezifisch kinder- und jugendpsychologisch bzw. -therapeutisch ausgebildeten Fachkräften ist eine solche Diagnose nicht zu stellen. Vielmehr machen sich nicht adäquat ausgebildete Mitarbeiter anfällig für Instrumentalisierungen, wenn sie in guter Absicht auf Basis nicht fachlich abgesicherter Vermutungen initiativ werden. So wird in Sorgerechtsprozessen der Vorwurf des sexuellen Missbrauchs nicht selten als Waffe gegen den ehemaligen Partner eingesetzt („Missbrauch des Missbrauchs").[125]

Notwendigkeit fachspezifischer Qualifikation

Kommunikation

In einer insbesondere durch eine Kindeswohlgefährdung ausgelösten Krisensituation bedürfen Kinder und Jugendliche besonders der Geborgenheit und Zuwendung.[126] Notwendig ist deshalb eine besonders **einfühlsame, alters- und situa-**

---

122 Kanthak 2004, 181; Wegener 2004, 196.

123 Z.B. familiendiagnostische und Angstfragebögen (PFK 9–14; AFS), Satzergänzungsverfahren und Apperzeptionstests (TAT und CAT), Rorschach- und Zeichentests, Spieletests (Sceno-Test) und sonstige psychodiagnostische Testverfahren vgl. die Beispiele bei Kanthak 2004, 185; Westermann 1998.

124 Z.B. sprach das Landgericht Mainz in den schlagzeilenträchtigen Wormser Kindesmissbrauchsverfahren im Juni 1997 25 Angeklagte frei, da die Aussagen der Kinder sich als nicht verwertbar erwiesen. Mitarbeiterin einer Beratungsstelle und „übereifrigen" Staatsanwälten wurde vorgeworfen, Kinder mit Suggestivfragen manipuliert zu haben.

125 Wiesner 2005, 291.

126 Zur Art und Weise des Kontaktaufbaus und der Gesprächsführung, vgl. Kindler u.a. 2006 Kap. 68; Gründer u.a. 2004.; Nowotny 2006.

tionsgerechte Kommunikation über die Situation und die möglichen, gemeinsam zu planenden Bearbeitungsschritte. Gerade in der Schockphase von Krisen müssen sich die Gefühle frei äußern dürfen (nicht müssen), eine vernunftmäßig rationalisierende Argumentation hat hier in der Regel keinen Platz. Der Betroffene muss erst zur Ruhe kommen und Kräfte sammeln können.

Informatorische Befragungen von Kindern können für Kinder eine zusätzliche Belastung und Überforderung darstellen, sie in Loyalitätskonflikte und Fachkräfte leicht in Zielkonflikte verwickeln. Direkte Fragen nach Misshandlung oder Missbrauch sind nur bei einem belastbaren Vertrauensverhältnis und unter Zusicherung der (rechtlich leider nie absoluten) Vertraulichkeit (hierzu s. u. Kap. 4.1, S. 184 f.) möglich. In diesem Zusammenhang ist von Interesse, dass Kinder und Jugendliche den Kontakt zu Mitarbeitern der Jugendschutzstelle offenbar nicht nur intensiver, sondern auch als weniger belastend wahrnehmen als zu den Mitarbeitern des Jugendamts.[127] In persönlichen Angelegenheiten suchten sie eher das Gespräch mit den Betreuern der Jugendschutzstelle, zu denen ein enger Kontakt und ein relativ vertrauensvolles Verhältnis bestanden. Der Kontakt zum Jugendamt wurde häufig als belastend empfunden, insbesondere wenn sie bei häufigen Zuständigkeitswechseln immer wieder erneut aufgefordert wurden, ihre Lebensgeschichte zu erzählen. Da für die Jugendlichen die parteiliche Arbeit der Mitarbeiter der Jugendschutzstelle von entscheidender Bedeutung ist, haben die Jugendämter hier auch die Bürde der die Eltern einschließenden Systemorientierung zu tragen, die es ihnen gelegentlich schwer zu machen scheint, einen Zugang zu den Kindern und Jugendlichen zu finden.

Beobachtung

Neben der Exploration durch Gespräch und Beratung können fachgerechte Beobachtungen der Kommunikationsprozesse in der Familie in Alltagssituationen und während des Aufenthaltes in der Jugendschutzstelle wichtige Erkenntnisse liefern, z. B. bei affektgeladenen und mitunter missbrauchsty-

127 Münder u. a. 2000, 326 ff.

pischen Verhaltensweisen (z. B. starke Ablehnung).[128] Jede Kindeswohlgefährdung schlägt sich in irgendeiner Weise auf das Erleben und Verhalten eines Kindes nieder. Sich plötzlich veränderndes, problematisches und ggf. normabweichendes Verhalten von Kindern und Jugendlichen kommt deshalb Signal- und Ventilfunktion zu. Allerdings sind diese Signale nicht immer leicht zu erkennen und zu deuten.

Die von der Deutschen Gesellschaft für Kinder- und Jugendpsychiatrie und -psychotherapie genannten **Leitsymptome für Kindeswohlgefährdungen**[129] wie

- charakteristische Auffälligkeiten in der Interaktion (eingefrorenes Lächeln, Störungen der Nähe-Distanzregulation)
- Ängste in Situationen, die an den Misshandlungs- bzw. Missbrauchskontext erinnern (z. B. gebadet werden, altersinadäquate Ängste bei körperlichen Untersuchungen)
- sexualisiertes Verhalten im Sinne sexueller Handlungen an Gleichaltrigen
- sexuelle Distanzlosigkeit gegenüber erwachsenen Betreuungspersonen
- altersunangemessenes Sexualwissen oder eine sexualisierte Sprache

sind stark auf den sexuellen Missbrauch fokussiert[130] und bleiben im Hinblick auf die Unterschiedlichkeit der Krisen von Kindern und Jugendlichen letztlich mehr oder weniger diffus. Auch die in der Praxis der Krisenintervention bekannten Symptome, Signale und Alarmzeichen (s. o. S. 9) für schwere (mitunter suizidale) Krisen von Kindern und Jugendlichen sind nicht immer leicht feststellbar oder zu interpretieren. Für das Erkennen einer Kindesmisshandlung insbesondere aus gesundheitlicher Perspektive hat u. a. das Kinderschutzzentrum Berlin eine hilfreiche Arbeitshilfe mit

---

128 Kanthak 2004, 185; zu den Erlebnisweisen von Kinder vgl. auch Liegle 2000.

129 Deutsche Gesellschaft für Kinder- und Jugendpsychiatrie und -psychotherapie 2000; vgl. Kanthak 2004, 182.

130 Kindler (2005, 400) weist darauf hin, dass in diesem Bereich bislang alle Versuche der Konstruktion eines empirisch gestützten Risikoeinschätzungsinstruments gescheitert seien.

gut erklärten Beispielen zusammengestellt.[131] Im Hinblick auf das Erkennen von Gefährdungssituationen von Kindern im Säuglingsalter hat die Interdisziplinäre Arbeitsgemeinschaft Hannover sehr praktikable Leitfragen zusammengestellt.[132]

Übersicht 6: Anhaltspunkte für Vernachlässigung, Mangelversorgung, Missbrauch und Misshandlung von Kindern*

- Kritische Wohnsituation
  - verdreckte, vermüllte Wohnung bzw. Einrichtungsgegenstände und Gebrauchsgüter
  - äußere Zeichen von Gewaltanwendung (beschädigte Türen, Einrichtungsgegenstände)
  - offensichtliche Gefahren (z. B. defekte Stromkabel, Herumliegen von Glasscherben, Drogenbesteck)
  - kein angemessener Schlafplatz für das Kind, verdrecktes Bettzeug etc.
  - Obdachlosigkeit
- Kritische Familiensituation
  - Alkoholismus und sonstige Drogenabhängigkeit
  - psychische Erkrankung der Eltern
  - extreme Überforderung der Eltern, Desorganisation des Familienlebens/Alltags
- Kritische Betreuungssituation
  - Kind bleibt – altersunangemessen – sich selbst oder völlig ungeeigneten Personen überlassen.
  - Kind wird zur Begehung von Straftaten oder Bettelei angehalten
- Körperliche Anzeichen des Kindes
  - erhebliche Abweichung von der körperlichen Entwicklung (Wachstum, Gewicht, Zahnstatus), Zeichen der Unterernährung
  - auffallende Motorik, mangelnde Körperbeherrschung
  - schlechter Pflegezustand insbesondere von Haut und Haaren, eingefallene, unterlaufene Augen, Windeldermatitis,
  - (absichtliche) Verletzungen (ungewöhnliche Blutergüsse, Bissmarken), Erfrierungen, Verbrennungen (z. B. Zigarettenmarken), Vergiftungen

131 Kinderschutzzentrum Berlin 2000, 63ff. (Kap. 6.2); vgl. auch ISA 2006. Manche in Jugendämtern vorfindliche Handreichungen oder Arbeitshilfen erreichen leider diesen Standard nicht immer.

132 Interdisziplinäre Arbeitsgemeinschaft Hannover 1997, vgl. auch Schultz 2005, 468ff.

- Münchhausen-by-proxy/Stellvertreter-Syndrom[131]
- Entzündungen und Ekzeme
- Apathie

- Psychosomatische Symptome des Kindes
  - länger anhaltende Magenbeschwerden, Bauch- und Kopfschmerzen
  - länger andauernde, altersuntypische Schlafstörungen
  - altersuntypisches Einkoten und Einnässen
- Entwicklungsstörungen
  - neurologische Störungen,
  - senso- und statomotorische Störungen
  - erheblich verzögerte Sprachentwicklung
- Psychische Anzeichen
  - Mangel oder Verlust, Freude empfinden zu können (Anhedonie)
  - Unfähigkeit (mit anderen) spielen zu können
  - erheblich reduzierte Frustrationstoleranz, Neigung zu Wutausbrüchen
  - erheblich gestörtes Selbstwertgefühl
  - plötzliche, erhebliche Lern- und Leistungsprobleme
  - Auffälligkeit im sozialen Verhalten (z. B. ungewöhnliche Distanzlosigkeit, Überangepasstheit; völliger Rückzug)

*Anm.: Beispielhafte Aufzählung von Anzeichen, die eine erste Orientierung geben können (vgl. auch die Alarmzeichen und Symptome für schwere Krisen, s. o. S. 9), die weder eine zwingend indizierende Wirkung haben noch abschließend alle mögliche Gefährdungslagen abdecken kann. Insbesondere sollten sich Fachkräfte nicht isoliert auf leicht feststellbare bzw. auszuschließende Sachverhalte (z. B. Wohnsituation) oder ordnungspolitisch ausgerichtete Merkmale beschränken. Welche Anhaltspunkte auch immer wahrgenommen werden, sie müssen in der Kommunikation mit den Betroffenen und der kollegialen Beratung verdichtet und validiert werden.

strukturelle Qualitätsmerkmale

Voraussetzung einer effektiven und erfolgreichen Krisenintervention und der daran anschließenden Hilfe und Unterstützung ist das Erkennen und Verstehen der Situation.

133 Das sog. Münchhausen-by-proxy/Stellvertreter-Syndrom ist eine bizarr anmutende Kombination von körperlicher und seelischer Misshandlung bei der die Eltern eine Krankheit des Kindes absichtlich vortäuschen, simulieren oder gar durch Verletzung herbeiführen, weil sie sich einen (psychodynamischen) Gewinn für sich selbst durch intensive ärztliche Betreuung und Zuwendung versprechen. Die Ärzte werden über die artifizielle Ursache der Symptomatik im Unklaren gelassen und dadurch veranlasst, am Kind (weitere) Untersuchungen und (mitunter schmerzhafte) Eingriffe vorzunehmen (vgl. Kindler u. a. 2006 Kap. 7; Noeker/Tourneur 2005; Nowara 2005).

Hierzu ist der gelingende erste Kontakt[134], die trotz der Krisensituation einfühlsame Kommunikation, eine differenzierte Beobachtung und eine nicht vorschnelle, sondern fachgerechte Einschätzung sowie eine sorgsame Dokumentation unabdingbar. Eine große Bedeutung haben hierbei (verbindliche und fachlich strukturierte) **Teamarbeit, kollegiale Beratung und** die kontinuierliche **Praxisreflexion** der handelnden Akteure, die zusammen mit einer professionellen **Supervision** als strukturelle Qualitätsmerkmale gelten.[135] Professionelles Handeln (nicht nur) in der Sozialen Arbeit drückt sich u. a. auch darin aus, inwieweit Fachkräfte „in der Lage sind, ihre eigenen Einschätzungen von sozialen und individuellen Problemen und Konfliktlagen unter Einsatz fachlicher Autonomie sowie offener Reflektions- und Kommunikationsbereitschaft zur Disposition zu stellen."[136] Ganz überwiegend sehen die sozialpädagogischen Fachkräfte in der Teamarbeit ein wichtiges Instrument zur individuellen Beratung, Unterstützung und Fehlerkorrektur, allgemeine Standards zur Gestaltung von kollegialen Beratungsprozessen sind aber (immer noch) nicht überall erkennbar.[137] Kollegiale Beratungsprozesse, Praxisreflexion und Supervision müssen für alle Mitarbeiter verbindlich geregelt sein und nach einem strukturierten Verfahren ablaufen.[138]

Eingeschränkte Perspektiven

Älteren Studien zufolge orientierten sich Jugendamtsmitarbeiter im ASD in Kindeswohlverfahren früher eher an ordnungspolitisch ausgerichteten Gefährdungsmerkmalen und nahmen weniger die Grenzen der elterlichen Erziehungsfähigkeit aufgrund pädagogischer, psychologischer oder medizinischer Diagnosen wahr.[139] Der Inhalt der in den Berichten

134 Hierzu sehr instruktiv Kinderschutzzentrum Berlin 2000, 96.

135 Vgl. Fallner/Gäßlin 1990; Heidelbach 2005, 441ff.; Klatezki 2001; Rotering/Lengemann 2002, 709.

136 Heidelbach 2005, 441.

137 Münder/Mutke/Schone 2000, 349; Klatetzki 2001. Vielfach fehlt es an einem strukturierten Vorgehen, „Konferenzen" werden mehr oder weniger zufällig einberufen und verlaufen sich in schlichte Diskussionsrunden, in der Wahrnehmungen und Bewertungen, Problemdefinition und Interventionsplanung vermischt werden (vgl. Schultz 2005, 475).

138 Hierzu Fallner/Gäßlin 1990; Heidelbach 2005, 441ff.; Klatezki 2001.

139 Simitis u. a. 1979, 151ff. Zur Praxis in Hamburg vgl. Rosenboom (2006; 2007), die die mangelnden Standards im Hinblick auf die Jugendamtsbe-

der Jugendämter wiedergegebenen Informationen beschränkte sich vielfach auf äußerlich sichtbaren Daten (Entwicklungsverzögerungen und Verhaltensauffälligkeiten), wobei deren Entstehungszusammenhänge im Lebenslauf ebenso wie psychische Dimensionen der Gefährdungen des Kindeswohls ausgeblendet wurden. Die seelische Misshandlung von Kindern und Jugendlichen wurde in Kindeswohlverfahren von den Jugendämtern überhaupt nicht als Gefährdungstatbestand benannt. Beziehungsprobleme aus der Sichtweise der Kinder und Jugendlichen waren den Berichten selten zu entnehmen.

Daran hat sich auch nach Einführung des SGB VIII offensichtlich nicht überall etwas verändert. Nach den Ergebnissen der Studie von Münder u.a. (2000)[140] wurde eine seelische Misshandlung aber immerhin in einem Drittel der Verfahren erwähnt und bei jedem 10. Minderjährigen als Hauptgefährdungslage charakterisiert.[141] Im Übrigen dokumentierten die ASD-Mitarbeiter aber immer noch eine starke Orientierung an dem antizipierten Entscheidungsverhalten der Justiz (dies ist nicht zu verwechseln mit der Orientierung an den normativen Regelungen, s.u. Kap. 1.4) und in dessen Folge an der Beweiskraft der Gefährdungssymptome.[142] Mit der Orientierung auf Beweissuche und Beweissicherung verändert sich nicht nur die Aufgabenwahrnehmung (weg von der Aktivierung von Ressourcen und Potentialen des Familiensystems, hin zur Dokumentation von Gefährdungen und elterlichen Versagens), sondern gleichzeitig auch die Sensibi-

---

richte kritisiert und fordert, diese sollten verstärkt auf kindliche Symptome und Belastungsreaktionen eingehen sowie Fakten zu den Gewalt- und Vernachlässigungserfahrungen der Kindeseltern enthalten (2006, 189ff.).

140 Im Hinblick auf die Bewertung der Studie weisen die Autoren darauf hin, dass auch diese Untersuchung kein Bild von „der" Praxis der Jugendämter und der Familiengerichte darstelle. Vielmehr geben die Ergebnisse nur Trends wieder, die regional und lokal durchaus unterschiedlich ausgeprägt sind. Nicht nur die Praxis der einzelnen Jugendämter oder die Verfahrens- und Entscheidungspraxis der Gerichte variieren stark in den einzelnen Regionen, sondern auch das individuelle Handeln und Entscheidungsverhalten der einzelnen Mitarbeiter und Richter/innen innerhalb eines Zuständigkeitsbereiches.

141 Münder/Mutke/Schone. 2000, 99ff.

142 Münder/Mutke/Schone 2000, 191ff.

lität der Wahrnehmung in Richtung äußerlich leicht feststellbarer Gefährdungssymptome: „Das Problem dabei ist, diese Gefährdung greifbar zu machen." „Das Problem sind die Kinder mit den blauen Flecken auf der Seele." ... „Es ist viel griffiger ...., wenn man ein Sammelsurium einer Verwahrlosung beschreibt, als wenn man eine komplizierte Beziehungskiste beschreibt." ..."Sehen Sie, wegen einer seelischen Vernachlässigung kriegt man kein Kind raus."[143]

Seit den 90er Jahren ist allerdings ein Rückgang der Jugendamtsmeldungen zu verzeichnen, womit sich eine Veränderung der sozialpädagogischen Praxis andeutet, die seit dem Inkrafttreten des SGB VIII zunächst gemäß § 50 Abs. 3, nun nach § 8a Abs. 3 SGB VIII selbst einschätzen und entscheiden müssen, ob und wann sie das Gericht einschalten (s. u. Kap. 4.1). Andererseits blieb die Zahl der gerichtlichen Entscheidungen mit einem vollständigen oder teilweisen Entzug der elterlichen Sorge nahezu unverändert, was darauf hindeutet, dass die vom Jugendamt vorgenommenen Einschätzungen eindeutiger wurden und weniger von denen der Gerichte abweichen. Die Quote der Meldungen, die im Hauptsacheverfahren mit einem (teilweisen) Entzug des Sorgerechts enden, stieg um 10 % auf über 80 % der Jugendamtsmeldungen.[144] Allerdings gibt es keinen Automatismus, mit dem die Gerichte den Anträgen der Jugendämter folgen, die Entscheidungen der Gerichte folgen den Anregungen der Jugendämter insgesamt in etwa der Hälfte der Fälle. Im Hinblick auf einen beantragten Entzug der gesamten bzw. teilweisen Personensorge liegt die Quote sogar bei 75 % bzw. 60 %.[145] Im Hinblick auf andere vom Jugendamt initiierte Entscheidungen wie die Erteilung von Auflagen oder die Ersetzung der elterlichen Erklärungen (z. B. im Hinblick auf die Inanspruchnahme von Leistungen) ist die Quote der Übereinstimmung von Jugendamt und Familiengericht allerdings deutlich niedriger. Die Übereinstimmung von Jugendamt und Familiengericht (sei es im Hinblick auf die Einschätzung der Kindeswohlgefährdung, die mangelnde Bereitschaft oder Fähigkeit der Eltern

143 Münder/Mutke/Schone. 2000, 193 f.

144 Münder/Mutke/Schone 2000, 345.

145 Münder/Mutke/Schone 2000, 138 ff.

zur Gefahrenabwehr sowie die notwendige Intervention) ist also in den „ernsten" und „dringenden Fällen", in denen es um den (teilweisen) Entzug der Sorge geht, am größten. Nur in einem kleinen Teil, etwa 1/6 der Fälle gingen die Familiengerichte über die vom Jugendamt beantragten Maßnahmen hinaus. Etwa ebenso groß ist aber die Zahl der Fälle, in denen die Entscheidungen der Familiengerichte hinter den Erwartungen der Jugendamtsmitarbeiter zurück bleiben, d.h. es wurden statt des Entzugs der elterlichen Sorge lediglich Ermahnungen oder Auflagen erteilt.

1.4 Sozialpädagogische Krisenintervention und normativer Rahmen

Krisen sind Anlass für sozialpädagogisches Handeln der Jugendhilfe. Im Hinblick auf den gesellschaftlich und normativ verbindlich formulierten Auftrag der Jugendämter ist ein – gelegentlich verklärtes – „reines" (sozial)pädagogisches Handeln nicht denkbar. Soziale Arbeit ist gesellschaftlich organisierte Hilfe und ist insbesondere in der Jugendhilfe niemals nur im „parteilichen" Sinne der Klienten tätig, sondern hat mit der staatlich bzw. kommunal organisierten Gesellschaft stets (zumindest) einen zweiten Auftraggeber („doppeltes Mandat") und gerät dabei mitunter in das Spannungsfeld unterschiedlicher Erwartungen.[146] Darüber hinaus verpflichtet die (Familien)Systemorientierung des SGB VIII die öffentliche Jugendhilfe gleichzeitig gegenüber mehreren Klienten

---

146 Vgl. hierzu den 10. Jugendbericht (BT-Drs. 13/11368, 262): „Die der Jugendhilfe inhärenten Widersprüche von helfender Zuwendung einerseits und sozialer Kontrolle andererseits sind nicht auf der individuellen Ebene der Aushandelung zwischen der Fachkraft und den Adressaten aufzuheben. Hier wird von einer Utopie des ‚herrschaftsfreien' Diskurses ausgegangen, die, wenn sie auf Realsituationen projiziert wird, zur Ideologie wird. Abgesehen von der implizierten Annahme, dass die betroffenen Kinder und Eltern bereits über die für das Aushandeln notwendigen Kompetenzen verfügen, ... verleugnen Verfechter dieser Position ebenso das ‚doppelte Mandat' öffentlicher Jugendhilfe."

(junge Menschen und ihre Familien).[147] Die Jugendhilfe hat insoweit eine besondere soziale (nicht juristische) Anwaltsfunktion.[148] Die Jugendhilfe erfüllt ihre Leistungen und anderen Aufgaben **zugunsten** junger Menschen und ihrer Familien (§ 2 Abs. 1 SGB VIII). Sie muss sich im Interesse der jungen Menschen und ihrer Familien einmischen. Das Kinder- und Jugendhilferecht als Teil des Sozialrechts hat den spezifischen Handlungsauftrag (Prävention, Schutz und Förderung) sowie die besondere gesellschaftliche Verantwortung der Jugendhilfe unterstrichen. Dadurch dass das Recht die Ziele und Zwecke der öffentlichen (bzw. von ihr abgeleiteten) Jugendhilfe vorgegeben und festgelegt hat, sind die Mitarbeiter der Jugendämter, Inobhutnahmestellen, Kinderschutzzentren und sonstigen Jugendhilfeeinrichtungen nicht „frei", ob und wie sie ihren Handlungsauftrag erfüllen. Die Jugendhilfe ist nicht nur verpflichtet, junge Menschen in ihrer individuellen Entwicklung zu fördern und dazu beizutragen, Benachteiligungen abzubauen, zu beraten und zu unterstützen (vgl. § 1 Abs. 3 SGB VIII), sondern im Rahmen ihres staatlichen Wächteramtes auch dazu, vorhersehbare Gefährdungen für das Wohl von Minderjährigen zu erkennen, ihnen vorzubeugen bzw. sie abzuwenden (§§ 1 Abs. 3, 8a, 42 SGB VIII). An zahlreichen Stellen der bisherigen Ausführungen (s. o. insbesondere im Hinblick auf die Diagnose und Risikoeinschätzung, aber auch im Hinblick auf die fachlichen Verfahrensstandards) wird deutlich: **Sozialpädagogisches Handeln und normatives Denken ist in der Jugendhilfe untrennbar miteinander verknüpft.**[149] Der Gesetzgeber hat dies durch den strikten Gesetzesvorbehalt im Sozialrecht hervorgehoben (vgl. § 31 SGB I). Die sozialarbeiterische Autonomie ist durch den normativ verbindlich vorgegebenen Rahmen begrenzt, ohne sich hierin zu erschöpfen. Es geht um die gesellschaftliche Legitimation und die rechtlich anerkannten „Regeln der Kunst", um fachliche Standards, wobei hier die Soziale Arbeit nicht anders behandelt wird als die Medizin, Technik

147 Aufgrund der familienorientiert-systemischen Perspektive besteht gerade kein Widerspruch zwischen der Verpflichtung zum Schutz des Kindeswohls und der Familien-/Elternunterstützung (s. o. S. 31 ff.).

148 Trenczek u. a. 2008, 366 ff.

149 Hierzu Trenczek u. a. 2008, 100 f..

oder andere Professionen. Ebenso wenig wie bei diesen verändert der normative Bezug den professionellen Charakter der Sozial(pädagogisch)en Arbeit, diese ist und bleibt von den Zielen, Aufgaben und Methoden professionell etwas Anderes als die Justiz.

Recht und Praxis

Bedenklich ist aber, wenn sich der Eindruck bestätigen sollte, dass in der Praxis der Jugendhilfe die handelnden Personen vor allem ihren individuellen Überzeugungen und Erfahrungen vertrauen, ohne dass diese stets einer rationalen Auseinandersetzung Stand halten könnten, und deshalb von einer **Steuerung durch das Recht** in der Jugendhilfe immer noch nicht gesprochen werden kann.[150] Der immer wieder zu hörende Spruch, das Recht sei Theorie, während man das in der Praxis anders machen müsse, offenbart einen bedenklichen Mangel an Fachlichkeit und rechtsstaatlichem Denken. Es gibt nichts Praktischeres als das Recht, man muss sich nur daran halten. Entscheidungen und Interventionen der Jugendhilfe müssen sich wie die der Familiengerichte aus rechtsstaatlichen Gründen an normativen Kriterien und nicht an (fachlichen Anforderungen und Standards nicht angemessenen) Budgetgrenzen oder „Umständen" ausrichten. Rechtliche Regelungen sind verbindliche **Leitorientierungen sozialpädagogischen Handelns.**

Freilich muss man sich stets bewusst machen, dass sich die Entscheidungsprozesse zur Abwendung von Krisen und Einleitung von Hilfeleistungen nicht durch einfache (sozialpädagogische oder juristische) Entscheidungsprogramme beschreiben lassen, sondern von einer Vielzahl von wenig verlässlichen Faktoren abhängig sind. Hierzu gehört vor allem die emanzipatorisch angelegte Beteiligung der Betroffenen. Selbst wenn ein Gericht eingeschaltet wird, ist nicht

150 Münder/Mutke/Schone 2000, 348f. im Hinblick auf Kindeswohlverfahren. Zur Kritik an der (un)sozialpädagogischen Beliebigkeit vgl. Jordan 2001; Müller 1998, 49: „Die Regeln und Wissensbestände professioneller Selbstkontrolle haben keine hinreichende Verbindlichkeit. Sie sind, je nach individueller Kompetenz und Motivation, in hohem Maße variabel – [sie] werden wirksam oder [auch] nicht.". Merchel 1998, 10: Das „bisherige Klima in der sozialen Arbeit [ist] weitgehend von der Haltung geprägt, dass den anderen zugesprochen wird, sie machten schon irgendwie gute Arbeit, ohne dass genau hingesehen wird, welche Arbeit genau in welcher Weise gemacht wird."

sicher, dass das normative Zweckprogramm mit zwingender Entscheidungsrationalität umgesetzt wird, vielmehr reproduziert sich die Entscheidungsunsicherheit auch auf der Ebene des Gerichts aufgrund der „Mikrorationalitäten" individueller Überzeugungen und Erfahrungen.[151] Krisenintervention und der Schutz von Kindern und Jugendlichen kann aber nicht individuellen Entscheidungsmustern überlassen bleiben, sondern ist zum Gegenstand einer professionellen Bearbeitung zu machen. Auch in der Sozialarbeit bedarf es der kontinuierlichen (Weiter)Entwicklung **fachlicher**, insbesondere rechtlich verbindlicher **Standards** und nicht des blinden Vertrauens auf die individuell unterschiedliche Kompetenz und Motivation. Dagegen spricht nicht, dass die Gesetzmäßigkeiten der sozialpädagogischen Methode nicht mit der der Physik (die solche ja erheblich relativiert) vergleichbar sind, eine eindeutige Zuordnung von Ursache und Wirkung nicht und eine Diagnose-Indikations-Zuordnung noch viel weniger als in der Medizin zu treffen ist. Sozialpädagogische Fachlichkeit lässt sich aufgrund der Besonderheiten der Interaktion mit den Klienten, insbesondere den Eltern als Koproduzenten sozialpädagogischer Leistungen, nicht strikt an den – mitunter ausbleibenden – Erfolgen messen.[152] Gemessen werden kann die Güte Sozialer Arbeit weniger an den Ergebnissen, sondern in aller erster Linie an der Einhaltung des normativ vorgeschriebenen Verfahrens bei der Entscheidung über die notwendige Intervention und der anschließenden Leistungsgewährung. Im Gegensatz zu den Inhalten, die stets Aushandelungsprozessen und Interpretationen unter Beteiligung der betroffenen Personen unterliegen, sind die Verfahrensabläufe objektiv bestimmbar und auch nachprüfbar. Der Fokus in der Sozialen Arbeit verschiebt sich weg von den Ergebnissen hin zu den (rechtlich normierten) **Interventionskriterien und Verfahrensabläufen.** Wenn schon nicht klar sein kann, ob die Soziale Arbeit immer das Richtige tut, muss sie das, was sie tut, richtig tun, begründen und dokumentie-

Fachliche Standards

151 Münder/Mutke/Schone 2000, 356f. Insoweit missverständlich Coester 2008, 4ff. (s. u. Kap. 3.2.2.3).

152 Zur prinzipiellen Unwägbarkeit sozialpädagogischer Arbeit vgl. Jordan 2001, 49 u. 2005, 488f.; Schone 1998, 37; Trenczek 2002, 384f.

ren können.[153] Dies ist umso wichtiger, da aufgrund der Beteiligung unterschiedlicher Professionen, insbesondere von Sozialpädagogen, Psychologen, Juristen und Medizinern die professionellen Handlungsorientierungen, Selbst- und Fremdwahrnehmungen durchaus unterschiedlich sind. Der transdisziplinäre Charakter der Sozialen Arbeit ist freilich eine gute Basis, um die unterschiedlichen Perspektiven zu verstehen und bei Kenntnis der wesentlichen Prinzipien und Grundzüge des Rechts sozialpädagogisch wie rechtsstaatlich verantwortlich zu agieren.

153 Vgl. Schone 1998, 38.

2
Praxis der Krisenintervention in der Jugendhilfe

2.1 Grundsätze und Rahmenbedingungen für die Krisenintervention durch Inobhutnahme

Aus den im ersten Kapitel dargelegten sozialpädagogischen Grundlagen der Krisenintervention können im Hinblick auf eine in der Praxis erfolgreiche Arbeit einige wesentliche Grund- und Leitsätze sowie Rahmenbedingungen für die Praxis der Inobhutnahme formuliert werden:

Gesamtkonzept

- Die Inobhutnahme ist in einem Gesamtkonzept sozialpädagogischer Krisenintervention unter Verknüpfung mit ambulanten Konflikt- und Krisenberatungsangeboten bereitzustellen. Darüber hinaus reichende fachspezifische Hilfesysteme, insbesondere psychologische und medizinische Dienste, müssen interdisziplinär integriert sein. Hierzu bedarf es einer engen Kooperation der beteiligten Institutionen, Einrichtungen und Dienste.
- Die Krisenintervention durch die Jugendhilfe, insbesondere eine Inobhutnahme muss jederzeit, rund um die Uhr möglich sein.
- Anlauf-, Jugendschutz- und Inobhutnahmestellen müssen niedrigschwellig organisiert, verkehrsgünstig gelegen, insbesondere für Kinder und Jugendliche gut erreichbar sein. Die örtlichen Angebote der Inobhutnahme müssen in der Öffentlichkeit, insbesondere in der Lebenswelt von Kindern und Jugendlichen ebenso „präsent" sein wie im fachlichen Kooperationsnetzwerk. Andererseits müssen im Hinblick auf mögliche Gefährdungspotentiale und die notwendige Schutzgewährung Möglichkeiten anonymisierter Unterbringung geschaffen werden.
- Angebote der Inobhutnahme müssen den unterschiedlichen Lebens-, Not- und Konfliktlagen von Kindern und Jugendlichen entsprechen, d.h. bedarfsgerecht vorgehalten

werden (z. B. anlass-, alters- und geschlechtsspezifische Angebote, ggf. notwendige therapeutische Hilfen).

- Im Rahmen einer Inobhutnahme müssen die Bedürfnisse der Kinder und Jugendlichen zunächst unbedingten Vorrang haben, vitale Schutzfaktoren und -ressourcen müssen aktiviert, unterstützt und gefördert werden (Hilfe zur Selbsthilfe).
- Die Inobhutnahme sollte sich trotz der Krise soweit als irgend möglich am (gelingenden) Alltag und der Lebenswelt der Kinder und Jugendlichen orientieren[154] und diesen integrieren (Besuch des gewohnten Kindergartens, der Schule; Mitbringen der eigenen Haustiere; Besuch von Freunden, etc.).
- Auch aus Anlass einer Inobhutnahme sind Adressaten der Krisenhilfe nicht nur die Kinder und Jugendlichen, sondern auch ihre Eltern. Je mehr Zeit man sich für die Eltern nimmt, desto weniger Widerstände, Widersprüche und Verschließungen werden provoziert und desto größer ist die Akzeptanz nicht nur im Rahmen der Krisenintervention, sondern auch im Hinblick auf ggf. erforderliche Anschlusshilfen.
- Inobhutnahmestellen müssen über eine aufgabenspezifische Personalausstattung sowohl im Hinblick auf die Anzahl wie die fachliche Qualifizierung der Mitarbeiter verfügen (z. B. auch im Schichtdienst Doppelbesetzung zur Sicherstellung von Inobhutnahmen und der Krisenintervention, Teamarbeit, kollegiale Beratung, kontinuierliche Praxisreflexion und Supervision).

154 Der Alltag sollte sich am gelingenden, positiven Beispiel ausrichten und eine durch (auch emotionale) Vernachlässigung und Respektlosigkeit gekennzeichnete Lebenswelt nicht perpetuieren. Die vereinzelt mit Verweis auf von Kindern und Jugendlichen „zuhause“ gewohnte Zustände zu vernehmenden Rechtfertigungen von Mangelzuständen in der Jugendhilfe (schlechte Wohnverhältnisse, ramponierte Möbel, fehlende Betätigungsmöglichkeiten und Angebote, …) sind zynisch und skandalös. Im Hinblick auf die Alltagsorientierung spricht demgegenüber nichts dagegen, Kinder und Jugendliche nach einer ersten Eingewöhnungszeit zunehmend in den Alltag der Einrichtung zu integrieren. Das umfasst z. B. die übliche Mitarbeit beim Tischdienst und Abwasch, des Sauberhalten des Zimmers oder sonstige Übernahme von Aufgaben und Verantwortung für die Gemeinschaft.

- Krisenintervention bedarf spezifischer Diagnosekompetenzen nicht nur im Hinblick auf das Erkennen der Krise, sondern auch im Hinblick auf weiterführende Anschlusshilfen. Die vorhandene Fachlichkeit der Mitarbeiter muss optimiert und fortlaufend weiter entwickelt werden.
- Gerade im Hinblick auf weiterführende Anschlusshilfen sollten die Mitarbeiter der Inobhutnahme- und Jugendschutzstellen in die Hilfeplanung einbezogen werden.

2.2 Krisenintervention und Inobhutnahmen im Spiegel der Statistik

Umfang der Verfahren wegen Kindeswohlgefährdungen

Jährlich werden von den Jugendämtern mehr als 10.000 Fälle von Kindeswohlgefährdungen an die Familiengerichte gemeldet.[155] Das waren bezogen auf 10.000 Kinder bzw. Jugendliche seit 2004 immerhin 7 Minderjährige, was sich rein statistisch gesehen entgegen dem medial präsentierten Bild nahezu täglicher Misshandlungen und Mangelversorgungen von Kindern relativ wenig ausnimmt. In den Jahren davor waren es aber z.T. deutlich weniger junge Menschen (1991–1997 und 2001–2003: 6 auf 10.000, 1998–2000: 5 auf 10.000). Im Jahr 2006 endete nahezu 90% dieser Fälle das Verfahren mit einem teilweisen oder vollständigen Entzug der Personensorge (Tab. 1).[156] Bemerkenswert ist dabei, dass es in einem substantiellen Teil der Verfahren, in denen das Familiengericht zunächst eine einstweilige Anordnung erlassen hat zu keiner (9%) bzw. innerhalb von 6 Monaten (15%) zu keiner Hauptsacheentscheidung gekommen ist. Die hohe Quote der einstweiligen Anordnungen von immerhin knapp 44% der Verfahren lässt darauf schließen, dass die Gerichte erst dann angerufen werden, wenn zur Kindeswohlgefährdung auch die Gefahr in Verzug kommt, die ein unmittelbares Handeln erforderlich machen.[157]

155 Zur Entwicklung der Zahlen seit 1991 vgl. Kolvenbach 2005.

156 Vgl. auch Münder/Mutke/Schone 2000, 136ff., 345.

157 Münder/Mutke/Schone 2000, 135. Sehr viele, etwa 1/3 der Hauptsacheverfahren, enden lediglich mit einem Entzug des Aufenthaltsbestimmungsrechtes, was im Hinblick auf die Gewährung von Erziehungshilfen

Tabelle 1: Antrag und Entscheidung im Hinblick auf den Entzug der elterlichen Sorge – Zahl der Inobhutnahmen 2006

Anzeigen zum vollständigen oder teilweisen Entzug der elterlichen Sorge	10.764
Gerichtliche Maßnahmen zum vollständigen oder teilweisen Entzug der elterlichen Sorge	9.572
Übertragung des Personensorgerechts ganz oder teilweise auf das Jugendamt	7.538
Entzug und Übertragung nur des Aufenthaltsbestimmungsrechts	2.143
Inobhutnahmen	25.998

Quelle: Statistisches Bundesamt, Statistiken der Kinder- und Jugendhilfe: Pflegschaften, Vormundschaften, Beistandschaften, Pflegeerlaubnis, Vaterschaftsfeststellungen, Sorgerechtsentzug, 2006, Tab. 3 Vollständiger oder teilweiser Entzug des Sorgerechts und Sorgeerklärung 2006; Vorläufige Schutzmaßnahmen 2006, ZR 1.

Anzahl der Inobhutnahmen

Aus Tabelle 1 und Abbildung 1 wird deutlich, dass die Zahl der Jugendamtsmeldungen wegen Kindeswohlgefährdungen weit geringer, nicht einmal halb so hoch ist wie die Zahl der Inobhutnahmen.[158] In der Bundesrepublik werden jährlich – nach über 30.000 zu Ende der 1990er, einer deutlichen Abnahme seit 2002 und ungeachtet z. T. großer regionaler/lokaler Schwankungen – relativ konstant etwa 26.000 Min-

bei mangelnder Mitwirkungsbereitschaft der im übrigen sorgeberechtigten Eltern zu erheblichen Problemen führt (s. u. Kap. 3.2.3, S. 140 ff.).

158 Die hier wiedergegebenen Zahlen basieren alle auf den vom Statistischen Bundesamt veröffentlichten amtlichen Daten. Ungeachtet dessen sind diese aufgrund zahlreicher, aufgrund der komplexen Thematik und Erhebungsverfahren nicht ungewöhnliche Fehlerquellen sehr vorsichtig zu bewerten. Das betrifft insbesondere auch die Qualifizierung der Inobhutnahme als solche, da in der Praxis zum Teil erhebliche Unsicherheit darüber besteht, ab wann eine Krisenintervention als Inobhutnahme zu werten ist oder z. B. bei fehlendem Widerspruch der Eltern bereits als Erziehungshilfe; zur rechtlichen Bewertung s. u. Kap. 4.2, S. 188 ff.; 4.2.3.2, S. 229 f. Zudem erfolgt eine Reihe von Übertragungsfehlern angefangen von der Meldung durch externe Personen und Institutionen, der Datenerhebung und Registrierung bei den Inobhutnahmestellen, der Weitergabe der Daten an die Jugendämter und ihre weitere Verarbeitung. Zur ungewissen Datenlage über die Zahl der Inobhutnahmeeinrichtungen vgl. S. 103 f.; zum vorsichtigen Umgang mit den statistischen Daten vgl. auch die Anmerkung S. 99.

Abbildung 1: Anzahl der Inobhutnahmen, Anträge auf Entzug der Elterlichen Sorge und entsprechender gerichtlicher Entscheidungen 1995–2006

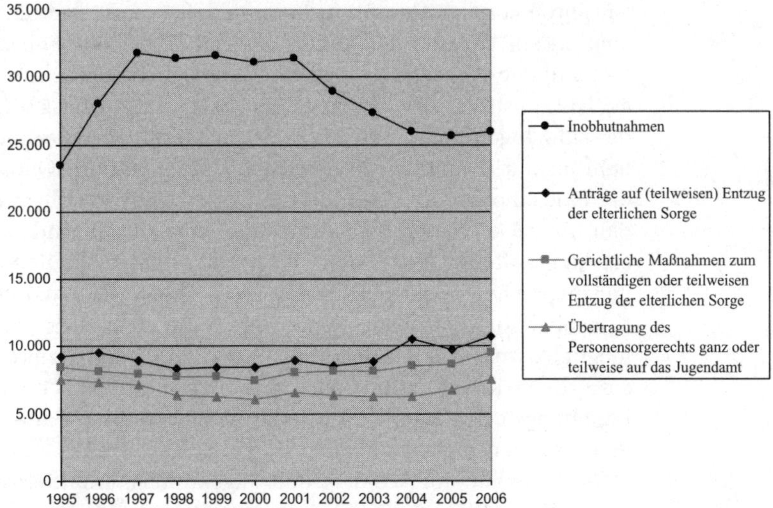

Quelle: Statistisches Bundesamt 2007, Vorläufige Schutzmaßnahmen 2006, ZR 1; eigene Berechnungen

derjährige in Obhut genommen.[159] Das sind immerhin etwa 18 Kinder/Jugendliche auf 10.000 Personen der gleichen Altersgruppe und damit mehr als 2½ mal so viel wie die Zahl der Jugendamtsmeldungen wegen einer Kindeswohlgefährdung. In den von Münder u.a. (2000) untersuchten Kindeswohlverfahren kam es in 44 % der Fälle auch zu einer Inobhutnahme, wobei nur bei der Hälfte dieser Fälle eine einstweilige Anordnung der Gerichte im Hinblick auf die elterliche Sorge erging.[160] Diese Diskrepanzen weisen darauf hin, dass die Inobhutnahme eine wichtige Funktion im Rah-

159 Die noch nach der alten Rechtslage durchgeführte Herausnahme ohne Zustimmung des Personensorgeberechtigten aus einer jugendgefährdenden Situation nach § 43 SGB VIII (hierzu Münder u. a. § 43, 4. Auflage 2003) hatte in der Praxis kaum Relevanz, weshalb die vorläufigen Schutzmaßnahmen durch den Gesetzgeber im KICK 2005 in einer Norm (§ 42 SGB VIII) neu geregelt wurden (s. u. Kap. 4.2.1, S. 188 ff.)

160 Münder/Mutke/Schone 2000, 135.

men der Krisenintervention besitzt, durch die die Jugendämter ohne gerichtliche Entscheidungen kurzfristig und vorläufig Schutz und Krisenhilfe für Kinder und Jugendliche gewähren können. Das gilt insbesondere für die Krisenintervention auf Wunsch der Minderjährigen. Eine hohe Selbstmelderquote ist ungeachtet des belastenden Krisenanlasses auch als positives Zeichen zu werten, zeigt es doch, dass Kinder und Jugendliche den Weg zur Jugendschutzstelle und dem Jugendamt finden. Andererseits kann eine hohe Quote der Selbstmelder auch auf Mängel im präventiven Hilfesystem hinweisen, wenn Jugendliche den Weg zum Jugendamt erst in eskalierten Konflikten und nur über das Inobhutnahmeversprechen suchen. Hier scheinen fehlende ambulante Krisenberatungsangebote ebenso eine Rolle zu spielen, wie möglicherweise auch die (mitunter verkürzt kommunizierte) gesetzliche Konstruktion, nach der Anspruchsinhaber der Erziehungshilfen nicht die Minderjährigen selbst, sondern ihre Personensorgeberechtigten sind (s.u. Kap. 3.3.1).

Gewalterfahrungen von Kindern und Jugendlichen

Dass direkte, für Kinder- und Jugendliche unmittelbar zugängliche Hilfe- und Kriseninterventionsangebote Not tun, zeigen die empirischen Daten zur Verbreitung von Gewalterfahrungen von Kindern und Jugendlichen in Familien.[161] Zwar werden in der Polizeilichen Kriminalstatistik 2006 „nur" 3.131 Fälle von Kindesmisshandlung registriert.[162] Das Dunkelfeld ist freilich immens, der weitaus größte Teil derartiger Fälle kommt niemals zur Anzeige.[163] So haben in den

161 Empirische Untersuchungen findet man weitgehend nur zu körperlichen und insbesondere sexuellen Gewalterfahrungen, während Daten zur Häufigkeit von seelischen Misshandlungen und extremen Vernachlässigungen kaum vorliegen. Als Untergrenze wird geschätzt, dass mindestens 50.000 Kinder unter erheblichen Vernachlässigungen leiden und die Zahlen nach oben hin zwischen 250.000 und 500.000 schwanken (Deegener 2005, 46). Mit Bezug auch auf internationale Forschungen errechnet Deegener (2005, 47) ein Verhältnis von Kindeswohlgefährdungen durch Vernachlässigung, körperlicher Misshandlung und sexuellem Missbrauch von etwa 50:25:10.

162 BKA-Polizeiliche Kriminalstatistik 2006. In der gerichtsmedizinischen Studie von Trauth (2000) wurden im Zeitraum 1985–1989 in der Bundesrepublik 56 Fälle von tödlicher Kindesmisshandlung und 19 Fälle von tödlicher Kindesvernachlässigung festgestellt, wobei insoweit nicht dargelegt wird, ob in diesen Fällen eine Intervention des Jugendamtes (und ggf. welche) vorlag; vgl. Trauth 2000, 15 u. 154.

163 Vgl. Wetzels 1997, S. 32.

Dunkelfeldbefragungen des Kriminologischen Forschungsinstituts Niedersachsen etwa drei Viertel der Kinder und Jugendlichen angegeben, in ihrer Kindheit physische Gewalt in der Familie erlitten zu haben, bei etwa 10 % handelte es sich um eindeutige Fälle körperlicher Misshandlung, in knapp 5 % war dies „mehr als selten“ der Fall.[164] Auch nach der repräsentativen Befragung von Kai Bussmann aus Anlass der Neuregelung des § 1631 BGB (Recht auf gewaltfreie Erziehung) sind körperliche Bestrafungen, seelische Verletzungen sowie andere entwürdigende Maßnahmen in vielen Familien immer noch an der Tagesordnung. Nur weniger als ein Fünftel der Eltern erzieht gewaltfrei, auf der anderen Seite ist ein Fünftel der befragten Familien sogar als gewaltbelastet zu charakterisieren.[165] Kindesmisshandlungen sind immer noch weit verbreitet und häufig das Ende eines Eskalationsprozesses elterlichen Strafens und ihres Scheiterns. Allerdings zeigen die Ergebnisse der Studie von Bussmann erste Zeichen eines Rückgangs von körperlichen Strafen. Der darin liegende positive Wandel des Erziehungsverhaltens scheint auf eine nicht zu unterschätzende sensibilisierende Wirkung und damit letztlich dann doch auf eine das Verhalten steuernde Kraft des Rechts hinzudeuten. Zur Entwarnung gibt es freilich keinen Anlass. Trotz des hoffnungsvollen Rückgangs der Gewalt in der Erziehung bestehen die Risiken für die nachwachsende Generation weiterhin und die Wahrscheinlichkeit, selbst Gewalt auszuüben ist um so höher, je gewaltgeprägter die eigene familiäre Erziehung ist.[166]

164 Vgl. Pfeiffer/Wetzels 1997, 26; Wetzels 1997, 145.
165 Bussmann 2002, 11 ff. u. 18 ff.; vgl. auch Bussmann 2005a, 245 ff.
166 Bender/Lösel 2005, 323; Bussmann 2005a, 247. Zu Erkenntnissen über Familien, Kindern und Eltern, die von Kindeswohlgefährdungen besonders betroffen sind vgl. Kindler u.a. 2005 Kap. 17 ff.

Tabelle 2: Inobhut-/Schutzmaßnahmen in den Bundesländern (2006), Angaben absolut und bezogen auf 10.000 der unter 18-Jährigen nach Zugang und Anteil freier Träger

	Inobhutnahmen/ Schutzmaßnahmen insg.	Anteil der Minderjährigen auf 10.000	Schutzmaßnahmen wegen Gefährdung	Selbstmelder	Selbstmelder, Anteil in %	Schutzmaßnahmen – Anteil freier Träger
Baden-Württemberg	1.861	9,3	1.411	450	24,2	38,6
Bayern	1.892	8,3	1.389	503	26,6	16,1
Berlin	1.342	26,8	910	432	32,2	20,8
Brandenburg	1.264	35,2	890	374	29,6	73,0
Bremen	251	23,9	181	70	27,9	37,1
Hamburg	1.161	42,5	873	288	24,8	3,8
Hessen	1.853	17,3	1.330	523	28,2	26,5
Mecklenburg-Vorp.	899	38,1	606	238	26,5	88,7
Niedersachsen	2.088	14,0	1.558	530	25,4	17,5
Nordrhein-Westfalen	8.018	24,3	5.784	2.234	27,9	37,3
Rheinland-Pfalz	582	8,0	400	182	31,3	34,2
Saarland	160	9,3	107	53	33,1	15,0
Sachsen	1.939	34,2	1.335	604	31,2	18,1
Sachsen-Anhalt	823	25,4	639	184	22,4	0,2
Schleswig-Holstein	1.023	19,7	824	199	19,5	29,6
Thüringen	842	27,1	587	255	30,1	84,6
Deutschland insg.	25.998	18,3	18.879	7.119	27,4	33,1

Quelle: Statistisches Bundesamt 2007, Vorläufige Schutzmaßnahmen 2006, LT 2 sowie eigene Berechnungen; vgl. auch Arbeitsstelle Kinder- und Jugendhilfestatistik Universität Dortmund 2007.

Anm.: Die Daten umfassen auch die sog. Herausnahmen nach § 43 SGB VIII a. F. Während in einigen Bundesländern (z. B. Berlin, Hamburg, Saarland, Sachsen, Sachsen-Anhalt, Thüringen) entsprechend der geänderten Rechtslage die frühere Herausnahme (§ 43 SGB VIII a. F.) nicht oder kaum noch registriert wird, ist dies in anderen immer noch der Fall (Hessen 12, Schleswig-Holstein 13, Rhl.-Pf. 15, NRW 31; M-V 55).

Regionale Unterschiede

Tabelle 2 offenbart, dass die Anzahl der Inobhutnahmen regional höchst unterschiedlich sind, nicht nur in absoluten Zahlen, sondern gerade auch unter Berücksichtigung der Bevölkerungsanteile junger Menschen.[167] Hinzuweisen ist darauf, dass der hohe Anteil der in Obhut genommenen Minderjährigen in den Stadtstaaten Berlin, Bremen und Hamburg nicht mit einem höheren Anteil der Selbstmelder und damit auf eine gelegentlich behauptete Sogwirkung der Großstädte für jugendliche Ausreißer erklärt werden kann. Die höchsten Quoten an Selbstmeldern mit über 30 % finden sich neben Berlin in Rheinland-Pfalz, Saarland, Sachsen und Thüringen. Der hohe Anteil von Selbstmeldern führt auch nicht zu einer durchgängig höheren Quote von in Obhut genommenen Minderjährigen.

Auffallend hoch ist der Anteil von in Obhut genommenen Kindern und Jugendlichen bezogen auf 10.000 Minderjährige in Hamburg (42,5) sowie in manchen ostdeutschen Bundesländern (Brandenburg, Mecklenburg-Vorpommern und Sachsen). Auf welche Ursachen dies zurückzuführen sein mag, kann man mangels aussagekräftiger empirischer Untersuchungen nur spekulieren, ohne dass die unterschiedliche Quote zwischen den Stadtstaaten oder den ostdeutschen Bundesländern unmittelbar nachvollziehbar wird. Ein nur auf die wirtschaftliche Betrachtung der Lebensverhältnisse beruhender Erklärungsansatz vermag dabei im Hinblick auch auf die ostdeutschen Länder aufgrund der mittlerweile zwischen ihnen bestehenden Unterschiede wenig zu überzeugen. Es ist aber nicht abwegig zu vermuten, dass der hohe Anteil der Kinder und Jugendlichen, die in den östlichen Bundesländern (auch in Thüringen und Sachsen-Anhalt immerhin mehr als 25 pro 10.000) in Obhut genommen werden, u. U. auch etwas mit der gesellschaftlichen (Umbruchs-) Situation der Familien und dem Zerfall familiärer und sozialer Netzwerke zu tun haben könnte.

167 Ein Vergleich einzelner Kommunen weist darüber hinaus auf höchst unterschiedliche Zahlen und Vorgehensweisen zwischen den zuständigen Kommunen innerhalb eines Bundeslandes hin.

Im Bundesdurchschnitt werden nach Angaben des Statistischen Bundesamtes nur 1/3 der in Obhut genommenen Kinder und Jugendlichen bei freien Trägern untergebracht (Tab. 2, rechte Spalte).[168] Unerwartet deutlich ist die extrem unterschiedliche Einbeziehung freier Träger in den einzelnen Bundesländern. Sie scheint aber offenbar keinen wesentlichen Einfluss auf die Anzahl der Inobhutnahmen zu haben, da Bundesländer mit einem niedrigen bzw. hohen Anteil von Inobhutnahmen bei freien Trägern nicht einer durchweg niedrigen bzw. höheren Quote von in Obhut genommenen Minderjährigen entspricht. Das weist im Übrigen auch darauf hin, dass die freien Träger normgemäß lediglich im Rahmen der Aus- und Durchführung einer Inobhutnahme eingeschaltet werden dürfen, die Entscheidung über die Inobhutnahme aus rechtlichen Gründen aber beim Jugendamt verbleibt (hierzu Kap.4.2.8, S. 273 ff.).

Alter und Geschlecht der in Obhut genommenen Minderjährigen

Der Schwerpunkt der Schutzmaßnahmen liegt deutlich bei den über 14-jährigen Jugendlichen, am häufigsten werden Jungen und Mädchen im Alter zwischen 14 und 16 Jahren in Obhut genommen (s. Tabelle 3 und Abb. 2), wobei allerdings in den einzelnen Bundesländern auffallende Unterschiede zu registrieren sind. So schwankt der Anteil der unter 6-Jährigen zwischen 9,2 % in Bremen und 10,6 % in Brandenburg sowie 18,2 % in Mecklenburg-Vorpommern und 19,4 % in Sachsen (Bundesdurchschnitt 14,3 %), der 6- bis unter 14-Jährigen zwischen einerseits 21,5 % in Hamburg und 21,8 % in Berlin und andererseits 36,2 % in Sachsen-Anhalt (Bundesdurch-

168 Insoweit muss es sich wohl um einen Registrierungsfehler handeln, insb. ist zu vermuten, dass die verantwortliche Entscheidung über die Inobhutnahme und die tatsächliche Unterbringung nicht immer ausreichend differenziert werden. Beim Statistischen Bundesamt (Statistiken der Kinder- und Jugendhilfe, Einrichtungen und tätige Personen – sonstige Einrichtungen, ohne Tageseinrichtungen für Kinder – Stichtag 31.12.2002 Revidierte Ergebnisse [veröffentlicht 29.11.2004] – Einrichtung/Abteilung/Gruppe für vorläufige Schutzmaßnahmen gemäß §§ 42, 43 SGB VIII) waren zuletzt nur 50 öffentlicher Träger (von 196 Einrichtungen) für vorläufige Schutzmaßnahmen mit 587 (von insgesamt 2.009) Plätzen registriert. Die Quote der Unterbringungsplätze bei öffentlichen Trägern betrug damit knapp 30 %; hierzu vgl. auch Zitelmann (2007, 4), s. u. S. 103 f.

Tabelle 3: Vorläufige Schutzmaßnahmen in Deutschland 2006 – nach Alter und Geschlecht der Kinder und Jugendlichen, Anlass der Inobhutnahme

	männlich	weiblich	insgesamt
insgesamt	11.640	14.358	25.998
unter 3	1.145	1.042	2.187
3 > 6	822	721	1543
6 > 9	831	628	1.459
9 > 12	998	864	1.862
12 > 14	1.476	2.051	3.527
14 > 16	3.054	5.171	8.225
16 > 18	3.314	3.881	7.195
wg. Gefährdung	9135	9744	18.879
Selbstmelder Anteil in %	2 505 21,5	4 614 32,13	7.119 27,38
davon Alter unter 3	–	–	–
3 > 6	–	–	–
6 > 9	33	22	55
9 > 12	102	124	226
12 > 14	285	632	917
14 > 16	803	2.029	2.832
16 > 18	1.282	1.807	3.089

Quelle: Statistisches Bundesamt 2007, Vorläufige Schutzmaßnahmen 2006, Tab. 1 sowie eigene Berechnungen. Die Daten umfassen auch die sog. Herausnahmen nach § 43 SGB VIII a. F.

schnitt 26,3 %), der über 14-Jährigen zwischen 52,2 % in Mecklenburg-Vorpommern und 50,9 % in Sachsen sowie Werten um und über 64 % in den Stadtstaaten aber auch in Brandenburg. Auch hieran zeigt sich, dass die Praxis in den ostdeutschen Bundesländern keineswegs einheitlich ist.

Insgesamt werden mehr Mädchen (14.358) als Jungen (11.640) in Obhut genommen, wobei dies in den frühen Jahren der Kindheit bis zum 12. Lebensjahr gerade anders herum ist, d.h. mehr Jungen in Schutz genommen werden (s.u. Abb. 2 und 3). Der höhere Anteil der Mädchen bei den Schutz-

Abbildung 2: Vorläufige Schutzmaßnahmen in Deutschland 2006 – nach Alter und Geschlecht der Kinder und Jugendlichen

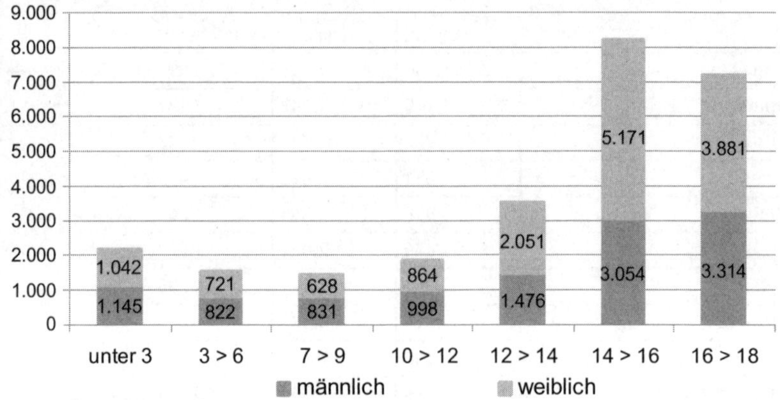

Quelle: Statistisches Bundesamt 2007, Vorläufige Schutzmaßnahmen 2006, Tab. 1 sowie eigene Berechnungen.

Abbildung 3: Vorläufige Schutzmaßnahmen in Deutschland 2006 – nach Alter und Zugang der Minderjährigen

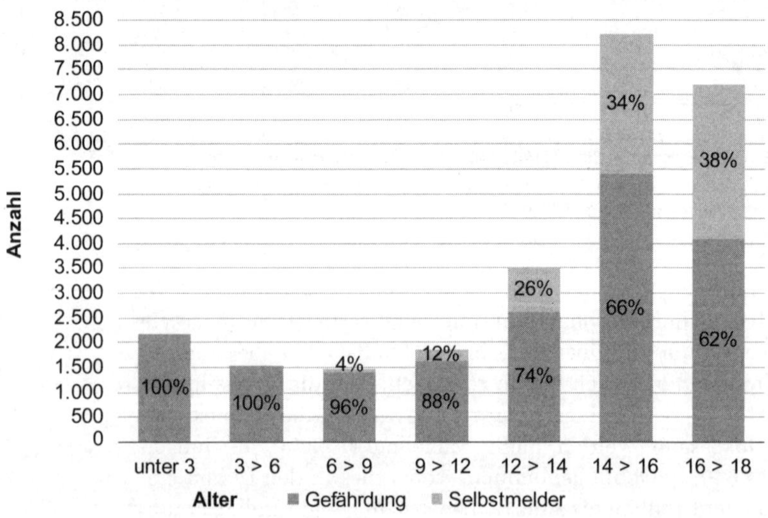

Quelle: Statistisches Bundesamt 2007, Vorläufige Schutzmaßnahmen 2006, Tab. 1 sowie eigene Berechnungen.

maßnahmen (Ø 55 %, bei großen regionalen Unterschieden von 45,9 % in Schleswig-Holstein, 50,6 % in Mecklenburg-Vorpommern bis zu 58,6 % in Rheinland-Pfalz und 59,6 % in Thüringen) ist bei Inobhutnahmen auf Wunsch der Minderjährigen besonders eindeutig. Der Anteil der Mädchen an den Selbstmeldern liegt konstant bei über 60 % mit leicht steigender Tendenz. Im Jahr 2006 waren fast zwei Drittel der Selbstmelder (65,8 %) weiblich. Insgesamt geht aber der Anteil der Selbstmelder seit 1997 zurück.

Quantitative Entwicklung der Schutzmaßnahmen

Im Hinblick auf die quantitative Entwicklung der vorläufigen Schutzmaßnahmen ist der deutliche Rückgang seit dem Jahr 2002 auffallend (vgl. Tab. 4 und 5). Das betrifft insbesondere die Inobhutnahme auf Wunsch der Minderjährigen (sog. Selbstmelder). Während ihr Anteil bis Ende der 90er Jahre relativ konstant jeweils bei 33 % lag, nimmt er seit 2001 ständig ab und beträgt im Jahr 2006 nur noch 27,4 % aller vorläufigen Schutzmaßnahmen. Die Inobhutnahmen aufgrund Gefährdungen steigen – wohl auch aufgrund der öffentlichen Diskussion über Kindesmisshandlungen und extremen Vernachlässigungen – seit 2005 wieder an (vgl. Tab. 4 und 5).

Tabelle 4: Entwicklung der vorläufigen Schutzmaßnahmen seit 1995 nach Zugang; Anteil der (weiblichen) Selbstmelder

	1995	1996	1997	1998	1999	2000	2001	2002	2003	2004	2005	2006
Inobhutnahmen	23.271	27.822	31.564	31.277	31.431	31.014	31.334	28.727	27.209	25.730	25.442	25.847
wg. Gefährdung	15.389	18.192	20.116	20.248	20.588	20.449	20.830	19.477	18.508	17.674	17.750	18.728
Selbstmelder Anteil %	7.882 33,9	9.630 34,6	11.448 36,3	11.029 35,26	10.843 34,5	10.565 34,1	10.504 33,5	9.250 32,2	8.701 32,0	8.056 31,3	7.684 30,2	7.119 27,5
davon Mädchen/ Anteil	5 007 63,5	5 844 60,7	7 152 62,5	6 896 62,5	6 608 60,9	6 545 61,9	6 402 60,9	5 924 64,4	5 548 63,8	5 089 62,3	4 972 64,7	4 614 64,8

Quelle: Statistisches Bundesamt 2007, Vorläufige Schutzmaßnahmen 2006, ZR 2.1 sowie eigene Berechnungen

Bei den Schutzmaßnahmen ist in den letzten 10 Jahren ein steigender Anteil der unter 3-Jährigen (mit einer leichten „Delle" 2000/2001) sowie mit leichter Verschiebung auch bei den 3- bis 6-jährigen Kindern zu beobachten (bei einem freilich immer noch relativ geringen Anteil im Jahr 2006 von insgesamt 8,4 % bzw. 5,6 %) während die Zahl der 12- bis unter 14-Jährigen und der 14- bis unter 16-Jährigen seit 2001 abnimmt (s. Abb. 4), letztere bei Berücksichtigung der altersgleichen Population aber seit 2004 wieder zunimmt (Tab. 5). Die Zahl der über 16-Jährigen hat im letzten Jahr (auch absolut) wieder etwas zugenommen. Besonders deutlich werden die Altersunterschiede bei den sog. Selbstmeldern (s. Tab. 4 und Abb. 5). Bei ihnen handelt es sich zumeist um über 14 Jahre alte Kinder und Jugendliche. Es ist nahe liegend, dass Säuglinge und Kleinkinder aufgrund ihrer begrenzten Handlungskompetenzen nahezu ausschließlich auf Initiative des Jugendamts oder Dritter in Obhut genommen werden. Aber auch im Hinblick auf die geringe Zahl von Selbstmeldungen von Kindern bis 12 Jahren wird deutlich, dass in diesen Altersgruppen insbesondere bei Konflikten in der Familie die erforderlichen Handlungsressourcen offenbar noch nicht im gleichen Umfang wie den 12- bis 16-Jährigen zur Verfügung stehen. Sie scheinen den Weg zur Hilfe durch Jugendamt und Jugendschutzstellen von alleine i. d. R. noch nicht zu finden. Auf der anderen Seite scheinen sich die über 16-Jährigen mitunter auch andere Auswege und Hilfen zu suchen.

Der Rückgang der Inobhutnahmen seit 2001 war zunächst stärker auf die abnehmenden Zahlen bei den Jungen zurückzuführen (Abb. 5). Bei ihnen sind die Schwankungen größer und die Inobhutnahmen stiegen im letzten Jahr (2006) hier wieder stärker an.

Tabelle 5: Inobhutnahmen (Inanspruchnahme pro 10.000 der altersentsprechenden Bevölkerung)

Inobhutnahmen insgesamt

Altersstruktur	1995	1996	1997	1998	1999	2000	2001	2002	2003	2004	2005	2006
< 3 Jahre	5,4	5,9	6,2	7,0	7,2	7,2	7,8	7,8	8,4	8,1	8,5	10,4
3–6 Jahre	5,1	5,5	5,7	5,9	5,9	5,9	5,5	5,5	5,6	5,6	5,9	7,0
6–9 Jahre	4,5	4,9	5,3	5,8	5,7	5,6	5,8	5,3	5,2	5,1	5,3	6,2
9–12 Jahre	6,7	8,0	8,4	8,1	8,3	8,7	8,6	8,4	7,9	7,6	7,6	7,7
12–14 Jahre	22,7	27,0	28,4	28,1	27,2	24,8	25,4	23,5	23,7	22,9	21,8	21,8
14–16 Jahre	43,9	55,2	52,4	60,3	60,6	58,9	59,9	53,4	47,5	45,7	46,9	47,6
16–18 Jahre	31,1	35,6	44,8	45,1	45,8	47,0	45,6	40,1	38,2	35,7	36,0	37,3
Insgesamt	14,6	17,5	19,9	19,9	20,1	20,0	20,4	18,9	18,1	17,4	17,5	18,1
14–18 Jahre	37,6	45,5	53,5	52,6	53,1	53,0	52,9	46,8	42,9	40,7	41,3	42,2

Inobhutnahme auf eigenen Wunsch

Altersstruktur	1995	1996	1997	1998	1999	2000	2001	2002	2003	2004	2005	2006
< 3 Jahre	0,0	0,0	0,0	0,0	0,0	0,0	0,0	0,0	0,0	0,0	0,0	0,0
3–6 Jahre	0,0	0,0	0,0	0,0	0,0	0,0	0,0	0,0	0,0	0,0	0,0	0,0
6–9 Jahre	0,2	0,2	0,2	0,3	0,2	0,2	0,2	0,2	0,2	0,2	0,2	0,2
9–12 Jahre	1,4	1,3	1,5	1,4	1,3	1,2	1,2	1,3	1,2	1,1	1,1	0,9
12–14 Jahre	7,4	8,8	9,1	8,7	8,6	7,7	7,6	7,2	6,9	6,6	5,9	5,7
14–16 Jahre	13,1	23,0	25,7	25,0	24,4	24,0	23,5	20,0	18,3	17,0	17,0	16,5
16–18 Jahre	16,0	18,7	23,7	24,1	23,8	23,5	23,1	19,4	18,6	17,2	16,9	16,1
Insgesamt	5,0	6,0	7,2	7,0	6,9	6,8	6,8	6,1	5,8	5,4	5,3	5,0
14–18 Jahre	17,1	20,9	25,2	24,5	24,1	23,8	23,3	19,7	18,4	17,1	16,9	16,2

Inobhutnahme wegen Gefährdung

Altersstruktur	1995	1996	1997	1998	1999	2000	2001	2002	2003	2004	2005	2006
< 3 Jahre	5,4	5,9	6,2	7,0	7,2	7,2	7,8	7,8	8,4	8,1	8,5	10,4
3–6 Jahre	5,1	5,5	5,7	5,9	5,9	5,9	5,5	5,5	5,6	5,6	5,9	7,0
6–9 Jahre	4,3	4,6	5,1	5,5	5,5	5,4	5,6	5,1	5,1	4,9	5,1	5,9
9–12 Jahre	5,3	6,7	6,9	6,7	7,0	7,5	7,4	7,0	6,7	6,5	6,6	6,7
12–14 Jahre	15,3	18,2	19,3	19,4	18,6	17,1	17,8	16,3	16,8	16,3	15,8	16,1
14–16 Jahre	25,8	32,2	35,6	35,4	36,2	34,9	36,4	33,4	29,2	28,6	29,9	31,1
16–18 Jahre	15,1	16,9	21,1	20,9	22,0	23,5	22,5	20,7	19,6	18,5	19,2	21,2
Insgesamt	9,7	11,4	12,7	12,9	13,2	13,2	13,5	12,8	12,3	11,9	12,2	13,1
14–18 Jahre	20,6	24,6	28,3	28,0	29,0	29,2	29,6	27,1	24,5	23,5	24,4	25,9

Quelle: Statistisches Bundesamt 2007/Arbeitsstelle Kinder- und Jugendhilfestatistik Uni Dortmund. Mit freundlichem Dank an Dr. Jens Pothmann.

Abbildung 4: Entwicklung der vorläufigen Schutzmaßnahmen seit 1995 – Merkmale der Zielgruppen (Alter)

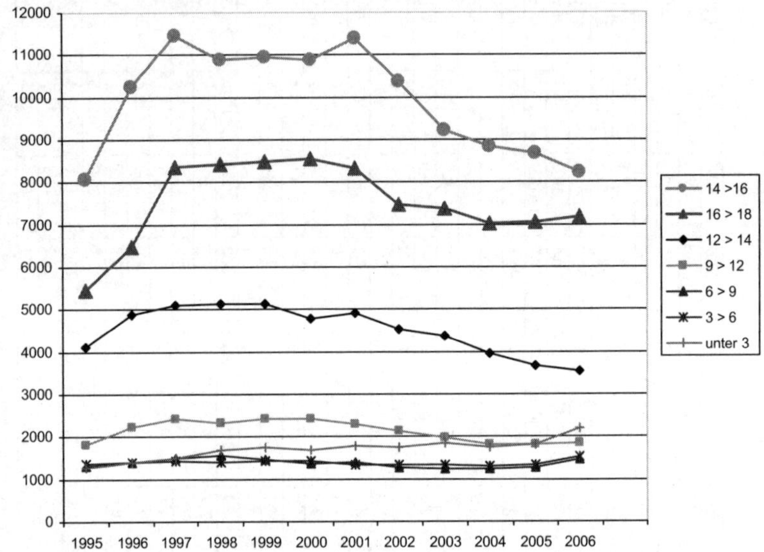

Quelle: Statistisches Bundesamt 2007, Vorläufige Schutzmaßnahmen 2006, ZR 1; eigene Berechnungen

Meldungen

Die Inobhutnahmen werden – wenn nicht durch die jungen Menschen selbst (27,4 %) – in der Regel durch Mitarbeiter der sozialen Dienste/Jugendämter (26,9 %), die Polizei (23,9 %) oder auch durch die Eltern oder ein Elternteil (12,1 %) initiiert.[169] Schutzmaßnahmen aufgrund einer Anregung durch Lehrer/Erzieher (2,3 %), Ärzte (1,5 %), Nachbarn und Verwandte (1,9 %) kommen relativ selten vor.[170] Auch insoweit zeigen sich in den einzelnen Kategorien große regionale Unterschiede (z. B. Anregung durch die Polizei in den Stadtstaaten Berlin 32,3 %, Hamburg 32,4 %, dagegen in Bremen nur 15,5 %).

169 Statistisches Bundesamt 2007, Vorläufige Schutzmaßnahmen 2006, LT 3.1.

170 Insoweit bestehen freilich erhebliche Unsicherheiten, was mit „Anregung" zu einer Inobhutnahme gemeint ist. Es kann deshalb nicht ausgeschlossen werden, dass insoweit Meldungen von Schulen und Ärzten unterrepräsentiert sind.

Abbildung 5: Entwicklung der vorläufigen Schutzmaßnahmen seit 1995 – Merkmale der Zielgruppen (Geschlecht)

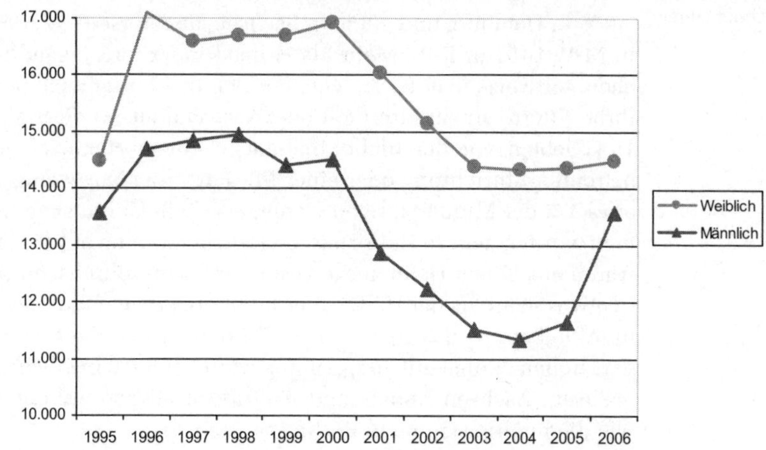

Quelle: Statistisches Bundesamt 2007, Vorläufige Schutzmaßnahmen 2006, ZR 1; eigene Berechnungen

Abbildung 6: Entwicklung der vorläufigen Schutzmaßnahmen seit 1995 nach Zugang (Gefährdung/Selbstmelder)

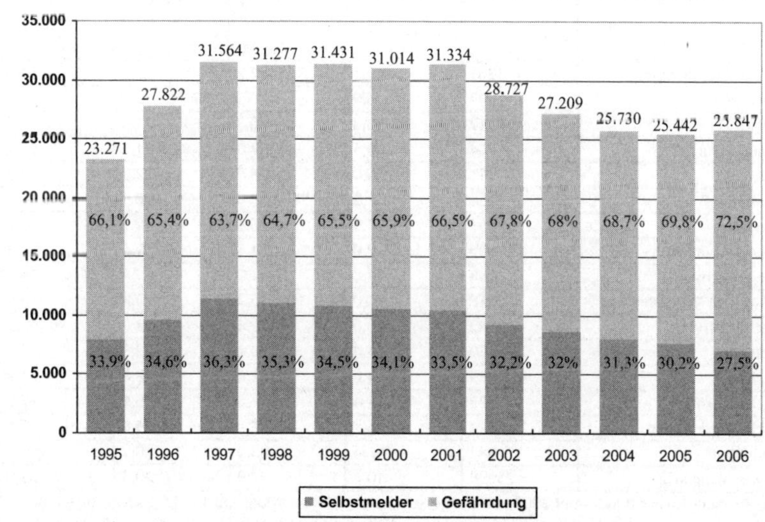

Quelle: Statistisches Bundesamt 2007, Vorläufige Schutzmaßnahmen 2006, ZR 2.1 sowie eigene Berechnungen.

Aufenthalt der Kinder und Jugendlichen vor Beginn der Inobhutnahme

Die Inobhutnahme an einem jugendgefährdenden Ort kommt mit durchschnittlich 10 % sehr selten vor, wobei es auch hier große regionale Unterschiede gibt (z. B. einerseits 3,9 % in Hamburg und 4,8 % in Sachsen; andererseits 17,6 % in M-V, 16 % in R-P). Mehr als ¾ der Kinder und Jugendlichen, teilweise über 80 %, lebte vor den Inobhutnahmen bei ihren Eltern, einem Elternteil oder Verwandten, weniger als 15 % lebten vor der Inobhutnahme in einem Heim, einer betreuten Einrichtung oder einer Pflegefamilie. Nur wenige, etwa 1/5 der Minderjährigen waren, als sie in Obhut genommen wurden, von zu Hause ausgerissen, noch weniger (< 5 %) waren aus einem Heim ausgerissen. Im Bundesdurchschnitt in etwas mehr als der Hälfte aller Inobhutnahmen fand diese unmittelbar aus der eigenen Familie statt, wobei die besonders hohen Zahlen mit knapp unter bzw. über 60 % in Bayern, Sachsen, Sachsen-Anhalt und Thüringen ebenso auffallen wie die niedrige Quote in Berlin (s. u. Tab. 6).

Tabelle 6: Inobhutnahmen nach Art des Aufenthalts vor der Maßnahmen (Bundesländer; 2006) in %-Anteil

	Inobhutnahmen	Jugendgefährdender Ort	Aufenthalt vor Inobhutnahme in eigener Familie (Zeile 31, 35, 40, 44)	Ausreißer aus eigener Familie (Zeile 31 u. 40)	Inobhutnahme direkt aus der Familie (Zeile 44)
Baden-Württemberg	1861	10,1	82,2	22,1	54,5
Bayern	1892	6,9	78,2	15,7	59,5
Berlin	1342	12,8	70,7	21,0	44,0
Brandenburg	1264	6,4	82,0	21,5	57,4
Bremen	241	8,0	78,5	22,3	53,8
Hamburg	1161	3,9	66,6	16,9	48,4
Hessen	1853	13,0	76,8	19,5	52,0
Mecklenburg-Vorp.	899	17,6	84,1	19,5	52,9
Niedersachsen	2088	13,8	81,0	19,4	54,9
Nordrhein-Westfalen	8018	10,0	75,2	22,8	48,9
Rheinland-Pfalz	582	16,0	79,6	23,0	50,2
Saarland	160	14,4	89,4	29,3	54,4
Sachsen	1939	4,8	82,5	18,8	61,3
Sachsen-Anhalt	823	13,4	87,0	15,9	62,8
Schleswig-Holstein	1023	15,1	77,0	19,0	51,5
Thüringen	842	6,4	83,4	20,7	60,1
Deutschland insg.	25998	10,2	77,9	20,4	53,0

Quelle: Statistisches Bundesamt 2007, Vorläufige Schutzmaßnahmen 2006, Tab 1 u. LT 1 sowie eigene Berechnungen; vgl. auch Arbeitsstelle Kinder- und Jugendhilfestatistik Uni Dortmund. %-Angaben inkl. der sog. Herausnahmen nach § 43 SGB VIII a. F.

Abbildung 7: Entwicklung der Inobhutnahmen nach Aufenthalt vor der Maßnahme (1995–2006; absolute Zahlen)

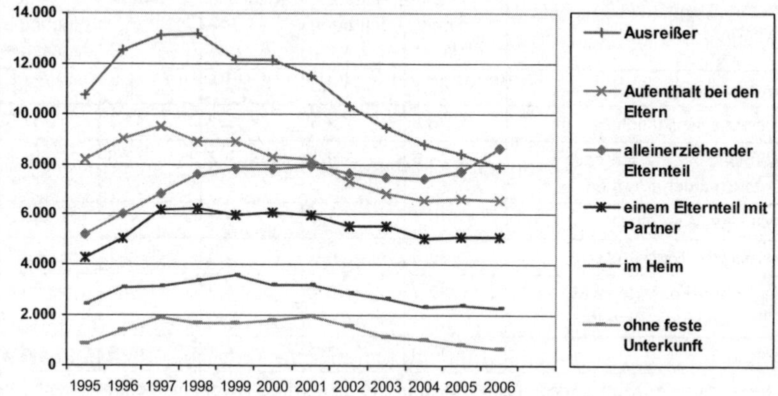

Quelle: Statistisches Bundesamt 2007, Vorläufige Schutzmaßnahmen 2006, ZR 2.1 sowie eigene Berechnungen;

Im Zeitreihenvergleich (s. u. Abb. 7) fällt auf, dass die Zahl der (überwiegend) jugendlichen Ausreißer seit 1998 stetig und deutlich gesunken ist. Gesunken ist seit 1997 auch die Zahl der Kinder und Jugendlichen, die ihren Aufenthalt vor der Inobhutnahme bei beiden Eltern, kontinuierlich gestiegen dagegen ist die Zahl von den Minderjährigen, die ihren Aufenthalt bei einem allein erziehenden Elterteil hatten. Seit Anfang 2000 sinkt die Zahl der Inobhutnahmen von Kindern und Jugendlichen aus einem Heim bzw. ohne festen Wohnsitz.

Anlass von Sorgerechtsverfahren

Nach der von Münder u. a. (2000) durchgeführten Studie ist die Vernachlässigung von Kindern und Jugendlichen in der Hälfte der Fälle der zentrale Anlass für das Sorgerechtsverfahren.[171] Weitere im Rahmen von Kindeswohlverfahren registrierte Gefährdungslagen betreffen, wenn auch in einem deutlich geringeren Ausmaß, die seelische und körperliche Misshandlung sowie den sexuellen Missbrauch. Die Hauptgefährdung besteht offenbar nicht so sehr in tätlichen Übergriffen, sondern eher durch eine erhebliche Mangelversor-

171 Münder/Mutke/Schone 2000, 101.

Tabelle 7: Gefährdungslagen im Rahmen von Kindeswohlverfahren; Angaben in %-Anteilen

	Gefährdungslage*	Hauptgefährdung	Mädchen	Jungen	Anteil Inobhutnahme
Vernachlässigung	65,1	50	43,9	56,9	41,5
seelische Misshandlung	36,8	12,6	13,9	11,1	57,5
Konflikte der Erwachsenen untereinander ums Kind	23,6	4,1	5,2	2,8	16,5
sexueller Missbrauch	16,7	7,9	13,9	0,7	44,0
körperliche Misshandlung	23,6	6,6	4,0	9,7	66,7
Autonomiekonflikte zwischen Eltern und ihren Kindern	12,9	5,7	6,9	4,2	55,6
Sonstiges	12,9	7,9	8,7	6,9	24,0

Quelle: Münder/Mutke/Schone 2000, 99 ff. u. 116 f; * Mehrfachnennung möglich

gung und seelischen Quälerei und Rohheit. Auffallend ist auch, dass Konflikte der Erwachsenen untereinander um das Kind zwar sehr häufig registriert werden, nur selten aber als zentraler Grund für ein familiengerichtliches Verfahren oder in diesen für eine Inobhutnahme Anlass geben. Die geschlechtsspezifische Betrachtung zeigt, dass Jungen stärker von Vernachlässigung und körperlicher Misshandlung betroffen sind, Mädchen dagegen häufiger von seelischer Misshandlung, Autonomie- und Erwachsenenkonflikten. Im Hinblick auf die in den untersuchten Verfahren durchgeführten Inobhutnahmen dominieren als Anlass die seelische und körperliche Misshandlung sowie die Autonomiekonflikte der Minderjährigen mit den Eltern. Vernachlässigung und sexueller Missbrauch folgen mit etwas Abstand.

Anlass der Inobhutnahme

Im Hinblick auf den Anlass der Inobhutnahme kann man im Vergleich zur amtlichen Kinder- und Jugendhilfestatistik interessante Unterschiede feststellen (s. Tab. 8 u. 9). So sticht zunächst hervor, dass in allen Bundesländern am häufigsten (Ø 41,5 %) die allgemeine Überforderung der Eltern bzw. eines Elternteils zu einer Inobhutnahme ihrer Kinder geführt hat, mit deutlichem Abstand gefolgt von Beziehungsproblemen zwischen Kindern und Eltern (Ø 26,1 %) und der Vernachlässigung (Ø 11,5 %) und der Misshandlung (Ø 9,4 %).

Anzeichen für einen sexuellen Missbrauch werden relativ selten als Grund für die Inobhutnahme registriert (Ø 2,4), ebenso wie Suchtprobleme[172], Trennung und Scheidung der Eltern (Ø 2,1 %) oder Wohnungsprobleme (Ø 2,9 %). Etwas häufiger sind dagegen Schul- und Ausbildungsprobleme (Ø 5,5) sowie delinquentes Verhalten von Kindern und Jugendlichen (Ø 6,9). Damit bleibt zunächst festzuhalten, dass zwar nicht jede Krise durch eine Kindesmisshandlung ausgelöst wird, ungeachtet dessen aber Kinder und Jugendliche – und zwar nicht nur die Selbstmelder – gerade in diesen Krisen Hilfe, Unterstützung und Schutz benötigen. Die Inobhutnahme hat insoweit auch eine **präventive Funktion**, gerade um weitere Eskalationen und infolgedessen mögliche Kindeswohlgefährdungen zu verhüten.

Regionale Unterschiede

Auffällig sind freilich die z. T. recht großen Unterschiede der relativen Anteile der einzelnen Anlassgruppen, so dass man in einzelnen Bundesländern z. T. schon von Charakteristika der Inobhutnahmepraxis sprechen kann.[173] So ist die Überforderung der Eltern in Niedersachsen relativ häufig Anlass für eine Inobhutnahme (Ø 51,2 %), während dies in Hamburg und Sachsen-Anhalt (knapp 30 %) weniger der Fall zu sein scheint. Misshandlungen geben in Hamburg, Rheinland-Pfalz und Hessen relativ häufig Anlass zu Inobhutnahme, Anzeichen eines sexuellen Missbrauchs werden relativ häufig im Saarland und in Berlin beobachtet. Der hohe Wert bei der Vernachlässigung in Thüringen und Sachsen-Anhalt ist gerade aufgrund der niedrigen Anteile in anderen ostdeutschen Ländern und gleichzeitig hohen Anteilen nicht nur in den Stadtstaaten, sondern auch westdeutschen Flächenländern frappant. In den Stadtstaaten geben Suchtprobleme von Kindern und Jugendlichen weit häufiger Anlass zu Inobhutnahmen als in den anderen Bundesländern. Während dies in Bremen und Berlin auch für Schul- und Ausbildungsprobleme zutrifft, scheint dies in Hamburg nicht der Fall zu

172 Zum Anspruch auf Inobhutnahme auch von Drogen konsumierenden Jugendlichen s. u. 4.2, S. 191.

173 Freilich ist darauf hinzuweisen, dass die registrierten Anlässe auf Einschätzungen der Mitarbeiter der Jugendämter und Jugendschutzstellen beruhen und diese (sowie die angegebenen Relationen) deshalb kein originäres Abbild der Lebenssituation der Kinder und Jugendlichen darstellen.

Tabelle 8: Anlass der vorläufigen Schutzmaßnahmen in den Bundesländern (relative Anteile), Mehrfachnennungen möglich, Fettdruck der jeweils höchsten Werte, Kursiv niedrigste Werte.

	Überforderung Eltern/ Elternteil	Beziehungsprobleme	Vernachlässigung	Anzeichen für Misshandlung	Delinquenz	Integrationprobleme Pflegefamilie/ Heim	Schul-/ Ausbildungsprobleme	Suchtprobleme des Kindes	Wohnungsprobleme	Anzeichen sexuellen Missbrauchs	unbegleitete Einreise aus Ausland	Trennung/ Scheidung der Eltern	Sonstige Probleme
BW	**47,7**	24,8	10,6	12,2	5,3	4,2	5,9	2,0	2,5	1,9	2	2,1	25,8
Bayern	44,3	19,6	11,3	11,7	5,7	6,6	4,1	2,4	2,9	2,1	4	1,8	33,1
Berlin	35,5	21,8	13,9	11,0	**12,3**	7,5	**9,9**	**5,1**	3,4	4,1	**4,2**	**3,9**	25,3
Brandenburg	35,1	**39,2**	*5,7*	5,5	9,7	5,5	6,4	2,8	2,9	2,5	0,4	1,3	25,8
Bremen	42,2	31,5	13,5	10,4	10,0	7,6	**10,8**	**6,0**	*1,2*	5,2	1,6	*0,4*	23,1
Hamburg	*30,4*	*16,6*	9,1	**14,8**	5,3	**11,2**	3,8	**5,2**	4,5	2,8	2,8	3,2	29.1
Hessen	42,0	*18,6*	15,1	13,2	4,6	5,0	6	2,4	2,3	2,5	**7,8**	3,2	28,1
MV	34,6	32,9	7,1	*3,6*	4,1	8,7	5,3	4,2	1,9	*1,4*	0,3	1,3	38,9
Niedersachsen	**51,2**	25,5	13,7	9,5	7,1	6,4	6,5	2,9	2,3	2,3	1,2	2,2	29,6
NRW	43,4	25,1	9,1	8,7	7,8	8,2	4	2,5	2,9	2,1	1,3	1,8	26,9
Rh.-Pfalz	**48,5**	19,4	16,0	**15,8**	4,0	4,3	7,2	*1,5*	2,9	2,6	0,5	2,9	23,0
Saarland	42,5	23,8	*6,9*	10,6	*3,1*	*2,5*	6,3	3,1	**6,9**	**7,5**	0,6	**4,4**	38,1
Sachsen	34,3	**36,7**	13,4	5,5	7,9	5,8	5,7	2,7	3,7	2,1	3,0	1,4	24,4
Sachsen-Anh.	30,5	32,4	17,3	7,4	6,4	4,4	7,9	1,8	2,3	3,8	*0*	1,2	28,1
SH	**47,2**	26,0	12,6	7,4	6,2	7,1	4,9	3,8	1,9	1,9	3,6	1,6	28,9
Thüringen	33,8	**38,6**	**20,5**	6,1	*3,2*	*2,9*	6,7	2,6	3,6	2,1	3,3	2,4	32,2
Deutschland insg.	41,5	26,1	11,5	9,4	6,9	6,8	5,5	2,9	2,9	2,4	2,4	2,1	28,0

Quelle: Statistisches Bundesamt 2007, Vorläufige Schutzmaßnahmen 2006, LT 3.1; Mehrfachantworten möglich

Tabelle 9: Anlass der vorläufigen Schutzmaßnahmen nach Alter und Geschlecht (Hauptkrisenlagen ohne Wohn- und sonstige Probleme, Trennung/Scheidung), Mehrfachnennung möglich (absolute Zahlen)

	Überforderung der Eltern	Beziehungsprobleme mit Eltern	Vernachlässigung	Anzeichen für Misshandlung	Delinquenz	Integrationsprobleme Heim/Pflegefamilie	Schul-/Ausbildungsprobleme	Suchtprobleme Kind	Wohnungsprobleme	Anzeichen sexuellen Missbrauchs	Unbegleitete Einreise aus dem Ausland	Trennung/Scheidung	sonstige Probleme
unter 3 m.	646	73	404	97	0	2	0	0	49	10	0	28	371
unter 3 w.	634	61	371	75	0	0	0	0	59	11	3	31	317
3 >6 m.	438	43	312	93	1	5	7	0	37	16	1	21	259
3 >6 w.	358	41	284	78	0	3	2	0	37	27	3	22	218
6 >9 m.	436	71	230	125	18	14	10	5	30	20	0	32	266
6 >9 w.	293	51	202	73	5	5	13	7	22	37	0	18	194
9 > 12 m.	468	172	184	143	40	23	28	10	29	17	7	49	318
9 > 12 w.	371	175	160	145	33	22	30	7	17	40	3	24	254
12 > 14 m.	632	331	103	124	188	149	104	20	21	15	39	29	390
12 > 14 w.	848	706	177	282	111	129	107	18	24	87	13	55	494
14 > 16 m.	1168	773	128	170	529	363	258	140	46	22	159	35	770
14 > 16 w.	2026	1936	222	525	295	413	365	101	62	169	83	92	1378
16 > 18 m.	1142	901	84	109	429	355	251	294	183	15	227	44	876
16 > 18 w.	1318	1463	118	399	149	277	248	148	132	134	74	55	1174
männlich insg.	4930	2364	1445	861	1205	911	658	469	395	115	433	238	3250
weiblich insg.	5848	4433	1534	1577	593	849	765	281	353	505	179	297	4029
insgesamt	10778	6797	2979	2438	1798	1760	1423	750	748	620	612	535	7279

Quelle: Statistisches Bundesamt 2007, Vorläufige Schutzmaßnahmen 2006, Tab. 5 (inkl. Herausnahmen)

sein. Dort werden relativ häufig(er) Schwierigkeiten der Integration von Minderjährigen in einem Heim oder einer Pflegefamilie als Anlass für die Inobhutnahme angegeben. Dass der Anteil unbegleiteter ausländischer Minderjähriger (§ 42 Abs. 1 Nr. 3 SGB VIII) in Hessen (mit Frankfurt als dem zentralen internationalen Flughafen in Deutschland) und Berlin höher ist, verwundert nicht.

Anlass nach Alter und Geschlecht

Die Überforderung der Eltern ist bei nahezu allen Altersgruppen der wichtigste Anlass für eine Inobhutnahme (vgl. Tab. 9), besonders ausgeprägt ist dies aber bei der Altersgruppe der (pubertierenden) 14- bis 16-Jährigen, bei Mädchen noch stärker als bei Jungen. Bei den 16- bis 18-Jährigen (bei Mädchen noch stärker als bei Jungen) sind lediglich die Beziehungskonflikte mit den Eltern ein häufigerer Grund. Von der Vernachlässigung sind im Wesentlichen Kinder betroffen und hierbei insbesondere die jüngeren Altergruppen. Demgegenüber kommt die Misshandlung häufiger bei Jugendlichen vor, wenn auch bei den männlichen Jugendlichen deutlich seltener als bei den Mädchen.

Im Zeitenvergleich (Abb. 8) spreizen sich die Verlaufskurven für die Kategorie Überforderung der Eltern, Beziehungsprobleme zwischen Eltern und Kind und „sonstige Probleme" bei weitgehend gleichem Ausgangspunkt im Jahr 1995. Auf deutlich niedrigerem Niveau werden seit 2000 im Rahmen einer Inobhutnahme auch deutlich mehr Anzeichen für eine Kindesmisshandlung registriert, was nicht auf zunehmende Gewaltneigung der Eltern, sondern auf eine größere Sensibilität der meldenden Stellen aufgrund der Einführung des Gebots der gewaltfreien Erziehung (vgl. § 1631 Abs. 2 BGB) im November 2000 hindeutet. Demgegenüber ist die Zahl der Inobhutnahmen aufgrund einer Vernachlässigung des Kindes über die Jahre relativ konstant, das Gleiche gilt auch für die Schutzmaßnahmen aufgrund von Anzeichen sexuellen Missbrauchs.

Abbildung 8: Anlass der Inobhutnahme – Entwicklung 1995–2006 (absolute Zahlen – Teil 1)

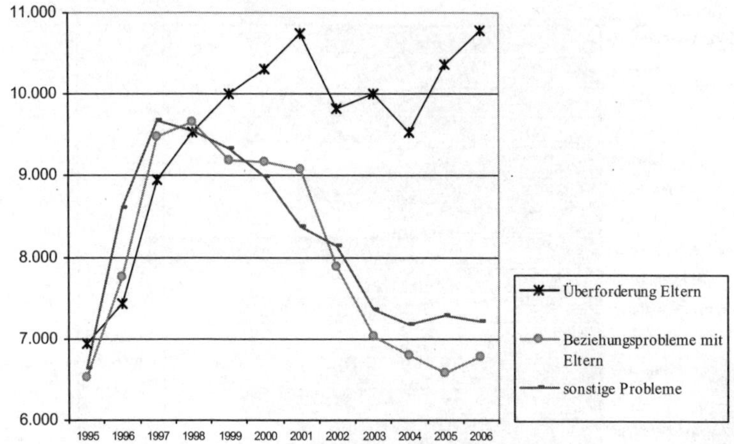

Quelle: Statistisches Bundesamt 2007, Vorläufige Schutzmaßnahmen 2006, ZR 2.1 (ohne Herausnahmen)

Abbildung 9: Anlass der Inobhutnahme – Entwicklung 1995–2006 (absolute Zahlen – Teil 2)

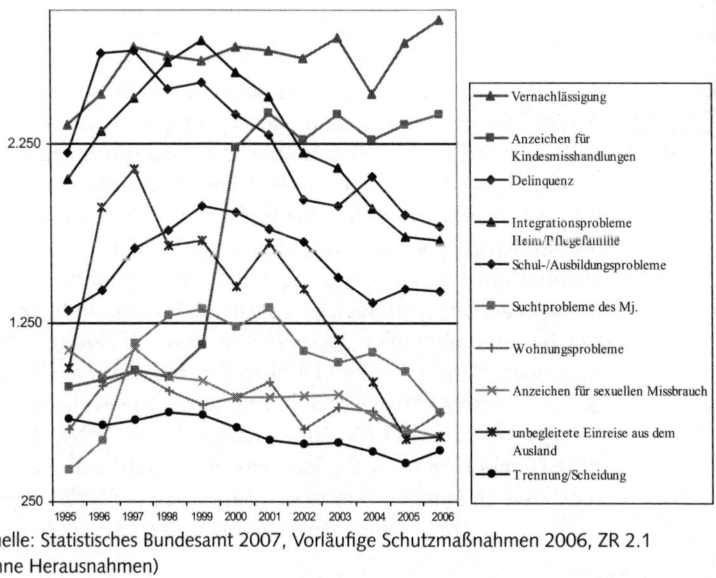

Quelle: Statistisches Bundesamt 2007, Vorläufige Schutzmaßnahmen 2006, ZR 2.1 (ohne Herausnahmen)

Abbildung 10: Zeitpunkt des Beginns der Schutzmaßnahme nach Ländern (Wochenendquote in %)

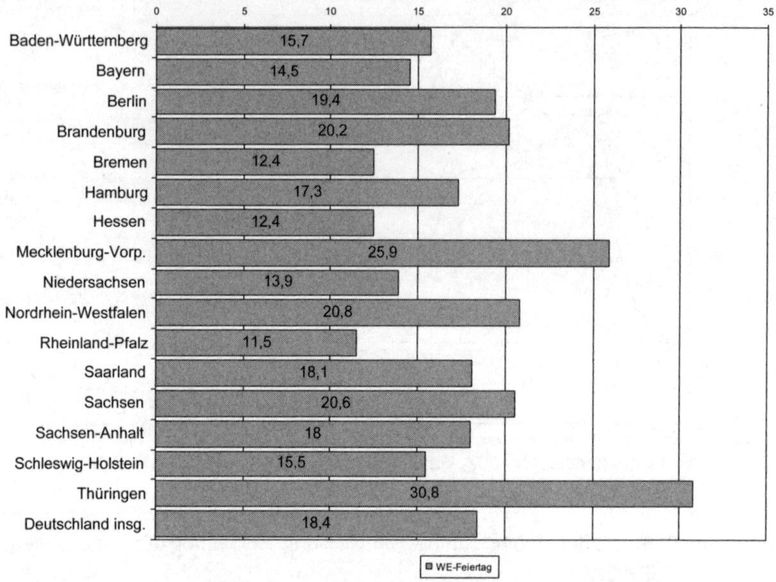

Quelle: Statistisches Bundesamt 2007, Vorläufige Schutzmaßnahmen 2006, LT 3.1 (inkl. Herausnahmen)

Zeitpunkt des Beginns der Schutzmaßnahme

Auch wenn sich Krisen prozesshaft entwickeln, so weisen die Anlässe für die Inobhutnahmen bereits darauf hin, dass im konkreten Fall eine Krise immer zur Unzeit ausbricht bzw. eskaliert, gerade dann, wenn die Überforderung zu groß wird und keine anderen Hilfen zur Verfügung stehen. Gleichwohl finden die meisten Inobhutnahmen in der Woche und mehr als die Hälfte während des Tages statt, freilich sind auch hier große regionale Unterschiede festzustellen (s. Abb. 10 und 11). Inobhutnahmen am Wochenende und an Feiertagen kommen relativ häufig in Mecklenburg-Vorpommern und Thüringen vor, wesentlich seltener in Rheinland-Pfalz, Hessen und Bremen. Während der Nacht zwischen 21 und 8 Uhr kommt es in Hamburg anteilig zu den meisten Inobhutnahmen, während dies in Hessen, Niedersachsen und im Saarland unter 15 % sind. Gerade an diesem regional unterschiedlichen und

Abbildung 11: Zeitpunkt des Beginns der Schutzmaßnahme nach Ländern (Uhrzeit)

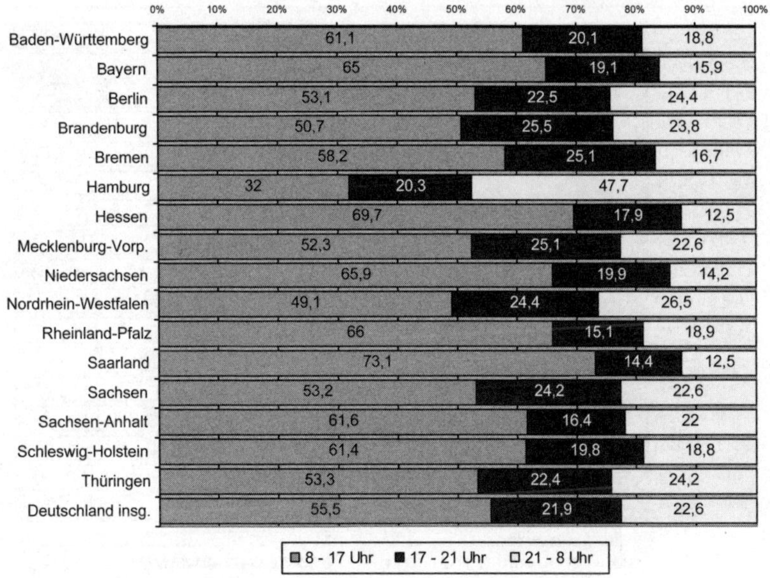

Quelle: Statistisches Bundesamt 2007, Vorläufige Schutzmaßnahmen 2006, LT 3.1 (inkl. Herausnahmen)

heterogenen Bild (d.h. keine einheitliche Praxis z.B. auch in den Stadtstaaten oder den östlichen Bundesländern) zeigt sich, dass die Kinder- und Jugendhilfestatistik im Wesentlichen ein Tätigkeitsnachweis der Jugendämter und Inobhutnahmestellen und damit ein Hinweis auf uneinheitliche Verfahrensweisen und Organisationsformen darstellen, nicht aber ein Spiegelbild der Krisenverläufe von jungen Menschen. Andererseits weisen die alters- und geschlechtsspezifischen Unterschiede nicht nur auf die Praxis der Inobhutnahme, sondern auch auf die unterschiedlichen Handlungsressourcen der Minderjährigen hin.[174]

174 Z.B. werden die älteren Jugendlichen (Jungen mehr als Mädchen) weit häufiger zur Nachtzeit und am Wochenende in Obhut genommen als dies bei Säuglingen oder Kleinkindern der Fall ist (s. Abb. 12).

Abbildung 12: Zeitpunkt des Beginns der Schutzmaßnahme nach Alter und Geschlecht

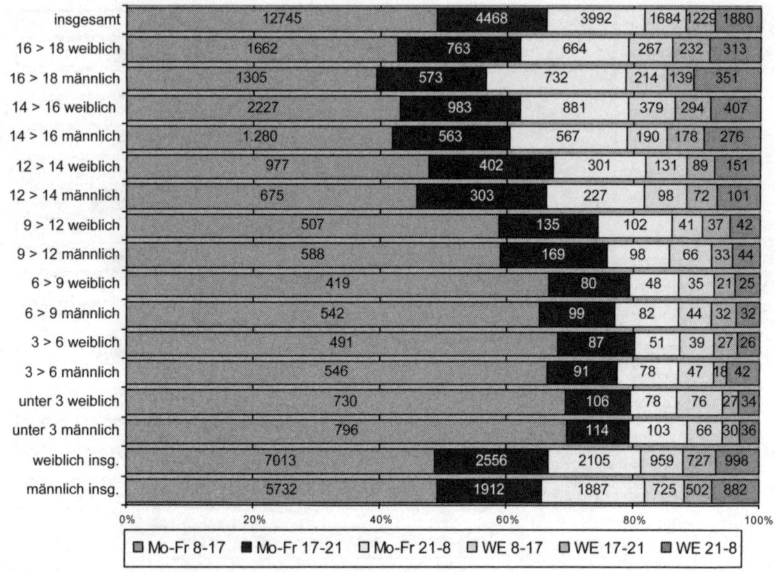

Quelle: Statistisches Bundesamt 2007, Vorläufige Schutzmaßnahmen 2006, Tab. 6 (inkl. Herausnahmen)

Rufbereitschaft

Im Hinblick auf die Verpflichtung zur jederzeit möglichen Inobhutnahme sollte eine funktionierende 24-stündige Rufbereitschaft des Jugendamts selbstverständlich sein, weil nur das Jugendamt die Inobhutnahme verfügen kann (s. u. 4.2.7.1, S. 266 ff.). In der praktischen Umsetzung scheint es hier aber in einzelnen Regionen erhebliche Mängel zu geben. Nach einer in den Jahren 2000/01 durchgeführten Erhebung war in Brandenburg eine Rufbereitschaft nahezu in allen Jugendämtern garantiert, während in Bayern weniger als die Hälfte der Jugendämter über eine entsprechende Erreichbarkeit oder gar einen eigenen Kinder- und Jugendnotdienst verfügte und sich auf die Jugendschutzstellen freier Träger oder die Gewahrsamnahme und Zuführung durch die Polizei verließ.[175] Neuere Untersuchungen liegen nicht vor, es ist daher nur zu

175 Vgl. Koenig von und zu Warthausen 2004, 56 ff.

Abbildung 13: Dauer der Inobhutnahme nach Alter und Geschlecht (Relation der absoluten Zahlen)

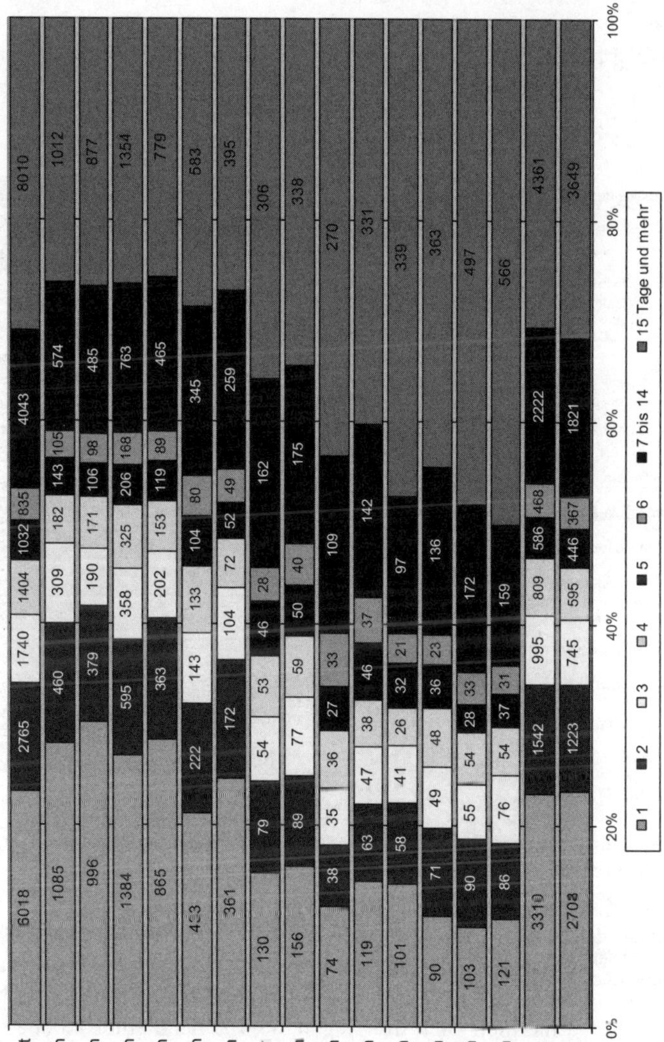

Quelle: Statistisches Bundesamt 2007. Vorläufige Schutzmaßnahmen 2006, Tab. 4 (inkl. Herausnahmen a.F.)

hoffen, dass mittlerweile eine solche rechtswidrige Praxis abgestellt worden ist.

Abbildung 14: Dauer der Inobhutnahme in den Bundesländern (Relation der absoluten Zahlen)

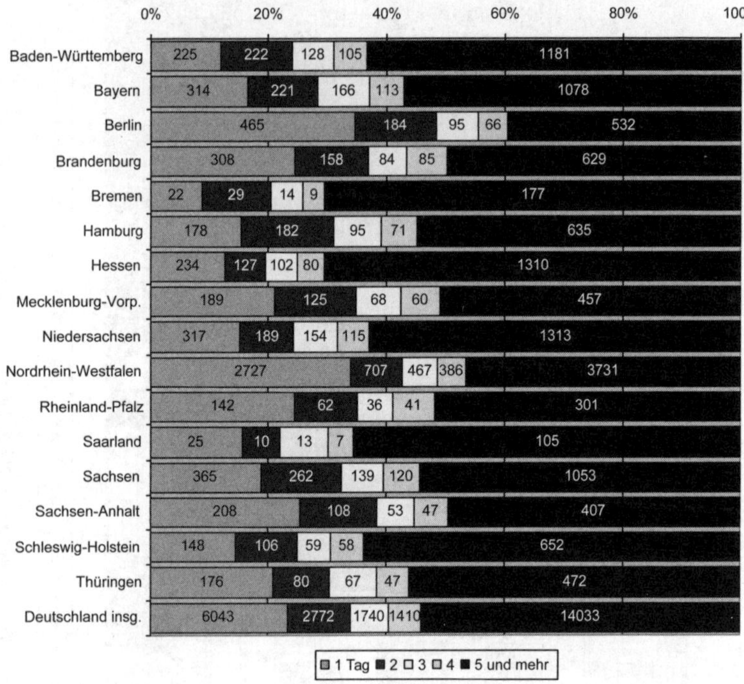

Quelle: Statistisches Bundesamt 2007, Vorläufige Schutzmaßnahmen 2006, LT 3.1 (inkl. Herausnahmen)

Dauer der Krisenintervention

Die Inobhutnahme ist per definitionem eine vorläufige (wenn auch zeitlich nicht genau begrenzte) Krisenintervention (s. Kap. 4.2.4, S. 235). In der Tat sind 40,1 % der Inobhutnahmen nach drei Tagen, 53,4 % nach einer Woche beendet, ein bis zwei Wochen dauern 15,6 % der Schutzmaßnahmen.[176] Allerdings dauert ein knappes Drittel (31 %) der Inob-

176 Nach der Untersuchung von Koenig von und zu Warthausen (2004, 89 ff.) betrage die durchschnittliche Verweildauer etwa 12–15 Tage.

hutnahmen 15 Tage und länger. In der Praxis kann man tatsächlich immer wieder feststellen, dass Kinder und Jugendliche oft wochen- bis sogar monatelang in (teuren) Jugendschutzstellen verbleiben, ohne dass eine Beendigung der Inobhutnahme angestrebt wird, weil die Eltern keinen „Antrag" auf Erziehungshilfen gestellt (andererseits der Unterbringung nicht ausdrücklich widersprochen) haben.

Im Hinblick auf die Verweildauer der Kinder und Jugendlichen in den Jugendschutz- und anderen Inobhutnahmestellen lassen sich ausgeprägte alters- und geschlechtsspezifische Unterschiede feststellen (s. Abb. 13). So dauert die Inobhutnahme bei (älteren) Jugendlichen länger als bei Kindern, bei Jungen in der Regel länger als bei Mädchen. Eine Ausnahme bilden die Schutzgewährungen für Mädchen im Alter bis 6 Jahren im Vergleich zu den altersgleichen Jungen.

Auch im Hinblick auf die Dauer der Schutzmaßnahmen sind sehr starke regionale Unterschiede festzustellen (vgl. Abb. 14). So werden in Berlin und Nordrhein-Westfalen ein Drittel der Inobhutnahmen bereits nach einem Tag beendet, am längsten (mehr als 50 % der Schutzmaßnahmen dauern 5 Tage und mehr) verbleiben Kinder und Jugendliche in Obhut der Jugendämter in Baden-Württemberg, Bremen, Hessen, Niedersachsen, Saarland, Schleswig-Holstein und Thüringen.

Beendigung der Inobhutnahme

In den meisten Fällen enden die Inobhutnahmen mit der Rückkehr der Kinder und Jugendlichen ins Elternhaus (Ø 43,4 %, unter 40 % in Berlin und NRW und über 50 % in Sachsen-Anhalt und im Saarland; vgl. Abb. 15). Größere regionale Unterschiede gibt es auch im Anteil der Fälle, in denen aus Anlass einer Inobhutnahme Erziehungshilfen außerhalb des Elternhauses eingeleitet werden. Dies ist relativ selten in Nordrhein-Westfalen (21,9 %) und Hamburg (22,7 %) der Fall, weit häufiger mit über 30 % in Thüringen, Rheinland-Pfalz, Bayern, Brandenburg, Sachsen-Anhalt, Hessen und Baden-Württemberg. Relativ hoch ist im Saarland (5,9 %) der Anteil, bei dem die Inobhutnahme durch Übernahme in den Zuständigkeitsbereich eines anderen Jugendamtes beendet wird, selbst in Berlin ist dies nur in 3,9 % der Inobhutnahmen und im Durchschnitt nur in 2,5 % der Verfahren der Fall. Irritierend hoch und regional sehr unterschiedlich ausgeprägt ist

Abbildung 15: Beendigung der Inobhutnahmen – Art der Rückkehr oder Anschlusshilfe (in %)

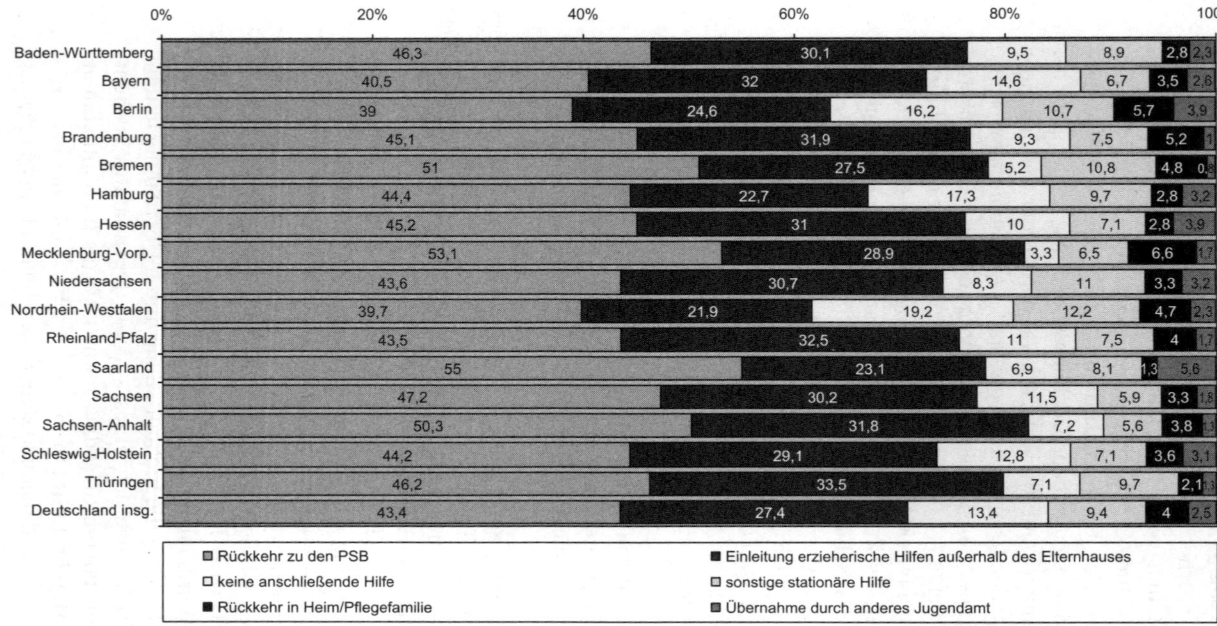

Quelle: Statistisches Bundesamt 2007, Vorläufige Schutzmaßnahmen 2006, LT 3.1 (inkl. Herausnahmen)

der Anteil der Inobhutnahmen, in denen keine (nicht einmal ambulante) Anschlusshilfen eingeleitet wurden, selbst wenn man die Kinder und Jugendlichen berücksichtigt, die aus einer Einrichtung oder von einer Pflegefamilie weggelaufen sind (5,5 %) und nach der Inobhutnahme wieder dorthin zurückkehren.

Begrenzte Aussagekraft

Die Kinder- und Jugendhilfestatistik gibt einige aufschlussreiche Kennzeichen der Entwicklung und derzeitigen Situation der Schutzmaßnahmen in der Jugendhilfe wieder. Freilich ist bei der Interpretation der Daten nicht allein wegen auf mögliche Fehlerquellen in der Datenbasis Vorsicht geboten.[177] Sie dokumentieren (zumindest nicht in allen Kategorien) nicht unbedingt die Wirklichkeit der zugrunde liegenden Lebensverhältnisse, sondern stellen zunächst einen Arbeitsnachweis der Institutionen und die Einschätzung der Situation durch die handelnden Personen dar. Als Fazit kann aber festgehalten werden, dass die extrem regionalen Unterschiede darauf hinweisen, dass in der Praxis im Hinblick auf Organisation und Verfahrensweisen bei der Inobhutnahme **keine einheitlichen Standards** existieren und die Inobhutnahme und der Schutz der Kinder auch sehr von regionalen und lokalen Traditionen und Zufälligkeiten abhängen. Derart unterschiedliche Strukturen und Vorgehensweisen bilden aber ein fachlich nicht mehr zu tolerierendes Risiko, dass die erforderlichen Interventionen in Krisen, insbesondere in Fällen der Kindeswohlgefährdung, nicht, nicht rechtzeitig oder dem Krisenbedarf und fachlich nicht angemessen erfolgen.

2.3 Innenansicht in die Praxis der Jugendschutzstellen

Angebotspalette

In der Vergangenheit – vor Einführung des KJHG – beschränkte sich die Praxis der Inobhutnahme vor dem Hintergrund landesrechtlicher Regelungen weitgehend auf die vorläufige Schutzgewährung und Unterbringung, wobei die eigentliche pädagogische Aufgabenstellung der Jugendhilfe

177 S.o. S. 70, Fn. 158.

außer Betracht blieb. Mittlerweile spiegeln die Angebote der Inobhutnahme eine breite Palette differenzierter Konzepte der Krisenintervention wider, wobei sich einerseits familienorientierte Angebote insbesondere in der sog. Bereitschaftspflege[178] v. a. bei der Inobhutnahme von Kleinkindern sowie andererseits die Inobhutnahme durch Unterbringung in einer Einrichtung unterscheiden lassen. Bei der einrichtungsbezogenen Inobhutnahme finden sich wiederum konzeptionell differenzierte Angebote[179]:

- „klassische" Jugendschutzstellen als spezialisierte Einrichtungen,
- geschlechtsspezifische Angebote insbesondere für schutzsuchende Mädchen,
- Kinder- und Jugendnotdienste, die ambulant als auch stationär betreuen,
- Aufnahmemöglichkeiten in Kinderkrankenhäusern (auch im Zusammenhang mit der sog. „Babyklappe[180]"),
- Notaufnahmegruppen in Heimeinrichtungen,
- Inobhutnahmeplätze im Regelangebot der Heimerziehung,
- Krisenwohnungen mit intensiver (ambulant) begleitender Betreuung,
- besondere Einrichtungen für Selbstmelder vor allem in Großstädten, in denen auch eine anonyme Aufnahme ermöglicht wird („Bed-by-Night", „Sleep-In").

---

178 Ausführlich BMFSFJ 2002; vgl. auch Elger 1986, Jordan u.a. 1989, Heck/Weber 1999. Im Hinblick auf die Bereitschaftspflege werden unterschiedliche Ansichten zur normativen Zuordnung vertreten (vgl. BMFSFJ 2002, 520), in denen sich nur zum Teil konzeptionelle Unterschiede widerspiegeln: Einerseits wird sie als spezialisiertes Angebot im Rahmen der Inobhutnahme angesehen, andererseits als besondere Ausprägung der Erziehungshilfe nach §§ 27, 34 SGB VIII.

179 Vgl. Beispiele u.a. bei Birtsch 1983; Jordan 1989; Jordan/Münder 1987, 77 ff.; Evangelischer Fachverband 1992; Schmidt 1993, 296 ff.; Späth 1998, 303 u. 2001; Riedelsheimer/Wiesinger 2004; Rotering/Lengemann 2002, 709 ff.

180 Hierzu Mielitz 2006.

Das Berliner Notdienstsystem
ist der Bereitschaftsdienst aller Berliner Jugendämter und gehört zum Jugendamt Friedrichshain-Kreuzberg. Es besteht aus drei Einrichtungen mit eigenen Standorten:

- Kindernotdienst (KND): Inobhutnahme 0–14 Jahre, Krisenberatung rund-um-die-Uhr telefonisch und persönlich (ggf. vor Ort), (10 Plätze)
  mit Hotline Kinderschutz: Hotline für „Drittmelder", entscheidet ggf. über sofortige Einsätze durch Jugendämter oder Notdienste
- Jugendnotdienst: wie KND für Altersgruppe 14–18 Jahre (10 Plätze)
  mit Mädchennotdienst: Spezialteam im JND (Kooperation mit Wildwasser e.V. und EJF-Lazarus); mädchenspezifische Beratung und Inobhutnahme von Mädchen und jungen Frauen von 12–21 Jahren (3 Plätze)
- Kontakt- und Beratungsstelle: Streetwork, Beratung für Szenejugendliche mit Sleep-In (niedrigschwellige Notschlafstelle ohne Inobhutnahme, 16 Plätze)

Nach der Intervention der Notdienste erfolgt i. d. R. eine direkte bzw. zeitnahe Unterbringung in regionale oder spezialisierte Einrichtungen freier Träger. Im Jahr 2007 nahm das Berliner Notdienstsystem rund 3.000 Minderjährige in Obhut. Außerdem wurden ca. 3.500 telefonische oder persönliche Krisenberatungen durchgeführt.
(Weitere Informationen: www.kindernotdienst.de bzw. www.jugendnotdienst-berlin.de)

Clearingstelle und bed-by-night – Fachbereich Jugend und Familie/Heimverbund der Landeshauptstadt Hannover
Der Arbeitsbereich der Clearingstelle basiert auf vier Säulen:

- Inobhutnahmeeinrichtung
- Erreichbarkeit der Jugendhilfe in den Abend- und Nachtstunden und an Feiertagen
- Vermittlung aller Inobhutnahmen im Stadtgebiet Hannover
- Zuständigkeit für Kinder und Jugendliche, die keinen Wohnsitz in Hannover haben

Die häufig getrennten Aufgabenbereiche der Rufbereitschaft, (auch telefonische) Krisenberatung, Inobhutnahme und Betreuung werden auf der Grundlage eines ganzheitlichen Arbeitskonzeptes wahrgenommen. Kriterien, die bei der Auswahl der stationären Unterbringung zugrunde gelegt werden, sind u. a. Alter, Entwicklung und seelischer und körperlicher Zustand der Kinder und Jugendlichen. Für die Aufnahme in der Clearingstelle gibt es keine Ausschlusskriterien.
Für die zu veranlassenden Inobhutnahmen stehen sowohl unterschiedliche Möglichkeiten der Unterbringung in städtischer Trägerschaft, als auch in freier Trägerschaft zur Verfügung (z. B. spezifische Angebote zum Schutz und zur

Unterbringung von Mädchen). In der Clearingstelle können 8 Personen untergebracht werden, sodass in Hannover insgesamt 26 Plätze (ohne Bereitschaftspflege) für alle Altersgruppen zur Verfügung stehen. Hierin eingeschlossen sind auch die 10 Plätze von bed-by-night, eine niedrigschwellige Einrichtung zur Versorgung sog. Straßenkinder. Zielgruppe des Betreuungsangebotes sind Minderjährige, die einen Schlafplatz benötigen, sich aus der Straßenszene herauslösen und eine Zukunftsperspektive entwickeln wollen.

Koordinierungszentrum Kinderschutz Hannover
Zusätzlich zu den Inobhutnahmeangeboten wurde in Hannover von Stadt und Region in Kooperation mit der Kinderklinik „Auf der Bult" ein „Koordinierungszentrum Kinderschutz – Kommunale Netze früher Hilfen" errichtet, das seit dem 1.2.2008 über eine hauptamtliche Projektkoordination verfügt, die ihren Sitz in der Kinderklinik hat. Das Zentrum bündelt vor allem folgende Aufgaben: Früherkennung und Diagnose bei Misshandlungsverdachtsfällen sowie die Bereitstellung anerkannter medizinischer und psychologischer Untersuchungen zur Beurteilung des Ausmaßes einer erlittenen Misshandlung. Es stellt Kompetenz und Expertenwissen für die medizinische, psychologische und sozialpädiatrische Betreuung von misshandelten Kindern bereit. Gegenüber den betroffenen Kindern erfolgt in Form von Case-Management faktisch die Schutzübernahme. Dazu läuft die gesamte Berichterstattung im Koordinierungszentrum zusammen. Von dort werden die anderen Institutionen eingebunden. Alle Partner bilden künftig den „Runden Tisch Kinderschutz in Hannover". Vergleichbare Projekte, die durch das Land Niedersachsen mit rund 1,4 Mio. Euro gefördert werden, gibt es in Braunschweig, Lüneburg und Oldenburg.

Kinder- und Jugendhäuser GmbH Jena – Lindenhöhe
Um eine Inobhutnahme durchführen zu können, hält die Kinder- und Jugendhäuser GmbH in Jena aufgrund einer Kooperationsvereinbarung mit dem Jugendamt in einem ruhigen, gutbürgerlichen Wohngebiet in einem Mehrfamilienhaus mit insgesamt acht Wohneinheiten neben Wohnungen für Mutter/Vater-Kind-Betreuung bzw. für das Betreute Wohnen im Dachgeschoß eine ca. 100 m² große 5-Zimmer-Wohnung (bestehend aus einer Küche, einem Bad, einer Diele, vier unterschiedlich großen Zimmern und einem Raum für die Mitarbeiter/innen) vor. Das Haus liegt in der Nähe zur Innenstadt und bietet günstige infrastrukturelle Voraussetzungen, um die alltäglichen Anforderungen wie Schul- oder Ausbildungsbesuch, Ämtergänge, Einkäufe oder Arztbesuche bewältigen zu können. Aufgenommen werden Kinder ab 3 Jahren, die Entscheidung über die Inobhutnahme wird vom Jugendamt getroffen. Das Jugendamt der Stadt Jena hat außerhalb der regulären Bürozeiten einen „Bereitschaftsdienst" eingerichtet. Sofern sich Selbstmelder während der Bürozeiten des Jugendamtes in der Inobhutnahmestelle melden,

wird der zuständige Mitarbeiter des ASD umgehend informiert, damit dieser sich um die Situation kümmern kann. Außerhalb der Bürozeiten des JA wird diese Verfahrensweise analog über den Bereitschaftsdienst angewandt.
Für die Betreuung der Kinder und Jugendlichen stehen insgesamt 4 Sozialpädagogen und 3 Hauswirtschaftskräfte (die in den weniger betreuungsintensiven Zeiten in den Vormittags- und Mittagsstunden eingesetzt sind) zur Verfügung. Die Sozialpädagogen arbeiten an den Wochentagen in den späten Nachmittagsstunden für 3 Stunden gemeinsam (Doppeldienst) und darüber hinaus flexibel bei besonderen Situationen und Anlässen. Das gesamte Team ist für alle im Objekt befindlichen Betreuungsformen zuständig.
Neben dem unmittelbaren Schutz, der Krisenintervention und der Gewährleistung eines soweit als möglich normalen Alltags wird insbesondere auf die diagnostische und analytische Aufarbeitung der konkreten Krisensituation für mögliche Anschlusshilfen gelegt, auch wenn die Zeit hierfür i. d. R. sehr kurz ist.
(Weitere Informationen: http://www.kjh-jena.de/).

Elsa-Brandström-Jugendhilfe Minden
Die Elsa-Brandström-Jugendhilfe Minden des Deutschen Roten Kreuzes nimmt im Auftrag der Städte Minden, Bad Oeynhausen, Porta Westfalica und für den Kreis Minden-Lübbecke nach § 42 SGB VIII Kinder und Jugendliche in Obhut. Da sich die Einrichtung in einer ländlichen Region befindet und die Inobhutnahme maximal 7 Plätze bietet, ist das Angebot an einer stationären Wohngruppe für Jungen und Mädchen angegliedert. Die Betreuung der in Obhut genommenen Kinder und Jugendlichen erfolgt über einen Pool von Mitarbeitern, die je nach Auslastung flexibel in beiden Gruppen zum Einsatz kommen können. Ergänzt wird dieser Arbeitsbereich durch sozialpädagogische Clearingplätze und einen Familienkrisendienst (FAKI), eine ambulante Form der Krisenintervention, die schnelle sozialpädagogisch orientierte Beratung und praktische Unterstützung in akuten und latenten Stress-Situationen gewährleistet, wozu auch eine 24-stündige Erreichbarkeit der Mitarbeiter für die Familie gehört.
(Weitere Informationen: info@ebh-minden.de)

Empirische Bestandsaufnahme

Gleichwohl ist damit in Deutschland nicht überall ein bedarfsgerechtes Angebot an Inobhutnahmestellen vorhanden. Nicht einmal die genaue Zahl der Inobhutnahmeeinrichtungen ist bekannt, obwohl jeder der ca. 615 örtlichen Träger[181] der öffentlichen Jugendhilfe im Rahmen seiner Zustän-

181 Nach Münder u. a. 2006 § 69 Rz. 2 und dem DIJuF gab es zuletzt (Stand 2/2005) 614 Jugendämter örtlicher Träger inkl. kreisangehöriger Gemeinden.

digkeit (s.u. Kap. 4.2.7, S. 266) und Gesamtverantwortung (§§ 79, 85 Abs. 1 SGB VIII) ausreichende Angebote für eine bedarfsgerechte Inobhutnahme bereitstellen muss. So waren beim Statistischen Bundesamt zuletzt lediglich 196 Einrichtungen (davon nur 50 öffentlicher Träger, das sind 25 %) für vorläufige Schutzmaßnahmen mit insgesamt 2.909 Plätzen (davon bei öffentlichen Trägern knapp 30 %) registriert.[182] Auf der Grundlage von Jugendamtsbefragungen zur Angebotsstruktur der Jugendhilfe kann für den Bereich der Inobhutnahmen festgestellt werden, dass zumindest in 23 % der Jugendamtsbezirke in Deutschland keine eigene spezielle Inobhutnahmeeinrichtung vorhanden ist, Plätze in anderen institutionellen Kontexten vorgehalten werden und es hierbei zu einer überregionalen Zusammenarbeit zwischen Jugendämtern kommt.[183] In der von Maud Zitelmann in Zusammenarbeit mit dem AK Inobhutnahme und der IGFH im Jahr 2005 durchgeführten Befragung konnte lediglich eine Liste von 340 Einrichtungen und damit zwar deutlich mehr als die beim Statistischen Bundesamt gemeldeten Einrichtungen mit einem weit höheren Anteil an freien Trägern (86 % der teilnehmenden Einrichtungen) erstellt werden.[184] Angesichts der Zahl von etwa 615 örtlichen Trägern der Jugendhilfe ist diese Zahl allerdings trotz möglicher überörtlicher und regionaler Kooperationen (Belegung von Einrichtungen durch mehrere Jugendämter) und in der Umfrage nur zufällig erfassten Bereitschaftspflegestellen sehr verwunderlich.

Bundesweite Umfrage

Die Ergebnisse der von Maud Zitelmann[185] durchgeführten Befragung, an der sich immerhin 218 von 340 (64 %) der ange-

---

Nach den beim Statistischen Bundesamt am 29. 11. 2004 erschienenen Statistiken der Kinder- und Jugendhilfe, Einrichtungen und tätige Personen – sonstige Einrichtungen – (ohne Tageseinrichtungen für Kinder) [Revidierte Ergebnisse] waren es zum Stichtag 31.12.2002 sogar 749 Jugendämter.

182 Statistisches Bundesamt: Statistiken der Kinder- und Jugendhilfe, Einrichtungen und tätige Personen – sonstige Einrichtungen (ohne Tageseinrichtungen für Kinder) – Revidierte Ergebnisse (veröffentlicht 29.11.2004) – Einrichtung/Abteilung/Gruppe für vorläufige Schutzmaßnahmen gemäß §§ 42, 43 SGB VIII (Stichtag 31.12.2002).

183 Vgl. Pluto u.a. 2007, S. 246 f.

184 Zitelmann 2007, 2.

185 Zitelmann 2007. Der Kollegin Prof. Dr. Maud Zitelmann danke ich an dieser Stelle noch einmal ausdrücklich für die Zurverfügungstellung ihrer

schriebenen Einrichtungen beteiligten,[186] geben einen tieferen Einblick in die Praxis der Inobhutnahme. Die teilnehmenden Einrichtungen befinden sich ganz überwiegend (86,7 %) in freier Trägerschaft, auch wenn sie im Rahmen einer Inobhutnahme nicht selbständig, also ohne Einschaltung des Jugendamtes, sondern lediglich im Rahmen der Ausführung der Schutzgewährung tätig werden dürfen.[187] Zur Bereitstellung und Aufrechterhaltung einer qualitativ bedarfsgerechten Anzahl von Unterbringungsplätzen sind die freien Träger auf eine angemessene Refinanzierung durch die öffentlichen Träger angewiesen. Allerdings wird nur etwa jede fünfte Einrichtung vollständig oder wenigstens teilweise pauschal finanziert.[188] Ganz überwiegend (80,6 %) wird über Pflegesätze abgerechnet. Dabei ergeben sich schon aufgrund der naturgemäß stark schwankenden Belegung erhebliche Kalkulationsschwierigkeiten v. a. im Hinblick auf die Vorhaltekosten insbesondere für Personal und Liegenschaften. Zitelmann weist in diesem Zusammenhang auf die Konsequenzen der mangelhaften Finanzierungsstruktur hin: „Solche Heime müssen ihre Platzkosten folglich entweder deutlich oberhalb des realen Bedarfes einzelner Kinder ansetzen, was in der Konkurrenz mit anderen Heimen schwer fallen dürfte, oder sie sind auf eine äußerst kontinuierliche Belegung angewiesen. Letztgenannte Strategie birgt das hohe Risiko nicht wünschenswerter Nebeneffekte, wie zum Beispiel ein „Dumping“ der Platzkosten auf Kosten der Betreuungsqualität oder die Sanierung des Haushaltes durch zeitweise Überbelegung zum Ausgleich vakanter Plätze.[189] Nahe liegend ist ebenso eine

Finanzierungsstruktur

noch unveröffentlichten Ergebnisse. Ein erster Forschungsbericht ist unter dem Titel „Erste Streiflichter im Dunkelfeld“ in der Zeitschrift Forum Erziehungshilfen (Heft 3/2005, S. 171 ff.) erschienen.

186 Nähere Angaben zur Anzahl der vorgehaltenen Plätze liegen insoweit nur von 186 Einrichtungen vor; hinzu kommt ein Kontingent von 32 Heimeinrichtungen, von denen keine Angaben zur Platzzahl vorliegen.

187 Hierzu Kap. 4.2.8, S. 273; Münder u. a. 2006 § 42 Rz. 86 f.; Trenczek 2007a, 326.

188 Zitelmann 2007, 4.

189 Die durchschnittliche Auslastung beträgt bei jeder zehnten Einrichtung bis 50 %, bei 16 % zwischen 50 und 80 % und bei etwa der Hälfte der Einrichtungen über 80 % (Zitelmann 2005, 176). Es verwundert deshalb nicht, dass in etwa der Hälfte der Einrichtungen es zu einer gelegentlichen oder

„Anpassung" der Aufenthaltsdauer einzelner Kinder an die Belegungssituation des Heimes und damit eine Hilfeplanung, die sich vom „Kindeswohl" als Leitprinzip verabschiedet."[190]

Einrichtungsprofile

Im Hinblick auf das Einrichtungsprofil überwiegen Einrichtungen, die eine Inobhutnahme für wenige Tage ermöglichen und einige befristete Übergangsplätze bereitstellen. In etwa jeder fünften Einrichtung gibt es spezifische Gruppen für Kinder und Jugendliche in akuten Krisensituationen, die neben homogenen Dauergruppen bestehen. Zu kritisieren ist die häufige Einstreuung von Notaufnahmeplätzen in feste Dauergruppen in knapp 40 % der Einrichtungen. „Diese Struktur ist nicht nur für die dauerhaft im Heim lebenden Kinder und Jugendlichen eine Zumutung. Sie trägt auch den Bedürfnissen der oft schwer vorbelasteten Kinder, die sich während der vorläufigen Unterbringung in einem Ausnahmezustand befinden und den fachlichen Anforderungen an eine gezielte, umfassende Krisenintervention und Perspektivklärung keine Rechnung."[191]

Etwa ein Viertel (23,5 %) der Einrichtungen hält Angebote der ambulanten Krisenintervention bereit, die von Zitelmann ambivalent bewertet werden. Einerseits gewährleisteten diese Einrichtungen Hilfen „aus einer Hand" und konstante Ansprechpartner für die Familie und das Jugendamt. Andererseits riskiere man aber, dass derselbe Träger in ein und demselben Fall auch bei zuvor fehlschlagenden Betreuungsverläufen tätig wird. Damit könnten Interessenskonflikte zu Lasten der Betroffenen (z. B. bei der Klärung der Alltagsperspektiven und Anschlusshilfen) begünstigt, jedenfalls nicht vermieden werden.[192]

Zwar finden sich unter den Einrichtungen breit gefächerte Angebote im Hinblick auf unterschiedliche Zielgruppen, insbesondere für alters- und geschlechtsspezifische Gruppen. Allerdings sind diese spezifischen Unterbringungsangebote

---

chronischen Überbelegung kommt (Zitelmann 2007, 18), insbesondere in bestimmten Zeiten, in denen Familienkonflikte eher eskalieren (Feiertage, Ferien), oder wenn Geschwister aus kinderreichen Familien aufgenommen werden.

190 Zitelmann 2007, 5.

191 Zitelmann 2007, 6.

192 Zitelmann 2007, 6.

nicht flächendeckend vorhanden. Nur in etwa jeder vierten Notaufnahmeeinrichtung gibt es nach der Untersuchung von Zitelmann geeignete Plätze zur geschlechtsspezifischen Unterbringung von Mädchen und Jungen.[193]

Zudem muss man in der Praxis immer wieder feststellen, dass zahlreiche Einrichtungen jenseits der konzeptionellen Vorfestlegungen im Hinblick auf Alter oder Geschlecht die Aufnahme aufgrund bestimmter Eigenschaften (z.B. Behinderungen, Krankheiten) oder Verhaltensweisen (z.B. Selbst- und Fremdgefährdung, Drogengebrauch, Halten von Haustieren, ...) der Kinder und Jugendlichen verweigern bzw. die Unterbringung beenden, ohne dass angemessene Alternativen gewährleistet sind.[194]

Personalausstattung

Inobhutnahmestellen müssen über eine aufgabenspezifische Personalausstattung sowohl im Hinblick auf die Anzahl wie die fachliche Qualifizierung der Mitarbeiter verfügen. Angesichts des höchst anspruchsvollen Aufgabenprofils der Notaufnahme ist es sehr zweifelhaft, wenn die Einrichtungen fast ausschließlich mit Erzieherinnen besetzt sind oder „extrem viele“ studentische Hilfskräfte eingesetzt werden.[195] Ebenso kritisch ist zu bewerten, dass die Personalausstattung mit Verweis auf den Stellenschlüssel im Urlaubs- und Krankheitsfall offenbar in etwa einem Fünftel der Einrichtungen den grundlegenden Anforderungen der Notaufnahme nicht genügt.[196] Teamarbeit, kollegiale Beratung und Supervision scheinen in einem großen Teil der Einrichtungen nicht realisiert zu werden.[197]

Hilfeplanung und Anschlusshilfen

Im Hinblick auf die aus Anlass der Inobhutnahme zu initiierende Hilfeplanung gibt es in der Praxis erhebliche Unsicherheiten nicht nur zwischen Unterbringungseinrichtungen und Jugendämtern, sondern auch zwischen Inobhutnahme- und Heimatjugendämtern, obwohl bzw. gerade weil mit der

193 Zitelmann 2007, 7.

194 Zitelmann 2005, 172f.

195 Zitelmann 2005, 173.

196 Zitelmann 2007, 9.

197 Zitelmann 2005, 174. So findet eine regelmäßige Supervision nur in etwa jeder zweiten Einrichtung statt (vgl. auch Zitelmann 2007, 17f.). Jede zweite Einrichtung muss ohne die fachliche Mitwirkung eines/r Heimpsychologen/in auskommen (Zitelmann 2007, 16f.).

Neuregelung 2005 die organisatorischen als auch methodischen Anforderungen insoweit gestiegen sind. Bei der Überleitung der Notaufnahme in weiterführende Hilfen erfolgt häufig nicht zuletzt aus Kostengründen eine (z.T. vor)schnelle Beendigung der Inobhutnahme und Überführung in (bei Fehlplatzierungen nur vermeintlich) „billigere“ Erziehungshilfen. Teilweise werden in der Praxis feste Zeitvorgaben gemacht und die Inobhutnahme – entgegen der gesetzlichen Vorgabe (s.u. 4.2.4, S. 235) – formal auf wenige Tage (sog. „48-Stunden-“ oder „Drei-Tages-Regel“) begrenzt oder es findet gar eine normative „Umwidmung“ der Unterbringung nach § 42 SGB VIII in eine solche nach § 34 SGB VIII in derselben Einrichtung ohne Gruppenwechsel statt.[198] Selbst unter Außerachtlassung solcher Fehlentwicklungen beklagen Einrichtungen, dass sie im Rahmen der Anschlusshilfen häufig feststellen müssen, dass die bewilligte Hilfe von ihrer Art oder Umsetzung nicht selten nicht geeignet ist. Allerdings wird dies aus Furcht vor Verstimmungen im Verhältnis öffentlicher und freier Träger angesichts großer wirtschaftlicher Abhängigkeiten nur selten und vorsichtig thematisiert. In diesem Zusammenhang bezeichnet es Maud Zitelmann im Hinblick auf ihre Untersuchung zur Konzeption und Praxis der Inobhutnahmestellen als das „wohl wichtigste Ergebnis“, dass „die während der Notaufnahme ermöglichten Einsichten in die vom Kind kommunizierten Erfahrungen, Bedürfnisse und Probleme sowie Anhaltspunkte der BetreuerInnen bezüglich seiner Familiensituation und Gefährdung nicht systematisch zum Gegenstand der Hilfeplanung werden.“[199] Dabei wird insbesondere kritisiert, dass die Beteiligung der Kinder und Jugendlichen an Hilfeplangesprächen regelmäßig ohne Begleitung und Unterstützung ihrer Bezugspersonen aus der Inobhutnahmestelle erfolgt. Darüber hinaus sind in der Tat Zweifel an der Sorgfalt der Amtsermittlung der Familiengerichte angezeigt, wenn von jeder zweiten Einrichtung berichtet wird, dass es im Rahmen der richterlichen Anhörungen nur „selten“ (knapp 43 %) oder sogar „nie“

---

198 Anzeichen hierzu finden sich auch in den Ergebnissen von Zitelmann (2007, 19).

199 Zitelmann 2005, 175.

(26,6 %) zu persönlichen Nachfragen der Richterschaft bei jenen Personen kommt, welche die Kinder bzw. Jugendlichen (und ihre Kontakte zur Familie) im Heimalltag betreuen und begleiten.[200] Umso schwerer wiegt in diesem Zusammenhang die mangelhafte Dokumentation von Beratungsgesprächen sowie des gesamten Betreuungsalltags.[201] Auch Berichte über die Inobhutnahme werden nur von der Hälfte der Einrichtungen in eigener fachlicher Verantwortung für das betreute Kind angefertigt. Häufig berichten Einrichtungen ihre Beobachtungen und Einschätzungen lediglich auf Anfrage. Ursächlich sei hierfür vermutlich sowohl ein Mangel an Personal und an betreuungsfreier Zeit auf Seite der pädagogischen Fachkräfte wie der insoweit erforderlichen Qualifizierung des Personals. „Bedenkt man einerseits, welch ein zentraler Stellenwert schriftlichen Berichten im behördlichen Kindesschutz sowie im familiengerichtlichen Verfahren zukommt, und andererseits, welch eine Vielzahl wichtiger Informationen im Verlauf jeder dementsprechenden Notaufnahme über die Gefährdung und Bedürfnisse des Kindes gewonnen werden, ist diese Praxis fachlich nicht zu verantworten."[202]

---

200 Dass ein anderer Standard in der Praxis der Heime und der Gerichte durchaus denkbar und praktikabel ist, zeigt jene Minderheit an Einrichtungen, in denen die Gruppenbetreuer/innen „immer" (knapp 15 %) oder zumindest doch „häufig" (15,6 %) an Gesprächsterminen mit dem Richter/der Richterin teilnehmen; Zitelmann 2007, 13.

201 Zitelmann 2005, 175 f.

202 Zitelmann 2005, 176.

3
Rechtliche Grundlagen der Krisenintervention in der Jugendhilfe

Die konkreten gesetzlichen Regelungen der Inobhutnahme können nicht richtig angewandt werden, wenn die hierfür grundlegenden verfassungsrechtlichen Vorgaben sowie die sich hieraus ergebenden einfachgesetzlichen Grundsätze des Familien- sowie des Kinder- und Jugendhilferechts nicht verstanden worden sind. Im Folgenden werden deshalb die sich aus dem Grundgesetz ergebenden verfassungsrechtlichen Ankerpunkte für das Verhältnis Eltern-Kind-Staat (Kap. 3.1) sowie die diese Vorgaben konkretisierenden Grundsätze des Familien- (Kap. 3.2) und Sozialrechts (Kap. 3.3) erläutert. Im vierten Abschnitt soll in einer Zusammenschau das Spannungsfeld der Interventionen von Jugendhilfe und justiziellen Entscheidungen in der Praxis beleuchtet und abschließend im Exkurs (Kap. 3.5) ein kurzer Blick auf die strafrechtliche Interventionsmöglichkeiten geworfen werden.

3.1 Verfassungsrechtliche Vorgaben

Schutz der Familie

Die bedeutendste verfassungsrechtliche Vorgabe im Hinblick auf das Kindeswohl und die Rechtsstellung von Eltern und ihren Kindern findet sich in Art. 6 GG, in dem der Schutz von Ehe und Familie geregelt ist.[203] Art. 6 Abs. 1 GG stellt

203 Weitere verfassungsrechtliche Regelungen wie das schulische Erziehungsmandat des Staates nach Art. 7 GG spielen für die Kinder- und Jugendhilfe in dem hier zu bearbeitenden Zusammenhang keine Rolle. Entsprechendes gilt für das in Art. 20 Abs. 1 GG niedergelegte Sozialstaatsprinzip aufgrund dessen doppelter Wirkungsschwäche. Zum einen enthält die Staatszielbestimmung keine unmittelbaren Handlungsanweisungen, die ohne zusätzliche gesetzliche Grundlage umgesetzt werden können. Zum anderen fungiert das Sozialstaatsprinzip nicht als Grundrechtsschranke und vermag deshalb gegenläufige aus Art. 6 GG begründete Grundrechtspositionen der Eltern und

zunächst Ehe und Familie unter den besonderen Schutz des Staates[204], wobei er diese als einen „geschlossenen, gegen den Staat abgeschirmten und die Vielfalt rechtsstaatlicher Freiheit stützenden Autonomie- und Lebensbereich“ ansieht.[205] Das Grundgesetz betont die private Autonomie von Ehe und Familie so ausdrücklich vor allem vor dem Hintergrund der Erfahrungen des Nationalsozialismus. Über diese Abwehrfunktion gegen staatliche Eingriffe hinaus besteht jedoch auch eine Verpflichtung des Staates zur positiven Förderung von Ehe und Familie, z.B. durch Sozialleistungen.[206]

Elternverantwortung

Art. 6 Abs. 2 GG regelt die zentralen Leitlinien für das Verhältnis zwischen Eltern, Kindern und dem Staat.[207] Danach sind „Pflege und Erziehung das natürliche Recht der Eltern und die zuvörderst ihnen obliegende Pflicht“. Die Anerkennung der elterlichen Verantwortung beruht auf der Überzeugung, dass in der Regel den Eltern das Wohl ihres Kindes mehr am Herzen liegt als irgendeiner anderen Person oder Institution.[208] Der Verfassungsgeber geht davon aus, dass „die Interessen des Kindes in aller Regel am besten von den Eltern wahrgenommen werden“[209]. Kinder und Jugendliche sind freilich selbst autonome Rechtssubjekte, Wesen mit eigener Menschenwürde und dem eigenen Recht auf freie Entfaltung der Persönlichkeit (Art. 1 Abs. 1 und Art. 2 Abs. 1 GG), d.h.,

---

ihrer Kinder nicht zu beschneiden (hierzu Jestaedt 2007, 107; Trenczek u. a. 2008, 82 f.).

204 Der Begriff Staat ist hier im weiten Sinne als Gesamtheit der öffentlichen, mit Hoheitsgewalt ausgestatteten Träger zu verstehen und schließt insoweit die kommunalen Träger und ihre Dienste und Einrichtungen mit ein.

205 BVerwGE 91, 130 (134).

206 BVerfGE 82, 60 ff.; vgl. auch BVerfGE 6, 76 u. 388.

207 Hierzu Böckenförde 1980, 54 ff.; Dreier/Gröschner 2004 Art. 6 Rz 95 ff.; Dolzer u.a./Jestaedt 2006 Art. 6 Abs. 2 u. 3; Jarass/Pieroth 2007 Art. 6 Rz. 3 ff.; Jestaedt 2007, 109 ff.; Maunz/Dürig-Badura 2007 Art. 6 Rz. 90 ff.; Salgo 1990; Trenczek/Tammen/Behlert 2008, 224 ff.

208 BVerfGE 59, 363 (376); BVerfGE 24, 119 (150): „Der Verfassungsgeber geht davon aus, dass diejenigen, die einem Kind das Leben geben, von Natur aus bereit und berufen sind, die Verantwortung für seine Pflege und Erziehung zu übernehmen.“

209 BVerfGE 60, 70 (94) – st. Rspr.

sie sind selbst **Grundrechtsträger.**[210] Sie haben im Hinblick auf das Menschenbild des Grundgesetzes insbesondere ein eigenes Recht auf Erziehung zu einer eigenverantwortlichen und gemeinschaftsfähigen Persönlichkeit.[211] Deshalb handelt es sich bei Art. 6 Abs. 2 GG nicht um ein eigen-, sondern um ein sog. fremdnützig wahrzunehmendes Grundrecht: Das Elternrecht gewährt keine Freiheit im Sinne von Selbstbestimmung. Ihnen ist das Recht nicht zu ihrem eigenen Nutzen (elternnützig) eingeräumt worden, sondern sie haben es zum Nutzen und im Interesse ihrer Kinder auszuüben.[212] Es ist vordringlich ihre **Verpflichtung und Verantwortung**, für die Erziehung und den Schutz ihrer Kinder zu sorgen. Das Elternrecht ist nicht nur Freiheitsrecht, sondern primär eine Pflichtenposition.[213]

Kindeswohl

Eltern üben ihr Elternrecht nur treuhänderisch im Interesse der Minderjährigen aus. Das Elternrecht darf deshalb niemals gegen das Kindeswohl[214] ausgeübt werden. Das Kindeswohl ist die „innere Grenze" und „immanente Schranke" des Elternrechts.[215] Das Kindeswohl ist zwar in der Verfassung weder ausdrücklich erwähnt noch definiert, es stellt aber die „spezifische, nämlich auf die Sondersituation des (noch)

---

210 BVerfGE 24, 119 (144); 57, 361 (382); Jarass/Pieroth 2007 Art. 19 Rz. 10. Umstritten ist allerdings, ob und inwieweit hieraus subjektiv-öffentliche Rechte, insbesondere Leistungsansprüche von Minderjährigen resultieren.

211 Vgl. bereits Böckenförde 1980, 63.

212 „Eine Verfassung, welche die Würde des Menschen in den Mittelpunkt ihres Wertsystems rückt, kann bei der Ordnung zwischenmenschlicher Beziehungen grundsätzlich niemandem Rechte an der Person eines anderen einräumen, die nicht zugleich pflichtgebunden sind und die Menschenwürde des anderen respektieren. Die Anerkennung der Elternverantwortung und der damit verbundenen Rechte findet daher ihre Rechtfertigung darin, dass das Kind des Schutzes und der Hilfe bedarf, um sich zu einer eigenverantwortlichen Persönlichkeit innerhalb der sozialen Gemeinschaft zu entwickeln, wie es dem Menschenbilde des Grundgesetzes entspricht." BVerfGE 24, 119 (144); vgl. auch BVerfGE 59, 360 (376).

213 Böckenförde 1980, 67f.

214 Zu Inhalt und Reichweite des Begriffs vgl. Balloff 2004, 64ff.; Coester 1986; Dettenborn 2001, 49ff.; Fthenakis 1984; Jeand'Heur 1993, 17ff.; Jesteadt 2007, 109f.; Münder 2005, 192ff.; Simitis 1991 u. 1982; Zitelmann 2001, 113ff. und 2006. Zu den Schwierigkeiten, das Kindeswohl positiv zu bestimmen s.u. Kap. 3.2.1.

215 Böckenförde 1980, 64ff.; Maunz/Dürig-Badura 2007 Art. 6 Rz. 94 und 134; Jesteadt 2007, 121.

nicht selbstbestimmungsfähigen Kindes ausgerichtete Ausprägung der Menschenwürde gemäß Art. 1 Satz 1 GG“ dar.[216] Am Wohl des Kindes müssen sich deshalb alle Vorgaben des Grundgesetzes zur Regelung des Verhältnisses Kind-Eltern-Staat orientieren. Das Kindeswohl und die Entwicklung zu einer eigenverantwortlichen und gemeinschaftsfähigen Persönlichkeit ist aber nicht nur verbindlicher Orientierungspunkt für staatliches Handeln[217], vielmehr ist die darin liegende Ausrichtung am Menschenbild des Grundgesetzes das verbindliche Ziel jeder Erziehung, gleich ob sie von privater oder staatlicher Seite ausgeht.[218]

Erziehungsprimat der Eltern

Aus Art. 6 Abs. 2 GG ergibt sich zunächst der Vorrang der Elternverantwortung (elterliches Erziehungsprimat) gegenüber allen anderen auf die Entwicklung von jungen Menschen Einfluss nehmenden Personen und (öffentlichen, kirchlichen, privaten) Institutionen.[219] Eltern können daher grundsätzlich, d. h. solange sie nicht mit den Wertungsvorgaben des Grundgesetzes in Kollision geraten, in eigener Verantwortung die Ziele und Inhalte der Erziehung bestimmen (primäre Entscheidungszuständigkeit). Sie dürfen „grundsätzlich frei von staatlichen Einflüssen und Eingriffen nach eigenen Vorstellungen darüber entscheiden, wie sie Pflege und Erziehung ihrer Kinder gestalten und damit ihrer Eltern-

216 Jestaedt (2007, 109) spricht hier weiter davon, dass alle Regelungen im Kindeswohl ihre „verfassungsrechtliche Mitte“ finden.

217 Das „Kindeswohl“ ist Maßstab und Richtschnur jedes richterlichen (§ 1697a BGB) ebenso wie jugendamtlichen (z. B. §§ 1 Abs. 3, 4 Abs. 1, 8a Abs. 1, 17 Abs. 1 Nr. 3, 20 Abs. 1 Nr. 2, 22a Abs. 2 Nr. 1, 24 Abs. 3 Nr. 2, 27 Abs. 1, 42 Abs. 1 Nr. 2 SGB VIII), gutachtlichen und verfahrenspflegerischen Handelns.

218 Jestaedt 2007, 109. Zu eng Böckenförde (1980, 65), der hierin lediglich ein „formelles“ Erziehungsziel sieht und ein „inhaltliches“ Ziel nicht anerkennt. Die Orientierung am Menschenbild des Grundgesetzes ist aber nicht gleichbedeutend mit darüber hinausgehenden inhaltlichen Vorgaben und Einmischungen, die aus gutem Grund nach den historischen Erfahrungen mit dem NS-Unrechtsregime durch das Grundgesetz gerade ausgeschlossen sind.

219 BVerfGE 24, 119 (143), 31, 194 (204); 47, 46 (69f.); Böckenförde 1980, 76. Jestaedt 2007, 111 ff. Eine Ausnahme bildet hier lediglich der staatliche Erziehungsauftrag im Rahmen des Schul- und Gesundheitswesens.

verantwortung gerecht werden wollen".[220] Bei nüchterner Betrachtung muss man anerkennen, dass Art. 6 Abs. 2 GG den Eltern ein **Fremdbestimmungsrecht** im Hinblick auf ihre Kinder einräumt, d.h. eine einseitige Bestimmungsmacht hinsichtlich sämtlicher Lebens- und Entwicklungsbedingungen.[221] Freilich ist das Elternrecht nicht grenzenlos, Normzweck und Normbegrenzung dürfen weder verwechselt noch ausgeblendet werden. Das der Elternverantwortung innewohnende Erziehungsrecht begründet kein Gewalt-, sondern ein Sorgeverhältnis, welches eben keine Freiheit zur Willkür beinhaltet (zu den Grenzen des Elternrechts nachfolgend und 3.2.2, S. 123).

Inhaltliche Bestimmung des Kindeswohls

Im Hinblick auf die Definition des Kindeswohls muss beachtet werden, dass dieser Begriff verfassungsrechtlich nicht genau bestimmt ist, sondern sich lediglich am Menschenbild des Grundgesetzes ausrichtet. Sein Inhalt bedarf ebenso wie der entsprechende Begriff des Kindesinteresses der Auslegung und ist damit offen für unterschiedliche Wertvorstellungen. Was dem Kindeswohl dient, bestimmen zunächst die Eltern – auch insoweit gilt der Elternvorrang (Interpretationsprimat) – soweit deren Vorstellungen nicht mit dem Menschenbild des Grundgesetzes kollidieren.[222] Daraus folgt, dass der Staat grundsätzlich kein Recht hat, verbindliche Maßstäbe an den Inhalt der Kindererziehung vorzugeben. Der Staat hat auch nicht die – wie auch immer definierte – beste und optimale Erziehung für das Kind zu gewährleisten.[223] Er darf also nicht in das Elternrecht eingreifen, weil das Kind in einem anderen (institutionellen oder

---

220 BVerfGE 59, 360 (376); 60, 79 (88); BVerfG 1 BvR 476/04 v. 23.8.2006 – JAmt 2006, 516 (517).

221 Jestaedt (2007, 112) mit Blick auf die als „Herrschaftsrecht" zu charakterisierenden Stellung der Eltern. In diesem Sinne spricht auch Böckenförde (1980, 63) von der „Erziehungsherrschaft" der Eltern. Diese Stellung wird in Inhalt und Reichweite oft missverstanden und führt in der Praxis teilweise zu einer „(maßlosen) Überhöhung des Elternrechts", welche „verbunden mit einer erstaunlichen Rechtsunkenntnis ... wiederholt zu erschreckender Untätigkeit" führt (GK-Fieseler 2007 § 8a Rz. 3).

222 Dreier/Gröschner 2004 Art. 6 Rz 101.

223 Vgl. BVerfG FamRZ 1982, 567; Böckenförde 1980, 76; Coester 2008, 2; Münchner-Kommentar/Olzen 2002 § 1666 Rz. 103; Staudinger-Coester 2004 § 1666 Rz. 82.

Familien-) System besser erzogen werden könnte. Das Kindeswohl konkretisiert sich verfassungsrechtlich erst durch seine Gefährdung, insbesondere aufgrund eines elterlichen Scheiterns oder „Versagens".[224] Eingriffe in das Elternrecht unterhalb einer Kindeswohlgefährdung, der Gefahrenschwelle, die durch § 1666 BGB definiert wird (hierzu unten Kap. 3.2.2), sind grundsätzlich nicht zulässig.[225]Aus Art. 6 Abs. 2 GG ergibt sich aber nicht nur eine klare Vorrangstellung elterlicher Rechte und Verantwortungen bei der Erziehung ihrer Kinder gegenüber staatlichen Interventionen. Vielmehr müssen der Staat und damit auch die öffentliche Jugendhilfe alle sich in die elterliche Erziehung einmischenden Interventionen nicht nur am Kindeswohl, sondern gleichzeitig an der Vorrangstellung der Eltern ausrichten.[226]

Kindeswille

Im Hinblick auf die Definition des Kindeswohls ist zudem zu beachten, dass es nicht identisch ist mit dem Kindeswillen.[227] Die Eltern haben allerdings die wachsende Fähigkeit und das wachsende Bedürfnis des Kindes zu selbständigem verantwortungsbewusstem Handeln zu berücksichtigen, worauf das Kindschaftsrecht ausdrücklich hinweist (§ 1626 Abs. 2 BGB). Es liegt damit in der Natur des Elternrechts, dass es mit zunehmender Selbstbestimmung des Kindes abnimmt.[228] Freilich ändert dies nichts Wesentliches am Vorrang der Definitionsmacht der Eltern, solange ihre Kinder noch nicht volljährig sind. Der Kindeswille ist (rein rechtlich

---

224 Vgl. Art. 6 Abs. 3 GG sowie die hieran anknüpfende restriktive Interpretation der Eingriffsvoraussetzungen des § 1666 BGB s. u. Kap. 3.2.2, S. 123 ff.

225 Böckenförde 1980, 76; Dolzer u. a./Jestaedt 2006 Art. 6 Abs. 2 und 3 Rz. 178; Coester 2008, 2.

226 Hieran knüpfen nicht nur die Regelungen des BGB an (hierzu Kap. 3.2), sondern auch die Leistungsvoraussetzungen nach dem SGB VIII (hierzu Kap. 3.3.1).

227 Hierzu Balloff 2004, 141 ff.; Dettenborn 2001; Dolzer u. a./Jesteadt 2006 Art. 6 Abs. 2 und 3 Rz. 50 f.; Zitelmann 2001.

228 Böckenförde 1980, 67; hierauf Bezug nehmend auch BVerfGE 59, 360 (387). Für dieses Wechselbezüglichkeitsverhältnis wird des Öfteren das Bild von den kommunizierenden Röhren genutzt, dass freilich in die Irre führt, wenn man den jeweiligen Stand der wachsenden Selbstbestimmungsfähigkeit schon als solche als rechtlich gesicherte Position im Sinne einer Teilmündigkeit ansieht. Diese besteht nur insoweit, soweit sie gesetzlich normiert ist (z. B. §§ 112, 113 BGB); zu den Mündigkeitsregelungen vgl. Dolzer u. a./Jestaedt 2006 Art. 6 Abs. 2 und 3 Rz. 150 ff.

gesehen) auch bei einem Jugendlichen irrelevant, soweit sich der Elternwille an das Kindeswohl hält. Der Wille des Kindes ist damit lediglich ein Indiz und zu berücksichtigen, soweit er mit dem Kindeswohl vereinbar ist.[229] In Konflikten zwischen Eltern und ihren Kindern muss deshalb geprüft werden, ob die Interessen der Kinder und Jugendlichen tatsächlich gewahrt werden oder ob sich die Erziehung eines Minderjährigen im konkreten Fall zu seinem Schaden auswirkt. Es geht also verfassungsrechtlich immer um die Bestimmung der Grenzen des Elternvorrangs. Dass der Kindeswille bei (möglichen) Interessenkonflikten nicht stets zugunsten des Elternrechts auf der Strecke bleiben muss, zeigt die Rechtsprechung des BVerfG[230] sowie die Einführung des Verfahrenspflegers (besser Verfahrensbeistand) als sog. „Anwalt des Kindes".[231]

Staatliches Wächteramt

Ein eigenständiges, mit der Elternverantwortung konkurrierendes Erziehungsrecht kommt dem Staat nicht zu.[232] Der Staat wacht lediglich darüber, dass Eltern ihrer Verantwortung nachkommen (sog. „staatliches Wächteramt"). Das Wächteramt basiert dabei nicht auf einem staatlichen Erziehungsrecht, es hat gegenüber der elterlichen Verantwortung eindeutig subsidiären (nachrangigen) Charakter. Sein Grund und seine Legitimation findet es weniger im Elternrecht[233] als darin, dass sich Kinder und Jugendliche aufgrund ihrer mangelnden oder begrenzten Einsichts-, Selbstbestimmungs- und Handlungsfähigkeit nicht selbst schützen können. Deshalb üben nicht nur die Eltern ihre Erziehungsrechte, sondern

229 Vgl. BVerfG 1 BvR 692/92 v. 18.2.1993, EuGRZ 1993, 21f.; Jestaedt 2007, 110. Vgl. unlängst OLG Hamm FamRZ 2006, 1476 (1477): Bei einem 13 Jahre alten Kind spricht für die Ernsthaftigkeit und Beachtlichkeit seiner Willensbildung, dass es den von ihm geäußerten Willen nachvollziehbar begründen kann.

230 Vgl. BVerfGE 55, 171ff.; 72, 122ff., 75, 201ff.; 99, 145ff.; BVerfG NJW 1989, 519ff.

231 Röchling 2002; Salgo 1996; Salgo u.a. 2002; Trenczek/Tammen/Behlert 2008, 270ff.

232 BT-Drs. 11/5948, 68; BVerfG 24, 119 (145); 56, 363 (382).

233 Es ist umstritten, ob sich das Wächteramt vom Elternrecht ableitet und davon abhängig („akzessorisch") ist (so Böckenförde 1980, 75) oder einer originären Verpflichtung des Gemeinwesens entspricht. Jestaedt (2007, 115) spricht insoweit immerhin von einem vom Elternrecht unabhängigen, wenn auch allgemein-nachrangigen Erziehungsmandat des Staates, dass durch den Erziehungsvorrang zumindest vorausgesetzt sei.

auch der Staat übt das Wächteramt für das Kind bis zum Erreichen der als Volljährigkeit („willkürlich") definierten (und Selbstverantwortung unterstellenden) Altersgrenze treuhänderisch aus. Schon deshalb ist das Wächteramt nicht passiv zu verstehen. Art. 6 Abs. 2 Satz 2 GG verpflichtet die staatliche Gemeinschaft zu effektiven Schutzmaßnahmen und zum aktiven Tätigwerden im Interesse und zum Schutz des Kindes. Unter Berücksichtigung der autonomen Subjektstellung des Kindes und seiner Menschenwürde (Art. 1 und 2 GG) beinhaltet die Schutzpflicht des Staates aus Gründen des Kindeswohls ein subjektiv-öffentliches Recht des Minderjährigen und damit einen **Rechtsanspruch auf Schutzgewährung.**[234] Das gegen den Staat gerichtete Elternrecht steht der Zuweisung von Rechtspositionen an Minderjährige nicht entgegen, solange die vorrangige Elternverantwortung gewahrt bleibt.[235] Auch die Einräumung von (Schutz)Rechten für Minderjährige schafft kein irgendwie geartetes staatliches Erziehungsrecht. Deshalb muss auch in diesen Fällen alles Notwendige zur Wiederherstellung der Elternverantwortung getan werden: Der Staat muss „nach Möglichkeit zunächst versuchen, durch helfende, unterstützende, auf Herstellung oder Wiederherstellung eines verantwortungsgerechten Verhaltens der natürlichen Eltern gerichtete Maßnahmen sein Ziel zu erreichen".[236]

Verhältnismäßigkeitsgebot

Bereits aus der Beachtung des Verhältnismäßigkeitsgebots[237] folgt, dass das Wächteramt nicht nur auf Eingriffsmaßnahmen reduziert werden darf, sondern zur Gefahrenvorsorge verpflichtet und damit bereits im Vorfeld zu geeigneten Angeboten ohne Eingriffscharakter.

---

234 Vgl. Münder u. a. 2006 § 1 Rz. 6, § 2 Rz. 5; Coester 1991, 255 f.; Jeand'Heur 1993, 99 ff. (spricht von einer leistungsrechtlichen „Dimensionserweiterung"); Münchner Kommentar-Strick 2002 § 42 Rz. 10; Trenczek 2007a Rz. 3.

235 So selbst Jestaedt 2007, 121; Wiesner 2006 § 1 Rz. 18.

236 BVerfGE 24, 119 (145).

237 Hierzu vgl. BVerfGE 19, 348; 65, 54; 70, 286; 76, 50; 77, 334; 104, 347; zusammenfassend Trenczek u. a. 2008, 78 ff.

Der Grundsatz der Verhältnismäßigkeit wird aus dem Rechtsstaatsprinzip abgeleitet, ist eines der wichtigsten verfassungsrechtlichen Prinzipien und muss bei jeder öffentlich-rechtlichen Handlung/hoheitlichen Maßnahme eingehalten werden. Auch (scheinbar) vom Wortlaut eines Gesetzes gedeckte Maßnahmen und Ermessensentscheidungen sind rechtswidrig, wenn sie gegen den Grundsatz der Verhältnismäßigkeit verstoßen. Bei jeder „hoheitlichen" Entscheidung ist zu prüfen, ob diese geeignet, erforderlich und angemessen ist.

Geeignetheit

Geeignetheit: Maßnahmen und Leistungen sind nur zulässig, wenn sie geeignet sind, den vom Gesetz angestrebten Zweck zu erreichen. Freilich werden über die Frage, welche die richtige Entscheidung oder die geeignete Maßnahme ist, ggf. unterschiedliche Auffassungen bestehen, die vom fachlichen und politischen Vorverständnis der Beteiligten abhängen. Gleichwohl darf die Entscheidung nicht nur auf Meinungen basieren, rechtliche Entscheidungen dürfen nicht „am grünen Tisch" losgelöst von empirisch nachweisbaren Zusammenhängen der Lebenswelt getroffen werden, sondern im Rahmen der Entscheidungsfindung müssen die „außerrechtlichen" Wirklichkeiten anerkannt werden.

Erforderlichkeit

Erforderlichkeit: Kann ein bestimmtes Ziel durch verschiedene, allesamt geeignete Vorgehensweisen erreicht werden, so darf nur diejenige ausgewählt werden, die die Betroffenen und die Allgemeinheit am wenigsten beeinträchtigt und zur Erreichung des Ziels unerlässlich ist. Bei der Auswahl der ihr zur Verfügung stehenden Möglichkeiten müssen die Vor- und Nachteile der verschiedenen geeigneten Möglichkeiten abgewogen und daraufhin das am wenigsten einschneidende Mittel ergriffen werden.

Angemessenheit

Angemessenheit: Der Nachteil, der durch eine geeignete und an sich erforderliche Intervention entstünde, darf nicht erkennbar im Missverhältnis zu dem angestrebten und erreichbaren Erfolg stehen (sog. Übermaßverbot). Die Grenzen staatlicher Handlungen sind durch Abwägung der in Betracht kommenden Rechtsgüter und Interessen der Betroffenen und denen des Gemeinwesens bzw. der öffentlichen Verwaltung zu ermitteln.

Im Rahmen der Gesetzgebung hat der Gesetzgeber einen weiten (politischen)Bewertungs- und Entscheidungsspielraum. Freilich müssen auch hier im Hinblick auf die Geeignetheit, Erforderlichkeit und Angemessenheit, mithin die Auswirkungen neuer Regelungen stets die zu dieser Zeit verfügbaren empirischen Fakten und fachlichen Beurteilungen berücksichtigt werden. Stellt sich die Bewertung empirisch als falsch heraus, muss die Regelung für die Zukunft unter Berücksichtigung eines Anpassungs- und Übergangszeitraums korrigiert werden.[238]

Während der negative Aspekt des verfassungsrechtlichen Subsidiaritätsprinzips zur Begrenzung von Eingriffen und zur Zurücknahme des staatlichen Kontrollzugriffs verpflichtet, beinhaltet seine **positive Seite** die Verpflichtung des Staates, den einzelnen (hier die Familie) hilfreich zu unterstützen, wenn seine Ressourcen und Kompetenzen zur sozial adäquaten Lebensbewältigung nicht ausreichen. In dieser Ausprägung spricht man vom Verhältnismäßigkeitsgebot zumeist als Subsidiaritätsprinzip oder vom Prinzip der Nachrangigkeit.[239] Selbst wenn Menschen auf Hilfe angewiesen sind, bleiben sie vollwertige Rechtssubjekte, deren Würde unangetastet bleibt und bleiben muss. Ein fürsorgend-entmündigender Umgang mit hilfebedürftigen Menschen ist nicht nur unsozial und fachlich inadäquat, sondern auch verfassungswidrig. Nicht alles was nützt, ist auch erlaubt. Hilfe muss aus sozialpädagogischen wie rechtlichen Gründen immer **Hilfe zur Selbsthilfe** sein.

Auch Art. 6 Abs. 1 GG verpflichtet den Staat zum besonderen Schutz und Förderung der Familie und deshalb zu – verfassungsrechtlich nicht weiter konkretisierten – Unterstützungsangeboten für Familien. Es mag umstritten sein, ob sich aus dem Grundgesetz ein umfassender Verfassungsauftrag für eine moderne Kinder- und Jugendhilfe begründen lässt.[240] Es ist aber jedenfalls die Aufgabe des Gesetzgebers, das Span-

238 BVerfGE 25,13, 17; 50, 335; 95, 314.

239 vgl. Brandt 1988, Trenczek 1993.

240 Verneinend Jestaedt 2007, 123; demgegenüber Jeand'Heur 1993, 99ff. sowie zur Verpflichtung des Staates, „positiv die Lebensbedingungen für ein gesundes Aufwachsen des Kindes zu schaffen" (BVerfGE 24, 145; BVerfGE 56, 384); Münder u.a. 2006 § 1 Rz. 18.

nungsverhältnis zwischen Elternverantwortung und der grundrechtlich geschützten Position der Minderjährigen, zwischen Autonomie der Familien und der staatlichen Schutzverpflichtung unter strikter Beachtung des Verhältnismäßigkeitsprinzips normativ auszubalancieren. Hierbei steht es dem Gesetzgeber frei, auf welche Weise und mit welchen rechtlichen Instrumentarien er dies tut. Wesentliche Regelungen finden sich insbesondere in den familien-/kindschaftsrechtlichen Regelungen des Privatrechts, dem Kinder- und Jugendhilferecht als 8. Buch des Sozialgesetzbuches, dem ordnungsrechtlichen Jugendschutzgesetz sowie dem Strafrecht.

3.2 Familienrechtliche Grundsätze

Der Gesetzgeber hat die verfassungsrechtlichen Grundsätze privatrechtlich in den Bestimmungen des BGB zur Personensorge umgesetzt.[241] Im Folgenden werden im Überblick lediglich die wesentlichen, für die Krisenintervention unabdingbar notwendigen Bestimmungen erläutert.

3.2.1 Elterliche Erziehungs- und Sorgeverantwortung

Personensorgerecht

Die elterliche Sorge (§ 1626 BGB) umfasst sowohl die Personen- (§§ 1631–1633 BGB) als auch die Vermögenssorge (§§ 1638–1649, 1683, 1698–1698b BGB). In beiden Bereichen geht es einerseits um die tatsächliche Sorge als auch um die rechtsgeschäftliche Vertretung (§ 1629 BGB). Zu der umfassenden Verantwortung der Eltern für ihre Kinder gehören im Hinblick auf die Personensorge insbesondere die Pflege und (Gesundheits-)Versorgung, die Erziehung und Aufsicht ebenso wie das besonders geregelte Aufenthaltsbestimmungsrecht (inklusive des sog. Herausgabeanspruchs nach

241 Hierzu Münder 2005, 147 ff.; Schleicher 2007, 248 ff.; Trenczek/Tammen/Behlert 2008, 223 ff.

§ 1632 Abs. 1 BGB) und das Umgangsbestimmungsrecht[242] (§ 1632 Abs. 2 BGB) sowie das Recht, Erziehungshilfen und andere Sozialleistungen zu beantragen.[243] Das elterliche Erziehungsrecht ist im Hinblick auf eine von ihnen initiierte Fremdunterbingung eingeschränkt. Eine Unterbringung des Kindes, die mit Freiheitsentziehung verbunden ist, bedarf der Zustimmung des Familiengerichts und ist nur dann zulässig, wenn sie zum Wohl des Kindes, insbesondere zur Abwendung einer erheblichen Selbst- oder Fremdgefährdung, erforderlich ist und der Gefahr nicht auf andere Weise, auch nicht durch andere öffentliche Hilfen, begegnet werden kann (§ 1631b BGB).

Eltern können sich ihrer Erziehungsverantwortung (rechtlich) nicht entledigen[244] oder diese rechtsgeschäftlich auf einen Dritten (z.B. Verwandte, Pflegeeltern oder das Jugendamt) übertragen. Hierzu ist stets eine familiengerichtliche Entscheidung notwendig (z.B. § 1630 BGB). Übertragbar ist allerdings die tatsächliche Ausführung der elterlichen Sorge (bzw. bestimmter Teile) auf sog. Erziehungsberechtigte (vgl. § 7 Abs. 1 Nr. 6 SGB VIII).

Kindeswohl

Die Erziehung durch die Eltern hat sich am Wohl ihres Kindes auszurichten (vgl. z.B. §§ 1626 Abs. 3, 1627 BGB). „Kindeswohl" ist ein unbestimmter Rechtsbegriff, bei dessen Auslegung außerjuristische, vor allem psychosoziale und medizinische Aspekte eine wesentliche Rolle spielen.[245] Gegenwärtig wird insbesondere im Hinblick auf familiäre Konfliktsituationen und daran anknüpfenden Sorgerechtsentscheidungen v.a. der Beziehung und Bindung, Kontinuitätsaspekten sowie systemischen und familiendynamischen Kategorien eine besondere Bedeutung beigemessen. Bei der Subsumtion und

242 Hiervon zu unterscheiden ist das sog. **Umgangsrecht** des Kindes wie der Eltern, das unabhängig von der Personensorge besteht (§ 1684 BGB). Auch Großeltern, Geschwister sowie (frühere) Ehepartner und Lebenspartner haben ggf. ein Umgangsrecht, wenn der Umgang dem Kindeswohl dient (§ 1685 BGB).

243 Zu Inhalt und Reichweite der Personensorge vgl. Staudinger-Salgo 2007 § 1631 Rz. 22ff.

244 Vgl. OLG Karlsruhe FamRZ 1999, 801 (802). Das ist z.B. auch daran erkennbar, dass sie als unterhaltsverpflichtete Personen zumindest „zur Kasse" gebeten werden können (vgl. § 10 Abs. 2 SGB VIII).

245 Zu Inhalt und Reichweite des Kindeswohlbegriffs vgl. Quellen in Fn. 214.

der Anwendung der Norm im konkreten Einzelfall ist es darüber hinaus notwendig, konkret und detailliert die Situation des jungen Menschen in seinem gesamten sozialisatorischen Umfeld zu beachten. Zwar ist mittlerweile nicht mehr umstritten, dass das Kindeswohl die gesamte Existenz der Minderjährigen im Hinblick auf ihre körperliche, geistige und seelische Entwicklung betrifft. Gleichwohl ist der Begriff Kindeswohl im Hinblick auf eine rechtliche Intervention nur schwer zu operationalisieren und positiv im Hinblick auf die heterogenen Wertpräferenzen in der modernen Gesellschaft kaum angemessen zu füllen.[246] Zudem ist im Hinblick auf die inhaltliche Definition des Kindeswohls das Elternprimat zu beachten (s. o. S. 114). Solange die Eltern sich an die verfassungsrechtlichen Vorgaben und damit an das Menschenbild des Grundgesetzes und das Recht des Kindes zur Erziehung zu einer eigenverantwortlichen und gemeinschaftsfähigen Persönlichkeit halten, bestimmen die Eltern den Inhalt des Kindeswohls.

Allerdings gibt das Familienrecht in § 1626 Abs. 2 BGB mit Blick auf das Menschenbild des Grundgesetzes einen Hinweis auf die Grundlinien der Erziehung, in dem es die Eltern verpflichtet, die wachsende Fähigkeit und das wachsende Bedürfnis des Kindes zu selbstständigem verantwortungsbewusstem Handeln zu berücksichtigen. Sie sollen Fragen der elterlichen Sorge mit dem Kind entsprechend seinem Entwicklungsstand besprechen und mit ihm Einvernehmen anstreben. Entsprechendes gilt für das Verhältnis der Eltern untereinander (§ 1627 BGB).

Grenzen des elterlichen Sorgerechts

Die verfassungsrechtliche Garantie der elterlichen Sorgeverantwortung findet ihre notwendige Grenze einerseits im Missbrauch des Elternrechts und andererseits in der Nichterfüllung der elterlichen Pflichten aufgrund des individuellen Versagens, um eine Schädigung des Kindeswohls zu verhindern.[247] Wird im Einzelfall das Kindeswohl durch die elterliche Pflege- und Erziehungssituation beeinträchtigt, sind Ein-

246 Zu Inhalt und Reichweite des Begriffs vgl. Balloff 2004, 64 ff.; Coester 1986; Dettenborn 2001, 49 ff.; Fthenakis 1984; Jeand'Heur 1993, 17 ff.; Jestaedt 2007, 109 f.; Münder 2005, 192 ff.; Simitis 1991 u. 1982; Zitelmann 2001, 113 ff.

247 Dreier/Gröschner 2004 Art. 6 Rz. 119.

griffe in das Elternrecht im Interesse des Minderjährigen möglich und geboten. Hierzu mag entweder die Uneinigkeit der Eltern (§§ 1628, 1671 Abs. 1 BGB) oder das Vorliegen einer Kindeswohlgefahr (§ 1666 BGB) Anlass geben. Entscheidend ist letztlich, dass die Eltern nicht gewillt oder in der Lage sind, ihre elterliche Verpflichtung verantwortlich wahrzunehmen und die Gefahr von dem Minderjährigen abzuwenden (vgl. § 1666 Abs. 1 BGB).

3.2.2 Kindeswohlgefährdung

Im Hinblick auf die Formen der Kindeswohlgefahr wird phänomenologisch zumeist zwischen körperlicher und seelischer Misshandlung, sexuellem Missbrauch sowie der extremen Vernachlässigung unterschieden.[248] Das BGB betrachtet die Kindeswohlgefährdung unter der **Perspektive der elterlichen Sorgeverantwortung** und knüpft deshalb an zwei unterschiedliche Aspekte an.[249] Nach § 1666 Abs. 1 BGB kann in

---

248 Hierzu oben Kap. 1.1, S. 10 f. sowie Deegener 2005, 37 f.; Engfer 2005: Kindler u. a. 2005 Kap. 2 ff.; Schmid/Meysen 2006.

249 Nach Ansicht von Michael Coester (2008, 4) sei der Begriff „Kindeswohlgefährdung" nicht „subsumtionsfähig", dieser gebe als „Generalklausel" lediglich gewisse Grundrichtungen vor. Es handele sich um eine wertorientierte, zunächst im Abstrakten verbleibende Grenzlinie zwischen elterlicher und staatlicher Verantwortung, die durch die Konkretisierung im Einzelfall zu erfüllen sei und deshalb von Fall zu Fall einen anderen Inhalt gewinnen könne. Im Hinblick auf die konkret feststellbaren Gefährdungssituationen für das Wohl von Kindern und Jugendlichen darf seine Bemerkung, die Generalklausel übertrage „die Verantwortung für die Normenkonkretisierung im Einzelfall auf den Rechtsanwender", freilich nicht als Einladung zur Beliebigkeit missverstanden werden. Zu den Standards der Rechtsanwendung gehört es, dass die Auslegung unbestimmter Rechtsbegriffe und die Definition der Tatbestandsmerkmale abstrakt erfolgen muss, d. h. unabhängig vom jeweiligen Sachverhalt, unabhängig von den handelnden Personen und den „Mikrorationalitäten" individueller Überzeugungen (s. o. Kap. 1.4, S. 65), da ansonsten insbesondere der Gleichbehandlungsgrundsatz verletzt wäre. Eine fachgerechte Auslegung generiert allgemein verbindliche, im Fall der Kindeswohlgefährdung „negative" Standards (Coester 2008, 2). Die Rechtsanwendung schließt dabei eine ziel- und interessensgeleitete Konkretisierung im Einzelfall nicht aus, diese ist vielmehr im Hinblick auf die Rechtsfolge bei einer fachgerechten Beachtung des Verhältnismäßigkeitsgebots (s. o. Kap. 3.1, S. 118) geradezu immanenter Teil der Rechtsanwendung (hierzu Trenczek u. a. 2008, 97 ff., 121 ff.).

das elterliche Erziehungsrecht nur eingegriffen werden, wenn das körperliche, geistige oder seelische Wohl des Minderjährigen aufgrund des Unvermögens („Versagens") der Sorgerechtsinhaber, die elterliche Sorge verantwortlich wahrzunehmen, beeinträchtigt oder gefährdet wird (bei einem Ausfall/Verhinderung aus rechtlichen oder tatsächlichen Gründen, vgl. §§ 1673–1678, 1693 BGB).

Gesetzesnovellierung

Der Deutsche Bundestag hat am 23.4.2008 das „Gesetz zur Erleichterung familiengerichtlicher Maßnahmen bei Gefährdung des Kindeswohls" beschlossen und dabei 1666 Abs. 1 BGB geändert.[250] Der entsprechende Gesetzesentwurf der Bundesregierung basierte auf den Empfehlungen einer Experten-Arbeitsgruppe, die das Bundesministerium für Justiz im März 2006 eingesetzt hatte.[251] Nun wurde § 1666 BGB geändert, indem die einzelnen Gefährdungsmerkmale (Missbrauch der elterlichen Sorge, Vernachlässigung etc.) gestrichen wurden. Damit sollten „Tatbestandshürden" für die Anrufung der Familiengerichte abgebaut werden. Die Anknüpfung an ein elterliches Fehlverhalten oder Versagen in der Vergangenheit sollte mitunter erhobene Kausalitätszweifel beseitigen, der Blick im Wesentlichen in die Zukunft gerichtet werden. Als Tatbestandsmerkmale für Eingriffe in das Personensorgerecht bleiben allerdings die gegenwärtige Gefährdung des Kindeswohls und die Unwilligkeit bzw. Unfähigkeit der Eltern, die Gefahr abzuwenden. Das war allerdings bereits so nach der bisherigen Fassung des § 1666 BGB, da die Feststellung des Versagens schon bisher keinen Schuldvorwurf beinhaltete. Die Neuregelung dient zumindest der Klarstellung. Das Familiengericht kann tätig werden, wenn das Wohl des Kindes gefährdet ist und die Eltern diese Gefahr nicht abwenden wollen oder können. Ausdrücklich wird in der Gesetzesbegründung darauf hingewiesen, dass mit der Neufassung die Eingriffsschwelle

250 Vgl. BT-Drs. 16 – 8914 v. 23.4.2008.

251 BMJ/AG Kindeswohl 2007. Die Arbeitsgruppe befasste sich mit Maßnahmen zum Schutz von Kindern vor Vernachlässigung und Misshandlung und mit Maßnahmen für Kinder und Jugendliche, die bereits in jungen Jahren wiederholt delinquent geworden sind. Der Referentenentwurf des Bundesministeriums der Justiz (http://www.bmj.de/files/-/2093/?n.pdf – Stand 22.10.2007) schlug Änderungen im BGB und FGG vor, die den Familiengerichten die Möglichkeit eröffnen sollten, frühzeitiger und stärker auf die Eltern einzuwirken, damit diese öffentliche Hilfen zur Stärkung ihrer Elternkompetenz in Anspruch nehmen.

der Kindeswohlgefährdung nicht gesenkt werden soll.[252] Die Gesetzesnovellierung entbindet angesichts der verfassungsrechtlich geschützten Erziehungsverantwortung der Eltern nicht von der Pflicht zur restriktiven Interpretation der Voraussetzungen für den staatlichen Eingriff in das Personensorgerecht.

Voraussetzung für den familiengerichtlichen Eingriff nach § 1666 BGB ist (weiterhin), dass zwei Bedingungen erfüllt sind:
– die tatsächliche („objektive") Gefährdungslage,
– die subjektive Ungeeignetheit der Sorgerechtsinhaber.

3.2.2.1 Objektive Gefährdungslage

Nach ständiger Rechtsprechung ist der Begriff Kindeswohlgefährdung definiert als eine „gegenwärtige, in einem solchen Maße vorhandene Gefahr, dass sich bei der weiteren Entwicklung eine erhebliche Schädigung [des Kindeswohls] mit ziemlicher Sicherheit voraussehen lässt"[253]. Eine Gefährdung nach § 1666 BGB liegt erst vor, wenn die durch objektive Anhaltspunkte begründete Sorge besteht, dass eine für das Kind oder den Jugendlichen nachteilige (Krisen)Situation bei ausbleibender Intervention gegenwärtig oder zumindest unmittelbar zu einer erheblichen und nachhaltigen Beeinträchtigung oder Schädigung ihres körperlichen, geistigen oder seelischen Wohls führt.[254] Die Situation, in der sich das Kind oder der Jugendliche befindet, muss in einem erheblichen Maße im Widerspruch zu seinen körperlichen, seelischen und geistigen Bedürfnissen stehen, die im Hinblick auf seine Erziehung und Entwicklung zu einer eigenverantwortlichen und gemeinschaftsfähigen Persönlichkeit erwartet werden können und die zu einer erheblichen Beeinträchtigung seines Wohls führen. Der Begriff der Gefährdung setzt schon semantisch nicht eine bereits eingetretene Beeinträchtigung oder einen Schaden voraus. Es darf sich aber anderer-

252 Vgl. BT-Drs. 16/6815, 14.
253 So seit BGH FamRZ 1956, 350.
254 OLG Celle 19 UF 35/03 v. 14.3.2003 – FamRZ 2003, 1490; Palandt-Diederichsen 2008 § 1666 Rz. 8 u. 22; Münchner-Kommentar/Olzen 2002 § 1666 Rz. 49 ff.; Staudinger-Coester 2004 § 1666 Rz. 79.

seits nicht bloß um eine rein abstrakte Gefahrenlage handeln, das Gericht muss die Gefahr mit einer hinreichenden Wahrscheinlichkeit belegen und begründen können, was in der Praxis mitunter dazu führt, dass erst der bereits eingetretene (Anfangs-)Schaden den Beleg für eine weiter bestehende Gefährdungssituation liefert. Andererseits kann auf eine (zukünftige) Gefährdung nicht zwingend aus vereinzelt gebliebenen Vorfällen in der Vergangenheit geschlossen werden, insbesondere reicht es nicht aus, dass Eltern bei der Erziehung früherer Kinder versagt haben.[255] Für die eher präventiv orientierte Jugendhilfe ist dies gelegentlich schwer auszuhalten, wobei freilich der Unterschied zwischen Hilfeorientierung einerseits und staatlichem Zwangseingriff andererseits in der Praxis des erhobenen Zeigefingers mancher „Fürsorger/innen" gelegentlich aus dem Blick gerät.[256] Es muss deshalb darauf hingewiesen werden, dass aus einem zur Abwendung von Benachteiligungslagen aufgrund des jugendhilferechtlichen Präventionsgrundsatzes schon frühzeitig begründbaren „erzieherischen Bedarf" im Hinblick auf Erziehungshilfen nach §§ 27 SGB ff. VIII noch nicht auf eine Kindeswohlgefährdung geschlossen werden darf. Nur andersherum gilt: liegt eine Kindeswohlgefährdung vor, ist ein erzieherischer Bedarf auf jeden Fall gegeben, sodass geeignete und erforderliche Hilfen zur Erziehung gerade auch zur Abwendung der Kindeswohlgefahr angeboten werden müssen (zu den unterschiedlichen Interventionsschwellen s. u. Kap. 3.3.1, S. 149).

3.2.2.2 Subjektive Ungeeignetheit der Sorgerechtsinhaber

„Elterliches Versagen"

Im Hinblick auf das Unvermögen der Sorgerechtsinhaber, die elterliche Sorge verantwortlich wahrzunehmen, knüpfte das Gesetz bislang an zwei Umstände an, zum einen an ein zurückliegendes elterliches „Versagen", das zu der Gefähr-

255 Vgl. Coester 2008, 3; Staudinger-Coester 2004 § 1666 Rz. 80. Anders ist dies bei lang andauernden und wiederholten Schädigungen oder Gefährdungen; frühere Gefährdungen auch bei Geschwistern rechtfertigt zumindest zu erhöhter Aufmerksamkeit.

256 Vgl. z. B. OLG Karlsruhe 16 UF 160/05 v. 25.2.2006 – FamRZ 2007, 576 (577).

dungslage geführt hat, zum anderen an die mangelnde Gefahrabwendung in der Zukunft. Zwar hat der Gesetzgeber in der Neufassung des § 1666 Abs. 1 BGB darauf verzichtet, weiterhin ausdrücklich an ein elterliches Fehlverhalten in der Vergangenheit anzuknüpfen, das ändert aber nichts daran, dass das Familiengericht im Hinblick auf das durch Art. 6 Abs. 2 GG geschützte Sorgerecht und der mit Zwang eingreifenden Entscheidung nach § 1666 BGB zu einer **restriktiven Norminterpretation** verpflichtet ist. Aufgrund der verfassungsrechtlichen Vorgaben (siehe hierzu Kap. 3.1, S. 110 ff.) konkretisiert sich das Kindeswohl normativ erst durch seine Gefährdung und im Hinblick auf die vorrangige Elternverantwortung zur Gefahrenabwehr durch das „elterliche Versagen“. Bei der Kindeswohlgefährdung handelt sich um einen „negativen Standard“.[257] Allerdings berechtigt nicht jedes Versagen, jede Nachlässigkeit oder jeder Erziehungsfehler der Eltern den Staat auf Grundlage seines Wächteramtes jene von der Pflege und Erziehung ihres Kindes auszuschalten oder gar selbst diese Aufgabe zu übernehmen.[258] Wegen des Zwangscharakters der gerichtlichen Sorgerechtsentscheidung müsse, so das OLG Hamm in einer Entscheidung von 1983, insbesondere das „Milieu, in das das Kind hineingeboren wird und dessen positiven wie negativen Gegebenheiten es schicksalhaft ausgesetzt ist“, berücksichtigt werden.[259] Der Hinweis auf die Berücksichtigung des „Milieus“ mag ungeschickt ausgedrückt sein und in der Praxis teilweise zu Missverständnissen geführt haben. Letztlich geht es darum, darauf hinzuweisen, dass Eltern Schicksal sind, ebenso wie eine Epoche oder Region, in die man hineingeboren wird, und der Staat dies nicht ohne wesentlichen Grund ändern oder sich an die Stelle der Eltern setzen darf.[260] Der Staat konkurriert nicht mit den Eltern um die bestmögliche Kindesförderung, er kann und muss ihnen Unterstützung anbieten, im Übrigen darf und muss er aufgrund der verfas-

257 Coester 2008, 2.

258 BVerfGE 24, 119 (144 f.); 60, 79 (91); BVerfG 1 BvR 476/04 v. 23.8.2006 – JAmt 2006, 516 (517); OLG Karlsruhe 16 UF 160/05 v. 25.2.2006 – FamRZ 2007, 576.

259 OLG Hamm ZfJ 1983, 274 (277 f.); ZfJ 1984, 364 (370).

260 Coester 2008, 2; Staudinger-Coester 2004 § 1666 Rz. 81.

sungsrechtlichen Vorgaben lediglich die Einhaltung der Grenzen elterlichen Handelns und die Fundamentalbedürfnisse des Kindes sichern.

Das Recht auf gewaltfreie Erziehung und der Kindesschutz gelten allerdings unabhängig von der sozialen, ethnischen oder kulturellen Identität der Sorgerechtinhaber.[261] Das Menschenbild des Grundgesetzes ist in dessen Geltungsbereich für alle verbindlich. Das mag insbesondere für Betroffene aufgrund anderer sozialer Erfahrungen und Mangellagen, kultureller oder religiöser Traditionen und Wertvorstellungen schwer zu verstehen sein. Aufgrund der verfassungsrechtlichen Vorgaben und der hieran anknüpfenden vom Gesetzgeber ausdrücklich normierten Tendenzwende, insbesondere im Hinblick auf die gewaltfreie Kindererziehung, bleibt aber im Kindesschutz kein Raum für falsche „Toleranz". Das Recht legitimiert keine „milieu- oder kulturbedingten" Misshandlungen und Missbräuche.[262] Im Wesentlichen geht es darum, die Beurteilungsmaßstäbe nicht zu eng anzulegen, sodass nicht schichtenspezifische Vorurteile (insbesondere im Hinblick auf eine Vernachlässigung) über das Vorliegen einer Kindeswohlgefährdung entscheiden. Ein Kind ist nicht schon deshalb vernachlässigt, weil (vorwiegend aus der Mittelschicht stammende) Sozialarbeiter/innen „das Kind anders erziehen würden" oder dem Kind in einer Pflegefamilie günstigere Entwicklungsmöglichkeiten geboten werden könnten.[263] Man darf bestimmten, „randständigen", z.B. materiell

---

261 Staudinger-Coester 2004 § 1666 Rz. 148ff.; Wiesner 2005, 290. Schwierig ist aber die Bewertung der Umsiedelung des Kindes ins Ausland (hierzu Staudinger-Coester 2004 § 1666 Rz. 82). Die ungünstigeren Lebensbedingungen im fremden Land sind für sich alleine noch keine Kindeswohlgefährdung, vor allem dann nicht, wenn die Familie von dort stammt (vgl. z.B. auch BVerfG 1 BvR 476/04 v. 23.8.2006 – JAmt 2006, 516ff.: Herausnahme eines in Deutschland ärztlich behandelten afghanischen Kindes aus der Familie der deutschen Pflegeeltern und Rücksendung nach Afghanistan auf Wunsch der leiblichen Eltern). Eine Gefährdung des Kindeswohls kann sich aber aus anderen Aspekten ergeben, z.B. dauerhafte Trennung von einem/dem anderen Elternteil, Abbruch gewachsener Bindungen.

262 OLG Düsseldorf NJW 1985, 1291; BayObLG FamRz 1993, 229.

263 BVerfG FamRZ 1982, 567; OLG Hamm 17.1.1984 – 15 W 339/83 – ZfJ 1984, 370; Münchner-Kommentar/Olzen 2002 § 1666 Rz. 103; Palandt/Diederichsen 2008 § 1666 Rz. 7; Staudinger-Coester 2004 § 1666 Rz. 82.

und bildungsmäßig armen Bevölkerungsschichten (z.B. Absolventen von Sonderschulen, Bewohnern von Obdachlosenunterkünften) das Personensorgerecht nicht per se absprechen. Die Elternverantwortung besteht auch dann, wenn die Familiensituation nicht dem bürgerlichen Idealbild der Familie entspricht. Die Nichtgewährleistung des Kindeswohls verpflichtet den Staat zunächst zu helfenden, auf (Wieder)Herstellung eines verantwortungsgerechten Verhaltens der Eltern gerichteten Interventionen,[264] zum Schutz der Kinder bei Gefährdungen sind aber Eingriffe in das Elternrecht auch verfassungsrechtlich legitimiert, wenn die Eltern diesen Schutz nicht gewährleisten. Versagen, Unvermögen, Vernachlässigung etc. ist ein Befund, kein Schuldvorwurf. Deshalb setzt § 1666 BGB zur Abwendung von Kindeswohlgefährdungen im Hinblick auf das „elterliche Versagen" **kein Elternverschulden** voraus.[265] Der Versagensbegriff hat im Grunde schon bisher (also auch nach dem früheren Wortlaut des § 1666 Abs. 1 BGB) das zurückliegende elterliche Verhalten aus dem Eingriffstatbestand des § 1666 BGB ausgeblendet. Zudem beschränkt sich das im normativen Denken übliche Kausalitätserfordernis darauf, dass Sorgerechtsverstöße, die das Kindeswohl nicht gefährden, keine Maßnahmen des Familiengerichts nach sich ziehen dürfen.[266] Zugespitzt bemerkt Michael Coester in seiner Kommentierung, was „Versagen" ausmache, lasse sich allein vom Kindeswohl her bestimmen.[267] Im Fall von Krankheit, Unfallfolgen, negativen Einflüssen des sozialen Umfelds mögen die Eltern zwar hier für nicht verantwortlich sein und sie keine Schuld treffen, ungeachtet dessen sah § 1666 Abs. 1 BGB mit Blick auf die elterliche Sorge schon bisher bei richtiger Anwendung einen lückenlosen Schutz der Kinder vor.

„Idealtypen" elterlichen Fehlverhaltens

Nach § 1666 Abs. 1 BGB a. F. wurde bislang das Erziehungsunvermögen zunächst vier Idealtypen elterlichen Fehlverhaltens zugeordnet (vgl. auch Übersicht 7 auf S. 135 ff. mit ent-

264 BVerfGE 24, 119 (145); hierzu Kap. 3.3.1.

265 BVerfG NJW 1982, 1379; OLG Köln JAmt 2001, 247; vgl. Dreier/Gröschner 2004 Art. 6 Rz. 120.

266 Münchner-Kommentar/Olzen 2002 § 1666 Rz. 38.

267 Staudinger-Coester 2004 § 1666 Rz. 90; vgl. auch Dolzer u. a./Jestaedt 2006 Art. 6 Abs. 2 und 3 Rz. 178.

sprechenden Fallbeispielen). Auch wenn der Gesetzgeber aktuell in der Neufassung des § 1666 Abs. 1 BGB die explizit genannten Tatbestände aus dem Wortlaut der Norm gestrichen hat, muss mit Blick auf Art. 6 Abs. 2 GG ein elterliches Unvermögen („Versagen“), für den Schutz vor Kindeswohlgefahren zu sorgen, vorliegen. Im Hinblick auf die Spannbreite des Versagens vom Missbrauch des Sorgerechts bis zur Nichterfüllung der elterlichen Pflichten aus welchen Gründen auch immer, werden die bislang explizit genannten Formen des elterlichen Versagens in der Praxis weiterhin Orientierungsfunktion haben, einerseits (nun eher „objektiv“) im Hinblick auf die Feststellung einer kindeswohlgefährdenden Situation, ohne dass ein Kausalitätsnachweis erforderlich wäre und andererseits (subjektiv) im Hinblick auf die Ungeeignetheit der Eltern. Mit Blick auf ihr zukünftiges Verhalten werden die (negativen) „Idealtypen“ eine den Sorgerechtseingriff legitimierende Entscheidung zwingend indizieren. Deshalb werden in Ergänzung der phänomenologischen Beschreibung der Kindeswohlgefahren (s. o. Kap. 1.1; S. 10 f.) nachfolgend die vier Fallgruppen zum besseren Verständnis auch der hierzu ergangenen Rechtsprechung (nicht nur „rechtshistorisch“) kurz dargestellt:

Missbräuchliche Ausübung der elterlichen Sorge

- Missbräuchliche Ausübung der elterlichen Sorge. Hierbei handelt es sich um einen falschen, rechtswidrigen Gebrauch der Elternverantwortung. Eine nur ungeschickte, mangelnde Verhaltensweise der Eltern fällt nicht darunter. Von der Rechtsprechung dokumentierte Einzelfälle[268] betreffen eine unglaubliche Vielzahl „alltäglicher“ (nichtsdestotrotz nicht zu akzeptierender) Grenzverletzungen und kaum vorstellbarer Widerwärtigkeiten (wobei man feststellen muss: es gibt nichts, was es nicht gibt). Von besonderer Bedeutung ist insoweit das ausdrücklich in § 1631 Abs. 2 BGB normierte Recht der Kinder auf gewaltfreie Erziehung. Führten früher nur übermäßige „Züchtigungen“ (z. B. Misshandlung eines 6 Monate alten Kindes, um es zum Essen zu bringen; Schläge gegen 1-jährige Tochter) und deren Duldung durch den anderen Elternteil oder Lebenspartner zu

268 Vgl. Münchner-Kommentar/Olzen 2002 § 1666 Rz. 57 ff.; Palandt-Diederichsen 2008 § 1666, Rz. 21 ff.; Staudinger-Coester 2004 § 1666 Rz. 88 ff.

einer Entziehung des Sorgerechts, können heute Körperstrafen nicht mehr als gerechtfertigte Erziehungsmaßnahmen akzeptiert werden. Andererseits stellt nicht jede Überreaktion, Schwäche und Überforderung von Eltern einen Sorgerechtsmissbrauch dar.[269] Die bloße Gleichsetzung von Kindeswohlgefährdung und Gewalt ist nicht weiterführend, denn dass Eltern gegenüber ihren Kindern Macht, Sanktionen und damit Gewalt ausüben, ist (normativ) evident und kein brauchbares Kriterium für die Abgrenzung zur Misshandlung.[270] Es muss sich vielmehr um ein aktives, **eklatantes Fehlverhalten** handeln. Nicht notwendig ist ein zielgerichtetes Ausnutzen des Sorgerechts zum Schaden des Kindes oder zur Befriedigung egoistischer Ziele. Ausreichend ist, dass die Eltern aufgrund ihrer Grundhaltung heraus die Kindesinteressen nicht berücksichtigen (Missachtung, Indolenz).[271] Dies ist bei jeder ernsthaften (bewussten oder ignoranten) Gesundheitsschädigung[272], insbesondere einer körperlichen Misshandlung

269 Zu den rechtlichen Konsequenzen des neuen Rechts auf gewaltfreie Erziehung vgl. Bussmann 2005b; Huber/Scherrer 2001.

270 Zum „Herrschaftsrecht" der Eltern siehe oben 3.1, S. 114.

271 Vgl. OLG Jena FamRZ 2003, 1319; LG Berlin FamRZ 1980, 285f.; Münchner-Kommentar/Olzen 2002 § 1666 Rz. 57ff.; Palandt-Diederichsen 2008 § 1666 Rz. 11ff.; Staudinger-Coester 2004 § 1666 Rz. 88ff. Das ist gerade nicht schon der Fall durch die Freigabe zur Adoption, das Belassen des Kindes bei einer Pflegemutter oder durch die Aufnahme einer Erwerbstätigkeit des bislang ausschließlich betreuenden Elternteils (BayObLG FamRZ 1990, 903).

272 Vgl. Staudinger-Coester 2004 § 1666 Rz. 92ff. Die Abgrenzungen sind hier mitunter sehr schwierig. Hierzu gehört m.E. zumindest das (nicht bloß einmalige) Verführen oder Zureden (das Dulden ist eher als Vernachlässigung einzuordnen) zum Alkoholkonsum (insbesondere von Spirituosen), welches insbesondere manche Väter mit beschränktem Horizont als Zeichen des Mannseins missverstehen. Im Hinblick auf die bekannten Gefahren des Nikotingenusses wird Entsprechendes nun wohl auch für das Rauchen gelten müssen (a.A. noch BayObLG FamRZ 1993, 1350), insbesondere wenn Eltern um den Nichtraucherschutz zu umgehen, Tabakwaren für ihre Kinder erwerben. Das bedenkenlose Rauchen in geschlossenen Räumen (z.B. auch im Pkw) kann als falsch verstandenes Freiheitsrecht (fehlende Rücksicht auf andere) entweder als Missbrauch oder Vernachlässigung angesehen werden.
Umstritten ist die Rechtfertigung von Gesundheitsschädigungen insbesondere auch im Hinblick auf **ärztliche Behandlungsmaßnahmen**. Insoweit haben die Eltern das Recht, für das Kind die Zustimmung zu erklären oder

(direkten Gewalteinwirkung, Ohrfeigen, Schläge, Selbstmordversuch mit Tötungsversuch am Kinde) sowie dem sexuellen Missbrauch[273] der Fall. Jede körperliche Misshandlung ist dabei gleichzeitig eine seelische. Diese zeigt sich auch durch die erhebliche Beeinträchtigung und Schädigung der Entwicklung des Kindes, insbesondere durch Ablehnung und Zurückweisung, Angsteinflößung und Terrorisierung, durch dauerhaftes Beschimpfen, Verspotten, Erniedrigen, durch extremen psychischen (z.B. Leistungs-)Druck, Liebesentzug, Isolation und Einsperren, aber auch durch eine die Persönlichkeit des Kindes erdrückende Erziehungshaltung ebenso wie im zu frühen Aufbürden von Erwachsenenrollen und Versorgungsaufgaben für die Familie.[274] Über die körperliche und seelische Gewaltausübung hinaus geht es hier auch um massive Interessenskonflikte zwischen Eltern und ihren Kindern. Nicht jede Interessenskollision oder Entscheidung gegen den Willen der Kinder und Jugendlichen stellt aber eine Kindeswohlgefährdung dar, der Kindeswille ist unbeachtlich, solange die Eltern das Kindeswohl beachten (s. o. S. 115 f.).[275] Mitunter

Interessenskonflikte

---

zu verweigern, wobei sie ihre Entscheidung zunächst nach ihrer eigenen Wertewelt treffen können. Nach OLG Hamm (1 UF 78/07 v. 24.5.2007 – JAmt 2007, 443; vgl. OLG Brandenburg NJW 2000, 2361) dürfen sie grundsätzlich so entscheiden, wie sie aktuell auch über ihre eigene Behandlung entscheiden würden. Dieses elterliche Recht finde seine Grenzen nur im objektiven Wohl des Kindes. Dabei gelte nicht mehr, dass das Zulassen des Sterbens per se dem Wohl eines Menschen widerspreche. Eine solche weitgehende Ausdehnung des Entscheidungsrechts der Eltern scheint aber im Hinblick auf Art. 1, 2 GG sehr zweifelhaft und wenn überhaupt nur aufgrund der besonderen Konstellation im konkreten Einzelfall nachvollziehbar (hier passive Sterbehilfe durch Beendigung lebenserhaltender Maßnahmen und der künstlichen Ernährung für ein vier Jahre altes im Wachkoma liegendes Mädchen).

273 Hierzu zählen strafrechtlich nicht nur sexuelle Handlungen mit Körperkontakt an einem Kind bzw. das Vornehmenlassen solcher Handlungen oder bloßes Gewähren lassen, sondern auch Vorzeigen und Herstellen pornographischen Materials sowie der Exhibitionismus durch eine ältere Person (vgl. §§ 176, 184f StGB; zum strafrechtlichen Kinderschutz vgl. auch Trenczek u. a. 2008, 537 f.) Unbeachtlich ist, ob das Kind die sexuelle Bedeutung der Handlung versteht oder diese (z.B. im Schlaf) wahrnimmt (Kindhäuser 2005 § 176 Rz. 3).

274 Vgl. Deegener 2005, 38.

275 Zu den sog. Adoleszenzkonflikten vgl. Staudinger-Coester 2004 § 1666 Rz. 147.

ist die Abgrenzung sehr schwierig (z.B. Sorgerechtsmissbrauch bei Verweigerung oder Drängen zu einer Abtreibung[276] oder bei einem Verbot, bestimmte Fächer zu studieren[277]); es kommt letztlich immer auf die Umstände des konkreten Einzelfalles an. Im Umkehrung (!) einer Formulierung von Michael Coester[278] sollte als Maßstab gelten, dass alle Interessenseinbußen, die ein Erwachsener zugunsten der Gemeinschaft verständigerweise hinnehmen würde bzw. hinnehmen muss (z.B. Nichtraucherschutz in geschlossenen Räumen), ihm erst Recht im Hinblick auf das Kindeswohl zuzumuten sind.

Vernachlässigung

- Vernachlässigung des Minderjährigen. Im Unterschied zur ersten Fallgruppe ist hier ein passives Fehlverhalten der Eltern gemeint, die Untätigkeit trotz entsprechender Handlungs- und Betreuungsnotwendigkeit, insbesondere im Hinblick auf Pflege, Ernährung, Aufsicht und Fürsorge.[279] Das betrifft die körperliche Vernachlässigung durch nicht hinreichende Versorgung (Nahrung, Schlafen, Bekleidung) und Gesundheitsfürsorge, die geistige Vernachlässigung aufgrund mangelnder Förderung und Unterstützung (z.B. unterlassene Anmeldung im Kindergarten, mangelnde Beaufsichtigung des Schulbesuchs) sowie die emotionale Vernachlässigung durch mangelnde Zuwendung, ein nicht hinreichendes oder ständig wechselndes emotionales Beziehungsangebot. Dabei treten die Mangelsituationen häufig gleichzeitig auf allen drei Ebenen auf, z.B. mangelnde Versorgung, Ansprache und Aufsicht der Kinder wegen häufigen Wechsels der Lebenspartner und Wohnsitze. Vernachlässigungen werden nicht nur im Kontext von (wirtschaftlicher wie Bildungs-)Armut und sozialer Randständigkeit, sondern auch als sog. „Wohlstandsverwahrlosung" sichtbar (z.B. mangelnde Kontrolle von Ausgehzeiten oder Ignorierung sonstiger Jugendschutzbestimmungen; Ausstattung der Kinderzimmer mit allen mögli-

276 Staudinger-Coester 2004 § 1666 Rz. 102.

277 Staudinger-Coester 2004 § 1666 Rz. 111.

278 Staudinger-Coester 2004 § 1666 Rz. 66.

279 Vgl. z.B. BayObLG FamRz 1988, 748; Münchner-Kommentar/Olzen 2002 § 1666 Rz. 102; Palandt-Diederichsen 2008 § 1666 Rz. 16; Staudinger-Coester 2004 § 1666 Rz. 89.

chen Medien und technischem Gerät und völligem Verzicht der Nutzungskontrolle der Minderjährigen, die die Nacht zum Tage machen und sich Gewalt-, Horror- und Pornofilme „reinziehen"). Die Vernachlässigung ist mitunter schwer (aber auch nicht notwendig) abzugrenzen von den beiden nachfolgenden Typen, die Übergänge sind fließend.

Unverschuldetes Versagen

- Unverschuldetes Versagen der Eltern stellte als zusätzliche Kategorie einen sog. Auffangtatbestand dar, um Fälle des Missbrauchs und der Vernachlässigung in den Griff zu bekommen, in denen den Sorgeberechtigten trotz der kindeswohlgefährdenden Situation kein Schuldvorwurf gemacht werden kann (z. B. wegen Krankheit und Unfall, Alkohol- und andere Drogenabhängigkeit).[280] Er greift z. B. auch ein, wenn in einem Strafverfahren trotz objektiver Kindesmisshandlung ein Freispruch wegen subjektiven Gründen erfolgt.[281] In diesen Rahmen fallen ggf. auch die Konflikte, die aus dem Zusammentreffen von extremen religiösen, sektiererischen oder kulturellen Überzeugungen mit den Normvorstellungen der „westlich" geprägten Gesellschaft in der Bundesrepublik Deutschland resultieren.[282] Die Zugehörigkeit zu einer bestimmten Religion, Sekte oder anderen (ggf. „archaischen") Kultur als solche stellt aber kein solches „Versagen" und Anlass zu personenrechtlichen Maßnahmen dar.[283]

Verhalten Dritter

- Gefährdung durch das Verhalten Dritter: Hier geht es vor allem um die Fälle häuslicher Gewalt und sexuellen Missbrauchs in der Familie durch nicht sorgeberechtigte Perso-

---

280 Vgl. BT-Drs. 8/2788, 39; eine solche Regelung ist verfassungskonform, vgl. BVerfG NJW 1982, 1379; vgl. auch BayObLG FamRZ 1997, 1553 f.

281 OLG Frankfurt NJW 1981, 2524; vgl. BVerfG v. 12.12. 2007 – 1 BvR 2697/07: Erfolglose Verfassungsbeschwerde eines Vaters wegen Verweigerung des Sorgerechts nach Ermordung der Kindesmutter obwohl im Strafverfahren ein Freispruch erfolgte. Zu den Grundvoraussetzungen der Strafbarkeit Trenczek u. a. 2008, 522 ff.

282 KG Berlin NJW 1985, 68 (türkische Eltern wollen ihre seit dem 11. Lebensjahr in Deutschland aufgewachsene Tochter in der Türkei zwangsverheiraten); AG Korbach NJW 2003, 1497 (islamische Eltern lassen ihren heranwachsenden Töchtern keinen Spielraum zur autonomen Persönlichkeitsentwicklung und keine Möglichkeit, sich mit der westlichen Lebensweise auseinanderzusetzen).

283 Vgl. z. B. OLG Koblenz Kindprax 2000, 158.

nen/Lebenspartner, aber auch um die Nichtabwendung bzw. Duldung von Gefährdungen z. B. durch Zuhälter, Drogenabhängige und Schwerkriminelle.[284] Konstitutiv ist hier – wie in den anderen Fallgruppen auch – letztlich das Tatbestandsmerkmal der **mangelnden Abwendung der Gefahr** durch den Sorgeberechtigten.

Übersicht 7: Fallgruppen und Beispiele der kindeswohlgefährdenden Tatbestände

Fallgruppe	Beispiele
Sorgerechts-missbrauch	körperliche Misshandlung, hierzu gehört mittlerweile jede Form körperlicher Strafen (Ohrfeigen, Schläge); Vergiftungen (z. B. Versalzen des Essens zur Strafe), Verabreichung von medizinisch nicht indizierten Dosen von Beruhigungs- und Schlafmitteln; Duldung der Misshandlung durch anderen Elternteil oder Lebenspartner; Suizidversuch mit Tötungsversuch am Kinde; sexueller Missbrauch; Zuhälterei, Überreden/Zwang zur Prostitution; Weigerung, das Kind operieren oder Bluttransfusion vornehmen zu lassen; nicht vertretbare Einwilligung in medizinische Experimente an dem Minderjährigen; Weigerung, die Kinder in die öffentliche Schule zu senden; Ausbeuten der Arbeitskraft; Anhalten zum Betteln oder sonstigen, strafbaren oder sexuellen Handlungen; „erstickende Erziehungshaltung"; grobe Erziehungsfehler, z. B. schroffer Wechsel der (religiösen) Erziehung; Tobsuchtsanfälle der Eltern; Ausweisung aus dem Elternhaus; Verhinderung des Kontaktes zum umgangsberechtigten Elternteil; unzulässige Wegnahme des Kindes von Pflegeeltern;

284 Vgl. OLG Düsseldorf NJW 1995, 1970 (sexueller Missbrauch durch Lebensgefährten der Mutter); BayObLG FamRZ 1994, 1413 (entwürdigende Erziehungsmaßnahmen des Stiefvaters).

	missbilligenswerte Einwirkung auf die Willensbildung einer (schwangeren) Jugendlichen, Zwang zum Schwangerschaftsabbruch; Abgrenzung z. T. schwierig, z. B. kein Sorgerechtsmissbrauch bei Verweigerung eines Schwangerschaftsabbruchs; Hineinzwingen in vereinbarte Ehe oder ungeeigneten Beruf; Verbringung des Kindes ins Ausland und Zwang zur Beschneidung;
Vernachlässigung	stark unzureichende Ernährung und Pflege und sonstiger Versorgung (z. B. Kleidung); erhebliche Desorganisation und Verwahrlosung der Wohnverhältnisse; extrem instabile Lebensverhältnisse und unstrukturierter Alltag (Medienkonsum der Kinder bis in die Nacht); Unterlassen ärztlicher Versorgung (wiederholte Nichtwahrnehmung der Vorsorgeuntersuchungen); Duldung (oder gar Verführung – dann eher Sorgerechtsmissbrauch) von Spirituosen-/Alkoholkonsum und Rauchen; Völliges Gewähren lassen, Unkenntnis und Teilnahmslosigkeit am Leben der Kinder (keine Kontrolle des Medienkonsums, keine Kontrolle der Ausgehzeiten oder sonstiger Jugendschutzbestimmungen); Duldung des Herumtreibens/Streunens des Minderjährigen; mangelnde Aufsicht, insbesondere in der Öffentlichkeit oder im Hinblick auf gefahrgeneigte Situationen und Aktivitäten; mangelnde Beaufsichtigung des regelmäßigen Schulbesuchs; keine Sorge für einen begabungsgemäßen Schulbesuch; lange Abwesenheitszeiten insbesondere wg. Drogenabhängigkeit oder Straffälligkeit (Straffälligkeit und Verurteilung zu einer Freiheitsstrafe ist aber für sich genommen noch kein Grund zum Entzug des Sorgerechts); Duldung der ungünstigen Einflüsse Dritter;
unverschuldetes Versagen der Eltern	Duldung der missbräuchlichen Ausübung des Sorgerechts durch anderen Elternteil; Schwere/langjährige Alkohol- und andere Drogenabhängigkeit der Eltern;

	Schwere psychische Erkrankungen der Eltern (z. B. paranoide Psychosen); Gleichgültigkeit, Labilität und Antriebsarmut der Eltern; Unfähigkeit zum Aufbau emotionaler Beziehungen; Extreme Gleichgültigkeit, Antriebsarmut, Labilität; Sektiererische Unbelehrbarkeit/religiöser, kultureller Extremismus (z. B. Verweigerung medizinisch notwendiger Behandlungen, wie Bluttransfusion; Vornahme medizinisch nicht intendierter körperverletzender Rituale, Verbringung ins Ausland zur Zwangsbeschneidung; Taubstumme Eltern wollen ihr Kind ohne Unterstützung von Dritten aufziehen;
Gefährdung durch Verhalten Dritter	Häusliche Gewalt durch nicht-sorgeberechtigte Personen; Zuhälter, Drogenabhängige, Schwerkriminelle;

Mangelnde Bereitschaft oder Fähigkeit zur Gefahrabwendung

Selbst wenn eine Gefährdungslage (insbesondere eine der vier „klassischen" Gefährdungskonstellationen) vorliegt, ist der Eingriff in das Sorgerecht nur zulässig, wenn die Eltern nicht gewillt oder in der Lage sind, die Gefahr für das Kindeswohl abzuwenden (§ 1666 Abs. 1 BGB). Die mangelnde Bereitschaft oder Fähigkeit der Eltern zur Gefahrabwendung war schon immer/ist das entscheidende Tatbestandsmerkmal im Hinblick auf das elterliche Unvermögen. Es spielt insoweit keine Rolle, ob die Eltern in der Lage aber unwillig oder willig aber unfähig sind, die Gefahr abzuwenden. In beiden Fällen liegt ein Versagen vor. Dieses Erfordernis soll Eltern im Rahmen ihres Erziehungsvorranges zur Selbsthilfe (Gefahrabwendungsprimat) ggf. mit Unterstützung der Jugendhilfe bewegen.[285] Ein Unvermögen ist aber nicht schon deshalb indiziert, weil Eltern sich anfangs weigern, mit dem Jugendamt zusammenzuarbeiten. Auch eine um das Wohl gefährdeter Kinder besorgte Jugendhilfe muss die verfassungsrechtlich begründete **Elternverantwortung** ernst nehmen. Widerstand und Verweigerung mögen aus manchen Gründen (z. B. Unsicherheit, schlechten Erfahrungen mit Ämtern, Betonung der Familienautonomie) nachvollziehbar sein. Hier haben die

285 Vgl. BT-Drs. 8/2788, 59; BVerfG 1 BvR 476/04 v. 23.8.2006 – JAmt 2006, 516 ff.; Staudinger-Coester 2004 § 1666 Rz. 151 ff.

Mitarbeiter der Jugendämter mitunter auch die Bürde der in der Vergangenheit vielfach eingriffsorientierten Aufgabenwahrnehmung zu tragen und das Vertrauen der Eltern (zurück)zugewinnen. Die Schwere und Häufigkeit einer das Kindeswohl gefährdenden Situation ist nicht immer offenkundig und vielfach zwischen Eltern und den Mitarbeitern des ASD umstritten (s. o. Kap. 1.3, S. 40 ff.). An die Bereitschaft und Fähigkeit der Eltern zur Gefahrenabwehr sind aus Gründen der Verhältnismäßigkeit um so höhere Anforderungen zu stellen, je größer und folgenschwerer die möglicherweise eintretenden Schäden für das Kind und je dringender die zur Abwendung der Gefährdungssituation notwendigen Maßnahmen sind. Je schwerwiegender die Umstände, aus denen sich die kindeswohlgefährdende Situation ergibt, je klarer sie festgestellt und kommuniziert sind, desto eher kann man von den Eltern „Einsicht“ (zur Problemakzeptanz und -kongruenz; vgl. S. 33 u. 50) verlangen, dass sie zum Wohl des Kindes Hilfe annehmen (Hilfeakzeptanz). Lässt sich aber eine Kindeswohlgefährdung nicht auf ein elterliches Versagen zurückführen, ist für einen Sorgerechtseingriff weiterhin kein Raum (z. B. wenn Kinder Opfer oder Täter von Straftaten werden, ist für eine familienrechtliche Intervention nur zulässig, wenn die Eltern künftig ihre Sorgeverantwortung nicht wahrnehmen können oder wollen).

3.2.2.3 Ausblick: Neudefinition der Kindeswohlgefährdung?

Im Anschluss an die Diskussion über den Bericht der vom BMJ eingesetzten Arbeitsgruppe[286] wurde die Frage gestellt, ob der Begriff der Kindeswohlgefährdung einer grundsätzlichen Neudefinition bedarf, um in diesem Zusammenhang die Eingriffsschwellen für sorgerechtliche Eingriffe abzusenken.[287] Die Absenkung der Interventionsschwellen (eine intensivere Kontrolle und schnellere Eingriffe in die elter-

286 BMJ/AG Kindeswohl 2007; vgl. Röchling 2007; Salgo 2007.

287 Coester 2008, 4 ff. Röchling (2007, 432) fordert im Interesse eines „effektiven Kinderschutzes“, „den Begriff der Gefährdung neu zu formulieren und die Eingriffsschwelle für jedwede präventive familiengerichtliche Intervention zu senken.“ Auch Rosenboom (2006, 194 u. 201; 2007) spricht sich für eine Absenkung der Interventionsschwellen des Familiengerichtes aus.

liche Sorge) scheint gerade im Bereich des Kinderschutzes angesichts schlimmster Fälle von Missbrauch und Vernachlässigung leicht auf breite Zustimmung zu treffen. Allerdings ist auch hier angesichts der gesellschafts- wie rechtspolitischen Erfahrungen mit immer weiter in die Rechtspositionen der Bürger eingreifenden Interventionsbefugnissen der Sozialkontrolle Vorsicht angeraten.[288] Eine eingängige Präventionsrhetorik vermag zuweilen überschießende Kontrollbedürfnisse ebenso wie gesellschaftliche Missstände und Versäumnisse zu verdecken (vgl. z. B. die Fehlentwicklungen in der Kriminalprävention mit der im Jugendbereich unter der Ägide der Polizei das „nachgeholt“ werden soll, was man im Rahmen einer aufgrund von Mangelfinanzierung defizitären Jugendhilfe nicht anbieten wollte). Die derzeitig verbreiteten Rezepte (verpflichtende Meldung, zwingender Hausbesuch, Sanktionen, ...) sind ganz überwiegend weder geeignet, die Situation von Kindern und Jugendlichen tatsächlich und nachhaltig zu verbessern, noch sind sie erforderlich, da § 1666 BGB bei richtigem Verständnis bereits einen lückenlosen Schutz der Kinder vorsieht. Die vorgeschlagenen Kontrolleingriffe und Sanktionen suggerieren eine *so* nicht herstellbare Sicherheit, sie werden allerdings das notwendig herzustellende Vertrauensverhältnis zwischen den Familien (Kindern und Eltern) und ihren professionellen Helfern belasten, die sozialpädagogische Praxis dequalifizieren, zu mehr Verantwortungsabgabe, Absicherungsmentalität und zu mehr Bürokratismus führen. Statt einer grenzenlosen Ausweitung des kontrollierenden und eingreifenden Präventionsstaates das Wort zu reden, empfiehlt sich in der modernen Zivilgesellschaft ein mehr auf Kompetenzförderung, Partizipation und Teilhabe angelegter Ansatz. Für präventive Angebote ist die Jugendhilfe zuständig, sie besser auszustatten, Jugendhilfe und Familiengerichte besser zu qualifizieren und deren Kooperation zu verbessern, ist notwendig und den („billigen“) Rufen nach früheren Eingriffen und Sanktionen vorzuziehen.

---

288 Coester 2008, 9. 194 u. 201.

3.2.3 Familiengerichtliche Maßnahmen

Entzug der Personensorge

Das Spektrum der möglichen familienrechtlichen Maßnahmen ist sehr weit.[289] § 1666 Abs. 1 BGB sieht einen vollständigen Entzug der Personensorge zunächst gar nicht ausdrücklich vor, vielmehr hat das Familiengericht die Maßnahmen zu treffen, die zur Abwendung der Gefahr erforderlich sind. Familiengerichtliche Entscheidungen betreffen also nicht immer die gesamte Personensorge, sondern mitunter nur Teilbereiche (z.B. Aufenthaltsbestimmungsrecht, Herausgaberecht, Entscheidungen im Hinblick auf Gesundheitssorge des Kindes). Das Gericht kann nach § 1666 Abs. 3 BGB (a.F. wie n.F.) insbesondere auch Erklärungen des Inhabers der elterlichen Sorge ersetzen, wenn es nur um punktuelle Angelegenheiten geht (z.B. Zustimmung zu Erziehungshilfen) und nach § 1666 Abs. 4 BGB in Angelegenheiten der Personensorge auch Maßnahmen mit Wirkung gegen Dritte treffen (z.B. Herausgabeanordnung). § 1667 BGB betrifft Maßnahmen bei Gefährdung des Kindesvermögens.

Nach § 1696 Abs. 1 BGB haben die Gerichte ihre Anordnungen zu ändern, wenn dies aus triftigen, das Wohl des Kindes nachhaltig berührenden Gründen angezeigt ist. Maßnahmen nach den §§ 1666 bis 1667 BGB sind aufzuheben, wenn eine Gefahr für das Wohl des Kindes nicht mehr besteht (§ 1696 Abs. 2 BGB).

Gesetzesnovellierung

Der Bundestag hat im April 2008 im Rahmen der Gesetzesnovellierung als Konkretisierung der Rechtsfolgen in § 1666 Abs. 3 BGB beschlossen, neben der schon bisher ausdrücklich genannten Ersetzung von Erklärungen des Inhabers der elterlichen Sorge einen Katalog möglicher Maßnahmen des Familiengerichts aufzunehmen.[290] Zu den gerichtlichen Maßnahmen gehören insbesondere

- Gebote, öffentliche Hilfen wie zum Beispiel Leistungen der Kinder- und Jugendhilfe und der Gesundheitsfürsorge in Anspruch zu nehmen,
- Gebote, für die Einhaltung der Schulpflicht zu sorgen,

---

289 Vgl. Münchner Kommentar-Olzen 2002 § 1666 Rz. 169 ff.; Erg. 2006 § 1666; Schleicher 2007, 248 ff.; Münder 2005, 179 ff.; Staudinger-Coester 2004 § 1666 Rz. 177 ff.

290 Vgl. BT-Drs. 16/6815, 8; 16/8914.

- Verbote, vorübergehend oder auf unbestimmte Zeit die Familienwohnung oder eine andere Wohnung zu nutzen, sich in einem bestimmten Umkreis der Wohnung aufzuhalten oder zu bestimmende andere Orte aufzusuchen, an denen sich das Kind regelmäßig aufhält,
- Verbote, Verbindung zum Kind aufzunehmen oder ein Zusammentreffen mit dem Kind herbeizuführen.

Mit der nicht abschließenden Auflistung soll den Familiengerichten und Jugendämtern das Spektrum möglicher Maßnahmen auch unterhalb der Schwelle des Sorgerechtsentzugs verdeutlicht und die Praxis hierfür sensibilisiert werden. An der bisherigen Rechtslage ändert sich damit nicht viel, da alle diese explizit genannten Maßnahmen auch nach § 1666 BGB a. F. zulässig waren. Neu hingegen ist die Verpflichtung des Gerichts, seine Entscheidung in der Regel nach drei Monaten zu überprüfen, wenn es von einer familiengerichtlichen Maßnahme nach den §§ 1666 bis 1667 BGB abgesehen hat (§ 1696 Abs. 3 BGB).

Entziehung des Aufenthaltsbestimmungsrechts

Schwierigkeiten bereitet die früher häufige, teilweise leider immer noch anzutreffende Praxis mancher Familiengerichte, lediglich das Aufenthaltsbestimmungsrecht zu beschränken oder zu entziehen.[291] Der bloße Entzug des Aufenthaltsbestimmungsrechts und die Trennung von Eltern und Kind beseitigt allerdings nicht die anderen zum Personensorgerecht gehörenden elterlichen Befugnisse, insbesondere berühren sie nicht die Befugnis der Eltern zu entscheiden, ob und ggf. welchen Hilfen zur Erziehung (§§ 27 ff. SGB VIII) sie zustimmen. Das führt in der Praxis der Jugendämter bei der Gewährung von Erziehungshilfen mitunter zu erheblichen Problemen, wenn die Eltern z.B. ihr zunächst erteiltes Einverständnis im Hinblick auf eine Erziehungshilfe und insbesondere eine außerfamiliäre Unterbringung (wieder) zurückziehen. Das macht die ursprünglich gewährte Leistung rechtswidrig.[292]

291 Etwa 1/3 der personenrechtlichen Hauptsacheverfahren enden lediglich mit einem Entzug des Aufenthaltsbestimmungsrechtes (Münder/Mutke/Schone 2000, 135); vgl. auch Rosenboom 2006, 179ff. (für Hamburg); GK-Salgo 2000 § 33 Rz. 26; Staudinger-Salgo 2007 § 1631 Rz. 58a.

292 BVerwG 5 C 6.00 v. 21.6.2001 – FamRZ 2002, 668; DIJuF 2001, 76; a.A. noch OLG Frankfurt JAmt 2001 mit abl. Anm. Meysen.; vgl. Staudinger-Salgo 2007 § 1631 Rz. 30 u. 58a.

Regelung des Umgangsrechts

Der Entzug der Personensorge ist auch nicht zugleich ein Entzug des Umgangsrechts, dieses muss vielmehr gesondert geregelt, begrenzt bzw. entzogen werden (§ 1684 BGB). In der Praxis ist v. a. die Anordnung des begleiteten und beschützten Umgangs von Bedeutung (§ 1684 Abs. 3 Satz 4 BGB). Bereits aus dem Wortlaut der Vorschrift wird deutlich, dass mit der Anordnung nicht automatisch eine Pflicht des Jugendamts begründet wird, den Umgang zu organisieren bzw. hierfür die Kosten zu tragen. Vielmehr muss das Jugendamt selbst prüfen, ob sich eine entsprechende Leistungsverpflichtung aus § 18 Abs. 3 SGB VIII ergibt.

Kindeswohl und Verhältnismäßigkeit

Maßstab und Richtschnur jeder gerichtlichen Entscheidung ist das **Kindeswohl** (§ 1697a BGB). Das Familiengericht kann unter Beachtung des (ausdrücklich mit § 1666a BGB hervorgehobenen) **Verhältnismäßigkeitsgebotes**[293] letztlich alle Maßnahmen anordnen, die dem Kindeswohl dienen und unterhalb der Schwelle des vollständigen Entzuges der Personensorge verbleiben. Das Gericht hat stets das mildeste (noch geeignete) Mittel zu wählen, mit dem die Gefahr abgewandt werden kann. Die gesamte Personensorge darf nach § 1666a Abs. 2 BGB nur entzogen werden, wenn andere Maßnahmen erfolglos geblieben sind oder wenn anzunehmen ist, dass sie zur Abwendung der Gefahr nicht ausreichen. Soll mit familiengerichtlichen Maßnahmen eine Trennung der Kinder oder Jugendlichen von der elterlichen Familie verbunden sein, so ist dies nur zulässig, wenn der Gefahr nicht auf andere Weise begegnet werden kann (vgl. auch Art. 6 Abs. 3 GG). Der Staat muss nach Möglichkeit versuchen, durch helfende, unterstützende, auf Herstellung oder Wiederherstellung eines verantwortungsgerechten Verhaltens der Eltern gerichtete Maßnahmen sein Ziel zu erreichen.[294] Auf den **Vorrang öffentlicher Hilfen,** damit insbesondere auf Leistungen der Kinder- und Jugendhilfe, wird auch in § 1666a Abs. 1 Satz 1 BGB ausdrücklich hingewiesen. Das hier besonders hervorgehobene Verhältnismäßigkeitsgebot gilt freilich auch für alle anderen familienrechtlichen Entscheidungen.

---

293 Hierzu s. o. Kap. 3.1, S. 118; Trenczek u. a. 2008, 78 f.

294 BVerfGE 24, 119 (144 f.); 60, 79 (91); 1 BvR 476/04 v. 23.8.2006 – JAmt 2006, 516.

Gebote und Verbote

Als Maßnahmen sind z.B. Ermahnungen, Gebote und Verbote (jetzt ausdrücklich und dennoch exemplarisch in § 1666 Abs. 3 BGB), (einstweilige) Anordnungen und Beschränkungen zulässig, die allesamt bei Weigerung und Nichtbefolgung im Rahmen der Zwangsvollstreckung nach § 33 FGG (z.B. mit Zwangsgeld, Zwangshaft bzw. unmittelbarem Zwang/ Gewaltanwendung) erzwungen werden können. Als Ge- und Verbote an die Eltern kommen z.B. in Betracht, etwas (z.B. ein bestimmtes Verhalten des Kindes wie den Beginn einer bestimmten Ausbildung) zu dulden, die Verpflichtung für die Einhaltung der Schulpflicht zu sorgen, Verbote im Hinblick auf bestimmte Handlungen bzw. sich in der Nähe des Kindes aufzuhalten oder ein Zusammentreffen herbeizuführen, sowie das Gebot, angebotene Hilfen in Anspruch zu nehmen.

Hausverweisung

Nicht erst durch die Neufassung (April 2008) des § 1666 Abs. 3 BGB ist auch die Hausverweisung (sog. Go-Order) zulässig, mit der einem Elternteil oder einem Dritten vorübergehend oder auf unbestimmte Zeit untersagt werden kann, die vom Kind mitbewohnte Familienwohnung zu nutzen. Dass dies bereits nach § 1666 Abs. 1 BGB möglich ist, wurde 2002 mit einem in § 1666a Abs. 1 Satz 2 BGB eingefügten Hinweis klargestellt.[295] Diese Anordnung kann wie jede andere Anordnung des Familiengerichtes im Rahmen der Zwangsvollstreckung nach § 33 FGG erzwungen werden. Mit der Möglichkeit der Hausverweisung soll verhindert werden, dass zum Schutz der Kinder vor Gewalt durch ein Elternteil[296] oder nichtehelichen Lebenspartner nur die außerfamiliäre Fremdunterbringung der Kinder übrig bleibt. Im Hinblick auf das Verhältnismäßigkeitsprinzip müssen aber vorrangige Hilfen nach dem Kinder- und Jugendhilfegesetz zumindest erwogen und die Vor- und Nachteile der verschiedenen Alternativen miteinander abgewogen werden. Dabei ist insbesondere zu beachten, dass bei der Bemessung der Dauer der Maßnahme nach § 1666a Abs. 1 Satz 3 BGB auch zu

295 Zum sog. Kinderrechteverbesserungsgesetz (2002) vgl. BT-Drs. 14/8131; Oberloskamp 2003; Schomburg 2002.

296 Das ebenfalls 2002 in Kraft getretenen Gewaltschutzgesetz gilt nicht zum Schutz des Kindes vor elterlicher Gewalt, wohl aber in Fällen von Kindern gegen ihre Eltern ausgeübte Gewalt (§ 3 Abs. 1 GewSchG); vgl. Oberloskamp 2003, 285.

berücksichtigen ist, ob der Person, die aus der Wohnung verwiesen werden soll, das Eigentum, das Erbbaurecht oder der Nießbrauch an dem Grundstück zusteht, auf dem sich die Wohnung befindet. Entsprechendes gilt für das Wohnungseigentum, das Dauerwohnrecht, das dingliche Wohnrecht oder wenn der Elternteil oder der Dritte Mieter der Wohnung ist. Die Hausverweisung wird deshalb in diesen Fällen wohl nur als vorübergehende Maßnahme verhältnismäßig und zulässig sein.[297]

Verpflichtung, Hilfen in Anspruch zu nehmen

Auch im Hinblick auf die Verpflichtung, öffentliche Hilfen in Anspruch zu nehmen, hat § 1666 Abs. 3 BGB n.F. keine Änderungen gebracht. Zu beachten ist hierbei, dass das Familiengericht nicht selbst Leistungen der Jugendhilfe bewilligen oder anordnen, sondern die Eltern nur verpflichten kann, vom Jugendamt angebotene Hilfen in Anspruch zu nehmen (zur sog. Steuerungsverantwortung des Jugendamtes, § 36a SGB VIII, s.u. 3.3.1) und ggf. bei rechtswidriger Leistungsverweigerung des Jugendamtes verwaltungsrechtliche Schritte zu unternehmen.[298] Denn das Jugendamt ist seinerseits verpflichtet, mit seinen Angeboten, Hilfen, Methoden und Kompetenzen zu versuchen, zusammen mit den Eltern die Gefährdung des Kindeswohls abzuwenden. Ist es hierzu allerdings nicht in der Lage und hält es deshalb ein Tätigwerden des Familiengerichtes für erforderlich, muss es das Gericht gemäß § 8a Abs. 3 SGB VIII informieren (s.u. Kap. 3.3.2), damit dieses geeignete sorgerechtliche Maßnahmen ergreifen kann. Das Verfahren im Hinblick auf Entscheidungen nach §§ 1666, 1666a BGB kann auch aus Anlass einer Inobhutnahme bei Widerspruch der Eltern in Gang kommen (§ 42 Abs. 3 Satz 2 Nr. 2 SGB VIII).

Unterstützung bei der Ausübung der Personensorge

Gemäß § 1631 Abs. 3 BGB hat das FamG die Eltern auf Antrag bei der Ausübung der Personensorge in geeigneten Fällen zu unterstützen. Die Regelung ist subsidiär gegenüber spezialgesetzlichen Regelungen, insbesondere gegenüber § 1631b, § 1632 und § 1666 BGB. Die Befugnis ist kein Erziehungsersatzmittel bei auffälligem und deviantem Verhalten

---

297 Vgl. BT-Drs. 14/8131, S. 9.

298 Münchener Kommentar/Olzen 2002 § 1666 Rz. 177; Münder u.a. 2006 § 36a Rz. 16f., § 50 Rz. 12.

von Kindern oder straffällig gewordenen Jugendlichen. Mögliche Maßnahmen sind Ermahnungen, Verwarnungen, Vorladungen, das Familiengericht ist aber nicht auf solche eher mahnenden und anweisenden Interventionen beschränkt. Angesichts des differenzierten Leistungskatalogs des SGB VIII kommt die Befugnis des Familiengerichts allerdings nur subsidiär zum Tragen. Das Gericht soll sich vielmehr einen Überblick über die bisherigen Beratungsangebote und deren Ergebnisse verschaffen. Aber gerade dies kann gelegentlich Motivationsprozesse in Gang setzen. Reichen Beratung und Unterstützung nicht aus und bedarf es eines Eingriffs in das elterliche Erziehungsrecht, so kommen die spezialgesetzlichen Eingriffsnormen des BGB (§§ 1666, 1666a BGB) zur Anwendung.

Vormund und Pfleger

Wird die elterliche Sorge zum Teil entzogen, so erhält das Kind für diese Teilbereiche nach § 1909 BGB einen Pfleger, während die Eltern oder der allein sorgeberechtigte Elternteil im Übrigen sorgeberechtigt bleiben. Ist es jedoch angesichts der bestehenden Gefahr nicht vertretbar, den Eltern auch nur Teile der elterlichen Sorge zu belassen und wird sowohl die Personensorge als auch die Vermögenssorge in vollem Umfang entzogen, so erhält das Kind gemäß § 1773 BGB einen Vormund, der nunmehr die gesamte elterliche Sorge inne hat. Gleiches gilt, wenn die sorgeberechtigten Eltern oder der allein sorgeberechtigte Elternteil sterben. Auch in diesem Fall wird ein Vormund für das Kind bestellt.

Zum Vormund sollten zunächst geeignete Einzelpersonen oder Vereine (§ 1791a BGB) bestellt werden. Entgegen der gesetzlichen Wertung (§ 1791b Abs. 1 BGB) wird in der Praxis häufig vorschnell auf die Amtvormundschaft des Jugendamts zurückgegriffen (vgl. § 55 SGB VIII). Damit sind im Hinblick auf die Stellung des Jugendamtes als zur Leistung verpflichteter öffentlicher Träger der Jugendhilfe **Interessenskollisionen** nicht ausgeschlossen. Als Minimalstandard muss deshalb die personelle Trennung von Aufgaben des ASD und der Wahrnehmung der Vormundschaft (§ 55 SGB VIII) zumindest im Hinblick auf die Mündel des Jugendamtes gewährleistet sein.[299]

299 Ausführlich zur Amtspflegschaft und -vormundschaft Hoffmann 2007.

3.2.4 Familiengerichtliches Verfahren

Amtsermittlungsprinzip

Nicht nur das materielle Familienrecht, sondern die nach § 621a ZPO im FGG geregelten Verfahrensvorschriften gewähren den Familiengerichten in Kindeswohlverfahren sehr weite, weit über das aus anderen Bereichen bekannte Maß hinausreichende Gestaltungsspielräume. Im FGG-Verfahren gilt das Amtsermittlungsprinzip (Untersuchungsgrundsatz) nach § 12 FGG. Danach muss das Gericht von Amts wegen alle ihm zugänglichen Erkenntnisquellen vollständig ausschöpfen, d.h. selbst die erforderlichen Tatsachenermittlungen durchführen und die geeignet erscheinenden Beweise erheben. Dazu gehört, dass das Familiengericht notwendige Akten beizieht, Gutachten von sachverständigen Ärzten, Psychologen und Psychiatern einholt und ggf. Zeugen vernimmt. Zudem hat es die Mitwirkung des Jugendamts im gerichtlichen Verfahren nach § 50 SGB VIII, insbesondere über dessen Anhörung nach § 49a FGG, zu gewährleisten.[300] Das Familiengericht darf sich aber in aller Regel nicht allein auf die Darstellung der Situation in einem Bericht und einer Stellungnahme des Jugendamtes stützen, sondern ist zu eigenen Ermittlungen sowie insbesondere dazu verpflichtet, die Betroffenen selbst anzuhören (Eltern, auch einzeln: § 50a FGG; Kind: § 50b FGG; Pflegeperson: § 50c FGG).

Verfahrenspfleger

Darüber hinaus ist die Bestellung eines Verfahrenspflegers für das Kind und der Wahrnehmung seiner Interessen gemäß § 50 Abs. 2 Nr. 1 u. 2 FGG erforderlich, wenn das Interesse des Kindes zu dem seiner gesetzlichen Vertreter in erheblichem Gegensatz steht sowie insbesondere in Verfahren nach § 1666 BGB, wenn eine Trennung des Kindes von seiner Familie oder die Entziehung der gesamten Personensorge Gegenstand des Verfahrens ist. In Kindesschutzverfahren ist damit in der Regel die Bestellung eines Verfahrenspflegers notwendig.

Konsens

Zu den Verfahrensgrundsätzen gehört es, dass das Familiengericht in einem die Person eines Kindes betreffenden Verfahren, also insbesondere immer dann, wenn um das Sorgerecht oder Teile davon (z.B. das Aufenthaltsbestimmungsrecht) gestritten wird, auf die Herstellung von Einvernehmen

300 Münder u.a. 2006, Anhang zu § 50 Rz. 1; Trenczek 2007b, 342 ff.

zwischen den Beteiligten hinzuwirken hat (§ 52 FGG). In diesem Zusammenhang sind die Beratungsangebote der Jugendhilfe (§ 17 SGB VIII) und die Familienmediation von besonderer Bedeutung.[301]

Einstweiliger Rechtsschutz

Von großer Bedeutung sind in Kindeswohlverfahren vorläufige Regelungen durch einstweilige Anordnungen (§ 620 ZPO).[302] Von hier aus hat sich in Rechtsprechung und Lehre als allgemeiner Grundsatz herausgebildet, dass in Sorgerechts-, Umgangsrechts- und Kindesherausgabeverfahren eine einstweilige Anordnung immer dann getroffen werden kann, wenn zum Schutz des Kindes ein dringendes Bedürfnis für ein unverzügliches Einschreiten besteht, das ein Abwarten bis zur endgültigen Entscheidung nicht gestattet.[303] Das einstweilige Anordnungsverfahren entbindet aber das Gericht nicht davon, die für die Entscheidung notwendigen Erkenntnisse ausführlich im üblichen Beweisverfahren zu eruieren, das Kind anzuhören und das Jugendamt zu beteiligen (§ 620a Abs. 3 ZPO).[304]

Gesetzesnovellierung

Im Hinblick auf die Neuregelung zur Förderung des Kindesschutzes hat der Bundestag im April 2008 einige verfahrensrechtliche Änderungen beschlossen, z. B. den besonderen Hinweis auf das Vorrang- und Beschleunigungsgebot (§ 50e FGG) und die Verpflichtung, spätestens einen Monat nach dem z. B. durch eine Meldung des Jugendamtes nach § 8a Abs. 3 SGB VIII eingeleiteten Verfahrensbeginn eine Anhörung durchzuführen (§ 50e Abs. 2 FGG). Eine Verlegung des Termins ist nur aus zwingenden Gründen zulässig, die im Verlegungsgesuch glaubhaft zu machen sind. Damit hat der Gesetzgeber klargemacht, dass dem familiengerichtlichen Erörterungstermin Vorrang vor allen anderen Terminen und Verpflichtungen zukommt.

---

301 Hierzu Dietz u. a. 2002; Proksch 2004; Münder u. a. 2006 § 17; Trenczek 2007c.

302 Die Quote der einstweiligen Anordnungen beträgt nach der Untersuchung von Münder/Mutke/Schone (2000, 135) immerhin knapp 44 %. Bemerkenswert ist dabei, dass in einem substanziellen Teil der Verfahren, in denen das Familiengericht zunächst eine einstweilige Anordnung erlassen hat, es zu keiner (9 %) bzw. es innerhalb von 6 Monaten (15 %) zu keiner Hauptsacheentscheidung gekommen ist.

303 Dose 2000, 116; Trenczek/Tammen/Behlert 2008, 270.

304 Münder 2005, 198.

Vorgesehen ist auch, mit den Eltern und in geeigneten Fällen auch mit dem Kind zu erörtern, wie einer „möglichen Gefährdung" des Kindeswohls begegnet werden kann (§ 50f FGG). Hierzu soll das persönliche Erscheinen der Eltern verbindlich angeordnet werden (§ 50f Abs. 2 FGG). Die Neufassung verzichtet allerdings auf den Begriff „Erziehungsgespräch", der im Gesetzgebungsverfahren noch diskutiert wurde, um den fälschlichen Eindruck zu vermeiden, dass der Familienrichter im Verfahren selbst als Erzieher auftritt.[305] Vielmehr soll nach § 50f Abs. 1 Satz 2 FGG das Jugendamt zu diesem Anhörungstermin (ein)geladen werden, um die Verbindlichkeit des Anhörungstermins zu nutzen.

Hinzuweisen ist darauf, dass mit der Formulierung „möglichen Gefährdung" die wesentlichste Änderung der bisherigen Rechtslage (u. U. gar ein „Paradigmenwechsel") intendiert ist. Bisher standen alle staatlichen Interventionen ohne bzw. gegen den Willen der Personensorgeberechtigten unter dem Vorbehalt einer festgestellten Gefährdung. Mit der Klärung einer „möglichen Gefährdung" ist eine Vorverlagerung der staatlichen Kontrolle beabsichtigt: „Dem Familiengericht steht damit – bereits im Vorfeld und unabhängig von Maßnahmen nach §§ 1666, 1666a BGB – ein wirksames Instrumentarium zur Verfügung, um die Eltern stärker in die Pflicht zu nehmen."[306] Zunächst bezieht sich diese Möglichkeit auf (bereits eingeleitete) „Verfahren nach den §§ 1666, 1666a BGB" und setzen damit eine z. B. von den Jugendämtern im Hinblick auf § 8a Abs. 3 SGB VIII festgestellte, nicht anders abwendbare Kindeswohlgefährdung voraus. Wie weit eine solche Vorverlagerung des Kindesschutzes pädagogisch sinnvoll ist und verfassungsrechtlich gehen darf, wird sicherlich noch umstritten diskutiert werden. Um im Namen der Prävention nicht alles und jeden Eingriff zuzulassen, bedarf es allerdings zumindest einer konkret möglichen Gefährdung, um die Verpflichtung zu einem klärenden Gespräch zu legitimieren.[307] Statt immer mehr Eingriffen das Wort zu reden, sollten

---

305 Vgl. BT-Drs. 16/8516.

306 BT-Drs. 16/6815, 12. Dieser verfahrensrechtlichen Inpflichtnahme der Eltern durch den Staat entspricht nach Wiesner (2007, 9; vgl. Salgo 2007, 13) deren materielle Pflicht, bei Aufklärungsbemühungen des Familiengerichtes und des Jugendamtes mitzuwirken. Diese materielle Pflicht wäre in der Tat ein Novum und Paradigmenwechsel.

307 Vgl. Coester 2008, 8. Forderungen nach weitergehenden Eingriffs- und damit „Erziehungsrechten" des Staates (z.B. Rosenboom 2006, 194 u. 201, z. B. „gerichtliche Okroyierung eines vom Jugendamt vorgelegten Hilfeplanes") mögen aus dem Wunsch eines effektiven Kinderschutzes resul-

die sozialrechtlich ausgestalteten und präventiv wirksamen Leistungen der Jugendhilfe bundesweit ausgebaut, besser und niedrigschwelliger organisiert und zugänglich gemacht werden.

3.3 Grundsätze des Kinder- und Jugendhilferechts

3.3.1 Leistungsorientierung

Mit der Einführung des neuen Kinder- und Jugendhilferechts als 8. Buch des SGB durch das KJHG (1990/1991[308]) hat der Gesetzgeber die verfassungsrechtlichen Grundsätze auch sozialrechtlich umgesetzt. An die Stelle vorrangig eingriffs- und ordnungsrechtlich strukturierter Regelwerke (RJWG/JWG sowie das Jugendrecht der DDR) wurde mit dem SGB VIII ein zuförderst präventiv orientiertes Sozialleistungsrecht gesetzt.[309] Kennzeichen hierfür ist insbesondere die Ausformulierung einer Vielzahl von Rechtsansprüchen für unterschiedliche Formen der Unterstützung, Förderung und Hilfe. An die Stelle von Eingriff, Fremdbestimmung und Bevormundung der Betroffenen trat der Ausbau des differenzierten Leistungssystems der Jugendhilfe, um Mängellagen und Gefährdungen vorzubeugen. Aus der verfassungsrechtlichen Grundentscheidung des Art. 6 Abs. 2 GG folgt allerdings, dass der Staat nicht generell die Hilfebedürftigkeit der Familie bei der Wahrnehmung ihrer Erziehungsaufgaben unterstellen darf.[310] Sofern ein Hilfebedarf vorliegt, der durch elterliches Handeln nicht erfüllt wird, hat der Staat deshalb zunächst alles Erforderliche zu tun, um die Eltern in ihrer Erziehungs-

lieren, sie sind aber in ihren Konsequenzen höchst zweifelhaft. Das gilt auch für die Forderung, den Begriff Gefährdung neu zu formulieren und die Eingriffsschwelle „für jedwede präventive familiengerichtliche Intervention zu senken" (Röchling 2007, 432); vgl. oben 3.2.2.3, S. 138 f.

308 Nach der staatlichen Vereinigung trat das KJHG/SGB VIII in den „neuen", östlichen Bundesländern bereits zum 3.10.1990 in Kraft. In den westlichen Bundesländern gilt das SGB VIII seit dem 1.1.1991.

309 Zur Entwicklung des Kinder- und Jugendhilferechts und seinen wichtigsten Strukturprinzipien vgl. Münder 2007, 22 ff.; Münder u. a. 2006 Einleitung; Trenczek u. a. 2008, 364 ff.

310 BT-DRs 11/5948, 68.

verantwortung zu unterstützen.[311] Jugendhilfe ist Hilfe für junge Menschen und ihre Familien durch die Gewährung von Leistungen und die Erfüllung anderer Aufgaben. Gerade auch in und aus Anlass von gerichtlichen Verfahren ist die öffentliche Jugendhilfe als Sozialleistungsträger nach § 17 Abs. 1 SGB I verpflichtet, darauf hinzuwirken, dass jeder Berechtigte die ihm zustehenden Sozialleistungen in zeitgemäßer Weise, umfassend und schnell erhält. Diese besondere **sozialanwaltliche Funktion**[312] unterstreicht die gegenüber den Gerichten eigenständige Aufgabenstellung der Jugendämter. Die Jugendhilfe muss dabei das Wohl des Kindes/Jugendlichen stets im Hinblick auf den Standard des § 1 SGB VIII bestimmen.

Anspruchsinhaber

Das SGB VIII richtet sich überwiegend an Eltern und andere erwachsene Personen, die auf die Entwicklung von jungen Menschen Einfluss haben.[313] Sie sind es, die die Leistung eigentlich selbst erbringen sollten. Minderjährige sind nur in Ausnahmefällen selbst Inhaber von Rechtsansprüchen nach dem SGB VIII. Das sozialrechtliche Leistungsverhältnis basiert insoweit auf der familien-/kindschaftsrechtlichen Regelung des Innenverhältnisses der Familie durch das BGB (§§ 1626 ff. BGB). Deshalb sind Adressat des Anspruchs auf Erziehungshilfen nach §§ 27 SGB VIII die Personensorgeberechtigten. Dem Kind oder Jugendlichen steht dieser Anspruch weder kumulativ noch alternativ zu. Sie haben allerdings das Recht, sich in allen Angelegenheiten der Erziehung und Entwicklung an das Jugendamt zu wenden (§ 8 Abs. 2 SGB VIII). Meldet sich ein Minderjähriger beim Jugendamt mit der Bitte um Hilfe und Unterstützung, hat das Jugendamt nach pflichtgemäßem Ermessen[314] zu prüfen, ob mit den Eltern Kontakt aufgenommen werden muss. Das muss nicht immer oder sofort sein, insbesondere wenn das Kind oder der Jugendliche in Not- und Konfliktlagen

311 Vgl. BVerfGE 24, 119 (145); vgl. hierzu Kap. 3.1, S. 110 ff.

312 Hierzu Münder u.a. 2006 § 2 Rz. 7.

313 Hierzu Wiesner 2007, 166 ff.

314 Ermessen ist stets pflichtgemäß, d.h. rechtmäßig auszuüben, wobei stets die zweckmäßigste (d.h. dem Gesetzeszweck am besten entsprechende) Rechtsfolge (Handlungsalternative) auszuwählen ist; zum Umgang mit dem Ermessen vgl. Trenczek u.a. 2008, 114 ff.

(zunächst) eine vertrauliche Beratung ohne Einschaltung der Personenberechtigten wünscht (vgl. § 8 Abs. 3 SGB VIII). Darüber hinausgehende Leistungen können aber nur im Zusammenwirken mit den Personensorgeberechtigten erbracht werden.

Voraussetzung der Erziehungshilfen

Das Jugendamt hat in erster Linie die Aufgabe, die elterliche Erziehungsverantwortung durch konkrete Hilfeangebote zu unterstützen und zu ergänzen. Dabei werden die Hilfen nicht von einer Gefährdung des Kindeswohls abhängig gemacht, aufgrund des präventiven Handlungsauftrages der Jugendhilfe setzt der Leistungsanspruch im Hinblick auf alle Hilfeformen erheblich früher ein. Der Gesetzgeber hat z.B. insbesondere mit der Formulierung der Leistungsvoraussetzung der Hilfen zur Erziehung in § 27 Abs. 1 SGB VIII („eine dem Kindeswohl entsprechende Erziehung ist nicht gewährleistet“) schon im Wortlaut deutlich gemacht, dass es sich bei den einen Anspruch begründenden Schwierigkeiten und Belastungen im Erziehungsprozess nicht um eine Kindeswohlgefährdung handeln muss (s. nachfolgende Abb. 16).[315] Der jugendhilferechtliche Leistungsanspruch wird bereits ausgelöst, wenn die Sozialisationsbedingungen den jungen Menschen im Vergleich zu anderen erheblich benachteiligen (§ 1 Abs. 3 SGB VIII). Benachteiligung liegt vor, wenn das, was für Sozialisation, Ausbildung und Erziehung Minderjähriger in dieser Gesellschaft „normal“, üblich und erforderlich ist, tatsächlich nicht vorhanden ist (Normalitätsperspektive). Es bedarf also eines wertenden Vergleichs der konkreten Lebens- und Sozialisationssituation des jungen Menschen mit der üblichen seiner Altersgruppe. Gefordert ist ein Balanceakt zwischen dem Respekt vor andersartigen Lebensentwürfen (zumal sich die pädagogischen Fachkräfte in aller Regel aus einer anderen sozialen Schicht und anderen Lebensbezügen rekrutieren) und dem Bemühen, Benachteiligungen abzubauen, um weitest mögliche Teilhabechancen zu eröffnen.

---

315 Zu den verschiedenen Interventionsschwellen im Hinblick auf die Leistungen der Jugendhilfe vgl. Münder 2003; Trenczek/Tammen/Behlert 2008, 387. Zu den Leistungsvoraussetzungen der Hilfen zur Erziehung siehe Münder u.a. 2006 Vor § 27 sowie § 27; Tammen 2007.

Abbildung 16: Interventions- und Eingriffsschwellen von Jugendhilfeleistungen und sorgerechtlicher Entscheidung des Gerichts

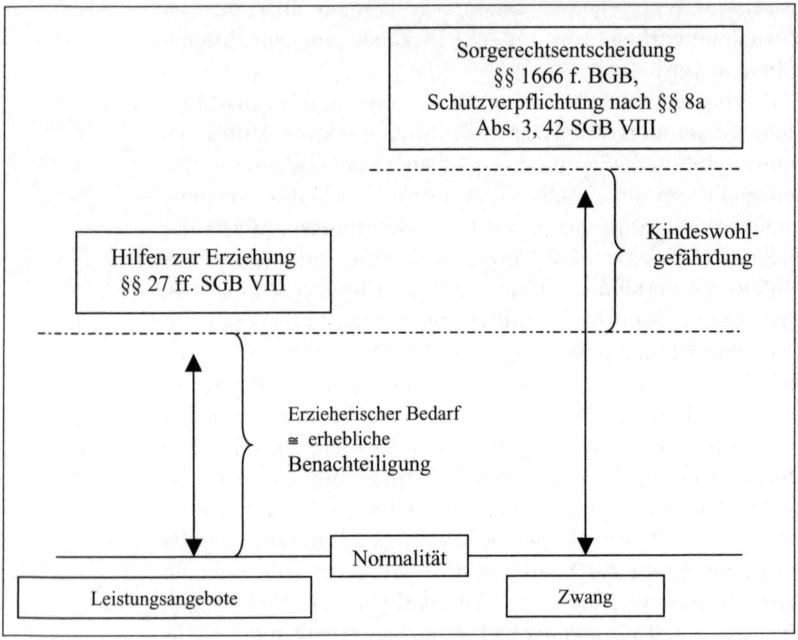

Interventions- und Eingriffsschwellen

Mit der präventiven Ausrichtung der Jugendhilfe hat sich der Schwerpunkt der Tätigkeit der öffentlichen Jugendhilfe vom Eingriff zur Leistung verschoben. Bei den Erziehungshilfen handelt es sich um Angebote der Jugendhilfe, die grundsätzlich nicht mit Eingriffen in das elterliche Sorgerecht verbunden sind. Vielmehr sollen durch Akzeptanz und Mitwirkung der Betroffenen die Voraussetzungen für eine erfolgreiche Intervention gelegt werden.

Die bewusste Abwendung von dem ordnungsrechtlichen Kontrollansatz hin zu einem angebotsorientierten Sozialleistungsrecht führte aber in der Praxis zum Teil zu einigen Unsicherheiten und Konflikten.[316] Allerdings konnte sich die öffentliche Kinder- und Jugendhilfe aufgrund ihres Schutzauftrags (Art. 6 Abs. 2 Satz 2 GG, § 1 Abs. 3 SGB VIII) noch nie

316 BT-Dr. 15/3676, 25 f., 30; dazu Münder u.a. 2006 § 8a Rz. 4.

darauf beschränken, Leistungen nur auf Nachfrage zu gewähren, sondern sie muss bei Anhaltspunkten für eine Gefährdung des Kindeswohls zugunsten von Kindern und Jugendlichen darüber hinaus auch von Amts wegen tätig werden (s. u. Kap. 3.3.2). Die Inobhutnahme steht am Ende der Interventionen, sie muss als letztes Mittel im Umgang mit Gefährdungsmeldungen durchgeführt werden (§ 8a Abs. 3 Satz 2 SGB VIII).

Hilfeplanung

Entscheidende Bedeutung für die Bestimmung der konkreten Hilfe im Einzelfall haben die Verfahrensvorschriften der §§ 36 ff. SGB VIII. Im Rahmen der Hilfeplanung sind insbesondere das Wunsch- und Wahlrecht, das Zusammenwirken zwischen mehreren Fachkräften und die gemeinsam mit den Personensorgeberechtigten und Minderjährigen vorzunehmende Aufstellung des Hilfeplans vor der Bewilligung zu beachten.[317] Eine Hilfeplanung (fachliche Prüfung der Leistungsvoraussetzungen, Subsumtion) ist – wie bei allen anderen Leistungen auch – stets erforderlich, die sog. Teamkonferenz ist jedenfalls bei einer Entscheidung über voraussichtlich länger dauernde Hilfen (im Hinblick auf das Lebensalter von Kindern und Jugendlichen teilweise schon ab 3 Monaten) verbindlich (§ 36 Abs. 2 Satz 1 SGB VIII). Diese Bestimmungen sind Ausdruck der Ausrichtung der Leistungen des SGB VIII an den Leistungsberechtigten und Leistungsempfängern: Betroffene sind nicht Objekt, sondern Subjekt des Hilfeprozesses, und Hilfe zur Selbsthilfe kann nur dort gelingen, wo die Beteiligten soweit wie möglich in ihrer Subjektstellung ernst genommen werden. Bei längeren Hilfen ist regelmäßig zu überprüfen, ob die angestrebten Ziele erreicht wurden und ob sich die Hilfe als geeignet erweist. Erforderlichenfalls sind Änderungen vorzunehmen.

Steuerungsverantwortung des Jugendamtes

Die Bedeutung des Hilfeplanverfahrens hat der Gesetzgeber auch im Zusammenhang mit der sog. Selbstbeschaffung und der Kooperation mit den Gerichten hervorgehoben.[318] Nach § 36a Abs. 1 SGB VIII trägt der öffentliche Träger der Jugendhilfe die Kosten der Hilfe grundsätzlich nur dann, wenn sie

317 Zu den Standards der Hilfeplanung vgl. Jordan/Schone 2000; Harnach 2007, 98 ff.; Merchel 2006; Münder u. a. 2006 § 36; Trenczek u. a. 2008, 393 (mit idealtypischen Ablauf des Hilfeplanverfahrens).

318 Hierzu Münder u. a. 2006 § 36a; Tammen 2006b.

auf Grundlage einer fachgerechten Hilfeplanung durch die Fachkräfte des Jugendamtes erbracht wird (sog. Steuerungsverantwortung). Das gilt auch dann, wenn Eltern durch das Familiengericht oder Jugendliche und junge Volljährige durch den Jugendrichter zur Inanspruchnahme von Hilfen verpflichtet werden (s. o. Kap. 3.2.3, S. 144). Diese Anordnungen der Justiz richten sich nicht an den Träger der Jugendhilfe, sondern stets nur an die Personensorgeberechtigten des Kindes/Jugendlichen. Diese können mit einem „Antrag" (kein formelles Antragserfordernis![319]) ein Tätigwerden des Jugendamts auslösen.[320] Eine mit dem Anspruch auf Kostenerstattung initiierte Selbstbeschaffung von Jugendhilfeleistungen durch die Eltern unmittelbar z. B. bei freien Trägern vor Einschaltung des Jugendamtes ist – außerhalb der besonderen niedrigschwelligen Angebote z. B. der Erziehungsberatung (§ 36a Abs. 2 SGB VIII) – nur noch in seltenen Ausnahmesituationen (sog. Systemversagen) möglich, eine Kostenübernahme erfolgt grundsätzlich nur aufgrund einer fachgerechten Hilfeplanung (§ 36 Abs. 2 SGB VIII).[321]

3.3.2 Schutzverpflichtung des Jugendamtes

Zu den Zielen und Aufgaben der Jugendhilfe nach dem SGB VIII gehören seit je her neben der Förderung der individuellen und sozialen Entwicklung von Kindern und Jugendlichen, dem Abbau von Benachteiligungen und der Gestaltung positiver Lebensbedingungen insbesondere auch, Kinder und Jugendliche vor Gefahren für ihr Wohl zu schützen

---

319 Münder u. a. 2006 § 27 Rz. 44; Tammen 2007 Rz. 59; Trenczek 2000a, 54 ff..

320 Ganz h. M. Hauck-Stähr 2007 § 27 Rz. 8; Mrozynski 2004 § 27 Rz 16; Münchner-Kommentar/Olzen 2002 § 1666 Rz. 21 f. u. § 50 Rz 2, Münder u. a. Vor§ 50 Rz. 11 u. § 50 Rz. 12; Röchling 1997, 239 ff.; Trenczek 2007b, 345 f.; Wiesner u. a. 2006 § 8a Rz. 55 u. Vor§ 27 Rz 27 ff. Wiesner 2005, 292 ff; OLG Karlsruhe, FamRZ 1991, 970; AG Kamen, DAVorm 1994, 501; die früher unter Bezugnahme auf Coester 1991, 260 vertretene noch a. A. des OLG Frankfurt, DAVorm 1993, 943 f. mit abl. Anm. v. Dickmeis DAVorm 1993, 945 ff.; vgl. BayObLG FamRZ 1991, 1220; 1995, 949 f. kann heute nicht mehr aufrecht erhalten werden (das SGB VIII ignorierend Palandt-Diederichsen 2008 Einf. v. § 1626 Rz. 14).

321 Vgl. Münder u. a. 2006 § 27 Rz. 24.

(§ 1 Abs. 3 Nr. 3 SGB VIII). Der Schutzauftrag ist der von der öffentlichen Jugendhilfe wahrgenommene Teil des „staatlichen Wächteramtes" und integraler Bestandteil jeder Aufgabe nach dem SGB VIII, jeder Leistungsgewährung und -erbringung nach dem zweiten Kapitel (§§ 11–41 SGB VIII) als auch bei jeder Wahrnehmung anderer Aufgaben nach dem dritten Kapitel (§§ 42–60 SGB VIII). Der durch das KICK 2005 in das erste Kapitel der allgemeinen Vorschriften „vor die Klammer" gezogene **§ 8a SGB VIII** sollte den Schutzauftrag des Jugendamtes hervorheben[322] und beschreibt, auf welche Weise Fachkräfte bei Trägern der öffentlichen und freien Jugendhilfe bei der Wahrnehmung ihrer Aufgaben mit Anhaltspunkten für eine Kindeswohlgefährdung umzugehen haben (hierzu s. u. Kap. 4.1, S. 173 ff.). Dabei ist im Hinblick auf die Art der dem Kind oder Jugendlichen drohenden Gefahr von einem im BGB und SGB VIII einheitlichen Gefährdungsbegriff auszugehen und der **Maßstab des § 1666 BGB** (nicht etwa der polizeirechtliche Gefahrenabwehrbegriff) zugrunde zu legen.[323]

Konzeption des § 8a SGB VIII

Bei der Formulierung der Schutzverpflichtung in § 8a SGB VIII handelt es sich im Wesentlichen um eine Klarstellung dessen, was ohne ausdrückliche Ausformulierung unter Berücksichtigung der fachlichen Standards im Umgang mit Kindeswohlgefährdungen bisher auch schon gegolten hat. Neue, gegenüber den alten Vorschriften (vgl. z. B. §§ 42, 50 Abs. 3 SGB VIII a. F.) weiterreichende Eingriffsbefugnisse des Jugendamtes in Rechte der Betroffenen statuierte die Neuregelung 2005 nicht. § 8a SGB VIII macht deutlich, dass es sich beim Schutzauftrag der Jugendhilfe nicht um eine polizeilich-präventive, sondern um eine originäre Aufgabe der Jugendhilfe handelt, die mit sozialpädagogischen Mitteln zu

322 BT-Dr. 15/3676, 25 f., 30; Münder u. a. 2006 § 8a Rz 4. Ausführlich zum Schutzauftrag siehe insbesondere die Beiträge in Jordan 2006; Meysen/Schindler 2004; Salgo 2007.

323 Ganz h. M. Coester 2008, 5; Münder u. a. 2006 § 42 Rz. 14; Trenczek 2007a Rz 9; Wiesner/Wiesner 2006 § 8a Rz. 14; vgl. auch OLG Bremen 5 WF 25/02 b v. 24.4.2002 – FamRZ 2003, 54; mittlerweile wohl auch Jans u. a. 2007 Rz. 26 (anders noch 2003 § 42 Rz. 53); tendenziell immer noch a. A. Kunkel/Bringewat 2006 § 8a Rz. 16; Hauck-Bohnert 2007 § 42 Rz. 15: „an den polizeilichen Gefahrbegriff (Störung der öffentlichen Sicherheit und Ordnung) angelehnt"; Bringewat 2007, 225 (230).

bewältigen ist. Zum einen handelt es sich bei § 8a SGB VIII um eine Verfahrensvorschrift, so etwa wenn sie Regelungen enthält zum Zusammenwirken mehrere Fachkräfte (Abs. 1 Satz 1, Abs. 2 Satz 1 a.E.), zur Beteiligung der Personensorge- oder Erziehungsberechtigten (Abs. 1 Satz 2 und 3, Abs. 2 Satz 2, Abs. 4 Satz 1) oder zur Informationsweitergabe vom Träger der freien an den Träger der öffentlichen Jugendhilfe (Abs. 2 Satz 2 a.E.). Zum anderen beinhaltet die Vorschrift auch konkrete Aufgaben, z.B. zur Abschätzung des Gefährdungsrisikos (Abs. 1 Satz 1, Abs. 2 Satz 1), zur Anrufung des Familiengerichts (Abs. 3 Satz 1) oder zur Einschaltung anderer zuständiger Stellen außerhalb der Kinder- und Jugendhilfe (Abs. 4 Satz 2). Außerdem regelt § 8a SGB VIII die Abgrenzung zwischen der Anrufung des Familiengerichts und der Inobhutnahme nach § 42 Abs. 3 Satz 2 SGB VIII (zum Umgang mit Gefährdungsmeldungen s. u. Kap. 4.1, S. 173 ff.).

Garantenstellung

Die Regelungen zur Schutzverpflichtung und Inobhutnahme (§§ 8a, 42 SGB VIII) begründen aus der Perspektive des Strafrechts eine sog. „Garantenstellung“ der Mitarbeiter der Jugendämter und Jugendschutzstellen, weshalb sie neben der zivil- und arbeitsrechtlichen Haftung unter bestimmten Voraussetzungen auch eine strafrechtliche Verantwortung treffen kann.[324] Diese Zuweisung wird in der Praxis nicht selten als Zumutung und als Damoklesschwert betrachtet und veranlasst manche Mitarbeiter der Jugendhilfe mit einer Absicherungsmentalität dazu, sich mehr um ihr eigenes Wohl als das der ihnen anvertrauten Kinder und Jugendlichen zu kümmern.[325] Dabei handelt es sich bei der Garantenstellung und der darauf basierenden Garantenpflicht lediglich um die strafrechtliche Beschreibung der jugendamtsimmanenten Dienstpflicht aller Mitarbeiter des Jugendamts (insb. ASD, der Jugendschutzstellen) und ggf. freier Träger, für das Wohl der

---

324 Hierzu OLG Oldenburg FamRZ 1997, 1032; Bringewat 1997; Mörsberger/Restemeier 1997; Münder u.a. 2006 § 1 Rz. 39 ff.; Trenczek 2002, 383 ff.; Trenczek u.a. 2008, 532.

325 Heidelbach (2005, 438) kritisiert zurecht, dass eine solche Haltung dazu führt, dass Mitarbeiter gelegentlich vorschnell mithilfe des Gerichtes eine Trennung von Kindern und Eltern initiieren, ohne die negativen Folgen dieses Eingriffs ausreichend zu beachten. Die Mitarbeiter wähnten sich damit aber „auf der sicheren Seite […], da die Strafjustiz nicht prüft, welchen Schaden das Kind durch die Trennung von den Eltern genommen hat.“

ihnen anvertrauten Kinder und ihrer Familien professionell zu sorgen. Diese – sei es auf Rechtsnormen (§§ 1 Abs. 3, 8a, 42 SGB VIII), vertraglichen oder tatsächlichen Übernahme von Betreuungsaufgaben beruhende – Pflicht ist nicht grenzenlos und im Einzelfall konkret zu bestimmen (sei es durch die Stellenbeschreibung oder eine konkrete Betreuungsvereinbarung). Die einzelnen Mitarbeiter erfüllen ihre Pflichten durch fachgerechtes Arbeiten. **Was lege artis, kunst- und fachgerecht ist, also den anerkannten fachlichen Standards entspricht, kann nicht strafbar sein**! Das ist in der sozialen Arbeit nicht anders als im Bereich der Medizin oder des Kfz-Wesens.[326] Selbstverständlich bedarf es deshalb auch in der Sozialarbeit der kontinuierlichen (Weiter)Entwicklung **fachlicher Standards** und nicht des blinden Vertrauen auf die individuell unterschiedliche Kompetenz und Motivation (s. o. Kap. 1.4). Diesem Anspruch können deshalb nur gut ausgebildete, erfahrene und teambegleitete Fachkräfte (§ 72 SGB VIII) in entsprechend gut organisierten und geleiteten Jugendämtern gerecht werden. Leider entspricht dies nicht immer im erwarteten und notwendigen Maße der Praxis vor Ort.[327]

3.3.3 Schutzauftrag bei Trägern der freien Jugendhilfe

Die weitaus meisten Inobhutnahmestellen agieren unter der organisatorischen Verantwortung freier Träger.[328] Von besonderer Bedeutung sind deshalb die Regelungen des § 8a Abs. 2 SGB VIII, mit denen sichergestellt werden soll, dass auch Trä-

326 Die entgegenstehende Position (Bringewat 1997, 63) widerspricht der notwendigen und traditionell gepflegten Zurückhaltung der Strafgerichte im Hinblick auf die Definition der erforderlichen Sorgfalt, die sich – wenn sie nicht ausdrücklich gesetzlich geregelt sind – nur aus den fachlich begründeten Verhaltensvorschriften (Unfallverhütungsbestimmungen, technische Normen, ärztliche Kunst- und sportliche Spielregeln, Erfahrungssätze) ergeben kann (vgl. BGH 4, 182; 12, 75; 37, 184) und damit die Grenzen des erlaubten und rechtlich missbilligten Risikos deutlich macht.

327 Vgl. Fegert/Berger/Breuer 1996, 448 ff.; sowie oben (S. 107) Zitelmann 2007.

328 Über die Anzahl der Inobhutnahmestellen und den Anteil der Freien Träger hierbei bestehen keine verlässlichen Daten (s. o. S. 103 f.), Erhebungen von Zitelmann (2007, 3 f.) ergeben eine Quote von ungefähr 75 % freier Träger.

ger der freien Jugendhilfe dem Schutzauftrag nachkommen. Allerdings verpflichtet das Gesetz im Hinblick auf die Trägerautonomie aus verfassungsrechtlichen Gründen[329] nicht unmittelbar die freien Träger, sondern die zuständigen Träger der öffentlichen Jugendhilfe.[330] Diese haben nach § 8a Abs. 2 SGB VIII in Vereinbarungen mit den Einrichtungsträgern sicherzustellen, dass deren Fachkräfte den Schutzauftrag nach Absatz 1 in entsprechender Weise wahrnehmen. Die Vereinbarungen nach § 8a SGB VIII können als eigenständige Verträge abgeschlossen werden oder in die **Leistungs- und Entgeltvereinbarungen** nach §§ 78a ff. SGB VIII Eingang finden.[331] § 8a Abs. 2 SGB VIII beschränkt sich dabei nicht nur auf Einrichtungen freier Träger, Adressaten der Vereinbarungen nach § 8a Abs. 2 SGB VIII sind vielmehr alle Träger von Einrichtungen und Diensten. Das sind vor allem die in den Wohlfahrtsverbänden zusammengeschlossenen freien Träger sowie die Träger privatgewerblicher Einrichtungen und Dienste, aber auch kommunale Einrichtungsträger. Nicht zu den Einrichtungen und Diensten i. S. d. § 8a Abs. 2 SGB VIII gehören Pflegepersonen in der Tages- oder Vollzeit-/Bereitschaftspflege. Für diese Personen gelten aber die mit dem Erlaubnisvorbehalt nach § 43 SGB VIII (Tagespflege) bzw. § 44 SGB VIII (Vollzeitpflege) verbundene Pflicht, das Jugendamt über alle wichtigen Ereignisse, die für die Betreuung des Kin-

329 Vgl. BVerfGE 22, 180 (203).

330 Zur Zuständigkeit der öffentlichen Träger im Hinblick auf den Abschluss der Vereinbarungen nach § 8a Abs. 2 SGB VIII s. u. Kap. 4.2.7.1, S. 266.

331 Es ist allerdings zweifelhaft, ob man noch von „Vereinbarungen" reden kann, wenn mit einseitig formulierten bzw. „diktierten" Vertragstexten die Risiken in schwierigen Hilfeprozessen auf die freien Träger abgewälzt werden (vgl. Frings 2006, 15; Münder 2006, 51 f.). Selbst wenn solche Praktiken dem viel beschworenen partnerschaftlichen Zusammenwirken von öffentlichen und freien Trägers zuwiderlaufen und man sie deshalb als rechtswidrig skandalisiert, ist offensichtlich, dass die freien Träger insoweit nur einen begrenzten Spielraum haben. Letztlich können die öffentlichen Träger den Abschluss einer Vereinbarung immer dann einfordern, wenn die Träger von Einrichtungen und Diensten von einem öffentlichen Träger (re)finanziert werden. Vgl. insoweit auch die in § 72a SGB VIII formulierte Verpflichtung der freien Träger, die persönliche Eignung ihrer Mitarbeiter im Hinblick auf den Schutz vor sexuellen Übergriffen sicherzustellen (hierzu Münder u. a. 2006 § 72a; Tammen 2006a).

des bedeutsam sind, zu informieren (§§ 43 Abs. 3 Satz 2, 44 Abs. 4 SGB VIII).

Inhalt der § 8a-Vereinbarungen

Der wesentliche Inhalt der § 8a-Vereinbarungen ergibt sich aus den Regelungen des § 8a Abs. 1 SGB VIII und betrifft ein „entsprechendes" Vorgehen im Hinblick auf

- die Informationsgewinnung (hierzu S. 173 f.),
- die Risikoeinschätzung im Fachteam (hierzu S. 175),
- die Einbeziehung der Betroffenen (hierzu S. 177),
- weitere Hilfemöglichkeiten (hierzu S. 179) sowie
- die Information des Jugendamtes.

In die Vereinbarungen ist insbesondere die Verpflichtung aufzunehmen, dass auch die Einrichtungsträger bei der Abschätzung des Gefährdungsrisikos erfahrene Fachkräfte hinzuziehen, diese bei den Personensorgeberechtigten oder den Erziehungsberechtigten auf die Inanspruchnahme von Hilfen hinwirken sowie das Jugendamt informieren, falls die angenommenen Hilfen nicht ausreichend erscheinen, um die Gefährdung abzuwenden.

Weitergabe von Sozialdaten

Die Befugnis zur Weitergabe der Sozialdaten vom freien Träger an das öffentliche Jugendamt ergibt sich vor dem Hintergrund des § 61 Abs. 3 SGB VIII bei nicht anvertrauten Daten aus § 64 Abs. 2 SGB VIII i. V. m. § 69 Abs. 1 Nr. 1 SGB X, bei anvertrauten Daten aus § 65 Abs. 1 Satz 1 Nr. 5 SGB VIII.[332] Neben der Information an das Jugendamt (§ 8a Abs. 1 Satz 2 a.E. SGB VIII) bleibt den Einrichtungen selbstverständlich die Möglichkeit, sich insbesondere in akuten Krisensituationen unmittelbar an das Familiengericht zu wenden.[333] Sämtliche Versuche, die unmittelbare Kommunikation von Einrichtungsträgern mit dem Familiengericht von Seiten der Jugendämter zu unterbinden, sind nicht nur methodisch fragwürdig, sondern auch rechtlich ohne Relevanz.

Meldepflicht

Von den Verbänden der freien Jugendhilfe wurde die gesetzliche Regelung des § 8a Abs. 2 SGB VIII als Übertragung von Kontrollverpflichtungen kritisiert.[334] Vor allem wird eine „Meldepflicht an das Jugendamt" im Hinblick auf das Ver-

---

332 Münder u.a. 2006 Vor Kap. 4 Rz. 28 ff.; Wiesner-Mörsberger 2006 Vor§ 61 Rz. 27 f. und 38 ff.; § 61 Rz. 20 ff.

333 Wiesner-Mörsberger 2006 Vor§ 61 Rz. 39.

334 Vgl. z.B. Frings 2006, 14 ff., Tammen 2006.

trauensverhältnis zwischen den Fachkräften der freien Jugendhilfe und ihren Klienten für problematisch gehalten. Es wird befürchtet, dass die Betroffenen ihre Probleme nicht mehr offenlegen und damit der Zugang zu den Familien erschwert wird.[335] Andererseits wird die Schutzverpflichtung für Kinder und Jugendliche, die sich nicht selbst schützen können, auch von Trägern der freien Jugendhilfe nicht grundsätzlich bestritten, zumal die Vereinbarung nach § 8a SGB VIII nicht verhindert, dass die freien Träger eigene Hilfezugänge nutzen, soweit dies im Interesse eines wirksamen Kindesschutzes vertretbar ist. Zu beachten ist, dass eine „absolute Schweigepflicht" von Erziehungsberatungsstellen und anderen Einrichtungen freier Träger ebenso wenig besteht wie die Frage, was dem Schutz des Kindes dient, nicht vorschnell zugunsten der Meldung zu beantworten ist. Mitarbeiter freier wie öffentliche Träger sind bei einer **Abwägung** zwischen Geheimnisschutz und Kindesschutz verpflichtet, bei akuten, existenziellen Gefahren für das Kindeswohl dem Kindesschutz Vorrang einzuräumen und ggf. auch mithilfe Dritter zu organisieren, wenn ihre eigenen Zugänge und Ressourcen hierfür nicht ausreichen. Auch hieran zeigt sich, dass in der Kinderschutzarbeit angesichts mittlerweile etablierter fachlicher Standards methodisch kein wesentlicher Unterschied zwischen öffentlichen und freien Trägern besteht.

3.4 Jugendhilfe und familiengerichtliche Entscheidungen – Kindeswohl zwischen Jugendhilfe und Justiz

Die auf der Grundlage der verfassungsrechtlichen Vorgaben erlassenen rechtlichen Regelungen des Privat- und Sozialrechts stellen die handelnden Akteure in ein Gesamtsystem wechselseitiger Beziehungen (vgl. nachstehende Abb. 17), die professionell angemessen nur durch eine interdisziplinäre Perspektive erfasst und bearbeitet werden können.

---

335 Vgl. Tammen 2006, 381 ff.

Abbildung 17: Systematik rechtlicher Beziehungen im Verhältnis Kind – Eltern – Jugendamt – Familiengericht

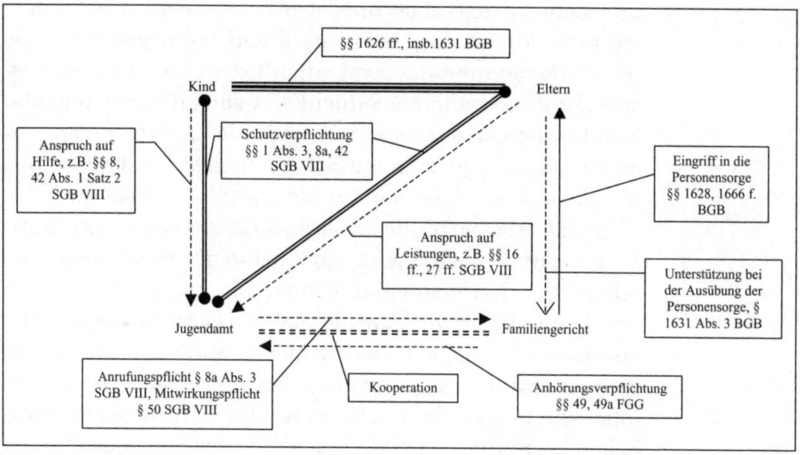

Unterschiede

Familiengerichte wie Jugendämter stehen stets vor der ihnen wesenseigenen Aufgabe, in diesem System (nicht nur) rechtlicher Beziehungen die schwierige Balance zwischen Elternverantwortung und Kindeswohl zu finden und haben dabei unterschiedliche Aufgaben und Befugnisse.[336] Eingriffe in die verfassungsrechtlich anerkannte und geschützte Rechtsposition der Eltern stehen im Rechtsstaat grundsätzlich nur den Gerichten zu. Während aber das Familiengericht darauf beschränkt ist, die rechtlichen Beziehungen zwischen den Kindern und ihren Eltern zu regeln, interveniert das Jugendamt auf tatsächlicher Ebene durch konkrete Unterstützungsleistungen und sozialpädagogische (Krisen)Interventionen. Eine Hauptaufgabe der Mitarbeiter des Jugendamtes ist, neben der Einschätzung des Hilfebedarfes und ggf. des Gefährdungsrisikos (zur Diagnose und Hilfeplanung s. o. Kap. 1.3, S. 40 ff.), die Eltern zur Inanspruchnahme von (erzieherischen) Hilfeleistungen zu motivieren. Berichte aus und Untersuchungen der Praxis deuten darauf hin, dass dies (manchen) Mitarbeitern des Jugendamtes häufig nur durch

336 Zur Arbeitsteilung zwischen Familiengerichten und der Jugendhilfe vgl. Trenczek 2007b.

Ausübung von Druck „gelingt".[337] Das mag teilweise an der beschränkten Sichtweise und Uneinsichtigkeit der Personensorgeberechtigten, anderseits aber teilweise auch auf durchaus bedenkliche Vorgehensweisen und Haltungen (fürsorgerische Bevormundung) von Mitarbeitern der Jugendämter zurückzuführen sein. In jedem Fall deutet die Drohung, das Familiengericht einzuschalten, d.h. der mitunter verzweifelte Rückgriff auf fremde Gewaltbefugnisse, auf ein Scheitern der eigenen Bemühungen hin, durch sozialpädagogische Motivationsversuche die Eltern zu einer Annahme von Hilfen zu bewegen. Stößt das Jugendamt bei seinen Bemühungen an seine Grenzen, weil die Eltern letztlich nicht in der Lage und bereit sind, Hilfen zur Abwendung von Gefährdungssituationen anzunehmen, so bedarf es aus rechtlichen Gründen für eine verbindliche Einflussnahme letztlich einer gerichtlichen Intervention (vgl. die nachfolgende Übersicht 8 über die möglichen Handlungsinterventionen des Jugendamtes[338]). Die Dynamik insbesondere schwieriger Hilfeprozesse bedarf der kontinuierlichen **Abwägung** der Situation und der Handlungsoptionen, insbesondere ob trotz der möglicherweise negativen Folgen für die Hilfebeziehungen zur Familie die Kindesinteressen eine Information des Familiengerichts erfordern oder ob es im Hinblick auf das Kindeswohls hilfreicher ist, Schwierigkeiten, Widerstand und einen Schwebezustand auszuhalten.[339] Bei dieser immer wieder vorzunehmenden Einschätzung sind Zweifel und Risiken der Fehleinschätzungen (insbesondere im Hinblick auf die prognostischen Einschätzungen immanente Zukunftsperspektive) unvermeidlich, diagnostische und sonstige handwerkliche Fehler allerdings durch fachgerechtes, d.h. an anerkannten fachlichen **Standards** ausgerichtetes, und sorgfältiges Arbeiten zu vermeiden.

---

337 Vgl. auch Münder/Mutke/Schone 2000, 175 ff.; Schone 2005, 117.

338 Vgl. Münder/Mutke/Schone 2000, 175; Schone 2005, 117.

339 Vgl. BT-Drs. 15/3676, S. 30 u. 38; Münder u. a. 2006 § 8a Rz. 19 ff.; Wiesner/Wiesner 2006 § 8a Rz.47; ausführlich hierzu Kohaupt 2003, 567.

Übersicht 8: Situation des Kindes, Haltung der Eltern und Handlungsoptionen des Jugendamtes

	Eine dem Kindeswohl entsprechende Erziehung ist nicht gewährleistet (erzieherischer Bedarf) § 27 SGB VIII	Kindeswohlgefährdung § 1666 Abs. 1 BGB § 8a SGB VIII
Eltern wollen und können Hilfen annehmen	Jugendamt muss geeignete und erforderliche Hilfen anbieten	Jugendamt muss geeignete und erforderliche Hilfen anbieten
Eltern wollen und/oder können Hilfen nicht annehmen	Jugendamt muss Hilfen anbieten, aber Weigerung respektieren	Jugendamt muss das Familiengericht anrufen

Vor Gericht wird allein die Sorgerechtsfrage entschieden, nicht dagegen, welche Hilfen durchgeführt werden sollen. Das Familiengericht ist auf sorge- und umgangsrechtliche Entscheidungen insbesondere nach §§ 1666, 1666a, 1684 BGB beschränkt. Es hat keinen Zugriff auf das Leistungsangebot des öffentlichen Jugendhilfeträgers und kann keine Leistungen der Kinder- und Jugendhilfe anordnen (s. o. Kap. 3.3.1, S. 153 f.). Leistungen der Kinder- und Jugendhilfe werden grundsätzlich nur aufgrund einer fachlichen Standards entsprechenden Hilfeplanung und unter der sog. Steuerungsverantwortung des Jugendamtes gewährt. In dem das Gericht die Eltern verpflichtet, angebotene Leistungen in Anspruch zu nehmen, schafft es die sorgerechtliche Grundlage dafür, dass das auf Basis einer fachgerechten Hilfeplanung erarbeitete Hilfekonzept realisiert werden kann.

Verantwortungsgemeinschaft und Kooperation

Ungeachtet der Unterschiede in Aufgaben und Vorgehensweisen sind Jugendamt und Familiengericht im Hinblick auf einen effektiven Kindesschutz aufeinander angewiesen, sie bilden im Hinblick auf das staatliche Wächteramt eine Verantwortungsgemeinschaft.[340] Das Jugendamt verfügt nicht über die Zwangsbefugnisse des Gerichts, das Gericht nicht über die konkreten Sozialleistungen, um Kinder und Jugend-

340 BMJ/AG Kindeswohl 2006, 11.

liche sowie ihre Familien zu unterstützen. Zur Förderung des Kindeswohls und zum Schutz von Kindern und Jugendlichen ist es notwendig, dass Gerichte und Jugendämter professionell und gut zusammenarbeiten.[341] Die transdisziplinäre Verschränkung von Wissenssträngen und Erfahrungen wird in aller Regel in der juristischen Ausbildung nicht vermittelt und stellt eine Leistung dar, die (gut ausgebildete) Sozialpädagogen und Sozialarbeiterinnen einbringen können. Gerade deshalb soll das Jugendamt als sozialpädagogische Fachbehörde die besondere Fachlichkeit ihrer besonders qualifizierten Mitarbeiter in das Verfahren ein- und zur Geltung bringen. Neben § 8a Abs. 3 SGB VIII verankert § 50 SGB VIII deshalb die Pflicht zur Mitwirkung des Jugendamtes in Verfahren vor den Vormundschafts- und den Familiengerichten. § 50 SGB VIII regelt aus der Sicht der öffentlichen Jugendhilfe die oftmals unzureichend als „Familiengerichtshilfe“[342] bezeichnete interdisziplinäre und Institutionen übergreifende Zusammenarbeit. Bei der Mitwirkungspflicht handelt es sich um eine gegenüber den Gerichten im Interesse des Kindeswohls selbständig und verantwortlich zu erfüllende Aufgabe des Jugendamtes als sozialpädagogischer Fachbehörde zugunsten junger Menschen und ihrer Familien (§ 2 Abs. 1 SGB VIII). Das Familiengericht ist seinerseits verpflichtet, in allen Verfahren, die das Kindeswohl betreffen, das Jugendamt zu informieren und es vor einer Entscheidung anzuhören (§ 49a FGG).

Unterschiedliche Perspektiven

Auch wenn beide Institutionen, Familiengericht und Jugendamt, sich mit Fragen des Kindeswohls und Kindesschutzes befassen, sind ihre Ziele, Aufgaben und Funktionen im Hinblick auf das „staatliche Wächteramt“ nicht identisch; ihr **Systemzweck** ist unterschiedlich (Jugendhilfe: Verwirklichung und Förderung des Wohles des jungen Menschen; Justiz: Rechts- und Verfahrensschutz, bindende Streitentschei-

341 Blank/Deegener 2004, 113 ff.; Münder u.a. 2006 Vor§ 50 Rz. 9; Trenczek 2007b, 346 f.; Wiesner 2007, 171.

342 Zur Terminologie GK-Schleicher 2004 § 50 Rz. 31; Münder u.a. 2006 Vor § 50 Rz. 17; Trenczek 2007b, 347; zur Mitwirkung der Jugendhilfe im familiengerichtlichen Verfahren vgl. auch Balloff 2004; Wabnitz 2000, 336 ff.; Willutzki 1994, 202 ff.

dung).[343] Während sich die Gerichte innerhalb einer möglichst kurzen Zeit darum bemühen, aufgrund der Beurteilung eines bestimmten Lebenssachverhaltes eine unter Beachtung der materiellen Rechtslage sachgerechte Entscheidung zu fällen, müssen die Jugendämter zur Verbesserung der künftigen Situation von Kindern und Jugendlichen beitragen. Während das Gericht im Konfliktfall die „objektive Wahrheit" zu ermitteln und eine „richtige" Entscheidung zu treffen versucht, geht es der Jugendhilfe soweit als möglich um die intersubjektive Rekonstruktion der Lebenswirklichkeit und kooperative Problembewältigung gemeinsam mit den Familien, um den Alltag zur langfristigen Sicherung des Kindeswohls nachhaltig zu reorganisieren.

Es geht bei der Mitwirkung des Jugendamtes nicht um Wahrheitsfindung oder das Treffen einer möglichst „objektiven" bzw. „richtigen" Entscheidung, sondern darum, die zu Verfügung stehenden Ressourcen und Methoden zur Förderung und Herstellung des Kindeswohls zu nutzen. Nicht die rechtliche Entscheidung als solche führt zu einer nachhaltigen Veränderung der Situation von Kindern, Jugendlichen und ihrer Familien, sondern die mit ihnen gemeinsam erarbeiteten **Veränderungsprozesse.** Vorrangig sind deshalb helfende, unterstützende, auf (Wieder)Herstellung eines verantwortungsgerechten Verhaltens gerichtete einvernehmliche **Konfliktregelungen.**[344] Das Jugendamt hat damit viel stärker als die Gerichte die zukünftigen Entwicklungsmöglichkeiten der Kinder und Jugendlichen sowie ihrer Familien und damit die möglichen Unterstützungsleistungen im Auge (zu behalten). Während ihr Denken und Handeln prozesshaft ist, müssen die Gerichte zunächst einmal den Ist-Zustand entscheiden auch wenn das „Kindeswohl" nicht statisch, sondern dynamisch zu verstehen ist.[345]

Mittlerweile wird die transdisziplinäre, konstruktivistische Betrachtungsweise teilweise auch von den Familiengerichten ernst genommen, gleichwohl kommt es in der Praxis aufgrund der unterschiedlichen Perspektiven immer wieder

---

343 Maas 1996, 246; Mörsberger 2001; Münder u.a 2006 Vor§ 50 Rz. 8;

344 Vgl. BVerfGE 24, 119, 145.

345 BT-Dr. 11/5948, 88.

Missverständnisse

zu Missverständnissen, zu Meinungsverschiedenheiten und Spannungen.[346] Richter und Mitarbeiter der Jugendhilfe gehen z. B. hinsichtlich der methodischen Vorgehensweise, der diagnostischen Einschätzung des Sachverhalts oder der Geeignetheit und Notwendigkeit von Interventionen mitunter von sehr verschiedenen Sichtweisen aus. Von den Gerichten wird oft erwartet, dass sie in Krisenfällen sofort Abhilfe schaffen, obwohl sie i. d. R. am Ende eines langen Hilfeprozesses stehen, z. T. wenig in die inhaltliche Thematik eingebunden sind und nicht immer einen unmittelbaren Zugang zum Hilfegeschehen haben. Das Gericht erlebt sich dann häufig als Verwalter des Scheiterns vorausgegangener Hilfeprozesse und Konfliktlösungsversuche.[347] Von den Gerichten wird häufig kritisiert, dass die Berichte des Jugendamtes keine ausreichende Grundlage für ihre Entscheidung darstellen, zu unkonkret und die Sachverhalte nicht ausreichend dargestellt seien und stattdessen zu viele Bewertungen enthielten.[348] Freilich dürfen die Familiengerichte ihren eigenständigen Ermittlungsauftrag (§ 12 FGG) nicht auf die Jugendämter abwälzen. Die Gerichte sind aufgrund der mitgeteilten Sachverhalte häufig gezwungen, zunächst einstweilige Anordnungen zu treffen, um eine unmittelbare Bedrohung für das Kindeswohl abzuwenden. Dabei werden in aller Regel aufgrund der mitunter noch unvollständig aufgehellten Situation nur vorläufige Entscheidungen getroffen werden können, die später durch Beschlüsse in der Hauptsache bestätigt, aber auch korrigiert und aufgehoben werden.[349]

Da in der Öffentlichkeit, in Politik und Medien weder die komplexen verfassungsrechtlichen Grundlagen verstanden werden noch die differenzierten rechtlichen Regelungen des Familien- bzw. des Kinder- und Jugendhilferechts bekannt sind, stehen die Mitarbeiter der Jugendämter häufig in der Kritik, in Fällen von Kindeswohlgefährdungen zu spät gehandelt zu haben. Aus fachlich-rechtlicher Sicht wird ihnen dagegen mitunter vorgeworfen, zu schnell in die Elternrechte

346 Vgl. Balloff 1994, 301 ff.; GK-Schleicher 2004 § 50 Rz. 10 ff.; Mörsberger 2001; Trenczek 2007, 347.

347 Vgl. Recht 1998, 241.

348 Münder/Mutke/Schone 2000, 350.

349 Vgl. Münder/Mutke/Schone 2000, 237.

eingegriffen zu haben. Im konkreten Einzelfall stehen Sozialarbeiter gelegentlich vor dem Dilemma, dass ihre von den Familiengerichten divergierenden Auffassungen entweder die Kinder ohne Schutz lässt oder die weitere Arbeit mit den Familien unmöglich macht.[350] Hält nämlich das Familiengericht entgegen der Ansicht des Jugendamtes die Eingriffsvoraussetzungen des § 1666 BGB für noch nicht gegeben, so bleibt das Kind in der Familie schutzlos, wenn und soweit das Vertrauensverhältnis zu den Eltern aufgrund der Anrufung des Familiengerichtes zerstört wurde. Im anderen Fall, also wenn das Jugendamt trotz Vorliegen einer kindeswohlgefährdenden Situation noch von der (Kooperations-)Bereitschaft und Fähigkeit der Eltern zur Gefahrenabwehr bei Unterstützung durch die Jugendhilfe ausgeht, kann der Irrtum für das Kind verheerende Folgen haben. Effektiver Kindesschutz setzt voraus, dass Familiengerichte und Jugendämter das Bewusstsein für ihre unterschiedlichen Rollen schärfen, ihre jeweiligen Aufgaben, unterschiedlichen Befugnisse und Verantwortlichkeiten ungeachtet z. T. nebulöser Beschwörungen tatsächlich im Sinne einer „Verantwortungsgemeinschaft“ fachgerecht wahrnehmen und konstruktiv zusammenwirken.[351] Mit Blick auf das „Kindeswohl“ ist nicht nur im konkreten Einzelfall, sondern auch außerhalb des gerichtlichen Verfahrens die kontinuierliche interdisziplinäre und professionell gestaltete Kooperation und fachliche Auseinandersetzung unverzichtbar.

3.5 Strafrechtliche Interventionen

Nicht nur die privat- und sozialrechtlichen Regelungen, auch das Strafrecht soll dem Schutz von jungen Menschen dienen. Die strafrechtlichen Tatbestände geben eine verbindliche Orientierung, dokumentieren die Grenzen gesellschaftlich akzeptierten Verhaltens und markieren absolute Tabus. Das betrifft neben dem allen Personen unabhängig vom Alter die-

350 Wiesner 2005, 298.

351 BMJ/AG Kindeswohl 2006, 11, 25, 50.

nenden Schutz von Leben und körperlicher Unversehrtheit auch ganz spezifische, nur dem Schutz von Minderjährigen dienende Regelungen.[352]

Strafrechtlicher Kindesschutz

Aus dem allgemeinen Strafrecht sind im Hinblick auf das Gebot einer gewaltfreien Erziehung (§ 1631 Abs. 2 BGB) v.a. die Körperverletzungsdelikte, insbesondere die Misshandlung von Schutzbefohlenen (§ 225 StGB) relevant. Das früher, vereinzelt noch bis heute in der strafrechtlichen Dogmatik vertretene „elterliche Züchtigungsrecht" kann nicht mehr als Rechtfertigungsgrund angeführt werden.[353] In den letzten Jahren sind angesichts der extremen Vernachlässigung, insbesondere von Kleinkindern, zahlreiche Verfahren wegen der Verletzung der Fürsorge- oder Erziehungspflicht (§ 171 StGB) in den Mittelpunkt der öffentlichen Diskussion gerückt,[354] vor allem weil in diesem Zusammenhang auch Sozialarbeiter strafrechtlich verfolgt wurden.[355]

Neben einigen allgemeinen Verbotstatbeständen, die die sexuelle Selbstbestimmung jeder Person ungeachtet ihres Alters betreffen, z.B. sexuelle Nötigung und Vergewaltigung (§ 177 StGB) sowie das Verbot exhibitionistischer Handlungen (§ 183 StGB), finden sich im Sexualstrafrecht einige spezifische Regelungen zum Schutz von Kindern und Jugendlichen. Neben dem Beischlaf mit leiblichen Abkömmlingen (§ 173 StGB[356]) sind (hetero- wie homo-)sexuelle Kontakte auch ohne Anwendung physischer Gewalt nicht erlaubt (ein wie auch immer gewertetes Einverständnis ist insoweit irrelevant) und strafbar wenn es sich

- um Kinder unter 14 Jahren (§ 176 StGB) handelt,
- um Personen unter 16 Jahren, die zur Erziehung, Ausbildung oder Betreuung anvertraut sind (§ 174 Abs. 1 Nr. 1 StGB),

---

352 Hierzu Trenczek u.a. 2008, 528ff.; Bringewat 2007, 225ff.; zur historischen Entwicklung der Kriminalisierung des sexuellen Missbrauchs vgl. Trenczek 1996, 106.

353 Kindhäuser 2005 Vor§ 32–35 Rz. 61ff.; Trenczek u.a. 2008, 528.

354 Z.B. BGH NStZ 1984, 164; BGH 4 StR 444/02 v. 21.11.2002.

355 OLG Oldenburg FamRZ 1997, 1032; OLG Stuttgart ZfJ 1998, 382; OLG Düsseldorf ZFJ 2000, 309; Bringewat 1997; 2006 u. 2007; Mörsberger/Restemeier 1997; Trenczek u.a. 2008, 532f.

356 BVerfG 2 BvR 392/07 v. 26.2.2008.

- um Personen unter 18 Jahren unter Ausnützen einer mit dem Erziehungs-, Ausbildungs- oder Betreuungsverhältnis verbundenen Abhängigkeit (§ 174 Abs. 1 Nr. 2 StGB),
- um noch nicht 18 Jahre alte leibliche oder angenommene Kinder (§ 174 Abs. 1 Nr. 3 StGB),
- um Personen unter 16 Jahren, wenn die sexuellen Kontakte durch Vermittlung, Gewährung von Gelegenheit oder gegen Entgelt bzw. unter Ausnutzung einer Zwangslage stattfinden (§§ 180, 182 StGB).

Ungeachtet der intendierten Präventionswirkung des Strafrechts ist es sehr fraglich, welchen positiven Nutzen es im Rahmen einer Krisenintervention haben kann, da es im konkreten Fall offensichtlich keinen Erfolg hatte.[357] Die Verhinderung der Straftat konnte ja im konkreten Fall nicht erreicht werden, jedenfalls kommt das Strafrecht insoweit immer zu spät. Anders als das der vorbeugenden (präventiven) Gefahrenabwehr dienende Polizeirecht ist die strafrechtliche Reaktion reaktiv, die Repression steht im Vordergrund. Schon deshalb ist die Aktivierung des Strafrechts im Rahmen des Kinder- und Jugendschutzes nicht zwingend, es ist zumeist auch fachlicher Sicht auch nicht tunlich.[358]

Kindeswohlgefährdung durch Strafverfahren

Denn das Strafverfahren ist nicht am Wohl des Kindes orientiert und besonders in den schlimmen Fällen des sexuellen Missbrauchs und anderer Formen der Kindesmisshandlung in aller Regel eine zusätzliche Belastung für die Kinder und Jugendlichen. Die Strafjustiz ist in erster Linie an der Aufklärung der Tat und der Überführung des Täters interessiert und muss im Hinblick auf die Beschuldigten die rechtstaatlich verbürgte Unschuldsvermutung gewährleisten. Das Kind ist im Strafverfahren lediglich Zeuge und damit Beweismittel und die strafprozessualen Schutzvorkehrungen[359] sind zu

357 Im Hinblick auf die Abschreckungsphilosophie lässt sich die behauptete Wirkung des Strafrechts unabhängig vom spezifischen Bereich des Kinderschutzes empirisch weder im Hinblick auf die Spezial- noch im Hinblick auf die Generalprävention nachweisen (hierzu vgl. Meier 2006, 28f.; Streng 2002, 30ff.).

358 Ebenso Wiesner 2005, 287.

359 Bei Straftaten Erwachsener, durch die ein Kind oder ein Jugendlicher verletzt oder unmittelbar gefährdet wird, sind Jugendgerichte zum Schutz der als Zeugen zu vernehmenden minderjährigen Opfer als Jugendschutzge-

marginal, als dass zusätzliche Viktimisierungen und Traumatisierungen ausgeschlossen werden könnten. Diese zusätzlichen Verletzungen des Kindeswohls sind aufgrund des Verteidigungsinteresses des Beschuldigten und insbesondere dem Verhalten mancher Strafverteidiger vielmehr wahrscheinlich. Das Strafrecht bietet jedenfalls keinen schnellen Schutz in der aktuellen Situation. In vielen Fällen reicht die Beweislage nicht einmal aus, um Verdächtige in Haft zu nehmen oder das Kind durch eine Verurteilung des Täters zu schützen. Selbst eine Haftstrafe bietet keinen dauerhaften Schutz. Vielmehr werden die Chancen für eine am Kindeswohl orientierte Intervention in den Fällen, in denen zunächst und vorrangig eine Strafanzeige erstattet und ein Ermittlungsverfahren eingeleitet wird, verbaut.[360] Kinder werden aufgrund eines strafrechtlichen Ermittlungsverfahrens noch stärker in einen Loyalitätskonflikt gestürzt.

---

richte (§§ 26, 74b GVG) zuständig. Dabei ist die Hauptverhandlung einschließlich der Verkündung der Entscheidung nicht öffentlich (§ 48 Abs. 1 JGG). Da sich Täter und Opfer in Sexual- und Missbrauchsdelikten in aller Regel kennen, laufen die Regelungen, nach denen in Ausnahmefällen bei einer Gefahr für Leben, Leib und Freiheit keine Angaben über die Wohnadresse (§ 68 Abs. 2 StPO) oder ihre Identität zu machen sind (§ 68 Abs. 3 StPO), zumeist leer. Entsprechendes gilt für die Regelungen, dass zum Schutz der Zeugen vor schwerwiegenden Nachteilen ihre Vernehmung an einem anderen Ort stattfinden kann (§ 247a StPO), wenn andere Schutzmaßnahmen wie z. B. Entfernung des Angeklagten (§ 247 StPO), Ausschluss der Öffentlichkeit in der Hauptverhandlung (§§ 171b, 172 GVG) oder Videotechnik (§§ 58a, 168e, 247a, 255 StPO) nicht ausreichen.
In einigen wenigen Fällen (Sexualstraftat, versuchtes Tötungsdelikt oder bei unter 16-jährigen Nebenklägern) muss das Gericht auf Antrag des Nebenklägers einen Rechtsanwalt als Beistand bestellen (§ 397a StPO). Allerdings müssen die Kosten des Opferanwalts i. d. R. von diesem zunächst selbst getragen werden. Dem Geschädigten kann auch gestattet werden, bei jeder Zeugenvernehmung neben Rechtsanwälten auch andere Personen (wie z. B. Ehegatten, Verwandte, Freunde oder z. B. Sozialarbeiter als professionelle Vertrauenspersonen) als Zeugenbeistand hinzuzuziehen (§ 406f Abs. 3 StPO).

360 Ebenso Fegert u. a. 1996, 484; Wiesner 2005, 283.

Anzeigepflicht?

Entgegen einer weit verbreiteten Laienansicht gibt es in Deutschland **keine** allgemeine Anzeigepflicht.[361] Nach § 138 StGB ist die Nichtanzeige von Straftaten nur dann strafbar, wenn es sich um ausdrücklich in § 138 Abs. 1 StGB genannte, besonders schwere Straftaten wie Mord und Totschlag, schwerer Menschenhandel oder (erpresserischer) Menschenraub, Raub oder gemeingefährliche Straftaten handelt, die noch bevorstehen und deshalb noch abgewendet werden können. Über § 138 StGB hinaus besteht auch für Sozialarbeiter keine besondere Anzeigepflicht weder gegenüber der Polizei, der Staatsanwaltschaft noch dem Strafgericht. Im Hinblick auf in der Vergangenheit liegende Straftaten besteht vielmehr die Pflicht zur Verschwiegenheit nach § 203 Abs. 1 Nr. 5 StGB. Die Pflicht zur Verschwiegenheit ergibt sich im Geltungsbereich des SGB bereits aus den § 35 Abs. 1 u. 2 SGB I, §§ 67–78 SGB X sowie weiteren bereichspezifischen Regelungen des Kinder- und Jugendhilferechts (§§ 61 ff. SGB VIII), im Übrigen aus arbeitsrechtlichen oder vertraglichen Regelungen. Im Rahmen der Krisenintervention muss deshalb davon ausgegangen werden, dass von Mitarbeitern der Jugendhilfe oder von Beratungsstellen in diesen Fällen keinesfalls stets Strafanzeige gegen den Täter gestellt werden *darf* (!). Bei von Kindern und Jugendlichen anvertrauten Daten (§ 65 SGB VIII) kann dies nur in der Zusammenarbeit mit dem Opfer im konkreten Fall entschieden werden. Gegen den Willen einer einsichtsfähigen Minderjährigen darf in aller Regel keine Anzeige gestellt werden, da dies den Erfolg der ihr gewährten Hilfen gefährden würde.[362] Als Rechtfertigungsgrund gegenüber dem Vorwurf des Geheimnisverrats käme allenfalls der rechtfertigende Notstand (§ 34 StGB) in Betracht, wenn die Anzeige das einzige Mittel zum Schutz vor einem weiteren Missbrauch oder Misshandlungen war. Das wird man allerdings im Hinblick auf die spezifische Verpflichtung im Umgang mit Gefährdungsmeldungen nach § 8a SGB VIII und die ggf. erforderliche Anrufung des Familiengerichtes verneinen müssen. Schließlich gelten im familiengerichtlichen Verfahren andere Schutz- und Beweisregeln, sodass die Famili-

361 Hierzu Trenczek u.a. 2008, 534 ff.
362 Vgl. DIJuF 2006, 498.

enrichter aus Gründen des Kindeswohls schnell durch vorläufige Anordnungen sowie dauerhaft durch sorgerechtliche Maßnahmen auch die Trennung von Beschuldigten und Opfern anordnen können, selbst wenn es strafrechtlich nicht zu einer Verurteilung des Beschuldigten reicht.[363]

363 Hierzu vgl. BVerfG v. 12.12. 2007 – 1 BvR 2697/07: Erfolglose Verfassungsbeschwerde eines Vaters wegen Verweigerung des Sorgerechts nach Ermordung der Kindesmutter, obwohl im Strafverfahren ein Freispruch erfolgte.

4 Krisenintervention und Inobhutnahme nach dem SGB VIII

Die Pflicht des Jugendamts zur Krisenintervention und Inobhutnahme in Notsituationen ergibt sich aus der in §§ 1 Abs. 3, 8a, 42 SGB VIII besonders hervorgehobenen Schutzverpflichtung des Jugendamtes. Im Anschluss an die Darstellung der verfassungs-, privat- und sozialrechtlichen Grundlagen werden im Folgenden die wesentlichen Regelungen im Umgang mit Gefährdungsmeldungen (Kap. 4.1) und der Inobhutnahme erläutert (Kap. 4.2).

4.1 Umgang mit Gefährdungsmeldungen (§ 8a SGB VIII)

Vor dem Hintergrund spektakulärer, strafrechtlich „aufbearbeiteter" Fälle von Kindeswohlgefährdung war in der Fachpraxis der Jugendämter sowie der leistungserbringenden Einrichtungen und Dienste Unsicherheit darüber entstanden, ob und wie mit Informationen Dritter über (drohende) Kindeswohlgefährdung bzw. mit eigenen Wahrnehmungen einschlägiger Symptome umzugehen ist.[364] Der Gesetzgeber hat deshalb in § 8a SGB VIII die Regelungen zum Umgang mit Gefährdungsmeldungen an zentraler Stelle zusammengefasst, ohne insoweit neue fachliche Standards zu setzen.[365]

Informationsbeschaffungsrecht/-pflicht

Im Hinblick auf ggf. notwendige Interventionen ist vom Jugendamt (insbesondere den Mitarbeitern des ASD) zunächst zu prüfen, ob gewichtige Anhaltspunkte für die

364 BT-Drs. 15/3676, 30.

365 Zu den fachlichen Standards im (verfahrensrechtlichen) Umgang mit Gefährdungsmeldungen z. B. Kindler u. a. 2006; Kinderschutzzentrum Berlin 2000; Münder u. a. 2006 § 8a Rz. 5 ff. u.56; Stadt Dormagen 2001; die Empfehlungen des Deutschen Städtetag 2003, 226. Im Internet z. B. www.dji.de/asd sowie www.kindesschutz.de

Gefährdung des Wohls eines Kindes oder Jugendlichen vorliegen. Das SGB VIII knüpft damit an die Terminologie und den Maßstab des § 1666 BGB an (hierzu oben Kap. 3.2.2, S. 123 ff.), welches im Hinblick auf die Definition der Begriffe Kindeswohl und Kindeswohlgefährdung für die gesamte Rechtsordnung Geltung besitzt.[366]

§ 8a Abs. 1 SGB VIII beschränkt die Pflicht zum Tätigwerden allerdings auf das Bekanntwerden von „gewichtigen Anhaltspunkten“. Die Schutzverpflichtung des Jugendamtes verpflichtet dessen Mitarbeiter nicht, überall eine (potenzielle) Gefährdung von Kindern zu vermuten. Handeln muss das Jugendamt, wenn bei ihm konkrete Hinweise für eine Gefährdung angekommen sind.[367] Deshalb ist das Jugendamt selbstverständlich verpflichtet, (auch anonymen) Hinweisen nachzugehen. Diese/s **Informationsbeschaffungspflicht**/-recht[368] unterscheidet sich freilich wesentlich vom Vorgehen bei polizeilichen Ermittlungen, um bei den Betroffenen nicht Distanz, Abwehr und Widerstand zu fördern. Immer sind auch die Folgen der Informationsgewinnung für den weiteren Beratungsprozess sowie die Leistungsgewährung zu beachten. In einer ganz überwiegenden Mehrzahl der Fälle ist der gelingende Aufbau einer Vertrauensbeziehung konstitutive Voraussetzung für einen wirksamen Kinderschutz (zur Elternarbeit s. o. Kap. 1.2, S. 31 ff.).

Sozialdatenschutz

Im Hinblick auf die Informationsbeschaffung gelten die Regeln des Sozialdatenschutzes und die darin beinhalteten Grundsätze sozialpädagogischen Handelns, die – entgegen immer wieder zu hörenden Mutmaßungen – einem wirksamen Kindesschutz nicht entgegenstehen.[369] Deshalb hat die Datenerhebung vorrangig bei den Betroffenen zu erfolgen (§ 62 Abs. 2 Satz 1 SGB VIII; zur Einbeziehung der Betroffenen

366 Ganz h. M. Coester 2008, 5; Münder u. a. 2006 § 8a Rz. 9 u. 40, § 42 Rz. 14; Trenczek 2007a Rz. 9; Wiesner/Wiesner 2006 § 8a Rz. 14; mittlerweile wohl auch Jans u. a. 2007 § 42 Rz. 26 (anders noch 2003 § 42 Rz. 53); a. A. Bringewat 2007, 225 (230); Hauck-Bohnert 2007 § 42 Rz. 15 (an den polizeilichen Gefahrbegriff angelehnt); Kunkel/Bringewat 2006 § 8a Rz. 16.

367 Meysen/Schindler 2004, 451; Münder u. a. 2006 § 8a Rz. 9.

368 Vgl. BT-Drs. 15/3676, S. 26, 30 f.; Böckenförde 1980, 78 f.; Meysen/Schindler 2004, 451; Wiesner 2006 § 8a Rz. 16 ff.; Wiesner 2004, 164 f.

369 Hierzu vgl. insbesondere Meysen 2006 und 2006a; Münder u. a. 2006 Vor-Kap. 4 u. § 61 ff.; Wiesner/Mörsberger 2006 Vor§ 61 Rz. 31 ff.

in die Risikoabschätzung, siehe nachfolgend). Sie ist zur Erfüllung der Aufgaben des Jugendamts sowohl im Hinblick auf die Schutzverpflichtung (§ 8a SGB VIII) als auch im Hinblick auf eine ggf. notwendige Inobhutnahme (§ 42 SGB VIII) erforderlich und deshalb bei Einhaltung der nicht zuletzt aufgrund des Verhältnismäßigkeitsgrundsatzes gebotenen Sorgfalt datenschutzrechtlich u. U. auch ohne Mitwirkung der Betroffenen zulässig (§ 62 Abs. 3 Nr. 2 c und d SGB VIII).

Risikoeinschätzung im Fachteam

Die Risikoeinschätzung ist einer der fachlich anspruchsvollsten und folgenreichsten Entscheidungsvorgänge (s. o. Kap. 1.3, S. 40 ff.). § 8a Abs. 1 Satz 1 SGB VIII verpflichtet das Jugendamt deshalb dazu, die Abschätzung des Gefährdungsrisikos im **Zusammenwirken mehrerer Fachkräfte** vorzunehmen, damit nicht die einzelne, fallverantwortliche Fachkraft allein gelassen und überfordert wird. Hierbei handelt es sich um einen methodischen wie organisatorischen Mindeststandard.[370] Das Zusammenwirken mehrerer Fachkräfte bedarf dabei besonders qualifizierter Fachkräfte und bewusst gestalteter Arbeitsabläufe und Regeln.[371] Zwar handelt es sich hier nicht um eine Form der Hilfeplanung nach § 36 SGB VIII, ebenso wie dort bedarf es aber für die kollegiale Beratung „mehrerer" Fachkräfte, d. h. neben der fallverantwortlichen Fachkraft mindestens zweier weiterer Personen (also insgesamt mindestens dreier Fachkräfte).[372] Freilich wird man ein entsprechendes Fachteam nicht dauerhaft und rund um die Uhr bereithalten können.

Krisensituationen erfordert es aber, dass entsprechende Hilfezugänge sofort und rund um die Uhr, zu jeder Tages- und Nachtzeit verfügbar sind. Im Rahmen des unabdingbaren **Bereitschaftsdienstes** während der Nachtzeit muss es ausreichen, dass die verantwortliche Fachkraft des Jugendamtes (s. u. Kap. 4.2.7.1, S. 207) ggf. in Zusammenarbeit mit den Mit-

370 Vgl. Deutscher Städtetag 2003, 226 (228); Münder u. a. 2006 § 8a Rz. 13 ff.

371 Fallner/Gräßlin 1990; Kindler u. a. 2006 Kap. 70; Münder u. a. 2006 § 8a Rz. 13; Schrapper 2001, 29 ff.; Wiesner/Wiesner 2006 § 8a Rz. 27 f.

372 Der Wortlaut ist Grenze jeder Auslegung unbestimmter Rechtsbegriffe (Trenczek u. a. 2008, 106), weshalb eine Beschränkung auf zwei Fachkräfte – ungeachtet der damit verbundenen Praxisprobleme – nicht möglich ist; vgl. aber Meysen/Schindler 2004, 452; Schellhorn-Mann 2007 § 8a Rz. 8; Wiesner/Wiesner 2006 § 8a Rz. 28.

arbeitern der Inobhutnahmestelle eine erste Risikoabschätzung vor- und das Kind in Obhut nimmt und dies am folgenden Tag noch einmal durch das zuständige Fachteam überprüft wird.

Die fallverantwortliche Fachkraft sollte ihre Wahrnehmungen und Einschätzungen auch im engeren Kollegenkreis zunächst in anonymisierten Fallbesprechungen reflektieren. Ziel der Risikoabschätzung ist die möglichst zuverlässige Feststellung des Gefährdungsrisikos und Vorbereitung angemessener Interventionen. Nach Eingang der ersten Hinweise und Anhaltspunkte für eine konkrete Kindeswohlgefährdung muss eine erste Sachstandsklärung erfolgen: Welche Tatsachen sind bekannt? Sind bereits Vorgänge im ASD vorhanden? Liegen nach allem, was man weiß, „gewichtige Anhaltspunkte" für eine Kindeswohlgefährdung oder sogar ein akuter Notfall vor, der zu sofortigen Schutzmaßnahmen zwingt? Welche Möglichkeiten der Kontaktaufnahme mit der Familie bestehen? Rechtfertigt die Situation im Vorfeld Informationen bei Dritten einzuholen? Die Ergebnisse dieser Risikoabschätzung sind zu dokumentieren und die Dienstvorgesetzten hierüber zu informieren. Ein formalisiertes „Meldewesen" an den ASD[373] sieht das Gesetz allerdings nicht vor,[374] auch „dezentrale Verfahren" in den jeweiligen Einrichtungen und Stellen können so organisiert werden, dass eine Risikoeinschätzung dort vorgenommen wird, wo die ersten Anhaltspunkte sichtbar werden. In der Praxis werden aber die Mitarbeiter außerhalb des ASD und der Inobhutnahmestellen, also z. B. in Heim- oder Tageseinrichtungen, in aller Regel nicht über die spezifischen Fachkenntnisse verfügen. Deshalb hat die Leitung des Jugendamts, aber auch jede verantwortliche Stellenleitung dafür zu sorgen, dass besonders geschulte Mitarbeiter z. B. des ASD sowie ggf. auch jugendamtsexterner Fachkräfte (z. B. Ärzte, Psychologen oder andere Personen mit einer besonderen Expertise) in die kollegiale Beratung einbezogen werden (können).[375] Allerdings ist im Hinblick auf die kollegiale Beratung auch darauf hin-

373 Vgl. die Empfehlungen des Deutschen Städtetags 2003 Nr. 3.113 zu § 8a.
374 Meysen/Schindler 2004, 452; Münder u. a. 2006 § 8a Rz. 14; Wiesner 2006 § 2006 Rz. 27f
375 Münder u. a. 2006 § 8a Rz. 15 und 29ff.; Wiesner 2006 § 8a Rz. 27f.

zuweisen, dass Teamentscheidungen nicht die individuelle Verantwortung der einzelnen Fachkraft ersetzen. Dies ist nicht einmal bei einer Weisung von Vorgesetzten der Fall.[376]

Im Hinblick auf die gemeinsame Abschätzung des Gefährdungsrisikos im Fachteam hat § 64 Abs. 2a SGB VIII im Bereich des Sozialdatenschutzes klargestellt, dass das Gebot zur Anonymisierung und Pseudonymisierung hier ebenso gilt wie bei einem sonstigen Austausch mit externen Fachkräften.[377]

Einbeziehung der Betroffenen

Schon im Rahmen der Risikoeinschätzung, also insbesondere im Hinblick auf die Informationsbeschaffungspflicht, sind die Betroffenen, das Kind bzw. der Jugendliche sowie die Eltern (bzw. andere Personensorgeberechtigte) einzubeziehen. Partizipation der Klienten schon in den Klärungsprozess gehört untrennbar zur Hilfe sowie zur Hilfebeziehung und ist somit entscheidendes Merkmal sozialpädagogischer Qualität (s.o. Kap. 1.3, S. 52f.). Eltern und Kinder bzw. Jugendliche sind nicht Objekte professioneller Sozialarbeit, vielmehr sollen sie Einfluss nehmen auf die Analyse, die Bewertung der Sachverhalte und Auswahl der geeigneten Hilfen. Diesen allgemeinen sozialpädagogischen wie jugendhilferechtlichen Grundsatz (vgl. auch §§ 5, 8, 9, 62 SGB VIII) zu beachten ist in Krisensituationen umso wichtiger, wenn in der Krise ein Ausweg für einen gelingenden Alltag gefunden werden soll (siehe hierzu Kap. 1, S. 15ff.). Das Prinzip der **Hilfe zur Selbsthilfe** muss aus methodischen wie rechtlichen Gründen auch im Rahmen der Krisenintervention beachtet werden. Das grundrechtlich geschützte Elternrecht (Art. 6 Abs. 2 Satz 1 GG) ist im Bereich des Kindesschutzes nicht aufgehoben. Vielmehr dürfen Eltern grundsätzlich allein entscheiden, wie sie das Wohl ihres Kindes gewährleisten. Eltern sind zu beraten und zu unterstützen, damit sie eigenverantwortlich angemessene Entscheidungen zum Wohl ihres Kindes treffen können.

Der (Erst-)Kontakt mit den Eltern steht lediglich unter dem Vorbehalt, dass durch ihre Einbeziehung der wirksame Schutz des Kindes oder des Jugendlichen nicht in Frage gestellt wird, worauf in § 8a Abs. 1 Satz 2 SGB VIII aufgrund

376 Münder u.a. 2006 § 1 Rz. 42.

377 BT-Drs. 15/3676, S. 38.

der Bedeutung des Elternrechts ausdrücklich hingewiesen wird. Die Nichteinbeziehung der Eltern ist – dementsprechend – auch datenschutzrechtlich die Ausnahme. Sogar bei anonymen Hinweisen hat die Datenerhebung vorrangig bei den Betroffenen zu erfolgen (§ 62 Abs. 2 Satz 1 SGB VIII), die Familien – und nicht außenstehende Dritte wie Nachbarn, die Schule, der Kindergarten etc. – sind grundsätzlich die ersten Adressaten, um Informationen zu gewinnen.[378] Eine (ausschließliche) Informationsgewinnung bei Dritten auch ohne oder gegen den Willen der Betroffenen ist rechtlich nur zulässig und fachlich gefordert, wenn die Erhebung bei dem (von der Datenerhebung) Betroffenen zu einer weiteren Gefährdung des Kindes oder Jugendlichen führen (§ 62 Abs. 3 Nr. 2 c und d SGB VIII) oder den Zugang zur Hilfe für das Kind ernsthaft gefährden würde (§ 62 Abs. 3 Nr. 4 SGB VIII). Von den Fachkräften wird damit eine mitunter sehr **komplexe Abwägung** innerhalb kürzester Zeit verlangt, ob trotz der möglicherweise negativen Folgen für die Hilfebeziehungen zur Familie die Kindesinteressen eine Informationsgewinnung bei Dritten erfordern oder ob es hilfreicher ist, den Widerstand, die Latenz und den Schwebezustand auszuhalten.[379] Das kann z. B. auch bei Anzeichen für einen sexuellen Missbrauch der Fall sein, u. a. deshalb, weil insbesondere hier nach einer Konfrontation des potenziellen Missbrauchers mit den Vermutungen der Druck und die Gefährdung auf die betroffenen Kinder oder Jugendlichen häufig erhöht werden.

Die Einbeziehung der Betroffenen sollte in der Praxis nicht nur durch Angebot eines Gesprächstermins im Jugendamt „eingelöst“ werden. Vielmehr empfiehlt sich aus sozialpädagogisch-methodischen Gründen ein **Hausbesuch**, um die Lebenswelt der Betroffenen besser kennen zu lernen.[380] Hausbesuche sind in der Regel anzukündigen und angesichts der

---

378 Münder u. a. 2006 § 8a Rz. 17.

379 Vgl. BT-Drs. 15/3676, S. 30 u. 38; Münder u. a. 2006 § 8a Rz. 19 ff., ausführlich hierzu Kohaupt 2003, 567.

380 Vgl. Dt. Städtetag 2003, 3.12. Ebenso BayLJA 2007, 9 mit Hinweis auf die Mindestaustattung: Dienstausweis, Mobiltelefon, Liste bezirklicher Telefonnummern von hilfreichen Ansprechpartnern in akuten Notsituationen sowie im Hinblick auf einen möglichen Transport von Kleinkindern die Mitnahme von Kindersitzen.

Ungewissheit der vorzufindenden Situation und Kontaktdynamik i.d.R. von zwei Fachkräften durchzuführen. Allerdings besteht kein Zwangsrecht zum Betreten der Wohnung, die Betroffenen sind grundsätzlich nicht verpflichtet, das Jugendamt in ihre Wohnung zu lassen.[381]

Sind die Eltern nicht erreichbar oder bei einem **Scheitern der Kontaktaufnahme** aus anderen Gründen muss im Rahmen einer sorgfältigen Abwägung geklärt werden, ob die vorliegenden Informationen über die Gefährdungslage die Datenerhebung bei Dritten rechtfertigen und ob derart dringende Anzeichen einer Gefährdung vorliegen, die zu einer sofortigen Inobhutnahme zwingen.

Anbieten von Hilfeleistungen

Auch im Bereich der Krisenintervention und des Kindesschutzes stellt sich vorrangig die Frage nach den zur Verfügung stehenden Hilfen. § 8a Abs. 1 Satz 3 SGB VIII verpflichtet deshalb das Jugendamt, den Personensorge- oder Erziehungsberechtigten Hilfen zur Abwendung einer Kindeswohlgefährdung anzubieten, wenn die Gewährung von Hilfen zur Gefährdungsabwendung geeignet und erforderlich erscheint. Wird damit einerseits die allgemeine Aufklärungs- und Beratungspflicht der Leistungsberechtigten nach §§ 13, 14 SGB I konkretisiert, so wird andererseits auf die Bedeutung der leistungsorientierten Vorgehensweise gerade auch aus Anlass von Gefährdungssituationen hingewiesen. Kann einer Kindeswohlgefährdung mit der (freiwilligen) Inanspruchnahme öffentlicher Hilfen begegnet werden, so hat dies Vorrang vor

381 Hierzu Trenczek u.a. 2007, 327: Der Hausbesuch ist lediglich als Beweismittel der Augenscheinnahme nach § 21 Abs. 1 Nr. 4 SGB X zulässig, wenn es um die Prüfung von Leistungsvoraussetzungen geht und soweit er verhältnismäßig ist. Wird der Zugang verweigert, treffen die Folgen der Nichtfeststellbarkeit einer rechtserheblichen Tatsache ggf. den Antragsteller. Eine Verpflichtung der Bürger, das Betreten (der nach Art. 13 GG verfassungsrechtlich geschützten) Wohnung zu gestatten, folgt daraus jedoch nicht. Auch aus der Mitwirkungsverpflichtung (§§ 60 ff. SGB I, § 21 Abs. 2 Satz 1 SGB X) ergibt sich keine solche Pflicht, da die Regelungen über die Mitwirkungspflicht die Duldung eines Hausbesuchs nicht kennen. Das Betreten einer Wohnung ohne Einwilligung der Inhaber des Hausrechts ist nur aufgrund einer richterlichen Anordnung oder insb. durch die Polizei zur akuten Gefahrenabwehr zulässig (vgl. Art. 13 GG). Im Übrigen kann der erzwungene Zutritt in nicht anders abwendbaren Gefahrsituationen nur über die allgemeinen Rechtsfertigungsgründe (Notwehr und Nothilfe) gerechtfertigt werden.

Eingriffen in das Elternrecht. In diesem Zusammenhang ist daran zu erinnern, dass die Jugendhilfe unter Beachtung der unterschiedlich hohen Interventionsschwellen von § 1666 BGB und §§ 27 ff. SGB VIII (s. o. Abb. 16, S. 152) im Hinblick auf die Schutzverpflichtung nach § 8a SGB VIII einen präventiven Blickwinkel einnehmen muss. D.h. sie darf nicht erst bei Vorliegen einer Kindeswohlgefährdung, sondern muss wesentlich früher (frühzeitig) Unterstützungsleistungen anbieten. Das Kindeswohl konkretisiert sich nach dem Jugendhilferecht nicht erst durch seine Gefährdung aufgrund eines „elterlichen Versagens". Deshalb darf bei der Entscheidung über Leistungen der Jugendhilfe – anders als bei der sorgerechtlichen Entscheidung des FamG gegen den Willen der Eltern (§§ 1666, 1666a BGB, s. o. Kap. 3.2.2, S. 123 ff.) – das „Milieu, in das das Kind hineingeboren wird" nicht einschränkend berücksichtigt werden. Der jugendhilferechtliche Leistungsanspruch wird bereits ausgelöst, wenn die Sozialisationsbedingungen den jungen Menschen im Vergleich zu anderen erheblich benachteiligen (§ 1 Abs. 3 SGB VIII).[382] Benachteiligung liegt vor, wenn das, was für Sozialisation, Ausbildung und Erziehung Minderjähriger in dieser Gesellschaft „normal", üblich und erforderlich ist, tatsächlich nicht vorhanden ist (Normalitätsperspektive).

Jugendhilfeleistungen, insbesondere erzieherische Hilfen nach §§ 27 ff. SGB VIII, bedürfen der fachlichen Hilfeplanung i. S. d. § 36 SGB VIII. Entscheidend ist vor allem die Frage, wie die Hilfen definiert und angelegt sein müssen, damit es zu einer Veränderung im elterlichen Bewusstsein und Verhalten und damit der Lebenssituation der Kinder kommen kann. Während früher vor allem die Sachverhaltsermittlung und die Bewertung der Informationen als das wesentliche Praxisproblem angesehen wurden, stellt mittlerweile auch in der Krisenintervention die Arbeit mit den Eltern und die gemeinsame Reorganisation des Familienlebens für einen gelingenden Alltag zur langfristigen Sicherung des Kindeswohls mit die größte Herausforderung dar (zur Elternarbeit s. o. Kap. 1.2, S. 31 ff.).[383]

---

382 Zu den Leistungsvoraussetzungen der Hilfen zur Erziehung s. o. Kap. 3.3.1; Münder u. a. 2006 Vor § 27 u. § 27; Tammen 2007.

383 Hierzu wiederum Kohaupt 2003, 568 ff.; ders. 2005, 218 ff.

Anrufung des Familiengerichts

Die Anrufung des Familiengerichts war vor der Einführung des § 8a SGB VIII als Element der Mitwirkung im familiengerichtlichen Verfahren in § 50 Abs. 3 SGB III geregelt.[384] Der dortige Wortlaut findet sich nun im Wesentlichen unverändert in § 8a Abs. 3 Satz 1 SGB VIII. Danach muss das Jugendamt das (zuständige) Familiengericht anrufen (**Anrufungspflicht**), wenn es das Tätigwerden des Gerichts für erforderlich hält. Im Hinblick auf das Wann und Warum knüpft Abs. 3 unmittelbar an § 8a Abs. 1 SGB VIII und damit inhaltlich und methodisch zunächst an das vom Fachteam festgestellte Vorliegen einer Gefährdungslage an. Die Anrufung des Familiengerichts ist aber auch dann nicht zwingend. § 8a Abs. 3 SGB VIII ist Ausdruck des allgemeinen Verhältnismäßigkeitsgrundsatzes, der für jede Form öffentlichen Handels gilt.[385] Die Anrufung des Gerichts steht unter dem Vorbehalt, dass sie zur Abwendung der Kindeswohlgefahr nicht nur wie ausdrücklich genannt erforderlich, sondern auch (1. Prüfungsschritt) geeignet und (3. Prüfungsschritt) angemessen ist. Damit bleibt der eigenständige, sozialpädagogische Auftrag des Jugendamts, wie er bereits in § 8a Abs. 1 SGB VIII deutlich geworden ist, auch für die Abwendung von Gefährdungen des Kindeswohls maßgeblich. Bei der Frage, *ob* das Jugendamt das Tätigwerden des Gerichts für erforderlich hält, steht diesem ein **Beurteilungsspielraum** zu,[386] nicht aber ein Ermessen (d.h. Rechtsfolgen nach Zweckmäßigkeitsgesichtspunkten auszuwählen[387]). Die behördliche Einschätzung ist damit nur in Grenzen gerichtlich überprüfbar.[388] Der Beurteilungs-

384 Hierzu Münder u.a. 2003 (4. Auflage) § 50 Rz. 21 ff.

385 S.o. S. 117 f.; Trenczek u.a. 2008, 78 ff.

386 GK-Fieseler 2008 § 8a Rz. 36; Münder u.a. 2006 § 8a Rz. 37; Trenczek u.a. 2008, 112 u. 371; Wiesner/Wiesner 2006 § 8a Rz. 44. Widersprüchlich Bringewat 2006, 242, da es den „voll überprüfbaren Beurteilungsspielraum" im Verwaltungsrecht nicht gibt.

387 Hierzu Trenczek u.a. 2008, 114; Münder u.a. 2006 Anhang Verfahren Rz. 86 ff.

388 Trenczek u.a. 2008, 110 ff. Die Gerichte beschränken sich in diesen Fällen darauf zu prüfen, ob bei der Rechtsanwendung die Verwaltung im konkreten Fall von falschen Tatsachen oder einem unvollständigen Sachverhalt ausgegangen ist, die Verfahrensvorschriften eingehalten worden sind (z.B. die im Rahmen der Risikoabschätzung), sachfremde Erwägungen (z.B. politischer Druck aufgrund öffentlicher Diskussion) maßgebend waren, der Gleichheitsgrundsatz verletzt wurde oder allgemein gültige Bewertungs-

spielraum betrifft dabei allerdings **nicht** das Vorliegen einer kindeswohlgefährdenden Situation (§ 8a Abs. 1 SGB VIII) oder die Voraussetzungen der Hilfen zur Erziehung nach §§ 27 ff. SGB VIII[389], sondern nach § 8a Abs. 3 SGB VIII lediglich die Frage, ob es selbst bei Vorliegen einer kindeswohlgefährdenden Situation erforderlich ist, das Familiengericht anzurufen. Damit bezieht sich der Beurteilungsspielraum allein auf die Einschätzung des Hilfeprozesses und damit auf die Kooperationsbereitschaft und -fähigkeit der Eltern im Hinblick auf die Gefahrenabwehr. Dies ist das alles entscheidende Tatbestandsmerkmal auch mit Blick auf § 1666 BGB (s. o. Kap. 3.2.2, S. 137 f.). Im Hinblick auf die Notwendigkeit eines soweit als irgend möglichen dialogischen Prozesses unter Einbeziehung der gesamten Familie, insbesondere der Eltern, hat der Gesetzgeber es den Fachkräften (§ 72 SGB VIII) des Jugendamts übertragen, zunächst mit sozialpädagogischen Mitteln zu versuchen, die Bereitschaft und/oder Fähigkeit der Eltern zur Abwendung der kindeswohlgefährdenden Situation zu wecken und zu fördern. Wenn dies aber nicht ausreicht, das Jugendamt keinen Zugang zu den Eltern gewinnen kann, diese zur Inanspruchnahme geeigneter und notwendiger Hilfen nicht bereit oder in der Lage sind (§ 8a Abs. 3 Satz 1, 2. Halbs. SGB VIII) und die kindeswohlgefährdende Situation nicht abgewendet werden kann, dann *muss* das

---

maßstäbe (insbesondere der Verhältnismäßigkeitsgrundsatz) oder Beurteilungsrichtlinien nicht beachtet wurden. Diese verwaltungsrechtlichen Grenzen müssen auch im Hinblick auf eine strafrechtliche Bewertung des Verwaltungshandelns eingehalten werden.

389 Insoweit lassen sich in der Praxis immer wieder Missverständnisse feststellen. Bei der „Geeignetheit“ und „Erforderlichkeit“ einer Erziehungshilfe nach § 27 Abs. 1 SGB VIII handelt es sich nicht um eine Frage der Rechtsfolge (bei deren Entscheidung die Verwaltung ggf. ein Ermessen habe könnte), sondern um die Ausfüllung unbestimmter Rechtsbegriffe bei der Prüfung einer Leistungsvoraussetzung auf der Tatbestandsseite. Ein Beurteilungsspielraum und damit ein nur eingeschränkt gerichtlich überprüfbares Bewertungsvorrecht wird dem Jugendamt insoweit nach zu Recht h.M nicht zugestanden, da es sich nicht um eine derartig komplexe Einschätzung handelt, dass eine gerichtliche Überprüfung z.B. mithilfe von Sachverständigen an ihre Funktionsgrenzen stoßen würde (BVerfGE 84, 34 ff. u. 59 ff.) und andererseits der Rechtsschutz der Betroffenen unterlaufen würde; vgl. Trenczek u. a. 2008, 111 f.; Münder u. a. 2006 § 27 Rz. 57.

Jugendamt das Familiengericht anrufen, damit dieses die ggf. notwendigen personensorgerechtlichen Entscheidungen treffen kann. Kommen die Mitarbeiter des Jugendamts dagegen fachlich begründet zu der Einschätzung, dass die Gefährdung ohne Eingriff in die Personensorge abgewendet werden kann, so bedarf es keiner Anrufung des Gerichtes. Werden die unterhalb des gerichtlichen Eingriffs liegenden Interventionen aber im Hinblick auf die Sicherung des Kindeswohls als nicht ausreichend oder mangels Kooperationsbereitschaft/-fähigkeit der Eltern als nicht erfolgversprechend eingeschätzt, dann muss das Gericht eingeschaltet werden (s.o. Kap. 3.4).

Da durch die Einschaltung des Gerichts jedoch die Hilfebeziehung zur Familie oftmals zumindest vorübergehend gestört wird oder ganz verloren zu gehen droht, nehmen die Mitarbeiter im Jugendamt in der Praxis häufig nicht nur eine eigene Risikoabschätzung vor, sondern orientieren sich auch an der erwarteten Entscheidungsfindung des Gerichts.[390] Das Gesetz sieht aber eine solche „doppelte" Prognoseentscheidung nicht vor. Zwar bilden Jugendamt und Familiengericht eine Verantwortungsgemeinschaft zur Sicherung des Kindeswohls, weshalb ein institutionalisierter Austausch beider Seiten z.B. in regelmäßigen Arbeitskreisen über die jeweiligen Aufgaben und (unterschiedliche) Perspektiven im Kinderschutz auch ohne ausdrücklich gesetzliche Aufforderung zum Standard professioneller Arbeit in beiden Institutionen gehören sollte.[391] Bei akuten Gefährdungslagen kann aufgrund der Dringlichkeit der Entscheidung auch eine schnelle mündliche oder telefonische Anrufung bzw. Rücksprache zwischen den Mitarbeitern des Jugendamtes und den Familienrichtern durchaus angezeigt sein. Als problematisch muss aber die teilweise zu beobachtende Praxis mancher Jugendamtsmitarbeiter angesehen werden, im konkreten Einzelfall auf eine eigene fachliche Gefährdungseinschätzung und Abwägung zu verzichten und sich zur Absicherung im Vorfeld informell mit dem Familiengericht zu verständigen oder

390 Hierzu Münder/Mutke/Schone 2000, 191ff.

391 Münder u.a. 2006 § 8a Rz. 40 u. Vor § 50 Rz. 5; vgl. hierzu Blank/Deegener 2004, 139ff. Langenfeld/Wiesner 2004, 77f.; sowie das Saarbrücker Memorandum (DIJuF 2004).

gar den Inhalt ihrer Stellungnahme abzustimmen.[392] Auch wenn beide Institutionen, Familiengericht und Jugendamt, sich mit Fragen des Kindeswohls und Kindesschutzes befassen, sind ihre Ziele, Aufgaben und Funktionen im Rahmen der Schutzverpflichtung nach § 8a SGB VIII nicht identisch (s. o. Kap. 3.4, S. 160 ff.).

Wird das Gericht informiert, so müssen die Regelungen über die Mitwirkung der Jugendhilfe in gerichtlichen Verfahren nach § 50 SGB VIII berücksichtigt werden.[393] Das Jugendamt hat deshalb bei Unterrichtung des Familiengerichtes die nach § 8a Abs. 1 Satz 3 SGB VIII vorrangig angebotenen und bereits erbrachten Leistungen zu benennen sowie weitere Hilfemöglichkeiten, für deren Umsetzung es die Entscheidung der Gerichte benötigt, darzustellen. Die Erbringung von Leistungen und Angeboten der Jugendhilfe bleibt freilich in der alleinigen Entscheidungs- und Aufgabenkompetenz des Jugendamts. Das Familiengericht hat weder eine Weisungsbefugnis bei Leistungsansprüchen der Betroffenen, noch können sie das Jugendamt zur Gewährung einer bestimmten Jugendhilfeleistung oder anderen Aufgaben (z. B. der Beaufsichtigung von Umgangsregelungen) verpflichten (s. o. Kap. 3.4, S. 163).

Die **datenschutzrechtliche Befugnis zur Weitergabe** der Informationen an das Familiengericht ergibt sich nicht unmittelbar aus der Aufgabennorm des § 8a Abs. 3 Satz 1 SGB VIII. Die Grenzen der Datenweitergabe sind auch deutlich enger als die der Informationsbeschaffung (s. o. S. 173 f.). Allerdings sieht § 65 Abs. 1 Nr. 2 SGB VIII im Hinblick auf die Anrufung des Familiengerichts eine ausdrückliche Befugnis zur Weitergabe auch anvertrauter Daten vor, wenn ohne diese Mitteilung eine für die Gewährung von Leistungen notwendige gerichtliche Entscheidung nicht ermöglicht werden könnte. Davon unbenommen bleibt aber der Vorbehalt in § 64 Abs. 2 SGB VIII zu beachten, nach dem jede Übermittlung von

392 Vgl. Koenig von und zu Warthausen 2004, 165 ff. (226).

393 Hierzu Trenczek 2007b. Zwar fiel der in der alten Fassung des § 50 Abs. 3 SGB VIII ausdrücklich in Satz 2 formulierte Verweis auf § 50 Abs. 2 SGB VIII der redaktionellen Umstellung zum Opfer, der systematische Zusammenhang der allgemeinen Regel des § 8a Abs. 3 SGB VIII zu den besonderen Regelungen des § 50 SGB VIII besteht allerdings weiterhin.

Sozialdaten nach § 69 SGB X zur Erfüllung sozialer Aufgaben (also auch der Schutzverpflichtung nach § 8a SGB VIII) nur dann zulässig ist, soweit dadurch der Erfolg einer zu gewährenden Leistung nicht in Frage gestellt wird. Was bei der Datengewinnung zu beachten gilt, findet seine Fortsetzung bei der Datenweitergabe. Von den Fachkräften wird eine mitunter sehr komplexe **Abwägung** innerhalb kürzester Zeit verlangt, ob trotz der möglicherweise negativen Folgen für die Hilfebeziehungen und Leistungsgewährung die Kindesinteressen eine Anrufung und Informationsweitergabe an das Gericht erfordern oder ob noch (weiter) verantwortet werden kann, den Hilfeprozess im Rahmen der Leistungserbringung ohne Einschaltung des Familiengerichts fortzuführen.[394] Im Hinblick auf die Strafdrohung des § 203 StGB kann die Datenweitergabe unter den Voraussetzungen des rechtfertigenden Notstands nach § 34 StGB gerechtfertigt sein, der allerdings wiederum eine entsprechend komplexe Abwägung zwischen Geheimnisschutz und Kindeswohl erfordert.[395]

Das Familiengericht hat das Jugendamt im Kindesschutzverfahren anzuhören (§ 49a Abs. 1 Nr. 8 FGG),[396] nimmt aber eine eigenständigen Prüfung vor, sodass auch die Ablehnung eines Antrags auf sorgerechtliche Entscheidung im Einzelfall aufgrund der unterschiedlichen Aufgaben und Sichtweisen bereits gesetzlich angelegt ist.[397] Das Jugendamt hat dann aber nach § 57 Abs. 1 Nr. 9 FGG das Recht zur Beschwerde zum OLG, wenn das Gericht nach Auffassung des Jugendamts das Wohl des Kindes nicht ausreichend berücksichtigt hat.[398]

Die Anrufungspflicht des Jugendamts nach § 8a Abs. 3 Satz 1 SGB VIII gilt nur gegenüber dem Familiengericht, nicht

394 Wiesner u.a. § 2006 § 8a Rz. 47.

395 Trenczek u.a. 2008, 527 u. 534 ff.

396 Hierzu vgl. Münder u.a. 2006 § 50-Anhang Rz. 23 ff. Nicht gemeint ist aber allerdings eine vom Jugendamt verschiedene Jugendschutzstelle, z.B. eines freien Trägers. Die Anhörung der Mitarbeiter der Inobhutnahmestelle, ist allerdings aufgrund ihrer besonderen Nähe zu den Kindern und Jugendlichen aus Gründen des Kindeswohls fachlich besonders angeraten (s.o. S. 108; Zitelmann 2005, 175).

397 Gleichwohl folgen die Familiengerichte in den meisten Fällen den Vorstellungen des Jugendamtes, s.o. S.61 (Münder/Mutke/Schone 2000, 138 ff.).

398 Zu den Rechtsbehelfen des Jugendamts vgl. Münder u.a. 2006 § 50-Anhang Rz. 7 ff.

aber gegenüber dem Strafgericht, der Staatsanwaltschaft oder der Polizei. Eine Pflicht zur Anrufung von Strafgerichten bzw. der Polizei oder auch eine Anzeigepflicht ist sowohl dem SGB VIII wie auch dem Strafgesetzbuch, abgesehen von § 138 StGB, grundsätzlich fremd und ist auch nicht bei einer Kindeswohlgefährdung vorgesehen (s. o. Kap. 3.5, S. 171). Allerdings kann das Jugendamt eine Weitergabe der Informationen vom Familiengericht an die Justizbehörden ungeachtet der Zweckbindung nach § 78 SGB X nicht verhindern.

Aus der Aufgabennorm des § 8a Abs. 3 SGB VIII lassen sich **keine** über die Einschaltung des Gerichts hinausreichenden **Eingriffsbefugnisse** des Jugendamts ableiten. Bei akuten, dringenden Gefahren für das Kindeswohl können nach § 8a Abs. 3 Satz 2 SGB VIII im ersten Zugriff nur die Inobhutnahme als vorläufige Maßnahme zum Schutz der Minderjährigen nach § 42 SGB VIII ergriffen werden, wobei den Mitarbeitern der Jugendämtern keine Befugnis zur Anwendung von unmittelbarem Zwang (Gewalt) zustehen (hierzu nachfolgen Kap. 4.2.6, S. 261 ff.).[399] Auch insoweit ist das Jugendamt nach § 8a Abs. 4 SGB VIII auf eine gut funktionierende Kooperation mit der Polizei angewiesen. In unmittelbaren Gefahren der Not stehen den Mitarbeitern der Jugendhilfe wie anderen Bürgern auch lediglich die Notwehr- und -hilferechte zur Verfügung.

Aus den in § 8a Abs. 1 und 3 SGB VIII normierten Regelungen der Hilfe durch Leistungen und der Erfüllung anderer Aufgaben ergibt sich der nachfolgend in der Übersicht 9 dargestellte **idealtypische Ablauf** des Vorgehens bei einem Verdacht auf Kindeswohlgefährdung, insbesondere im **Umgang mit Gefährdungsmeldungen**.

399 Zur Gewaltanwendung im Rahmen der Vollstreckung gerichtlicher Entscheidungen durch den Gerichtsvollzieher vgl. die umstrittene Entscheidung des OLG Celle FamRZ 1994, 1129.

Übersicht 9: Umgang mit Gefährdungsmeldungen (Idealtypisches Vorgehen)

Eingang der ersten Information,
erste Hinweise und Anhaltspunkte für eine konkrete Kindeswohlgefährdung.
Auch anonymen Anrufen ist nachzugehen.
Freie Träger haben aufgrund von Vereinbarungen einen eigenen Prüfungsauftrag (§ 8a Abs. 2 SGB VIII)

Prüfung und Bewertung der Informationslage – erste Risikoeinschätzung (§ 8a Abs. 1 Satz 1 SGB VIII)
- Welche Tatsachen sind bekannt? Sind bereits Vorgänge im ASD vorhanden?
- Welche Möglichkeiten der Kontaktaufnahme mit der Familie bestehen?
- Risikoeinschätzung (ggf. mit Hilfe standardisierter Verfahren) im Zusammenwirkung mehrerer Fachkräfte: Liegen nach allem, was man weiß, „gewichtige Anhaltspunkte“ für eine Kindeswohlgefährdung oder sogar ein akuter Notfall vor, der zu sofortigen Schutzmaßnahmen zwingt?
- Dokumentation der Entscheidung(sgrundlagen); Information der Dienstvorgesetzten.

Kontaktaufnahme mit der Familie (§ 8a Abs. 1 Satz 2, Abs. 2 Satz 2 SGB VIII)
Daten sind grundsätzlich beim Betroffenen zu erheben (§ 62 Abs. 2 SGB VIII)
erster Anruf und Information der Familie. Hausbesuche sind i.d.R. anzukündigen.

Scheitern der Kontaktaufnahme
Rechtfertigen die vorliegenden Informationen über die Gefährdungslage die Datenerhebung bei Dritten? Datenerhebung ohne Mitwirkung der Betroffenen bei Dritten im Hinblick auf Schutzauftrag und zur Vorbereitung einer Inobhutnahme ausnahmsweise zulässig (§ 62 Abs. 3 Nr. 2c und d, Nr. 4 SGB VIII): Einholung von Informationen im Kindergarten, Schule; bei Nachbarn nur soweit nicht anders lösbar und **dringende Anzeichen einer Gefährdung** vorliegen. Freie Träger: Information des JA (§ 8a Abs. 2 SGB VIII a.E.)

Gemeinsame Problemkonstruktion mit der Familie (§ 8a Abs. 1 Satz 2 SGB VIII)
Hausbesuch und Augenscheinnahme; kein Zwangsrecht zum Betreten der Wohnung; i.d.R. zwei Fachkräfte, Mitnahme des Mobiltelefons; ggf. Hinzuziehung eines Arztes; Information der Familie, Klärung der Situation und gemeinsame Risikoabschätzung (Problemakzeptanz, Problemkongruenz, Hilfeakzeptanz), ggf. Angebot über Jugendhilfeleistungen; Hinwirken auf Inanspruchnahme von Hilfen.

wiederholte Bewertung der Informationslage und des bisherigen Hilfeprozesses
- Abschätzung des Gefährdungsrisikos und Hilfeplanung (§ 36 SGB VIII)
- Unterbringung außerhalb der Familie notwendig? Kann dies mit Einverständnis der Eltern erfolgen?
- Muss das Familiengericht eingeschaltet werden (§ 8a Abs. 3 SGB VIII), Freie Träger: Information des JA (§ 8a Abs. 2 SGB VIII a.E.).
- Liegt ein akuter Notfall vor, der zu sofortigen Schutzmaßnahmen zwingt? Bei akuter Kindeswohlgefährdung: Inobhutnahme (beachte: Jugendamt hat keine Zwangsbefugnisse)
- Dokumentation der Beratungs- und Entscheidungsergebnisse.

Krisenintervention (§§ 8a Abs. 3 Satz 2, 42 SGB VIII)
Inobhutnahme: bei Weigerung der Eltern: Entfernung des Kindes aus der eigenen Familie mit Unterstützung durch die Polizei; Unterbringung und Beratung/Betreuung des Minderjährigen; Information und Beratung der Eltern

Information/Anrufung des Familiengerichts
nach §§ 8a Abs. 3 bzw. 42 Abs. 3 SGB VIII
ggf. Einschränkung bzw. Entzug der Personensorge
Vollstreckung durch Gerichtsvollzieher u.U. durch Anwendung unmittelbaren Zwangs (§ 33 Abs. 2 FGG)

4.2 Inobhutnahme (§ 42 SGB VIII)

§ 42 SGB VIII regelt die Voraussetzungen und den Inhalt der Krisenintervention durch Inobhutnahme als vorläufige Maßnahme in Eil- und Notfällen zum Schutz von Kindern und Jugendlichen. Die früher in §§ 42 und 43 SGB VIII a.F. als Inobhutnahme und Herausnahme geregelten vorläufigen Maßnahmen wurden durch das KICK 2005 systematisch neu geordnet und mit Ausnahme des Verweises in § 8a Abs. 3 Satz 2 SGB VIII in einer Vorschrift zusammengefasst. Mit „Inobhutnahme" ist nicht mehr nur die **betreuende Schutzgewährung** als solche gemeint, vielmehr wurden mit der neuen Regelung Anlass und Handlungsprogramm, Befugnisse und Pflichten des Jugendamts ihrer inneren Logik entsprechend normiert. Inhaltlich – im Hinblick auf Ablauf und Handlungsprogramm hat sich aber an den fachlichen und normativen **Standards der Krisenintervention** nichts Wesentliches geändert. Klarer wurden aber insbesondere die Zugänge und Kompetenzen des Jugendamts geregelt sowie fachliche Verfahrens- und Handlungsstandards deutlicher hervorgehoben.

Das Gesetz beginnt in § 42 SGB VIII zunächst rechtsmethodisch stimmig in Abs. 1 Satz 1 Nr. 1 bis 3 mit den Anlässen (also den Tatbestandsvoraussetzungen) und regelt anschließend Inhalt und Ablauf (die Rechtsfolgen) der Inobhutnahme. In Abs. 1 Satz 2 werden die Befugnisse des Jugendamtes zur Heraus- bzw. Wegnahme sowie zur Unterbringung beschrieben. Daran schließt sich in Abs. 2 Satz 1 die Pflicht zur eigentlichen, sozialpädagogischen Arbeit, die primäre Situations- und Perspektivenklärung mit dem Kind bzw. den Jugendlichen an. In Abs. 2 Satz 2 bis 4 werden die – früher in Abs. 1 beschriebenen – Aufgaben des Jugendamts bei der Durchführung der Inobhutnahme zusammengefasst und im Hinblick auf die rechtsgeschäftlichen Befugnisse erweitert. Abs. 3 richtet den Blick auf die Eltern und ausdrücklich auf die sich bereits unmittelbar aus Art. 6 Abs. 2 GG ergebende Pflicht des Jugendamts zur Zusammenarbeit mit den Personensorge- und Erziehungsberechtigten. Kommt es zu einem Widerspruch der Eltern bleibt es wie bislang bei der vorrangigen Herausgabepflicht und im fortdauernden Gefährdungsfall bei der Einschaltung des Familiengerichts (Abs. 3 Satz 2 Nr. 2). In Abs. 4 werden erstmals die Beendigungstatbestände definiert. Abs. 5 regelt die engen Grenzen der freiheitsentziehenden Maßnahmen. In Abs. 6 findet sich eine klarstellende Regelung im Hinblick auf die Anwendung von unmittelbarem Zwang (Gewaltanwendung).

Rechtsnatur der Norm

Bei der Inobhutnahme handelt es sich nicht um eine zivilrechtliche Unterbringung (z. B. auf vertraglicher Grundlage zwischen Eltern und einer Einrichtung), sondern um eine hoheitliche Tätigkeit.[400] Die Inobhutnahme ist gesetzessystematisch den „anderen Aufgaben" der Jugendhilfe zugeordnet, bei denen es im Wesentlichen immer um die Sicherung des Wohls der Minderjährigen geht. Zwar sind die im Dritten Kapitel des SGB VIII beschriebenen Aufgaben von der Krisenintervention (§ 42 SGB VIII) bis zur Beurkundung (§§ 59f. SGB VIII) inhaltlich sehr verschieden, ihr gemeinsamer Kern ist aber der **hoheitliche Charakter**, weshalb die Aufgabenerfüllung nur den öffentlichen Trägern obliegt (s. u. Kap. 4.2.7.1, S. 266). An einigen Aufgaben wie z. B. der Inobhutnahme können anerkannte Träger der freien Jugendhilfe nach § 76 SGB VIII beteiligt werden (hierzu Kap. 4.2.8, S. 273 ff.), eine Beleihung (Übertragung von Hoheitsrechten) findet aber nicht statt. Außerhalb des Jugendamts stehende Dritte (z. B. Schule oder Privatpersonen) können sich nicht auf § 42 SGB VIII berufen, sondern bedürfen einer eigenen Rechtsgrundlage bzw. Rechtfertigung (z. B. § 8 JuSchG, landesrechtliche Regelungen der Gefahrenabwehr, Notwehr/-hilfe § 32 StGB), um sich nicht dem Vorwurf der Kindesentziehung (§ 235 StGB) auszusetzen. Das gilt auch für **Jugendschutzstellen freier Träger**, die deshalb eine Inobhutnahme nicht ohne eine vorherige Einzelfallentscheidung des Jugendamts durchführen dürfen (s. u. 4.2.8, S. 274).

Zwar handelt es sich bei der Inobhutnahme um eine hoheitliche Aufgabe, allerdings nicht um eine klassische „Eingriffsverwaltung". Im Rahmen der Inobhutnahme, insbesondere von gefährdeten Kindern und Jugendlichen, die sich bei ihren Eltern aufhalten, kommt es zwar häufig zu einem Eingriff in

400 Zu den Formen des Verwaltungshandelns vgl. Trenczek u. a. 2008, 128 ff.

die Personensorge der Eltern, ein solcher ist aber *kein* Wesensmerkmal der Schutzmaßnahme.[401]

Abgrenzung zur Erziehungshilfe

Es ist durchaus möglich, dass die Eltern dieser nicht widersprechen oder gar in die Unterbringung einwilligen, insbesondere um eine Krise nicht eskalieren, sondern um die Emotionen z. B. über das Wochenende abkühlen zu lassen oder weil sie froh sind, dass ihrem Kind Schutz gewährt wurde. Das macht die Krisenintervention aber **nicht** bereits zu einer erzieherischen Hilfe i. S. d. § 27 SGB VIII.[402]

Allerdings beinhaltet zumindest § 42 Abs. 1 Nr. 1 SGB VIII auch einen **Rechtsanspruch** (subjektiv-öffentliches Recht[403]) des Minderjährigen auf Schutzgewährung. Der ordnungsrechtliche Gehalt der Maßnahme wird mithin durch den Leistungsanspruch und den fachlich-sozialpädagogischen Auftrag ergänzt; beide Bereiche, hoheitliche Schutzverpflichtung und sozialrechtliche Leistungsgewährung, sind untrennbar miteinander verknüpft. Freilich impliziert der Begriff „Maßnahme“ im Unterschied zur Leistung schon semantisch u. U. auch ein Vorgehen ohne oder gegen den Willen der Betroffenen. Die Inobhutnahme steht nicht zur Disposition der Betroffenen, sie wird nicht von der Mitwirkungsbereitschaft der betroffenen Kinder, Jugendlichen und deren Eltern (vgl. §§ 60 ff. SGB I) abhängig gemacht. Im Rahmen der hoheitlichen Tätigkeit der Jugendhilfe gilt es gleichwohl zu beachten, dass die „anderen Aufgaben“ in gleicher Weise wie die „Leistungen“ der Förderung und dem Schutz von Kindern und Jugendlichen dienen und deshalb *„zugunsten“* junger Menschen und ihrer Familien erbracht werden müssen.[404] Damit unterscheidet sich die Jugendhilfe von den Polizei- und Ordnungsbehörden, deren Tätigkeit sich mehr auf das Interesse

---

401 Vgl. OLG Stuttgart 6.7.2005 – 4 U 81/05 – JAmt 2005, 474 (477).

402 Missverständlich Wiesner/Wiesner 2006 § 42 Rz. 9. Zu den materiellen und formellen Leistungsvoraussetzungen der Erziehungshilfen nach §§ 27 ff. SGB VIII, vgl. Münder u. a. 2006, Vor§ 27, § 27; Tammen 2007, 244 ff.; Trenczek u. a. 2008, 386 ff.. Nicht selten wird die Krisenintervention zugunsten (bei Fehlplatzierungen nur vermeintlich) „billigeren“ Anschlusshilfen vorschnell beendigt oder in eine solche aus Kostengründen „umgewidmet (s. o. Kap. 2.3, S. 108, vgl. Zitelmann 2007, 19).

403 Hierzu Münder u. a. 2006 VorKap 2 Rz. 4 ff.; Trenczek u. a. 2008, 37.

404 Zur sozialanwaltschaftlichen Funktion der Jugendhilfe s. o. S. 150; vgl. Münder u. a. 2006 § 2 Rz. 7.

der Allgemeinheit richtet, was sich auch in dem polizeirechtlichen Gefahrenabwehrbegriff niederschlägt. Zwar kann auch die Polizei nach § 8 JuSchG Minderjährige in Gewahrsam nehmen, allerdings nur, um sie den Eltern zuzuführen oder sie der Obhut des Jugendamts zu übergeben[405]. In diesem Zusammenhang sei darauf hingewiesen, dass aufgegriffene Kinder und Jugendliche der Jugendschutzstelle wenn irgend möglich nicht von der Polizei im Streifenwagen zugeführt, sondern von den Mitarbeitern der Jugendschutzstelle in der Polizeidienststelle abgeholt werden sollten. Soweit die Jugendämter aufgrund mangelnder eigener (Transport)Ressourcen auf die „Fahrbereitschaft" der Polizei angewiesen sind, sollte auf eine transparente Kommunikation auch von Seiten der Polizei Wert gelegt werden, um jeden Eindruck einer polizeilichen Unterbringung zu vermeiden.

Polizeiliche Zuführung

Wenn die Tatbestandsvoraussetzungen der Inobhutnahme erfüllt sind, wird die Schutzpflicht des Staates ausgelöst bzw. der Rechtsanspruch auf Inobhutnahme entsteht. Für ein (Entschließungs-)Ermessen des Jugendamts ist kein Raum.[406] Damit dürfen von den öffentlichen Jugendhilfeträgern auch keine zusätzlichen die Schutzverpflichtung unterlaufende Ausschlusskriterien formuliert werden. Solche Klauseln jedweder Art (z.B. im Hinblick auf den Krisenanlass, die Problemausprägung oder Eigenschaften und Verhaltensweisen von Minderjährigen) sind **unzulässig**. Das betrifft insbesondere sog. „Drogenklauseln", mit denen verhindert werden soll, dass Drogen konsumierende Jugendliche aufgenommen werden. Etwas anderes ist das Ausstellen und Einfordern von Regeln und Hausordnungen, mit denen ein gedeihliches Miteinander der Bewohner gewährleistet werden soll.

Ausschlusskriterien

405 Vgl. auch die landesrechtlichen Befugnisse im Rahmen der polizeilichen Gefahrenabwehr Art. 17 Abs. 2 BayPAG; § 30 Abs. 2 ASOG Berlin, § 18 Abs. 3 Nds. SOG; § 35 Abs. 2 PolG NRW.

406 Coester 1991, 255f; Krug u.a. 2007 § 42, 18; Jans u.a. 2006 § 42 Rz. 20; Münchner Kommentar-Strick 2002 § 42 Rz. 10; Münder u.a. 2006 § 1 Rz. 6, § 2 Rz. 5, § 42 Rz. 11; Hauck/Noftz-Mainberger 2007 § 42 Rz. 10; Schellhorn/Mann 2007 § 42 Rz. 7; Trenczek 2007a Rz. 3; vgl. auch Jeand'Heur 1993, 99 ff. (leistungsrechtliche „Dimensionserweiterung); Koenig von und zu Warthausen 2004, 27 ff.; a. A. Kunkel/Röchling 2006 § 42 Rz. 22 f. bei gleichzeitiger „Ermessensreduzierung auf Null". Zur rechtlichen Stellung der Minderjährigen im SGB VIII allgemein, vgl. Münder u.a. 2006 § 1 Rz. 12 ff.

Eine Inobhutnahme ist auch nicht ausgeschlossen, wenn bereits eine Erziehungshilfe bewilligt wurde bzw. in einer Einrichtung durchgeführt wird, aus der z. B. das Kind oder der Jugendliche ausgerissen ist. Dies wie die Inobhutnahme sollte Anlass sein, die zugrunde liegenden Konflikte und Krisen zu bearbeiten, die bisherige Hilfeplanung zu überdenken und ggf. zu verändern.

4.2.1 Anlass der Krisenintervention (§ 42 Abs. 1 SGB VIII)

§ 42 SGB VIII sieht im Hinblick auf den Anlass der Krisenintervention drei unterschiedliche Fallgruppen vor: die sog. Selbstmelder (Kap. 4.2.1.1.), die nicht anders abwendbare Kindeswohlgefährdung (Kap. 4.2.1.2.) sowie die Schutzgewährung für unbegleitete ausländische Minderjährige (Kap. 4.2.1.3). Anders als in der a. F. ist nicht mehr nur von der Verpflichtung, sondern auch der Berechtigung zur Inobhutnahme die Rede. Unterhalb der Eingriffsschwelle des § 42 SGB VIII ist damit eine entsprechende Intervention des Jugendamtes unzulässig.

Beginn der Inobhutnahme

Die Inobhutnahme beginnt nicht schon mit dem ersten Kontakt zwischen dem Kind bzw. Jugendlichen und dem Jugendamt bzw. der Jugendschutzstelle. Solange keine Weg- oder Herausnahme erfolgt ist bzw. noch keine Entscheidung über die Unterbringung des jungen Menschen getroffen wurde, handelt es sich um eine Beratung ggf. auch ohne Einschaltung der Personensorgeberechtigten (vgl. § 8 Abs. 3 SGB VIII) und verfahrensrechtlich um die Vorbereitung eines zu erlassenden Verwaltungsaktes (zum Rechtscharakter der Entscheidung vgl. Kap. 4.2.7, S. 265). Die aufgrund der Konstruktion der alten Regelung notwendige Differenzierung über die **Art des Zugangs** (Zuführung, Herausnahme oder Wegnahme des Kindes oder Jugendlichen) wurde mit der Neuregelung 2005 obsolet. Unbeachtlich ist nun auch der Ort, wo sich der/die Minderjährige vor bzw. bei der Inobhutnahme befindet.[407]

Inobhutnahme am sicheren Ort

§ 42 SGB VIII findet deshalb auch dann Anwendung, wenn sich der Minderjährige bereits bei der betreuenden Person

407 Der Ort behält seine Relevanz lediglich für die Bestimmung der örtlichen Zuständigkeit nach § 87 SGB VIII, s. u. Kap. 4.2.7.1.

(zur Unterbringung bei dem nicht sorgeberechtigten Elternteil s. u. Kap. 4.2.2.3, S. 214) bzw. in einer Einrichtung befindet und dieser Aufenthalt fortgesetzt werden soll (Inobhutnahme am sicheren Ort), insbesondere weil eine Beendigung des Aufenthaltes zu einer Kindeswohlgefährdung führte oder wenn sich der Minderjährige weigert, zu den sorgeberechtigten Personen zurückzukehren.[408] Nur bei einem Konflikt zwischen sorge- und nichtsorgeberechtigtem Elternteil (wenn sich der Minderjährige bei Letzterem aufhält) kann das Gericht nach § 1632 BGB entscheiden. Ist dies selbst im Eilverfahren nicht möglich, und in allen anderen Konfliktkonstellationen bedarf es schon zur Absicherung der beteiligten Personen gegenüber dem Vorwurf der widerrechtlichen Unterbringung und Entziehung Minderjähriger (§ 235 StGB) einer hoheitlichen Entscheidung des Jugendamts (s. u. S. 265). Entsprechendes gilt für die Inobhutnahme von Kindern im Krankenhaus z. B. nach der Entbindung oder bei einem stationären Aufenthalt in einer Therapieeinrichtung, wenn die Eltern beabsichtigen, ihr Kind trotz der ihm dadurch drohenden Gefahren i. S. d. § 1666 BGB nach Hause zu nehmen und insoweit keine dies verhindernde Eilentscheidung des Familiengerichts möglich ist.[409] Gleiches gilt für den Fall, dass Eltern Säuglinge anonym abgeben bzw. zurücklassen („**Babyklappe**“[410]) und keine (vorrangige) gesetzliche oder vertragliche Behandlungsverpflichtung des Krankenhauses besteht.[411]

---

408 OLG Zweibrücken FamRZ 1996, 1026/ZfJ 1996, 241; a. A. Münchner Kommentar-Strick 2002 § 42 Rz. 5; Ollmann 2000, 262; Wiesner/Wiesner 2006 § 42 Rz. 20

409 Vgl. DIJuF JAmt 2004, 76 f.

410 Hierzu Mielitz 2006. Der Betreiber einer Babyklappe muss nach § 25 Personenstandsgesetz spätestens am folgenden Tage der Ortspolizeibehörde den Fund des Kindes anzeigen (Meldepflicht). Es empfiehlt sich allerdings, das Jugendamt unmittelbar zu informieren, damit die Inobhutnahme sofort veranlasst und auf diesem Wege ein Vormund (§ 1773 BGB) bestellt werden kann.

411 BayVGH 12 BV 3.1971 v. 9.6.2005 – JAmt 2006, 148 (149); DIJuF JAmt 2003, 235 ff.; Mielitz 2006, 122 f.; Mrozynski 2004 § 42 Rz. 6; Münder u. a. 2006 § 42 Rz. 9; a. A. und sehr konstruiert Bieritz-Harder 2000, die hierin einen atypischen Fall der Hilfe zur Erziehung sieht.

Alter der in Obhut genommen Personen

In Obhut genommen werden dürfen nur minderjährige junge Menschen. Dagegen können (junge) **Volljährige** (§ 7 Abs. 1 Nr. 3 SGB VIII) nicht, auch nicht vorübergehend nach § 42 SGB VIII untergebracht werden. Befinden sie sich in einer Krisensituation mit Selbst- oder Fremdgefährdung sind sie ggf. nach den Unterbringungsgesetzen (UBG bzw. PsychKG) bzw. den allgemeinen Polizeigesetzen der Länder im Rahmen der Gefahrenabwehr vorbeugend „in Verwahrung" zu nehmen, soweit kurzfristige Hilfen nicht über § 41 SGB VIII geleistet werden können. In der Praxis wird diese normativ klare Linie gelegentlich überschritten, sei es unbewusst, weil man z. B. bei minderjährigen unbegleiteten Flüchtigen das Alter nicht genau kennt, oder bewusst, weil ein Abbruch der Krisenhilfe unverhältnismäßig, ja geradezu verantwortungslos wäre, z. B. wenn eine hilfebedürftige (z. B. schwangere, süchtige, …) gerade noch 17-jährige Jugendliche während ihres Aufenthaltes volljährig wird und eine Anschlusshilfe nach § 41 SGB VIII noch nicht gesichert ist. Hier bestehen jenseits der sozialpädagogischen Notwendigkeit der Betreuung ungeklärte Finanzierungs- und ggf. Haftungsfragen, insbesondere wenn die Einrichtung lediglich über eine Betriebsgenehmigung (§ 45 SGB VIII) für Kinder und Jugendliche verfügt. Aufgrund der in Krisensituationen regelmäßig schnellen Entscheidungsnotwendigkeit wird man aber das **Risiko der fehlerhaften Altersschätzung** und der deshalb zu Unrecht erbrachten Hilfe nicht generell, sondern nur dann dem handelnden Jugendamt auferlegen dürfen, wenn diesem der Vorwurf einer nicht sorgfältigen Prüfung gemacht werden kann.[412] Hier muss das Gleiche gelten wie in den Fällen, in denen sich eine in der Krise (*ex ante*) angenommene, bei rückblickender (*ex post*) Betrachtung dann nur vermeintliche Kindeswohlgefahr doch nicht vorgelegen hat (s. u. Kap. 4.2.1.2, S. 199). Zur fachgerechten Prüfung gehört es freilich, sich mit zumutbaren Mitteln selbst von dem Alter der betroffenen Person wie vom Vorliegen aller sonstigen Tatbestandsvoraussetzungen zu überzeugen. Es ist nicht ausrei-

412 DIJuF JAmt 2004, 312 ff.; vgl. BVerwG v. 29.6.2006 – 5 C 24/05 – NVwRZ-RR 2006, 702; a. A. VG Münster 5.2.2004 – 9 K 1325/01 – JAmt 2004, 326.

chend, auf die Angaben der aufnehmenden Einrichtung (z.B. freier Träger) zu vertrauen.

4.2.1.1 Inobhutnahme auf Wunsch des Minderjährigen

Selbstmelder

Zur vorläufigen Unterbringung von Kindern und Jugendlichen ist das Jugendamt berechtigt und verpflichtet, wenn diese darum bitten (sog. „Selbstmelder"). Auf das Alter oder die (sozialrechtliche) Handlungsfähigkeit des Kindes oder Jugendlichen (vgl. § 36 Abs. 1 SGB I) kommt es nicht an, da es sich nicht um einen förmlichen „Antrag" handelt.[413] An den Wunsch sind keine formellen und inhaltlichen Anforderungen zu richten, eine Begründung des Minderjährigen ist nicht notwendig.[414] Ausreichend ist, dass das Kind oder der Jugendliche für sich eine akute, nicht anders behebbare Konflikt- oder Notlage sieht (**subjektives Schutzbedürfnis**).[415] Ein objektiver Hilfebedarf ist gerade nicht erforderlich.[416] Das Jugendamt hat auch kein (Entschließungs-)Ermessen, ob der Minderjährige in Obhut genommen wird.[417] Es besteht ein **Rechtsanspruch auf Schutzgewährung.**[418] Es ist deshalb sehr problematisch, wenn vereinzelt darauf hingewiesen wird, dass bei den Selbstmeldern die Aufnahme „grundsätzlich" erfolgen müsse und „vor einer Unterbringung das Ausmaß der Gefährdung einzuschätzen, die Ressourcen des (innerfa-

---

413 Insoweit ist eine Stellvertretung Dritter (z.B. auch durch einen Rechtsanwalt) weder möglich (da dessen Bevollmächtigung gerade die Geschäftsfähigkeit voraussetzt) noch notwendig. Dritte können den Wunsch des Minderjährigen ggf. als Bote übermitteln.

414 OLG Hamm ZfJ 1997, 433 f.; Czerner 2000, 374 f.; Münchner Kommentar-Strick 2002 § 42 Rz. 9; Meysen/Schindler 2004, 459; Trenczek 2000, 126 u. 2007a, Rz. 7; Wiesner/Wiesner 2006 § 42 Rz. 7.

415 Ganz h.M. vgl. Münder u.a. 2006 § 42 Rz. 11; Trenczek 2007a Rz. 3; auch Jans u.a. 2007 § 42 Rz. 24.

416 Missverständlich Kunkel/Röchling 2006 § 42 Rz. 21; a.A. Hauck-Bohnert 2007 § 42 Rz. 11 f. (konkrete Hinweise für eine entsprechende Gefährdungssituation müssen erkennbar sein).

417 Kunkel/Röchling 2006 § 42 Rz. 21 der bei Vorliegen der Voraussetzungen des Abs. 1 Nr. 1 gleichzeitig eine „Ermessensreduzierung auf Null" annimmt.

418 Vgl. Münder u.a. 2006 § 42 Rz. 4; Trenczek 2007a Rz. 3; vgl. Coester 1991, 255 f.; Jeand'Heur 1993, 99 ff.; Münchner Kommentar-Strick 2002 § 42 Rz. 10; Koenig von und zu Warthausen 2004, 27 ff.

miliären) Konfliktlösungspotentials auszuloten und alternative Lösungen ambulanter Art zu prüfen sind."[419] Die Inobhutnahme darf bei Selbstmeldern gerade nicht von einer mit § 42 Abs. 1 Nr. 2 SGB VIIII vergleichbaren Gefährdungseinschätzung abhängig gemacht werden. Die Verpflichtung des Jugendamts, Selbstmeldern Obhut zu gewähren, besteht ohne Einschränkung, **ohne** jede **Vorprüfung** der Situation und gleichgültig mit welcher Begründung der Jugendliche um Obhut bittet, ob seine Begründung überzeugend ist oder er gar aus Scham oder Angst schweigt. Diese Auslegung ist durch den klaren Wortlaut, die Entstehungsgeschichte und den Sinn und Zweck der Vorschrift begründet und verstößt auch dann nicht gegen Art. 6 Abs. 2 GG, wenn objektive Anhaltspunkte für eine Kindeswohlgefährdung nicht vorzuliegen scheinen und sich der Minderjährige aus der Sicht Erwachsener nur der elterlichen Erziehung oder Strafe (Hausarrest) entziehen will. Es gibt empirisch keine Anzeichen dafür, dass Kinder und Jugendliche ohne ernsthaften Grund, nur so zum Spaß oder weil sie eine billige Übernachtungsmöglichkeit suchen, um Inobhutnahme bitten.[420] Ein solcher Argwohn entspringt der jugendfernen Vorstellung Erwachsener und widerspricht Sinn und Zweck des Gesetzes. Der denkbare Ausnahmefall einer offensichtlich nicht ernst gemeinten oder

---

419 BayLJA 2007, 6.

420 Etwas völlig anderes ist der in der Praxis gelegentlich vorkommende Fall, in denen sich Jugendliche insbesondere wegen nicht (konstruktiv) bearbeiteter Konflikte wiederholt, immer wieder, „ständig" selbst melden, auch wenn die vorausgegangene Inobhutnahme gerade erst beendet worden ist, weil zwar ein Eltern-Kind-Konflikt, aber keine Kindeswohlgefährdung vorliegt und die Eltern einer (weiteren) Inobhutnahme widersprechen. Dies ist ein Problem der Hilfeplanung, der Beratung und ggf. weiterführenden Erziehungshilfen. Diese Konflikte lassen sich durch die Krisenintervention nicht lösen. Die Inobhutnahme kann insofern lediglich einen Anstoß geben. Entsprechendes gilt für Jugendliche, die aus Einrichtungen ausreißen und sich mitunter schwierigen pädagogischen Prozessen entziehen wollen. An der Pflicht zur Inobhutnahme ändert dies allerdings letztlich nichts. Der Gesetzgeber verfolgte gerade im Hinblick auf junge Menschen, die sich bisherigen Angeboten der Jugendhilfe entzogen haben („jugendliche Ausreißer"), das Ziel einer intensiven pädagogischen Hilfestellung für den betroffenen Jugendlichen zu leisten, um die Ursache seines „Ausreißens" herauszufinden und Ansätze und mögliche Perspektiven zu entwickeln und weiteren Ausbruchstendenzen vorzubeugen (vgl. BT-Drs. 11/5948, 79).

rechtsmissbräuchlichen Bitte um Unterbringung muss im Rahmen der Auslegung außer Betracht bleiben und darf das (normative) Handlungsprogramm der Jugendhilfe nicht bestimmen. Es ist ein verbreiteter Denkfehler, generalisierende Verhaltenserwartungen mit dem u.U. selbst erlebten extremen Einzelfall meinen kontern zu können. Man kann froh sein, wenn sich Kinder und Jugendliche in einer Krise dem Jugendamt und damit der Erwachsenenwelt anvertrauen. Es spricht nichts gegen eine Konflikte transparent machende und Aktivität motivierende pädagogische Auseinandersetzung mit jungen Menschen. Insoweit sind mit ihnen im Rahmen der notwendigen Klärungshilfe stets Konfliktlösungsmöglichkeiten und Handlungsalternativen zu besprechen. Allerdings folgt rechtlich aus der – wie auch immer formulierten – Bitte die (nicht nur „grundsätzliche", sondern verbindliche) **Verpflichtung zur Inobhutnahme**. Die Verweigerung der Schutzgewährung stellt eine Amtspflichtverletzung mit möglichen Haftungsfolgen dar (Art. 34 GG, § 839 BGB).

Eine völlig andere Frage ist es, ob und ggf. wie lange die Inobhutnahme nach einer Selbstmeldung aufrecht erhalten werden darf und muss. Dies hängt ganz wesentlich von der Reaktion der Eltern ab (s.u. Kap. 4.2.3) und ggf. ob bei Beendigung der Inobhutnahme eine Kindeswohlgefährdung droht. Die Selbstmeldung als solche trägt die Inobhutnahme nicht auf Dauer (zur Beendigung der Inobhutnahme durch die Minderjährigen selbst, s.u. Kap. 4.2.4, S. 240f.).

Bitte der Eltern

Nicht vorgesehen ist die Inobhutnahme auf Antrag oder Bitten der Eltern, insbesondere (kurzfristig) überforderter („ich kann einfach nicht mehr …") Mütter,[421] Väter oder nicht sorgeberechtigter Elternteile, Vormündern oder von Einrichtungen.[422] Eine solche Aufforderung muss aber das Jugendamt

421 Legt eine Mutter ihr Kind anonym in eine **Babyklappe**, handelt es sich weder um eine Inobhutnahme auf Wunsch der Mutter noch um eine Hilfe zur Erziehung, sondern um eine Inobhutnahme zur Verhinderung einer Kindeswohlgefahr nach § 42 Abs. 1 Nr. 2 SGB VIII; hierzu Mielitz 2006.

422 In der Praxis scheinen Inobhutnahmeeinrichtungen gelegentlich als Übergangs- und Bereitschaftshilfen missbraucht zu werden. Sofern (Jugendhilfe)-Einrichtungen aus deren Sicht schwierige, nicht mehr tragbare Kinder und Jugendliche „rausschmeißen" und diese aufgrund nicht gut abgesprochener Übergaben an die Personensorgeberechtigten auf der

regelmäßig veranlassen zu prüfen, ob Hilfen zur Erziehung oder andere Leistungen in Betracht kommen oder die Inobhutnahme aufgrund einer dringenden Kindeswohlgefährdung erforderlich ist. Das gleiche gilt in dem in der Praxis gar nicht so seltenen Fall, dass die Eltern sich weigern, ihr Kind (wieder) bei sich aufzunehmen. Davon zu unterscheiden ist, dass die Personensorgeberechtigten in die Inobhutnahme einwilligen. Das macht die Krisenintervention aber nicht bereits zu einer erzieherischen Hilfe i.S.d. § 27 SGB VIII (s.o. S. 190).[423]

Gewalt durch Minderjährige

Es ist nicht ausgeschlossen, dass ältere Kinder und Jugendliche Körper-, Gesundheits- und Freiheitsverletzungen gegenüber ihren Eltern begehen,[424] und diese deshalb darum bitten, vor ihnen geschützt zu werden. Insoweit besteht für sie die Möglichkeit, gerichtliche Schutzanordnungen sowie eine Hausverweisung nach §§ 1f. Gewaltschutzgesetz zu erwirken, wenn sorgerechtliche Maßnahmen nicht geeignet oder ausreichend sind.[425] Bei akuten Notfällen kann die Polizei eine vorläufige Wohnungsverweisung (z.B. § 34a PolG NRW, § 17 Abs. 2 Nds. SOG) und Gewahrsamnahme (z.B. § 35 PolG NRW, § 30 Abs. 2 ASOG Berlin, § 18 Abs. 3 Nds. SOG) im Rahmen ihrer Gefahrabwehrbefugnisse verfügen. In diesen Fällen ist dann stets das Jugendamt als zuständige Behörde zu informieren, da das Wohl eines Minderjährigen ungeachtet der von ihm ausgeübten Gewalt betroffen oder gar gefährdet ist. Damit sind die Polizeibehörden verpflichtet, bei Ingewahrnahme eines Minderjährigen das Jugendamt einzuschalten, weil und soweit die Eltern ihr Elternrecht nicht ausüben können.[426]

Straße landen, werden sie vom Jugendamt in Obhut genommen werden müssen. Insoweit ist allerdings eine Haftung und Kostenheranziehung nicht nur der unterhaltspflichtigen Eltern, sondern u. U. auch der Einrichtung zu prüfen, da sie diese „Störung" mit verursacht haben.

423 Missverständlich Wiesner/Wiesner 2006 § 42 Rz. 9.

424 Vgl. BT-Drs. 14/5429, 32.

425 BT-Drs. 14/5429; DIJuF 2006, 495.

426 Vgl. z.B § 8 Nr. 2 JSchG, § 30 Abs. 2 ASOG Berlin, § 18 Abs. 3 Nds. SOG; § 35 Abs. 2 PolG NRW; PDV 382 – 6.1.2 u. 6.2.2; vgl. AG Dannenberg v. 9.1.2004 – 39 XIV 595/01 u. v. 28.4.2004 – 39 XIV 454/02 L; DIJuF 2006, 496.

4.2.1.2 Inobhutnahme bei dringender Gefahr für das Kind oder den Jugendlichen

Risikoeinschätzung/Gefahrenprognose

Eine Befugnis und Verpflichtung des Jugendamts zur Inobhutnahme ergibt sich, wenn es eine dringende Gefahr für das Wohl des Minderjährigen erfordert, die Personensorgeberechtigten nicht widersprechen (§§ 8a Abs. 3 Satz 2, 42 Abs. 1 Nr. 2 SGB VIII) oder weil die Gefährdung nicht anders abgewendet werden kann. Die Regelung verweist bereits in den Tatbestandsvoraussetzungen von § 42 Abs. 1 Nr. 2a SGB VIII auf das Widerspruchsrecht der Personensorgeberechtigten und damit auf die Vordringlichkeit einer mit ihnen zu erzielenden einvernehmlichen Regelung. Nur wenn sie nicht zustimmen (es reicht aus, dass sie konkludent auf ihr Widerspruchsrecht verzichten) bedarf es ggf. einer familiengerichtlichen Entscheidung. Im Hinblick auf ihre vorrangige Erziehungsverantwortung (Art. 6 Abs. 2 GG) sind die Eltern wenn möglich *vor* der Entscheidung über die Inobhutnahme und Unterbringung zu kontaktieren, soweit hierdurch der wirksame Schutz des Kindes oder des Jugendlichen nicht in Frage gestellt wird (vgl. auch § 8a Abs. 1 Satz 2 SGB VIII). Die Schwere und Häufigkeit einer Kindeswohlgefährdung ist nicht immer offenkundig und vielfach zwischen Eltern und den Mitarbeitern des ASD umstritten (s. o. Kap. 1.3, S. 45 ff.). Von den Fachkräften wird mitunter eine sehr komplexe Abwägung innerhalb kürzester Zeit verlangt. Bei einer Inobhutnahme nach § 42 Abs. 1 Nr. 2 SGB VIII müssen die tatsächlichen Anhaltspunkte für eine Kindeswohlgefährdung objektiv erkennbar sein, auch wenn insoweit keine überhöhten Anforderungen an die in der Krisensituation (*ex ante*) vorgenommene **Gefahrenprognose** zu stellen sind. Stellt sich hinterher rückblickend (*ex post*) heraus, dass die Gefahrenlage nicht bestanden hat, so macht dies die Inobhutnahme nur dann rechtswidrig, wenn die Voraussetzungen zum Zeitpunkt der Intervention nicht sorgfältig, d. h. fachgerecht, geprüft worden waren.[427] Nur dann trifft das handelnde Jugendamt das Risiko der Fehleinschätzung und die damit verbundenen Folge, auf den Kosten der nicht rechtmäßigen Intervention sitzen zu bleiben.

---

427 Ebenso DIJuF JAmt 2004, 313 f.

Kindeswohlgefahr

Im Hinblick auf die Art der dem Kind oder Jugendlichen drohenden Gefahr ist nicht auf den polizeilichen Gefahrenabwehrbegriff abzustellen, vielmehr ist der **Maßstab des § 1666 BGB** zu Grunde zu legen.[428] Daraus folgt, dass nicht schon jeder Aufenthalt in einem subkulturellen Milieu, nicht jede Störung der öffentlichen Ordnung, insbesondere die Begehung einer Straftat, zu einer Inobhutnahme verpflichtet, sie ist angesichts der elterlichen Erziehungsverantwortung und des Verhältnismäßigkeitsprinzips nicht einmal zulässig. Die Verpflichtung zur Inobhutnahme besteht, wenn das körperliche, geistige oder seelische Wohl des Minderjährigen (s. o. Kap. 3.2.2, S. 123 ff.) gefährdet wird und wenn die Eltern nicht gewillt oder in der Lage sind, diese Gefahr von dem Minderjährige abzuwenden (§ 1666 Abs. 1 BGB). In der Praxis geht es aber nicht nur um die extreme Vernachlässigung, um Minderjährige, deren Versorgung durch Ausfall der Eltern (Sucht, Krankheit, Unfall) gefährdet ist, um Misshandlung oder den (sexuellen) Missbrauch von Kindern oder um Kinder und Jugendliche, die sich z. B. aufgrund eines exzessiven Alkohol- und Drogengenusses selbst gefährden oder den Gefahren der Straße, der Kriminalität und des Prostitutions- und Drogenmilieus ausgesetzt sind. Der häufigste Grund für die Inobhutnahme ist die Überforderung der Eltern in einer akuten Krisensituation sowie massive Beziehungsprobleme zwischen Eltern und ihren Kindern (s. o. Kap. 2.2, S. 86 ff.).

Dringende Gefahr

Die Gefahr für das Kindeswohl muss auch dringend sein und deshalb – für den Fall, dass eine einvernehmliche Lösung mit den Eltern nicht möglich ist – eine (vorläufige) Entscheidung des nach § 8a Abs. 3 Satz 1 SGB VIII angerufenen Familiengericht nicht abgewartet werden können (§ 8a Abs. 3 Satz 2 a.E., 42 Abs. 1 Nr. 2 b SGB VIII; vgl. Art. 13 Abs. 4 GG.). Diese ist vorrangig.[429] Lehnt das Gericht eine vorläufige

---

428 Ganz h. M. Coester 2008, 5; Münder u. a. 2006 § 42 Rz. 14; Trenczek 2007a Rz. 9; Wiesner/Wiesner 2006 § 8a Rz. 14; mittlerweile wohl auch Jans u. a. § 42 2007 Rz. 26 (anders noch 2003 § 42 Rz. 53); tendenziell immer noch Hauck-Bohnert 2007 § 42 Rz. 15 (an den polizeilichen Gefahrbegriff „angelehnt“).

429 A.A. Kunkel/Röchling 2006 § 42 Rz. 36. Freilich wäre es im Hinblick auf die Abwendung einer akuten Kindeswohlgefährdung unangemessen, nicht nur von einem normativen, sondern realen Konkurrenzverhältnis

Anordnung ab, kann das Jugendamt bei unveränderter Sachlage nicht gegen diese Entscheidung eine Inobhutnahme durchführen. Bei der Inobhutnahme nach § 42 Abs. 1 Nr. 2 b SGB VIII handelt es sich lediglich um den **Ausnahmefall des „ersten Zugriffs“** für besondere Eilsituationen, mit der dem Jugendamt lediglich eine Möglichkeit zur Verfügung steht, bei Gefährdungen für das Kind oder den Jugendlichen schnell reagieren zu können, wenn ein Tätigwerden zur Abwendung der Gefahr keinen weiteren Aufschub duldet. Die Gefahr ist dringend, wenn eine Sachlage oder ein Verhalten bei ungehindertem Ablauf des objektiv zu erwartenden Geschehens mit hinreichender Wahrscheinlichkeit das Wohl des Kindes oder des Jugendlichen gefährden wird. Nicht erforderlich ist, dass die Verletzung oder Schädigung unmittelbar (akut) bevorsteht.[430] An die Wahrscheinlichkeit des Schadenseintrittes sind aus Gründen der Verhältnismäßigkeit umso geringere Anforderungen zu stellen, je größer und folgenschwerer der möglicherweise eintretende Schaden ist. Ein geringeres Schadensrisiko (Zeitperspektive) wird dabei durch eine höhere Schadensintensität (Rechtsgutperspektive) im Fall der Realisierung kompensiert.[431]

Erforderlichkeit

Die Inobhutnahme muss aufgrund der Gefährdungslage erforderlich sein, die Gefahr kann also nicht anders abgewendet werden. Schutzmaßnahmen sind insbesondere dann nicht erforderlich, wenn die Kindeswohlgefahr durch Einschaltung der Personensorge- oder Erziehungsberechtigten abgewendet oder eine (vorläufige) Eilentscheidung des Familiengerichts eingeholt werden kann. Es war u. a. im Rahmen einer Kostenerstattung (§ 89b SGB VIII) bzw. -heranziehung (§§ 91 ff. SGB VIII.) strittig, ob unterhalb der Eingriffsvoraussetzungen des § 42 Abs. 3 a. F. SGB VIII eine Inobhutnahme nicht nur nicht erforderlich, sondern überhaupt zulässig sei. Auch wenn der Zweck der Krisenintervention, junge Menschen nicht in einer Konflikt- und Notsituation zu belassen, für eine frühzeitige Intervention spricht, ist aufgrund des

der personensorgerechtlichen Maßnahme und der Krisenintervention durch tätige Inobhutnahme zu sprechen.

430 Vgl. BVerwG 6.9.1974 – I C 17.7 – E 47, 31, 40; a. A. Hauck-Bohnert 2007 § 42 Rz. 17.

431 Czerner 2000, 379; Coester 2008, 7.

Wortlauts der Regelung („berechtigt und verpflichtet") eine Inobhutnahme nach § 42 Abs. 1 Nr. 2 SGB VIII unterhalb der Gefahrenschwelle des § 1666 BGB unzulässig (das gilt nicht für Selbstmelder nach § 42 Abs. 1 Nr. 1 SGB VIII!). Hier kommen nur andere Interventionsformen der Jugendhilfe in Betracht (z. B. Konfliktberatung nach § 8 Abs. 3 SGB VIII auch ohne Kenntnis der Eltern).

Aufenthalt bei einem Elternteil

Schwierigkeiten bereitet in der Praxis die Konstellation, wenn bei getrennten aber gemeinsam sorgeberechtigten Eltern der Aufenthalt bei dem einen Elternteil zu einer kindeswohlgefährdenden Situation führt (z.B. aufgrund einer schweren psychischen Störung des Elternteils), diese sich z. B. aufgrund einer aus Anlass der Trennung früher getroffenen gerichtlichen Sorgerechts- oder Umgangsregelung weigert, das Kind dem anderen Elternteil zu überlassen. Selbst wenn der andere Personensorgeberechtigte zur Aufnahme des Kindes bereit ist, mag er sich hierzu mit Blick auf die gerichtliche Regelung nicht in der Lage sehen, die Kindeswohlgefährdung abzuwenden. In diesen Fällen ist allein schon aus Gründen der Klarheit zum Schutz des Kindeswohls eine Inobhutnahme des Kindes durch die hoheitliche Entscheidung des Jugendamts mit der Unterbringung bei dem anderen personensorgeberechtigten Elternteil erforderlich, wenn eine Entscheidung des Familiengerichts nicht abgewartet werden kann (zur Unterbringung bei dem nicht sorgeberechtigten Elternteil s. u. Kap. 4.2.2.3, S. 214).

Abgrenzung zu anderen Nothilfen

Besondere Praxisprobleme bereitet insofern („Erforderlichkeit") die Abgrenzung zu den Hilfe- und Unterstützungsleistungen anderer (vorrangig verpflichteter) Personen und Sozialleistungsträger. Unterhaltspflichtige Personen werden über die Kostenbeteiligung an ihre Verantwortung erinnert (§ 10 Abs. 2, §§ 90 ff. SGB VIII). Schwierigkeiten gibt es aber immer wieder im Hinblick auf die nach § 10 Abs. 1 Satz 2 SGB VIII vorrangige[432] Leistungspflicht, insbesondere der **Kranken-**

432 Eine Leistungspflicht der Jugendhilfe kommt angesichts der Nachrangigkeit nur dann in Betracht, wenn die versicherungsrechtlichen Voraussetzungen nicht (mehr) erfüllt sind bzw. die Betroffenen aufgrund mangelnder Versicherungsverhältnisse nicht anspruchsberechtigt sind. Z.B. besteht der Leistungsanspruch nach § 38 Abs. 1 SGB V nur bei behinderten

versicherungen bei einem krankheitsbedingten Ausfall der Eltern bzw. von Alleinerziehenden, wenn durch den Einsatz einer häuslichen Krankenpflege (§ 37 SGB V) oder Haushaltshilfe (§ 38 SGB V) eine Notsituation abgewendet werden könnte, aufgrund zu langer Entscheidungsprozesse aber nicht rechtzeitig bewilligt und deshalb aufgrund der nun mangelnden hauswirtschaftlichen Versorgung eine Gefährdung jüngerer Kinder zu befürchten ist.[433] Die Jugendhilfe kann im Gefährdungsfall nicht untätig bleiben und auf die vorrangige Leistungspflicht der Krankenkassen verweisen. Sofern das Jugendamt tatsächlich aufgrund einer zu kurzen Vorlaufszeit nicht in der Lage ist, anstelle der eigentlich leistungsverpflichteten Sozialleistungsträger die Betreuung und Versorgung von Kindern in Notsituationen im eigenen Haushalt nach § 20 SGB VIII sicherzustellen, bleibt mitunter nichts anderes übrig, als die Kinder in Obhut zu nehmen. Bei einer Notlage ist das Jugendamt immer in der Pflicht, da es Minderjährige nicht schutzlos lassen darf. Auch in den Fällen nicht rechtzeitiger, ausbleibender Leistungen anderer Sozialleistungsträger muss das Jugendamt – wenn sich andere Hilfen (sei es nach § 20 SGB VIII oder eine rechtzeitig initiierte und im Rahmen einer fachgerechten Hilfeplanung bewilligte Erziehungshilfe nach §§ 27 ff., 36 SGB VIII) so schnell nicht installieren lassen – gefährdete Kinder wie ein „Ausfallbürge" in Obhut nehmen.[434] Es besteht ein Anspruch auf Schutzgewährung. Werden die Kinder allerdings außerhalb des eigenen Haushalts[435] untergebracht, entfallen damit die Voraussetzungen einer Haushaltshilfe nach § 38 SGB V, § 28 SGB VI, § 42 SGB VII, § 54 SGB IX, da diese grundsätzlich nur

Haushaltshilfe

oder noch nicht 12 Jahre alten Kindern. Hierzu vgl. Deutscher Verein 2003; DIJuF 2006, 291 ff.

433 Entsprechendes gilt für die Haushaltshilfen im Rahmen von Rehabilitationsmaßnahmen der gesetzlichen Renten- und Unfallversicherung zur Integration behinderter Menschen (§ 28 SGB VI, § 54 SGB IX; § 42 SGB VII). Demgegenüber ist die Haushaltshilfe im Rahmen der Sozialhilfe nach § 70 SGB XII gegenüber den Leistungen der Jugendhilfe nachrangig (§ 10 Abs. 4 Satz 1 SGB VIII).

434 Münder u. a. 2006 § 42 Rz. 17; DIJuF 2006, 293 u. 2007, 26.

435 Eine „Inobhutnahme im eigenen Haushalt" mithilfe einer geeigneten Person ist in atypischen Fällen durchaus denkbar (s. u. Kap. 4.2.2.3, S. 212 f.).

„in Natur" gewährt wird.[436] Ist die Krankenkasse zur Bereitstellung einer Haushaltshilfe nicht in der Lage oder besteht Grund davon abzusehen, muss sie nach § 38 Abs. 4 Satz 1 SGB V dem Versicherten die Kosten für eine selbst beschaffte Haushaltshilfe in angemessener Höhe erstatten. Entsprechendes gilt nach § 54 Abs. 2 SGB IX, wonach anstelle der Haushaltshilfe auf Antrag die Kosten für eine andere Unterbringung des Kindes bis zu den Kosten der sonst zu erbringenden Haushaltshilfe übernommen werden. Führt das Jugendamt eine Inobhutnahme durch, so können diese Mittel von den Betroffenen im Rahmen der Kostenheranziehung an den Jugendhilfeträger weiter geleitet (§§ 91 Abs. 1 Nr. 7, 92 ff. SGB VIII) bzw. abgetreten werden (§ 53 Abs. 2 SGB I).

Zum gleichen Ergebnis kommt man, wenn man den Jugendämtern einen Erstattungsanspruch gegen die Krankenkasse nach § 104 Abs. 1 SGB X zuerkennt.[437] Mit Blick auf selbst verzögerte Entscheidungsprozesse und der trotz rechtzeitiger Antragstellung und Information der Leistungsträger nicht bereit gestellten Haushaltshilfe und einer deshalb notwendigen Ersatz-Inobhutnahme wäre es von den an sich verpflichteten Sozialleistungsträgern perfide und rechtsmissbräuchlich darauf hinzuweisen, dass mit der außerhäusigen Inobhutnahme die Voraussetzungen einer Haushaltshilfe nach § 28 SGB VI, § 42 SGB VII, § 54 SGB IX entfallen seien.[438]

---

436 Vgl. BSG B 1 KR 13/02 v. 1.7.2003.

437 Münder u. a. 2006 § 42 Rz. 17; DIJuF 2006, 293. Ein solcher Erstattungsanspruch wäre im Wege der allgemeinen Leistungsklage nach § 54 Abs. 5 SGG geltend zu machen. Dieser richtet sich aber nicht nach § 102 Abs. 1 SGB X, der im Hinblick auf den Umfang der Kostenerstattung für das Jugendamt günstiger wäre. § 102 SGB X regelt den Ausgleich von Leistungen zwischen Sozialleistungsträgern, wenn der eine wegen ungeklärter Zuständigkeit anstelle des eigentlich zuständigen eingesprungen ist und vorläufige Leistungen i. S. d. § 43 SGB I erbracht hat. Die Inobhutnahme ist zwar eine „vorläufige" Schutzgewährung, hier geht es aber nicht um ungeklärte Zuständigkeiten, vielmehr ist der örtliche Träger des Jugendamts für die Inobhutnahme sachlich zuständig (§ 85 Abs. 1 SGB VIII). § 104 SGB X regelt dagegen den Erstattungsanspruch eines aufgrund der gesetzlichen Regelungen (z. B. § 10 Abs. 1 SGB VIII) subsidiär verpflichteten Leistungsträgers.

438 Das DIJuF (2006, 293) weist darüber hinaus bei einer wiederkehrenden Ausnutzung der jugendhilferechtlichen „Ausfallbürgschaft" auf die Möglichkeit des Feststellungsverfahrens nach § 55 Abs. 1 Nr. 2 SGG i. V. m. § 97

Allerdings richtet sich der Umfang des Erstattungsanspruchs nach § 104 Abs. 3 SGB X nach den Vorschriften, die für den vorrangig verpflichteten, also erstattungspflichtigen Sozialleistungsträger gelten.[439] Damit ist der Erstattungsanspruch nicht nur einerseits durch die tatsächlichen Kosten, sondern zusätzlich begrenzt auf die Höhe der bei rechtzeitigem Handeln anfallenden Kosten der nicht erbrachten Leistung. Diese Hilfen sind in aller Regel nicht so kostenintensiv wie die Inobhutnahme.

In beiden Fällen – Weiterleitung oder Abtretung der Ansprüche der Leistungsberechtigten bzw. eigener Kostenerstattungsanspruch – trägt das Jugendamt das Risiko der nicht vollständigen Erstattung der z. B. gegenüber Haushaltshilfen (aufgrund der Fremdunterbringung) teureren Krisenintervention. Das mag unbefriedigend sein, entspricht aber der derzeitigen Rechtslage. Ein ungekürzter, voller Erstattungsanspruch der im Rahmen der (rechtmäßigen) Inobhutnahme anfallenden Kosten nach § 102 Abs. 2 SGB X kommt nicht in Betracht, da das Jugendamt mit der Inobhutnahme eine eigene Aufgabe und deshalb keine „vorläufige" Leistung i. S. d. § 43 SGB I erbringt.

4.2.1.3 Unbegleitete ausländische Minderjährige

Nachdem die Praxis die Erstversorgung unbegleiteter minderjähriger Flüchtlinge und Migranten auch aufgrund des § 42 SGB VIII in der a. F. sicherstellte,[440] hat der Gesetzgeber diesen Fall aufgrund seiner großen Praxisrelevanz[441] ausdrücklich geregelt. Die Inobhutnahmeverpflichtung bezieht sich aber auch auf Kinder, die z. B. mit dem Ziel der Prostitution oder illegalen Adoption nach Deutschland geschleust und hier aufgegriffen werden. Dabei wird bei einem nicht von einem sorge- oder erziehungsberechtigten Erwachsenen

SGB VIII hin, um die rechtsmissbräuchliche Vorgehensweise der vorrangig verpflichteten Sozialleistungsträger feststellen zu lassen.

439 Diering u. a. 2004 § 104 Rz. 29 ff.

440 BVerwG 24.6.1999 – 5 C 24.98 – ZfJ 2000, 33; OVG Münster ZfJ 1998, 467 ff.

441 Waren es Anfang der 2000er-Jahre noch über 1500 Personen beträgt die Zahl nach einem erheblichen Rückgang bis zum Jahr 2006 jährlich immer noch über 600 unbegleitet einreisende Minderjährige.

begleiteten Aufenthalt von Minderjährigen in einem fremden Land (u. U. sogar fremde Sprache und Kultur) eine die Inobhutnahme auslösende, das Kindeswohl gefährdende Situation per se unterstellt (eine Risikoabschätzung ist nicht erforderlich). Das Jugendamt ist damit zur Inobhutnahme verpflichtet, selbst wenn insbesondere ältere, in Bürgerkrieg und anderen schwierigen Lebensumständen „abgehärtete" Jugendliche kein Interesse an einer fürsorglichen Intervention haben sollten oder sie sich mit Einwilligung ihrer Eltern in Deutschland befinden. Die Verpflichtung zur Schutzgewährung durch Inobhutnahme gegenüber minderjährigen Flüchtlingen und Migranten ergibt sich auch aus dem Haager Minderjährigenschutzabkommen (vgl. § 6 Abs. 4 SGB VIII) sowie insbesondere Art. 19, 22 UN-KRK.[442] § 42 SGB VIII wird auch nicht durch die Regelungen des Asylrechts (AsylVfG, AsylbLG) verdrängt; insbesondere enthält das AsylbLG keine mit dem im SGB VIII vergleichbaren Leistungen.[443] Allerdings ergeben sich aufgrund der parallelen Durchführung eines Asylverfahrens erhebliche Friktionen, wenn ein nach § 12 Abs. 1 AsylVfG insoweit handlungsfähiger zumindest 16-jähriger Minderjähriger einen Asylantrag stellt.

Bestellung eines Vormunds

Bei minderjährigen unbegleiteten Flüchtlingen muss das Jugendamt – da in diesen Fällen die Personensorgeberechtigten nicht erreichbar sind – die Bestellung eines Vormundes oder Pflegers veranlassen (§ 42 Abs. 3 Satz 4 SGB VIII).[444] Der Vormund wiederum stellt dann einen Antrag auf eine Aufenthaltsgenehmigung bzw. einen Asylantrag und kann darüber hinaus weitere Jugendhilfeleistungen beantragen. Soweit die Bestellung eines Vormundes bei 16- und 17-jährigen unbegleiteten Flüchtlingen mit Hinweis auf ihre eigene (auslän-

442 Die Bundesregierung hat allerdings die UN-KRK 1992 nur unter dem (beschämenden) Vorbehalt ratifiziert, dass keine ihrer Bestimmungen dahingehend ausgelegt werden könne, dass diese im Widerspruch zum Recht der Bundesrepublik stehen bzw. das Recht Deutschlands beschränkten, Regelungen über die Einreise oder den Aufenthalt von Ausländern zu erlassen.

443 BVerwG 24.6.1999 – 5 C 24.98 – ZfJ 2000, 33.

444 Bei der Bestellung von Vormündern wird wegen der unabweisbaren Interessenkollisionen eine Bestellung von Einzelvormündern gegenüber der Bestellung des Jugendamts zum Amtsvormund vorzugswürdig sein, insbesondere wenn die Vormünder von freien Trägern fachlich begleitet werden (hierzu Gutke/Neveling 2003, 278).

derrechtliche) Handlungsfähigkeit unterlassen wird, verstößt dies gegen den klaren Wortlaut des § 42 Abs. 3 Satz 3 SGB VIII. Zwar richtet sich das SGB VIII unmittelbar nur an das Jugendamt, muss aber im Hinblick auf das alle Behörden bindende Gesetzmäßigkeitsprinzip (Art. 20 Abs. 3 GG) von den Grenz- und Ausländerbehörden beachtet werden, da ansonsten die hoheitlichen Aufgaben des Jugendamts unterlaufen werden.

Die Bestellung muss „unverzüglich" erfolgen, d.h. hier – wenn sich die in der Praxis erforderlichen Abklärungen nicht ohnehin sofort vornehmen lassen – zumindest innerhalb weniger Tage.[445] Allein mit der Bestellung des Vormundes wird die Inobhutnahme nicht beendet, da dessen bloße Existenz nicht den akuten Unterbringungs- und Betreuungsbedarf abdeckt.[446]

Praxisprobleme

Ungeachtet der klaren auch internationalen Regelungen muss man gerade im Hinblick auf die Aufnahme und Betreuung minderjähriger Flüchtlinge erhebliche Umsetzungsprobleme, ja eine geradezu rechtsstaatswidrige Praxis beobachten.[447] So werden die zuständigen Jugendämter (tatsächlicher Ort der Einreise, vgl. § 87 SGB VIII) von den dazu verpflichteten Behörden gelegentlich (bewusst) nicht darüber verständigt, dass ein minderjähriger Flüchtling eingereist ist.[448] Teil-

445 Nach BVerwG 24.6.1999 – 5 C 24.98 – ZfJ 2000, 33: am der Inobhutnahme am Donnerstag folgenden Montag (drei Werktage); Wiesner/Wiesner § 42 Rz. 50. Zu lang (1 Monat) dagegen OVG NW ZfJ 1998, 471.

446 BVerwG 8.7.2004 – 5 C 63.03 – JAmt 2004, 438/ZfJ 2005, 25.

447 Löhlein/Struck 2007; Peter 2006.

448 BT-Drs. 16/2633 S. 3 v. 20.9.2006: Antwort der Bundesregierung auf die Kleine Anfrage zum Umgang mit minderjährigen unbegleiteten Flüchtlingen. Teilweise wird dies damit begründet, dass eine solche explizite Verpflichtung zur **Unterrichtung des Jugendamts** nicht bestehe. Dies ist freilich zu kurz gedacht, da alle Träger der öffentlichen Gewalt an Recht und Gesetz gebunden sind (Art. 20 Abs. 3 GG) und deshalb die hoheitlichen Aufgaben der Jugendämter nicht unterlaufen dürfen. In der Bundesrepublik Deutschland ist stets das Jugendamt als zuständige Behörde zu informieren, wenn das Wohl eines Minderjährigen betroffen oder gar gefährdet ist. Auch die Polizeibehörden sind verpflichtet, bei Ingewahrsamnahme eines Minderjährigen das Jugendamt einzuschalten, wenn die Eltern nicht erreichbar sind (vgl. z.B. § 8 Nr. 2 JSchG, Art. 17 Abs. 2 BayPAG; § 30 Abs. 2 ASOG Berlin, § 18 Abs. 3 Nds. SOG; § 35 Abs. 2 PolG NRW; PDV 382 – 6.1.2 u. 6.2.2; vgl. AG Dannenberg v. 9.1.2004 – 39 XIV 595/01 u. v. 28.4.2004 – 39 XIV 454/02 L).

weise wird ihnen bereits an der Grenze die Einreise verweigert, da die Inobhutnahmeverpflichtung erst *in* Deutschland, aber noch nicht an der Grenze ausgelöst werde.[449]

Da sich die Schutzverpflichtung lediglich auf Minderjährige bezieht, ist die Alterseinschätzung unvermeidlich, insbesondere wenn die Personen nicht über Ausweispapiere verfügen. Das Jugendamt muss sich – bei Verständigungsschwierigkeiten unter Hinzuziehung eines Dolmetschers selbst einen Eindruck von dem jungen Menschen verschaffen und darf sich nicht alleine auf Aussagen Dritter (der Grenzbehörden, der Polizei, einer Jugendschutzstelle u. a.) verlassen.[450] Auch zugezogene Ärzte sollten ihre Einschätzung begründen. Mit Blick auf Messungen und körperliche Eingriffe zur Feststellung des Alters ist zweifelhaft, ob dem Verhältnismäßigkeitsgebot ausreichend Rechnung getragen wird. Aufgrund der in Krisensituationen regelmäßig schnellen Entscheidungsnotwendigkeit wird man das **Risiko der fehlerhaften Altersschätzung** nicht generell, sondern nur dann dem handelnden Jugendamt auferlegen dürfen, wenn diesem der Vorwurf einer nicht sorgfältigen Prüfung gemacht werden kann.[451]

Häufig gelangen gerade 16- und 17-jährige Jugendliche nicht in die Obhut der Jugendämter, sondern in das Verteilungs- und Unterbringungsverfahren des Asylverfahrens- und Ausländerrechts. Vormünder werden dann oft zu spät bestellt, insbesondere erst nachdem ein Asylantrag gestellt oder bereits wichtige Entscheidungen (Altersfeststellung, Unterbringungsverteilungsverfahren) gefällt worden sind. Die Aufnahmeeinrichtungen erfüllen zudem i. d. R. nicht den fachlichen Standard, der für die Erteilung einer Betriebsgenehmigung nach § 45 SGB VIII erforderlich ist, ohne dass sie den Befreiungstatbestand nach § 45 Abs. 1 Nr. 3 SGB VIII erfüllen, da die Inobhutnahme ja gerade eine originäre Auf-

449 BT-Drs. 16/2633 S. 3.

450 BayLJA 2007, 9; Peter 2006, 63; VG Münster 5.2.2004 – 9K 1325/01 – JAmt 2004, 327.

451 DIJuF JAmt 2004, 312ff.; Peter 2006, 63; a. A. VG Münster 5.2.2004 – 9K 1325/01 – JAmt 2004, 326.

gabe innerhalb der Jugendhilfe ist.[452] Allerdings sind Aufnahmeeinrichtungen für Asylbewerber nach § 44 Abs. 3, 53 Abs. 3 AsylVfG ausdrücklich von der Pflicht der Betriebserlaubnis ausgenommen (s. u. Kap. 4.2.7.2, S. 267 f.). Deshalb wird die Unterbringung von unbegleitet nach Deutschland einreisenden ausländischen Minderjährigen in solchen Einrichtungen nicht für zulässig gehalten.[453]

4.2.2 Durchführung der Inobhutnahme – Befugnisse und Pflichten des Jugendamts (§ 42 Abs. 1 und 2 SGB VIII)

4.2.2.1 Inhalt der Inobhutnahme

Die Aufgaben und Befugnisse des Jugendamts im Rahmen der Inobhutnahme sind an verschiedenen Stellen der Vorschrift geregelt, ohne dass es einen Unterschied macht, aus welchem Grund die Inobhutnahme erfolgte. Nach der früheren Legaldefinition der Inobhutnahme (§ 42 Abs. 1 Satz 1 SGB VIII a. F.) war diese lediglich die „vorläufige Unterbringung" des Kindes oder Jugendlichen. Hinter der jetzigen Regelung steht ein breiteres Verständnis von Krisenintervention. „Obhut" bedeutet ein allgemeines Schutzverhältnis und ist daher traditionell gekoppelt an den Begriff der „Für-Sorge".[454] Ist die vorläufige Unterbringung einerseits Wesensmerkmal der Inobhutnahme, so erschöpft sie sich nicht in der Verwahrung von Minderjährigen oder in der bloßen Gewährung von Unterkunft (zur Auswahl der Unterbringungsmöglichkeiten, s. u. Kap. 4.2.2.3) und Sicherstellung der physischen Bedürfnisse. Sinn und Inhalt der Inobhutnahme ist die fachgerechte **sozialpädagogische Krisenintervention** (hierzu Kap. 1.2,

452 Löhlein/Struck (2007, 191) weisen mit Nachdruck darauf hin, dass spezialisierte „Clearinghäuser" (hierzu Riedelsheimer/Wiesinger 2004) für die Aufnahme und Begleitung minderjähriger Flüchtlinge sich am Standard der Inobhutnahme ausrichten müssen, damit nicht lediglich eine bloße Umdeklarierung stattfinde, die lediglich suggeriere, dass den rechtlichen Erfordernissen Rechnung getragen werde.

453 Peter 2006, 64; Schellhorn-Mann 2007 § 42 Rz. 11.

454 Vgl. Jordan/Münder 1987, 41.

S. 26 ff.).[455] Daran hat sich – auch nach Erweiterung der Unterbringungsformen durch das KICK 2005 – nichts geändert. Verbessert werden sollte durch die Neuregelung der Schutz der Kinder und Jugendlichen vor Gefahren für ihr Wohl, nicht aber die inhaltliche oder methodische Ausrichtung. Vielmehr wurden bislang in der Praxis nicht überall eingehaltene Verfahrensstandards als verbindlich hervorgehoben. Die Inobhutnahme ist eine möglichst kurze Intervention in Krisen mit der

- eine intensive pädagogische Hilfestellung für die betroffenen Kinder und Jugendlichen geleistet werden soll, um die Ursachen der Konflikt- und Notlagen zu klären und Ansätze für mögliche Perspektiven zu entwickeln;
- durch die intensive Zusammenarbeit, insbesondere mit den Eltern sowie mit den zuständigen sozialen Diensten, Gefährdungen für das Kindeswohl abgebaut bzw. vorgebeugt werden sollen.

Im Wesentlichen umfasst die Inobhutnahme beginnend mit der Wegnahme oder Selbstmeldung die vorläufige Unterbringung des Kindes oder Jugendlichen, die sozialpädagogische Betreuung und Klärungshilfe, die Zusammenarbeit mit den Eltern bzw. Personensorgeberechtigten und dem Familiengericht sowie die verwaltungsrechtliche Ausgestaltung der Inobhutnahme.

4.2.2.2 Weg- und Herausnahme des Kindes und Jugendlichen

Liegen die Voraussetzungen der Inobhutnahme, insbesondere eine drohende, nicht anders abwendbare Kindeswohlgefährdung vor, so dürfen die Mitarbeiter des Jugendamts Kinder und Jugendliche aus dieser Situation heraus, von jedermann (z. B. aus einem jugendgefährdenden Ort, einer Diskothek, einer Einrichtung, einer Pflegefamilie) weg- und in Obhut nehmen.[456] Der Hauptanwendungsfall der Praxis, die Inob-

455 Vgl. die weiterhin geltende Zielvorstellung des Gesetzgebers, BT-Drs. 11/5948, 79.

456 Soweit das Jugendamt bereits als Amtsvormund oder Amtspfleger Inhaberin des Sorge- oder Aufenthaltsbestimmungsrechts ist, geht ihr Herausgabeanspruch nach § 1632 Abs. 1 BGB vor; im Hinblick auf die Herausnahme aus einer Pflegefamilie vgl. DIJuF 2006, 498.

hutnahme von gefährdeten Kindern und Jugendlichen, die sich bei ihren Eltern aufhalten, war bis 2005 nicht geregelt. Eine ausdrückliche Befugnis des Jugendamts, Kinder oder Jugendliche im Fall ihrer Gefährdung ihren Eltern bzw. Personensorgeberechtigten selbst wegzunehmen, bestand nicht.[457] Jugendamtsmitarbeiter, die im Gefahrenfall handelten, taten dies in einer rechtlichen Grauzone, denn auch bei einer möglichst weiten, praxisgerechten Auslegung der Bestimmung war allein eine „Herausnahme" eines Kindes mit und auch ohne (z. B. wegen mangelnder Handlungsfähigkeit) wirksame Einwilligung der Personensorgeberechtigten aus der Wohnung zulässig, nicht aber eine Wegnahme gegen den (ausdrücklichen) Willen der Eltern. Jugendamtsmitarbeiter, die dies in gefährlichen Notsituationen zum Schutz der Kinder trotzdem taten, handelten mit viel Zivilcourage. Sie verhielten sich im Hinblick auf die strafrechtliche Bewertung ihres Tuns allerdings nur rechtmäßig, wenn eine Notwehrsituation (§ 32 StGB) oder ein sog. rechtfertigender Notstand (§ 34 StGB) vorlag und damit keine andere Intervention als die Wegnahme des Kindes auch gegen den Willen der Eltern möglich war, um die Gefahr abzuwenden. Im Hinblick auf das Gefährdungsrisiko für das Kind war die fehlende Befugnis des Jugendamts nicht sachgerecht. Zugunsten eines effektiven Kindesschutzes wurde mit der Neufassung 2005 die in der Praxis meistens Herausnahme genannte **Befugnis zur Wegnahme** des Kindes von einer anderen Person deshalb ausdrücklich in § 42 Abs. 1 Satz 2 SGB VIII a.E. geregelt, ohne hierbei die personensorgeberechtigten Eltern auszunehmen (zum Verhältnis von Wegnahme und Gewaltanwendung s. u. Kap. 4.2.6, S. 261 f.).

4.2.2.3 Unterbringung

Die Inobhutnahme umfasst die Befugnis, ein Kind oder einen Jugendlichen bei einer geeigneten Person, in einer geeigneten Einrichtung oder in einer sonstigen Wohnform vorläufig unterzubringen. Damit steht das „Ob" der schutzgewähren-

457 Hierzu ausführlich Münder u. a. 4. Aufl. 2003, § 42 Rz. 13 f. m. w. N.; Trenczek 1999, 372; vgl. Begründung zum TAG, BT-Drs. 15/3676, 37.

den Unterbringung nicht im (Entschließungs-)Ermessen des Jugendamts, die Befugnis zur Unterbringung schließt die Verpflichtung hierzu ein.[458] Ein (Auswahl-)**Ermessen** besteht lediglich im Hinblick auf das „Wie" der Unterbringung, da unter mehreren geeigneten Unterbringungsformen ausgewählt werden kann. Ermessen ist stets pflichtgemäß, d.h. nach verbindlichen rechtlichen Kriterien auszuüben[459] und dabei die dem Anlass angemessene, zweckmäßigste Unterbringungsform zu wählen, wobei auch die (potentiellen) Wünsche der Betroffenen und ihrer Eltern berücksichtigt werden müssen.[460] Die in den allgemeinen Regelungen in §§ 5, 8 Abs. 1 und 9 Nr. 2 SGB VIII verbrieften Partizipationsrechte, insbesondere das Wunsch- und Wahlrecht, gilt mit den dort vorgesehenen Einschränkungen (§ 5 Abs. 2 SGB VIII) selbstverständlich auch im Rahmen der Inobhutnahme. Sofern sich das Kind oder der Jugendliche nicht bereits am Ort der Inobhutnahmestelle befindet, sollten sie dorthin wenn möglich unter Beteiligung einer Vertrauensperson begleitet werden. Werden Minderjährige von der Polizei aufgegriffen empfiehlt es sich, dass sie von dort von den Mitarbeitern der Jugendschutzstelle in der Polizeidienststelle abgeholt werden (bei einer Zuführung durch die Polizei vgl. oben S. 191).

Art der Unterbringung

Eine Unterbringung liegt grundsätzlich nur vor, wenn sich der ständige Aufenthalt eines Kindes außerhalb des Elternhauses (der sorgeberechtigten Eltern) befindet, sei es in einer Institution oder bei einer anderen Person oder Familie.[461] Im

---

458 A.A. Kunkel/Röchling 2006 § 42 Rz. 21, der allerdings gleichzeitig eine „Ermessensreduzierung auf Null" annimmt.

459 Hierzu Trenczek u.a. 2008, 114 ff.

460 Kunkel/Röchling 2006 § 42 Rz. 43.

461 Münchner Kommentar-Huber 2002 § 1631b Rz. 2. Es mag deshalb zweifelhaft sein, ob es sich um eine Inobhutnahme handelt, wenn das Kind bei einem z. B. unfall- oder krankheitsbedingten Ausfall der Eltern einer geeigneten Person (z. B. Verwandte) übergeben wird, diese aber mit Rücksicht auf dessen Verfassung das Kind in dessen Haushalt und gewohnter Umgebung betreut. Vom Schutzzweck der Norm ist ein solches Vorgehen durchaus zu legitimieren, da es sich im Hinblick auf die (außerhäusige) Unterbringung „lediglich" um eine in das Sorgerecht eingreifende Befugnis handelt, die ein Weniger (schutzgewährende Betreuung/Inobhutnahme im eigenen Haushalt) einschließt.

Hinblick auf die Art und Weise der Unterbringung ermöglicht § 42 Abs. 1 Satz 2 SGB VIII die Wahl zwischen drei gleichwertigen Alternativen, die insbesondere im Hinblick auf die Krisenintervention allesamt **geeignet**, d. h. im Hinblick auf Alter, Geschlecht sowie die Schutz- und Betreuungsbedürfnisse des Kindes oder Jugendlichen personell und sachlich angemessen ausgestattet sein müssen. Insbesondere Säuglinge und Kleinkinder bedürfen einer intensiven Betreuung durch eine Bezugsperson, die ihr Geborgenheit und emotionale Zuwendung vermitteln kann. Aber auch ältere Kinder und Jugendliche in Krisen bedürfen besonders viel Zuwendung, die mit der personellen Minimalausstattung mancher Einrichtungen (eine Mitarbeiterin betreut mehrere Personen und ist selbst bei Neuaufnahmen alleine) nicht zu leisten ist. Solche Einrichtungen sind i. S. d. § 42 Abs. 1 Satz 2 SGB VIII **nicht** geeignet. Geschwisterkinder sollten grundsätzlich zusammen untergebracht werden. Besonderen Krisenanlässen und -erfahrungen (z. B. sexueller Missbrauch), Störungen und Behinderungen ist ebenso Rechnung zu tragen wie den spezifischen Anforderungen des Alltags (z. B. religiöse Orientierung, Zugang zu bestimmten Schulen usw.).

Das Jugendamt hat bei der Auswahl und Kontrolle der Unterbringungsstelle die erforderliche Sorgfalt zu beachten (vgl. § 37 Abs. 3, § 44 Abs. 3 SGB VIII). Der öffentliche Träger haftet für Pflichtverletzungen von Pflegepersonen nur, wenn die Betreuung im Rahmen der hoheitlichen Aufgabenerfüllung (und nicht aufgrund eines privatrechtlichen Betreuungsvertrages) erfolgt (vgl. Art. 34 GG) und es die Geeignetheit der Pflegepersonen nicht fachgerecht geprüft und deren Kontrolle vernachlässigt hat.[462]

Geeignete Personen – Bereitschaftspflege

Im Hinblick auf die erste Alternative („geeignete Person") sind insbesondere die sog. Bereitschaftspflegestellen von großer praktischer Bedeutung.[463] Auch einer Unterbringung in einer Gastfamilie, bei Verwandten, Nachbarn oder einer anderen Einzelperson, z. B. einem Mitarbeiter eines Jugendhauses, einem erwachsenen Freund des Jugendlichen steht nichts

462 Vgl. BGH III ZR 164/05 v. 23.2.2006 – FamRZ 2006, 544 = NJW 2006, 1121; OLG Stuttgart 6.7.2005 – 4 U 81/05 – JAmt 2005, 474 (476).

463 Vgl. BMFSFJ 2002.

entgegen, solange diese Person insoweit geeignet ist. Im Hinblick auf das familiäre Umfeld muss sichergestellt sein, dass Kinder vor Gefährdungen durch die Eltern tatsächlich geschützt sind. Bereitschaftspflegeeltern müssen sich darüber klar sein, dass die Betreuung wieder abrupt beendet werden kann. Eine sozialpädagogische Ausbildung ist nicht erforderlich, entscheidend ist die individuelle Situation des Kindes oder Jugendlichen, auf dessen Bedürfnisse eingegangen werden muss. Im Hinblick auf die Gewährleistungspflicht der Jugendämter (s. u. Kap. 4.2.7.1) empfiehlt sich der gezielte Aufbau eines Netzwerkes von Bereitschaftspflegeeltern, die kontinuierlich geschult und beraten werden und Zugang zur Supervision haben.[464] Möglich ist insoweit auch eine **Unterbringung bei dem nicht sorge-** (aber umgangs-)**berechtigten Elternteil,** wenn er nur im Sinne des § 42 Abs. 1 Satz 2 SGB VIII geeignet ist.[465]

Einrichtungen

Zu den geeigneten Einrichtungen zählen insbesondere die sog. Kinder- und Jugendschutzstellen, Mädchenhäuser sowie alle Einrichtungen, in denen Erziehungshilfen nach § 34 SGB VIII durchgeführt werden und die dabei auf die kurzfristige Aufnahme und Integration von jungen Menschen eingestellt sind. Eine entsprechende Betriebserlaubnis (§ 45 SGB VIII) muss vorliegen. Eine „automatisierte" Zuweisung von Kindern und Jugendlichen in eine bestimmte Einrichtung ist weder fachgerecht noch rechtmäßig, das Jugendamt muss die Geeignetheit stets im konkreten Einzelfall angesichts des Krisenanlasses und des ggf. bestehenden besonderen Betreuungsbedarfs überprüfen.

Im geeigneten Fall kann auch eine Unterbringung in Krankenhäusern („Babyklappe"[466]) oder in Einrichtungen der Kinder- und Jugendpsychiatrie in Betracht kommen, z. B. wenn die Personensorgeberechtigten eine begonnene Behandlung oder stationäre Therapie ihres Kindes abbrechen wollen und es – nach begründeter Ansicht der Mitarbeiter des Jugendamts (z. B. auf Hinweis der Ärzte) – gerade dadurch zu einer Gefährdung des Kindeswohls kommt. Im Hinblick auf die

464 Vgl. Bay.LJA 2007, 11.

465 OLG Zweibrücken 9.2.1996 – 5 UF 13/96 – ZfJ 1996, 241; Kunkel/Röchling 2006 § 42 Rz. 44.

466 Hierzu Mielitz 2006, 122.

Unterbringung minderjähriger Flüchtlinge empfehlen sich spezialisierte Einrichtungen, in denen hierzu besonders ausgebildete und erfahrene Mitarbeiter die Betreuung der minderjährigen Migranten sicherstellen.[467]

Zwar verzichtete der Gesetzgeber bei der Neuregelung 2005 im Hinblick auf die dritte Alternative darauf, von „betreuten" Wohnformen zu sprechen. Damit ist aber keine Aufgabe der – der Inobhutnahme insgesamt zugrunde liegenden – sozialpädagogischen Zielsetzung verbunden. Bei der Inobhutnahme handelt es sich um eine **betreuende Schutzgewährung** (§ 42 Abs. 2 SGB VIII). Es geht also immer um Unterbringung und Betreuung, idealerweise in einer betreuten Wohnform (z.B. familiäre Bereitschaftspflege, Wohngemeinschaften und betreutes Einzelwohnen). Mit der Neuregelung werden nun aber auch Angebote legalisiert, bei denen in Ausnahmesituationen entweder eine Betreuung in der Einrichtung nicht unmittelbar, dann aber zumindest durch externe Zugänge geleistet wird oder andererseits traditionelle Betreuungsformen insbesondere von ausreißenden, zutiefst misstrauischen, oftmals schwer dissozialisierten jungen Menschen nicht angenommen werden. Das mag im Einzelfall auch eine Unterbringung in einer Notschlafstelle, einem Hotelzimmer oder einer nicht betreuten Übergangswohnung sein,[468] wenn nur die Betreuung in anderer Form gesichert ist. Als Regelfall und Billigangebot der Inobhutnahme eignen sich solche Formen allerdings nicht. Entscheidend ist, dass die Krisenintervention und damit die Unterbringung (die Person, die Einrichtung, der Ort) im Hinblick auf das Wohl des Kindes und Jugendlichen **geeignet** ist. Gerade in Konflikt- und Notsituationen benötigen junge Menschen in aller Regel eine verständnisvolle, nicht aufdringliche Begleitung und entsprechende Unterstützungsangebote. Umstritten ist, ob sog. „Clearinghäuser", die speziell zur Unterbringung unbegleiteter minderjähriger Flüchtlinge eingerichtet wurden, ange-

467 Vgl. Riedelsheimer/Wiesinger 2004 zu sog. Clearinghäusern; Löhlein/Struck (2007, 191) weisen insoweit darauf hin, dass es sich hierbei nicht nur um Asylverfahren-Erstaufnahmeeinrichtungen handeln dürfe, die lediglich in besondere Aufnahmeeinrichtungen umdeklariert wurden.

468 A.A. Wiesner/Wiesner 2006 § 42 Rz. 23; VGH Mannheim ZfJ 2004, 153 (allerdings mit Bezug auf § 42 SGB VIII a.F.).

sichts deren besonderer Betreuungsbedarfe geeignete Einrichtungen darstellen,[469] eine gewöhnliche Asylunterkunft ist es sicher nicht.

Verlegung

Wenn Kinder und Jugendliche von zuhause ausreißen und fern ihres Heimatortes um Inobhutnahme bitten, stellt sich die Frage, ob eine Verlegung in eine heimatnähere Jugendschutzstelle zur Erleichterung der Hilfeplanung (vgl. § 42 Abs. 3 Satz 5 SGB VIII) und Kostendämpfung zulässig oder gar erforderlich ist. Gegen die Verlegung spricht nichts, wenn dies nicht zu einer (neuen) Kindeswohlgefährdung führt. Setzt die heimatnahe Unterbringung das Kind diesen Gefahren aus (z.B. Abfangen vom Weg von der Schule etc. und Verschickung ins Ausland), dann muss eine Verlegung unterbleiben. Bestehen diese Gefahren nicht und wünschen die Eltern eine ortsnähere Unterbringung, so müsste diese schon aufgrund des vorrangigen Personensorgerechts vorgenommen werden. Weigert sich aber der/die Minderjährige und besteht die Gefahr des erneuten Weglaufens, eröffnete dies einen nicht endenden Kreislauf. Eine Verlegung wird u.U. nach einer Abwägung im Einzelfall als ungeeignet und damit unverhältnismäßig zu unterbleiben haben, ohne dass das dazu führen darf, jedes Ansinnen an eine heimatnähere Unterbringung von vorn herein abzulehnen (zur Frage, ob mit der Verlegung die Inobhutnahme beendet ist, s.u. S. 237).

4.2.2.4 Klärungshilfe und sozialpädagogische Betreuung

Zwar ist die (vorläufig) Schutz gewährende Unterbringung von Kindern und Jugendlichen wesentlicher Bestandteil der Inobhutnahme, ihren besonderen Charakter als kurzfristige Krisenintervention entfaltet sie aber durch die intensive sozialpädagogische Betreuung.[470] Nicht die rechtliche Entscheidung als solche oder die durch die Inobhutnahme ermöglichte Auszeit allein führt zu einer Veränderung der Situation des jungen Menschen, sondern die hier initiierten und sich anschließenden Veränderungsprozesse. Auch wenn im Aus-

---

469 Hierzu Riedelsheimer/Wiesinger 2004; Peter 2006, 63f.; Löhlein/Struck 2007, 191.

470 BT-Drs. 11/5948, 79f.; VGH Mannheim 2004, 153, Münder u.a. 2006 § 42 Rz. 1 u 19; Rotering/Lengemann 2002; Späth 1998; Trenczek 2007a Rz. 3.

nahmefall die Unterbringung in einer „nicht betreuten Wohnform“ möglich ist, wesentlicher Teil der Inobhutnahme ist die **sozialpädagogische Krisenintervention und Klärungshilfe** (hierzu Kap. 1.2, S. 24 ff.). Dabei gilt der erste Blick den jungen Menschen selbst. Das Jugendamt hat während der Inobhutnahme die Situation, Anlass und Gründe für die Krise zusammen mit dem Kind oder dem Jugendlichen zu klären und Möglichkeiten der Hilfe und Unterstützung aufzuzeigen. § 42 Abs. 2 Satz 1 SGB VIII macht deutlich, dass es sich bei der Inobhutnahme um eine sozialpädagogische Aufgabe handelt, die vom Jugendamt und der ggf. beauftragten Einrichtung eines freien Trägers (s. u. Kap. 4.2.8) mit sozialpädagogischen Mitteln zu bewältigen ist. Die vertrauensvolle Klärungshilfe und Beratung soll die akute Krisensituation entschärfen, zur Problemklärung beitragen, der Wiederaufnahme der Kommunikation dienen und darüber hinausgehend verschiedene Möglichkeiten der Hilfen und Unterstützung für längerfristige Perspektiven aufzeigen. „Die krisenhafte Situation, die zum Ausbruch aus den bisherigen Lebenszusammenhängen geführt hat, birgt in sich auch die Chance der Aufarbeitung der zugrunde liegenden Konflikte im Sinne der Einleitung eines positiven Lösungsprozesses, andererseits aber auch – beim Fehlen geeigneter Hilfen zum richtigen Zeitpunkt – die Gefahr des Verfestigens der Ausbruchstendenz bis hin zum Abgleiten in eine ‚Karriere‘ abweichenden Verhaltens. Dem spezifischen pädagogischen Auftrag einer Jugendschutzeinrichtung als pädagogischem Handeln i. S. einer Krisenintervention in kurzfristigen pädagogischen Ausnahmesituationen kommt hierbei eine besondere Bedeutung zu.“[471]

Zielgruppenspezifik

Der weitere Handlungsbedarf ist gemeinsam mit den Minderjährigen entsprechend ihrem Alter und aus ihrer konkreten Lebenslage zu entwickeln. Das Jugendamt hat im Rahmen seiner Gesamt- und Planungsverantwortung (§§ 79, 80 SGB VIII) unterschiedliche, zielgruppenspezifische, insbesondere geschlechtsspezifische Angebote zu garantieren bzw. selbst vorzuhalten, um der unterschiedlichen Situation von (missbrauchten) Mädchen, Ausreißern, jungen Wohnsitzlosen, Trebegängern und auf der Straße lebenden Kindern und

471 BT-Drs. 11/5948, 79f.

Jugendlichen sowie unbegleiteten minderjährigen Flüchtlingen gerecht zu werden. Je nach Zielgruppe und individueller Problemstellung sowie der Lösungsbereitschaft beim Minderjährigen selbst reichen die Angebote von der Vermittlung in eine weitergehende (Familien-)Beratung, sonstigen ambulanten wie stationären Hilfen bis zur Gewährung eines Schutzraums mit Legalisierungsangeboten für von Kriminalität und Prostitution bedrohte Jugendliche (s. o. Kap. 2.3, S. 99 ff.). Gerade im Krisen- und Gefahrenfall kommt der Jugendschutzstelle innerhalb des Netzes sozialer Einrichtungen eine „Schlüssel- und Drehscheibenfunktion" zu.[472] Die Jugendhilfe muss zunächst **niedrigschwellige** Unterstützungsangebote vermitteln oder bereithalten (unmittelbare Krisenintervention und Existenzsicherung, z. B. Dach über dem Kopf, Essen, Dusche, Waschmaschine), die es jungen Menschen ermöglichen, darüber hinausgehende und gemeinsam mit ihnen zu entwickelnde Hilfen im Rahmen eines ganzheitlichen Beratungs- und Unterstützungsangebots anzunehmen. Die Angebote müssen nicht nur der Bewältigung einer aktuellen Krise oder Notlage dienen, sondern ausgerichtet sein auf die Bereitstellung und Ermöglichung weiterführender Hilfen.

Rufbereitschaft

Die Krisensituation erfordert es, dass entsprechende Hilfen sofort und **rund um die Uhr**, zu jeder Tages- und Nachtzeit verfügbar sind. Immerhin findet knapp die Hälfte der Inobhutnahmen in der Zeit nach 17 Uhr, nachts und/oder am Wochenende statt (s. o. Kap. 2.2, S. 92 f.). Neben der leichten geografischen Erreichbarkeit der Jugendschutz- oder zumindest von Anlaufstellen ist deshalb eine funktionierende 24-stündige **Rufbereitschaft** des Jugendamts unabdingbar, weil nur das Jugendamt die Inobhutnahme verfügen kann (s. u. S. 268 f. u. 274 ff.). In der praktischen Umsetzung scheint es hier in manchen Regionen immer noch erhebliche Mängel zu geben (s. o. 2.2, S. 93). Manche Jugendämter verzichten auf eine eigene Rufbereitschaft bzw. eigenen Kinder- und Jugendnotdienst und verlassen sich auf die Jugendschutzstellen freier Träger oder die Gewahrsamnahme und Zuführung durch die Polizei. Eine solche „Arbeitsteilung" ist rechtswidrig und sollte schleunigst abgestellt werden.

---

472 BT-Drs 11/5948, 79.

Benachrichtigung einer Vertrauensperson

Mit der Inobhutnahme ist den Minderjährigen „unverzüglich" Gelegenheit zu geben, eine Person ihres Vertrauens zu benachrichtigen (§ 42 Abs. 2 Satz 2 SGB VIII).[473] **Unverzüglich** (d.h. ohne schuldhaftes Verzögern, vgl. § 121 BGB) bedeutet in diesem Zusammenhang, dass die Minderjährigen in aller Regel gleich zu Beginn der Aufnahme gefragt werden müssen, ob sie jemanden informieren wollen. Sie können dann selbst entscheiden, wann (sofort oder später) und auf welche Weise (Telefon, SMS, E-Mail, schriftlich) sie dies tun wollen. Die Benachrichtigung muss vom Minderjährigen selbst vorgenommen werden können. Minderjährige müssen auf die Gelegenheit, jemanden informieren zu können, hingewiesen werden. Die Mitarbeiter der Jugendämter sollten sich zudem bemühen, diese Vertrauenspersonen zur konstruktiven Mitarbeit im Rahmen der Krisenintervention zu gewinnen; ggf. kann diese Person bei Konflikten zwischen den Minderjährigen und ihren Eltern auch als Vermittler[474] fungieren oder gar als geeignete Person für die Unterbringung in Betracht kommen.

Zu den Vertrauenspersonen zählen auch (minderjährige wie volljährige) Freunde, Geschwister, Lehrer, letztlich alle Personen, die die Kinder und Jugendlichen ins Vertrauen ziehen wollen. Die Minderjährigen (und zwar alle und nicht nur die sich selbst meldenden und um Schutz nachsuchenden) bestimmen dabei grundsätzlich selbst, welche Personen ihr Vertrauen genießen. Nach dem eindeutigen Wortlaut des Gesetzes muss der Minderjährige jede Person benachrichtigen können, diese muss nicht einmal namentlich benannt werden.[475] Das Jugendamt hat im Fall der Personenkenntnis nur in extremen Ausnahmefällen (z.B. bei einem Zuhälter oder Dealer) nach Sinn und Zweck des Schutzgedankens die Möglichkeit, die Kontaktaufnahme zu unterbinden, wenn

473 Hierbei handelt es sich um eine Verfahrensvorschrift, die allerdings aufgrund des nahe liegenden Zusammenhangs vorgezogen erörtert wird.

474 Vgl. Proksch 1994, 32. Zu den Vorteilen der mediativen Konfliktbearbeitung und den Grenzen der Mediation als akute Krisenintervention s.o. S. 2, Fn. 5.

475 Münder u.a. 2006 § 42 Rz. 30; Trenczek 2007, Rz. 15; Mrozynski 2004 § 42 Rz. 10; Wiesner/Wiesner § 42 Rz. 29; a.A. Busch ZfJ 1993, 131.

diese als solche schon zu einer erheblichen Gefahr für das Kindeswohl i. S. d. § 1666 BGB führt.[476]

Beginn der Hilfeplanung

Über die akute Krisenintervention hinaus ist die Inobhutnahme gleichzeitig der Einstieg in einen kontinuierlichen Hilfeplanungsprozess (§ 42 Abs. 2 Satz 1, Abs. 3 Satz 5 SGB VIII), insbesondere wenn die Minderjährigen und ihre Familien bislang noch keinen Kontakt zum Jugendamt hatten. Im Hinblick auf die oftmals unterschiedlichen funktionalen Zuständigkeiten innerhalb eines Jugendamts haben sich Konzepte als vorteilhaft erwiesen, in denen die Verantwortung für die Krisenintervention (Inobhutnahme) und Hilfeplanung auch organisatorisch stärker gebündelt werden (vgl. z.B. **Clearingstelle** des Jugendamts Hannover, Kinder- und Jugendnotdienst Berlin, s.o. Kap. 2.3, S. 101).

Stammen die Minderjährigen aus einem anderen Jugendamtsbereich, sollte das für die Inobhutnahme (aufgrund des tatsächlichen Aufenthalts des Minderjährigen, s.u. § 87 SGB VIII) zuständige Jugendamt das (für die Leistungsgewährung nach §§ 86 ff. SGB VIII zuständige) **Heimatjugendamt** alsbald von der Inobhutnahme informieren. Um einen kontinuierlichen Hilfeplanungsprozess sicherzustellen und Lücken in der sozialpädagogischen Betreuung zu vermeiden, hat der Gesetzgeber mit § 42 Abs. 3 Satz 5 SGB VIII die Hilfeplanung in den Aufgabenkatalog der Inobhutnahme bis zu deren Abschluss einbezogen.[477] Allerdings kann dies in der Praxis bei einer unterschiedlichen örtlichen Zuständigkeit für die Inobhutnahme und Anschlusshilfe mitunter zu erheblichen Abgrenzungsproblemen führen. Nach dem Wortlaut der jetzigen gesetzlichen Regelung fiele die fachliche Verantwortung für den die Anschlusshilfe steuernden Hilfeplanungsprozess in die Verantwortung des für die Inobhutnahme zuständigen Jugendamts.[478] Allerdings kann das nicht dazu führen, dass dem für die Anschlusshilfe zuständigen Jugendamt dann nichts anderes mehr übrig bliebe, als den auswärts konzipierten Hilfeplan umzusetzen und die Kosten für die Leistung zu tragen. Ein solcher Wertungswiderspruch zu den §§ 86, 27 ff.,

476 Vgl. Czerner 2000, 373; Münder u.a. 2006 Rz. 30; Proksch 1994, 32; Trenczek 2007a Rz. 15; Wiesner/Wiesner 2006 § 42 Rz. 29 a.E.

477 Vgl. BT-Drs. 15/3676, 37.

478 Ebenso Wiesner/Wiesner 2006 § 42 Rz. 42.

36 SGB VIII war nicht beabsichtigt, vielmehr muss die Regelung des § 42 Abs. 3 Satz 5 SGB VIII widerspruchsfrei (systematisch und teleologisch) ausgelegt werden. Auch wenn es im Rahmen der Inobhutnahme darum geht, erste Perspektiven für einen gelingenden Alltag zu entwickeln, kann ohne Einschaltung des für den Leistungsbereich zuständigen Jugendamts eine Hilfeplanung **nicht verbindlich** durchgeführt oder Zusagen im Hinblick auf weiterführende Hilfen gemacht werden. Allerdings ist hier auch eine **Amtshilfe** (§ 3 SGB X) durchaus möglich, wenngleich das zuständige Jugendamt das Hilfeplanverfahren im Regelfall mit eigener Beteiligung durchführen sollte.[479]

4.2.2.5 Ausübung der Personensorge

Durch § 42 Abs. 2 Satz 4 SGB VIII wurde dem Jugendamt die Befugnis übertragen, alle Rechtshandlungen vorzunehmen, die zum Wohl des Kindes oder Jugendlichen notwendig sind. Damit übt das Jugendamt während der Inobhutnahme nicht nur Teilbereiche der Personensorge (Beaufsichtigung und Aufenthaltsbestimmung) aus, vielmehr umfasst die Regelung nun auch die rechtsgeschäftliche Vertretung (z.B. im Hinblick auf Ummeldung der Kindertagesstätte oder Schule, den Abschluss von Behandlungsverträgen bei ärztlichen Untersuchungen). Im Hinblick auf ärztliche Untersuchungen und Eingriffe reicht die rechtsgeschäftliche Vertretungsmacht freilich nicht aus; insoweit ist auch die eigene Einwilligungs- und Verstandesreife der/s Minderjährigen zu berücksichtigen.[480]

Öffentlich-rechtliche Notkompetenz

Wenn es die Notsituation der Inobhutnahme zur Sicherung des Kindeswohls erfordert, gehen die Befugnisse des Jugendamts inhaltlich ebenso weit wie die Kompetenzen der Personensorgeberechtigten selbst.[481] Allerdings muss dabei beachtet werden, dass den Eltern das Sorgerecht durch die Inobhutnahme rechtlich nicht entzogen wird oder damit ein Verlust verbunden wäre. Es handelt sich bei den Befugnissen

479 Vgl. auch DIJuF JAmt 2004, 363f.
480 BGH NJW 1964, 1177f.; DIJuF JAmt 2003, 238.
481 Vgl. Staudinger-Salgo 2007 § 1631 Rz. 21 u. 30.

des Jugendamts im Rahmen der Inobhutnahme stets nur um eine öffentlich-rechtliche, das elterliche Sorgerecht substituierende **Notkompetenz** und nicht um eine (gesetzliche oder richterliche) Übertragung des Sorgerechts.[482] Schon deshalb muss das Jugendamt nach § 42 Abs. 2 Satz 4, 2. Halbs. SGB VIII (in Anlehnung an die zivilrechtlichen Regelungen der Geschäftsführung ohne Auftrag, vgl. § 677 BGB) den **mutmaßlichen Willen der Personensorgeberechtigten** (oder nachrangig der Erziehungsberechtigten) angemessen berücksichtigen. Dieser wird jedoch gelegentlich schwierig zu ermitteln (ggf. nur aufgrund der Informationen des Minderjährigen) oder gerade ein Grund für die Inobhutnahme sein. Inhaber der umfassenden Rechtsstellung sind weiterhin die personensorgeberechtigten Eltern. Die Regelung des § 42 Abs. 2 SGB VIII ist mit der Notkompetenz bei getrennt lebenden Sorgeberechtigten vergleichbar, bei der ein Elternteil bei Gefahr im Verzug die alleinige Entscheidungsbefugnis innehat (§ 1629 Abs. 1 Satz 4 BGB). Nur **soweit** die Eltern gehindert sind, ihre Verantwortung wahrzunehmen oder ihre Entscheidungen das Kindeswohl akut gefährden, steht dem Jugendamt die Notkompetenz zu. Dies kann entweder daran liegen, dass die Personensorgeberechtigten aufgrund der räumlich Entfernung ihre Elternverantwortung (auch telefonisch) nicht wahrnehmen können oder weil es die zugrunde liegende Konfliktsituation nicht anders erlaubt. Die Elternrechte bestehen zwar auch im letzteren Fall weiter fort, lassen sich aber bis zur gerichtlichen Entscheidung nicht durchsetzen.[483] Der Kontakt zu den Eltern muss und darf nicht zwingend unterbrochen werden, sondern nur soweit es zur Verhinderung einer (weiteren) Kindeswohlgefährdung erforderlich ist. Der Aus-

---

482 Vgl. Czerner 2000, 373; Münchener-Kommentar/Strick 2002 § 42 Rz. 4; Ollmann 2000, 261 f.; Trenczek 2007a Rz. 20. Die gesetzliche „Suspendierung der elterlichen Sorgerechtsbefugnisse“ (Kunkel/Röchling 2006 § 42 Rz. 61 ff.) steht nicht im Gegensatz zur Annahme der sog. Notkompetenz. Der entscheidende Ansatz ist das Kindeswohl. Nur wenn und soweit dieses gefährdet ist, sei es weil die Eltern ausfallen oder ihre Entscheidungen das Kindeswohl gefährden, tritt das Jugendamt in diese Stellung und Aufgaben ein.

483 OLG Zweibrücken 9.2.1996 – 5 UF 13/96 – ZfJ 1996, 241; Münchner Kommentar-Strick 2002 § 42 Rz. 4.

schluss des Umgangsrechts bedarf einer Entscheidung des Familiengerichts (§ 1684 BGB; s. o. Kap. 3.2.3, S. 140 ff.).

Pflicht zur Erziehung

Bei der Betreuung von Kindern und Jugendlichen in der Inobhutnahmestelle ist deren wachsende Fähigkeit und ihr wachsendes Bedürfnis zu selbständigem, verantwortungsbewusstem Handeln zu berücksichtigen, mithin die Interaktion so zu gestalten, dass eine weitestgehende Übereinstimmung mit ihnen entsteht (vgl. §§ 8, 9 SGB VIII). Die Rechts- und Pflichtenstellung des Jugendamts im Rahmen der Inobhutnahme beinhaltet freilich auch Erziehungsaufgaben und insoweit das Recht und die Verpflichtung, Minderjährigen ggf. Anweisungen zu geben, z. B. im Hinblick auf seine Anwesenheit in der Einrichtung, dem Schulbesuch oder ganz allgemein, bestimmte Sachen zu tun oder zu unterlassen. Im Hinblick auf Ausgehzeiten, Medien- und Alkoholkonsum haben sich die Mitarbeiter an die Regelungen des **Jugendschutzes** (insbesondere JuSchG) zu halten. Das betrifft auch die (landes-)rechtlichen Regelungen zum **Nichtraucherschutz**, die einzufordern (und selbst einzuhalten) manchen Mitarbeitern der Jugendhilfe gerade in Krisensituationen nicht leicht fällt. Anstatt aber in einem Lavieren zu versuchen, sich durch schwierige Situationen durchzumogeln, empfiehlt sich auch hier eine klare Haltung und Transparenz mit dem Hinweis auf gesetzlich vorgegebene Rahmenbedingungen, die zu missachten den Mitarbeitern der Jugendämter und Einrichtungen nicht zusteht. Diese Argumentation ist schon deshalb nicht zu „formal“, da mit der Befugnis und Verpflichtung zur Inobhutnahme als solche Zwangsbefugnisse nicht verbunden sind (s. u. Kap. 4.2.6, S. 261 ff.). Die Mitarbeiter sind auf ihr (sozial-)pädagogisches Handlungsrepertoire zurückgeworfen, ein lediglich auf Anweisungen beruhendes Beziehungsverhältnis wird schon deshalb zum Scheitern verurteilt sein, insbesondere angesichts der Problemlage von Kindern und Jugendlichen in Krisen. Ob man im konkreten Krisenfall nach einer sorgfältigen Abwägung auch einmal „Fünfe gerade sein lassen“ kann, sollte allerdings nicht vorschnell bejaht werden. Pädagogik zielt auf Akzeptanz, Einsicht und die Förderung der Handlungskompetenz sowie Lern- und Veränderungsprozesse. Das setzt nicht immer Freiwilligkeit voraus.[484] Freiwilligkeit ist ein teilweise mystisch überhöhtes Konstrukt. Es geht um die Wahl zwischen mehreren Optionen (konkret: hilfreiche Angebote der Jugendhilfe vs. Weglaufen, Ungewissheit, Gewalt, ...). Die Jugendhilfe muss freilich Kindern und Jugendlichen „etwas" geben, was sie (trotz Regeln, Rauchverbot etc.) zum Bleiben und zur gemeinsamen Arbeit bewegt, sie darf und muss aber nicht auf Verbindlichkeit und pädagogische Grenzsetzung verzichten, gleichzeitig darf sie sich aber keiner ihr nicht zustehenden Zwangsbefugnisse bedienen (hierzu s.u. Kap. 4.2.5 u. 4.2.6).

4.2.2.6 Unterhalt und Krankenhilfe

Nach § 42 Abs. 2 Satz 3 SGB VIII hat das Jugendamt während der Inobhutnahme insgesamt für das Wohl des Minderjährigen zu sorgen. In Fällen schwerer körperlicher Verletzungen und einem existenzbedrohlichen Gesundheitszustand geht die unmittelbare, ärztliche Betreuung allen anderen Interventionen vor. Das Jugendamt sorgt ansonsten für das Kindeswohl vorrangig durch die spezifische sozialpädagogische Betreuung und Unterbringung, wobei gleichzeitig selbstverständlich mit der Unterbringung der notwendige Unterhalt und die Krankenhilfe sicherzustellen ist. Insoweit kann auf die Annexleistungen der Hilfen zur Erziehung verwiesen werden (vgl. §§ 39f. SGB VIII). Es geht im Hinblick auf den Unterhalt um die Unterkunfts(neben)kosten sowie um die Erfüllung materieller Grundbedürfnisse, die Verpflegung, um Kleidung und Schuhe, die Körperpflege und anderer Sachaufwendungen für die täglichen Bedürfnisse des Lebens.[485] Nach § 39 Abs. 2 Satz 2 SGB VIII erhält das Kind oder der Jugendliche auch ein (alters)angemessenes **Taschengeld** (Barbetrag) zur persönlichen Verfügung.[486]

---

484 Zum Zwangskontext s.o. in Kap. 1.1, S. 21; vgl. Kähler 2005; Salgo 2007, 14ff.

485 Hierzu Münder u.a. 2006 § 39 Rz. 7ff.

486 Hierzu Münder u.a. 2006 § 39 Rz. 11ff.; Späth 2002. Über die aktuellen in den einzelnen Bundesländern für die verschiedenen Altersstufen festgelegten Taschengeldbeträge geben die Landesjugendämter Auskunft. Hinsichtlich der Modalitäten für die Auszahlung des Taschengeldes sind die

4.2.3 Elternarbeit im Rahmen der Inobhutnahme (§ 42 Abs. 3 SGB VIII)

4.2.3.1 Benachrichtigung der Personensorgeberechtigten

Unverzüglichkeit

Die Beratung des Kindes oder Jugendlichen kann und muss ggf. bei einem zugrunde liegenden Beziehungskonflikt zunächst ohne die Personensorgeberechtigten erfolgen (vgl. auch § 8 Abs. 3 SGB VIII). Das Gesetz verlangt allerdings bei einer Inobhutnahme sowohl bei Selbstmeldern als auch bei zugeführten Minderjährigen die unverzügliche (zumindest fernmündliche) Information der Personensorge- oder Erziehungsberechtigten, im Fall des § 42 Abs. 1 Nr. 2 SGB VIII zur gemeinsamen Risikoabschätzung grundsätzlich sogar bereits **vor** der Entscheidung über die Inobhutnahme (s.o. Kap. 4.2.1.2, S. 199f.). Unverzüglich bedeutet hier nicht sofort, sondern – ebenso wie in § 42 Abs. 2 Satz 2 SGB VIII – entsprechend § 121 BGB „ohne schuldhaftes Verzögern", wobei hier die Zeitspanne u.U. länger sein kann als bei der Benachrichtigung einer Vertrauensperson durch den Minderjährigen. Der Begriff der Unverzüglichkeit bestimmt sich durch die Sorge um das Wohl des Minderjährigen. Eine vorschnelle Unterrichtung der Eltern darf den Schutz des Kindes nicht vereiteln. Der **Schutzzweck der Norm** muss beachtet werden. Da durch die Benachrichtigung allein bereits eine (weitere) Gefährdung eintreten kann, muss vorher Zeit zur Abklärung, Beratung und Unterstützung des Minderjährigen bleiben.[487] Wünscht ein Kind oder Jugendlicher, dass eine Information der Sorgeberechtigten unterbleibt, ist zunächst durch entsprechende sozialpädagogische Arbeit zu versuchen, die Hintergründe der Weigerung zu beleuchten und ein Einverständnis zu erlangen. Eine feste Tagesregel (z.B.

Richtlinien der Landesjugendämter relativ einheitlich und übernehmen weitgehend die Empfehlung der BAG LJÄ, wonach „in der Regel das Taschengeld monatlich im Voraus bar ausbezahlt werden soll". Die in vielen Einrichtungen praktizierte Übung, das Taschengeld am Freitagnachmittag erst nach Erledigung der „Ämter" oder „Dienste" auszuzahlen und damit als pädagogisches Druckmittel zu funktionalisieren, ist mit diesen Vorgaben jedenfalls nicht vereinbar (Münder u.a. 2006 § 39 Rz. 13; Späth 2002, III f.).

487 Vgl. GK-Schleicher 2007 § 42 Rz. 26; Mrozynski 2004 § 42 Rz. 14; Wiesner/Wiesner 2006 § 42 Rz. 37.

2–3 Werktage,[488] 48 Stunden, …), wie sie teilweise in der Praxis durch Dienstanweisungen vorgegeben wird, widerspricht der Notwendigkeit einer Einzelfallprüfung und ist deshalb fachlich inakzeptabel und rechtlich irrelevant. Ist abzusehen, dass diese Abklärung (insbesondere aufgrund der ernsthaften Weigerung des Minderjährigen, seine Eltern über seinen Verbleib aufzuklären) nicht kurzfristig geleistet werden kann, müssen die Eltern zumindest mittelbar über die Polizei oder die Bereitschaftsstelle darüber benachrichtigt werden, dass ihr Kind in der Obhut des Jugendamts ist. Die Information erfüllt hier zunächst die Funktion, die Sorgeberechtigten darüber zu informieren, dass der Minderjährige in Sicherheit (also nicht als vermisst zu melden) ist und die Sorgeberechtigten sich keine Sorgen machen müssen. Die Befürchtung, die Eltern könnten der Inobhutnahme widersprechen und ihr Kind sofort herausverlangen, ist kein zulässiger Grund, die Unterrichtung zu unterlassen oder hinauszuzögern. Die Konfliktklärung mit den Eltern (hierzu nachfolgend Kap. 4.2.3.2) und damit der mögliche Widerspruch sind integraler Teil der Inobhutnahme.

Scheitern der Kontaktaufnahme

Scheitert die Kontaktaufnahme, weil die Eltern nicht erreichbar sind oder aus welchen Gründen auch immer, ist nach § 42 Abs. 3 Satz 3 SGB VIII das Familiengericht unverzüglich (d.h., da keine vernünftigen Gründe des Abwartens ersichtlich sind: sofort) am besten schriftlich mittels Fax zu informieren. Hinzuweisen ist freilich darauf, dass von einem Scheitern der unverzüglichen Kontaktaufnahme erst gesprochen werden kann, wenn die Eltern mehrfach zu verschiedenen Zeiten, insbesondere auch am nächsten Tag nicht erreicht werden konnten. In diesen Fällen empfiehlt es sich, zumindest vorbeugend die örtliche Polizeidienststelle zu informieren, damit diese auf Vermisstenanzeigen entsprechend reagieren können.

Inhalt und Umfang der Information

Das Gesetz gibt im Hinblick auf den Inhalt und Umfang der Information nichts Genaues vor, weshalb diese in das pflichtgemäße Ermessen des Jugendamts gestellt ist. Dabei muss gerade auch im Hinblick auf den Zweck der gemeinsamen Risikoeinschätzung das Elternrecht nach Art. 6 Abs. 2 GG und

488 Vgl. Marquardt/Lossen 1999, 82 f.

insoweit beachtet werden, dass Eltern grundsätzlich in die Lage zu versetzen sind, ihr Personensorgerecht auszuüben. Dies haben die Mitarbeiter der Jugendämter sehr sorgfältig abzuwägen, wenn sie aufgrund konkreter Anzeichen befürchten, dass die Benachrichtigung der Eltern zu einer (weiteren) Gefährdung des Kindeswohls führen könnte. Im Interesse eines effektiven Schutzes der Minderjährigen (Schutzzweck der Norm) kann es insbesondere beim Verdacht einer (fortdauernden) Kindesmisshandlung oder eines sexuellen Missbrauchs in der Familie gerechtfertigt sein, den Personensorgeberechtigten Name und Adresse des Aufenthaltsortes nicht mitzuteilen.[489] Ausreichend ist insoweit die Angabe des zuständigen Jugendamts sowie aller Umstände, die ohne Gefährdung des Kindes mitgeteilt werden können, andererseits für die Eltern zum Verständnis der Situation wichtig sind. Die Krisenintervention ist ja mit der sicheren Unterbringung nicht abgeschlossen, sondern erfordert die Konflikt klärende Auseinandersetzung mit den Eltern. Im Hinblick auf §§ 8 Abs. 3, 65 SGB VIII ist zu prüfen, ob die Weitergabe über die Unterbringung hinaus reichender, anvertrauter Informationen aufgrund der versagten Einwilligung des Minderjährigen unzulässig ist.[490] Liegen die Gründe für die eingeschränkte Information der Personensorgeberechtigten in einer weiteren Gefährdung des Kindeswohls, so sind diese zu dokumentieren und die Entscheidung nachprüfbar zu begründen. Bei Interessenskollisionen zwischen dem Kind und seinen Eltern kommt den Interessen des Kindes auch verfassungsrechtlich grundsätzlich der Vorrang zu.[491] Sinn und Zweck der Inobhutnahme wären verfehlt, wenn durch die Benachrichtigung neue Gefährdungen drohten und sich die Krise verschärfte. Auch nach Widerspruch der Eltern ist eine Übergabe des Kindes nur zulässig, wenn nach Einschätzung

489 Vgl. BAGLJÄ ZfJ 1995, 540; GK-Schleicher 2000 § 42 Rz. 26; Lakies 1997, 30; Trenczek 2000, 126 u. 2007a Rz. 22f.; Wiesner/Wiesner 2006 § 42 Rz. 37.

490 Vgl. Kunkel/Röchling 2006 § 42 Rz. 71. Anders als bei einer ambulanten Beratung nach § 8 Abs. 3 SGB VIII ist aber hier der Umstand der von den Eltern getrennten Unterbringung besonders zu berücksichtigen (vgl. GK-Schleicher 2007 § 42 Rz. 26).

491 Vgl. BVerfG 29.10.1998 – 2 BvR 1206/98 – FamRZ 1999, 85f.

des Jugendamts eine Gefährdung für das Kindeswohl nicht besteht bzw. zusammen mit den Eltern abgewendet werden kann (§ 42 Abs. 3 Satz 2 Nr. 1 SGB VIII). Werden die Personensorgeberechtigten in diesen Ausnahmefällen zur Sicherung des Kindeswohls nicht umfassend informiert, ist das Familiengericht unverzüglich zu unterrichten, so als hätten die Personensorgeberechtigten der Inobhutnahme widersprochen.

Anonyme Aufnahme

In bestimmten Milieus kann die Zusicherung einer anonymen Aufnahme erforderlich sein, damit Minderjährige nicht aus Angst, sofort zurückgebracht zu werden, den Verbleib auf der gefährlicheren Straße vorziehen. Eine solche anonyme Aufnahme wird vereinzelt im Hinblick auf die grundsätzliche Informationspflicht des Jugendamts für unzulässig gehalten, freilich erscheint diese Argumentation angesichts der Problemlage von Ausreißern und Straßenkindern, aber auch wegen der mangelnden Handlungsalternativen als zu formal. Vielmehr ist auch insoweit der Schutzzweck der Norm zu beachten. Weigert sich ein Minderjähriger seinen Namen oder seine Adresse bekannt zu geben, kann (und darf!) die Jugendschutzstelle ihn nicht einfach vor die Tür und damit neuen Gefahren aussetzen. Die Aufnahmegarantie gegenüber Selbstmeldern ist nach § 42 Abs. 1 Satz 1 SGB VIII an keine Voraussetzungen (wie z.B. die Namensnennung) gebunden, sie besteht ohne jede Einschränkung (s.o. Kap. 4.2.1.1, S. 195 ff.). Letztlich kann man die Jugendlichen nur motivieren, mit der Inobhutnahmestelle zusammen zu arbeiten, zwingen ihren Namen zu nennen, kann man sie nicht. In den seltenen Ausnahmefällen, in denen junge Menschen ihren Namen zunächst nicht preisgeben, wird es darum gehen müssen, das Vertrauen der Minderjährigen zu gewinnen – mit Zwang und Gewalt ist kein Zugang zu ihnen zu finden und sind sie nicht von der Straße zu holen.[492] Da mangels Kenntnis die Eltern/Personensorgeberechtigten des Minderjährigen nicht informiert werden können, ist in diesen Fällen unverzüglich das Familiengericht einzuschalten (vgl. § 42 Abs. 3 Satz 3 SGB VIII).

492 Zur Notschlafstelle vgl. DIJuF JAmt 2002, 246.

4.2.3.2 Zusammenarbeit mit den Personensorgeberechtigten

Klärungshilfe und Elternarbeit

Konnten die Eltern bzw. Personensorgeberechtigten über die Inobhutnahme informiert werden, muss zunächst stets versucht werden, mit ihnen eine gemeinsame Lösung zu finden (Klärungshilfe und gemeinsame Problemdefinition). Nach § 42 Abs. 1 Satz 1 Nr. 2 a und Abs. 3 Satz 1 SGB VIII hat das Jugendamt die Personensorge- bzw. Erziehungsberechtigten nicht nur bereits vor der Entscheidung über die Inobhutnahme als solche zu unterrichten, sondern gemeinsam mit ihnen das Gefährdungsrisiko abzuschätzen. Diese notwendige **Elternarbeit** galt freilich bislang schon als fachlicher Standard einer über den Augenblick hinausreichenden Krisenintervention.[493] Hier geht es nicht nur darum, die aktuelle Einschätzung der Krisensituation verlässlicher und transparenter vorzunehmen, sondern über die akute Risikoeinschätzung hinaus durch die gemeinsame Problemkonstruktion mit den weiterhin verantwortlichen Eltern die Grundlage für deren Problem- und Hilfeakzeptanz zu schaffen. Dabei werden die Eltern aufgrund dem Jugendamt vorauseilender Zuschreibungen („Kinderklaubehörde"), eigener negativer Vorerfahrungen oder auch aufgrund der von ihnen vielfach als abwertend und peinlich wahrgenommenen Situation nicht immer sofort mit der Einschätzung der Fachkräfte des Jugendamts übereinstimmen (Problemkongruenz). Will man die Eltern als Partner des Erziehungsprozesses nicht für immer verlieren, dürfen sich die Mitarbeiter des Jugendamts dann nicht in einem Machtkampf um die Definitionshoheit stürzen, sondern müssen sich ernsthaft bemühen, mit Widerstand konstruktiv zu arbeiten und Perspektiven aufzuzeigen.[494] Vielfach wird man die Eltern dazu bewegen können, ihr Einverständnis zum vorläufigen Verbleib des Kindes oder des Jugendlichen in der Schutzstelle zu erklären. Je mehr Zeit man sich für die Eltern nimmt, desto weniger Widerstände, Widersprüche und Verschließungen werden provoziert und

493 Hierzu oben Kap. 1.3, S. 31 ff., vgl. Kinderschutz-Zentrum Berlin 2000, 96 ff.; Kohaupt 2005, 221; Münder u.a. bereits 2003 § 42 Rz. 36; Trenczek 2007a Rz. 22 ff.

494 Zum Umgang mit Widerstand s.o. S. 24 u. 33; vgl. Kinderschutz-Zentrum Berlin 2000, 105 ff.; Kohaupt 2005, 218 ff.

desto größer ist die Akzeptanz nicht nur im Rahmen der Krisenintervention, sondern auch im Hinblick auf ggf. erforderliche Anschlusshilfen. Entscheidungen über längerfristige Hilfen, können nur im Zusammenwirken mit den Personensorgeberechtigten bzw. dem Familiengericht aufgrund einer daran anschließenden Hilfeplanung getroffen werden. Sind die Eltern mit der Inobhutnahme einverstanden oder wird sie von ihnen zumindest geduldet, so ist nach § 42 Abs. 3 Satz 5 SGB VIII unverzüglich (hier = sofort) ein Hilfeplanverfahren einzuleiten. Das kann bereits im Zusammenhang mit der Krisenintervention beginnen, wenn z. B. die Eltern über die Krisensituation informiert und Auswege aus der Krise gesucht werden. Im Hinblick auf die Leistungsgewährung sind allerdings die fachlichen Standards der Hilfeplanung einzuhalten (s. o. Kap. 1.3 u. 3.3.1, S. 153). Ein ausbleibender Widerspruch oder gar die Zustimmung der Eltern zur Inobhutnahme macht diese noch nicht zu einer (kostengünstigeren) Erziehungshilfe nach §§ 27 ff. SGB VIII (zur „Umwidmung" in der Praxis s. o. S. 108), es handelt sich vielmehr um den Normalfall der Inobhutnahme und den Einstieg in die unverzügliche Hilfeplanung (§ 42 Abs. 3 Satz 5 SGB VIII).

4.2.3.3 Widerspruch der Sorgeberechtigten und Anrufung des Familiengerichts

Auslegung der Willenserklärung

Erklären die Eltern, ihr Kind oder der Jugendliche könne wieder zu Hause wohnen, ist dies nicht schon als Widerspruch gegen die Inobhutnahme zu werten. Zwar muss der Widerspruch nicht als solcher bezeichnet werden, aber doch unmissverständlich zum Inhalt haben, dass die Personensorgeberechtigten mit der weiteren Unterbringung in der Obhut des Jugendamts **nicht einverstanden** sind.[495] Dabei reicht es aus, dass ein (personensorgeberechtigter) Elternteil der Inobhutnahme widerspricht.[496] Widersprechen sich die Eltern,

---

495 Vgl. VG Würzburg NDV-RD 2000, 79 f.; Kunkel/Röchling 2006 § 42 Rz. 76.

496 Das gilt auch wenn ein **Elternteil minderjährig** ist, da den Eltern nach § 1673 Abs. 2 Satz 1 BGB die tatsächliche Personensorge (bei Alleinerziehenden zusammen mit dem Vormund) zusteht. Bei Meinungsverschiedenheiten zwischen dem minderjährigen Elternteil und dem (Amts-)Vormund geht die Meinung des Elternteils der des Vormunds nach § 1673 Abs. 2

kann das Jugendamt zwar Vermittlungsdienste übernehmen, es kommt ihm aber nicht zu, insoweit eine Entscheidung zu treffen, diese Kompetenz steht lediglich dem Familiengericht zu (vgl. § 1628 BGB). Da der Widerspruch eines Sorgeberechtigten ausreicht, muss das Kind herausgegeben werden, wenn dadurch keine (weitere) Kindeswohlgefahr zu besorgen ist. Ist dies aber der Fall, muss das Kind vorerst in Obhut des Jugendamts verbleiben und das Familiengericht unverzüglich angerufen werden. Sind Personensorge- und Erziehungsberechtigte unterschiedlicher Meinung, geht die Erklärung des Sorgeberechtigten vor.

Lassen sich einvernehmliche Regelungen nicht erarbeiten und kommt es zum Widerspruch, liegt es **nicht** im (Auswahl-)**Ermessen** des Jugendamts, welche der beiden Möglichkeiten (Nr. 1: Übergabe des Kindes oder Nr. 2: Anrufung des Familiengerichts) es wählt.[497] Zwar darf das Kind bzw. der Jugendliche den Eltern nach § 42 Abs. 3 Satz 2 Nr. 1 SGB VIII nur übergeben werden, wenn nach Einschätzung des Jugendamts eine Gefährdung für das Kindeswohl nicht besteht bzw. die Eltern gewillt und in der Lage sind, diese abzuwenden. Das ist eine dem Sinn und Zweck des Kinderschutzes entsprechende und im Hinblick auf die vorrangige Elternverantwortung (Art. 6 Abs. 2 GG) verfassungsrechtlich vorgegebene Selbstverständlichkeit. Das Jugendamt muss also prüfen, ob durch die Herausgabe das Kindeswohl gefährdet bzw. eine Kindeswohlgefahr nicht abgewendet wird. Es hat sich an den Kriterien des § 1666 BGB und die hierzu ergangene Rechtsprechung zu orientieren (s. o. Kap. 3.2.2, S. 123 ff.). Solange das Kindeswohl nicht durch das elterliche Verhalten gefährdet wird, ist für eine gerichtliche Entscheidung kein Raum. Verlangen die Eltern das Kind heraus und ist für das Jugendamt in diesem Fall keine Kindeswohlgefahr zu erkennen, *müssen* die Mitarbeiter des Jugendamts den Eltern ihr Kind übergeben, wenn sie sich nicht einer rechtswidrigen **Entziehung Minderjähriger** (§ 235 StGB) strafbar machen wollen.

Satz 2 BGB vor. Droht dadurch eine Kindeswohlgefahr muss das Jugendamt das Familiengericht anrufen.

497 Czerner 2000, 377; Lakies 1997, 34 f.; Mrozynski 2004 § 42 Rz. 14; Münder u. a. 2006, § 42 Rz. 43; Trenczek 2007a Rz. 25; Wiesner/Wiesner 2006 § 42 Rz. 43.

Das gilt auch für den Fall, dass das Kind (bei Jugendlichen müsste die Entziehung mittels List, Drohung oder Gewalt erfolgen) nicht nach Hause will – insoweit trägt die Zugangsregelung für Selbstmelder nach § 42 Abs. 1 Nr. 1 SGB VIII nicht mehr. Andererseits, wenn die Herausgabe nach der Einschätzung des Jugendamts zu einer Kindeswohlgefahr führt, dann *darf* das Jugendamt die Minderjährigen nicht herausgeben. Daraus folgt, dass diese Einschätzung fachlichen Standards genügen und dokumentiert werden muss. Sie darf nicht im ungefähren oder „gefühlten" Bereich verbleiben und es gibt auch nicht den Ausweg und die Wahl, auf eine eigene Einschätzung zu verzichten und die Entscheidung dem Familiengericht zu überlassen (zu Fehlern in der Gefahrenprognose s. o. Kap. 4.2.1.2, S. 199).

Familiengerichtlicher Rechtsschutz/ Widerspruchsverfahren

Anzurufen ist das sachlich und örtlich zuständige Familiengericht beim Amtsgericht des Ortes, in dem der Minderjährige seinen Wohnsitz (nicht gewöhnliche Aufenthalt – wie im SGB VIII üblich) hat (§§ 64 Abs. 1 u. 3, 36, 43 FGG, §§ 621 Abs. 1 Nr. 1, 621a ZPO).[498] Diesen teilt er sich mit seinen sorgeberechtigten Eltern (§§ 7, 11 Satz 1 BGB). Leben die personensorgeberechtigten Eltern getrennt, so hat der Minderjährige formal seinen (doppelten) Wohnsitz bei beiden Eltern, dieser wird durch den sog. gewillkürten Wohnsitz ersetzt, bei dem sich das Kind bzw. der Jugendliche ständig aufhält.[499] Sind nicht die Eltern, sondern ein Vormund personensorgeberechtigt (nicht, wenn nur das Aufenthaltsbestimmungsrecht entzogen und einem Pfleger übertragen wurde), so kommt es auf dessen Wohnsitz an (§ 11 Satz 2 BGB). Beim Fehlen eines inländischen Wohnsitzes kommt es auf den tatsächlichen Aufenthalt des Minderjährigen an (§ 36 Abs. 1 Satz 1 FGG). Deshalb kann es dazu kommen, dass einmal das Gericht beim Heimatjugendamt zuständig ist, in einem anderem Fall das Gericht am Ort der Inobhutnahme. Sind die

---

498 Sollen bereits während der Schwangerschaft familiengerichtliche Maßnahmen zur Beseitigung einer Kindeswohlgefahr unmittelbar nach Geburt des Kindes ergriffen werden, so ist das Familiengericht zuständig, an welchem die schwangere Mutter ihren gewöhnlichen Aufenthalt hat (§ 36 a FGG analog), vgl. OLG Oldenburg 5 AR 36/07 v. 15.10.2007 – JAmt 2007, 614 f.

499 Kunkel/Röchling 2006 § 42 Rz. 120.

Eltern verhindert, ihre elterliche Sorge auszuüben, und hat ein Familiengericht die im Interesse des Kindes erforderlichen Maßnahmen zu treffen (vgl. § 1693 BGB), so ist nach § 44 FGG auch das Familiengericht zuständig, in dessen Bezirk „das Bedürfnis der Fürsorge" (z.B. im Rahmen einer Inobhutnahme) hervortritt. Das gleiche gilt für Minderjährige, die nicht die deutsche Staatsangehörigkeit haben, wenn eine Zuständigkeit nach § 36 Abs. 1 FGG nicht bereits begründet ist (§ 36 Abs. 3 FGG).

Unverzüglichkeit

Das Familiengericht ist, wenn der Minderjährige nicht unverzüglich an die Personensorgeberechtigten herausgegeben wird oder diese nicht erreichbar sind (§ 42 Abs. 3 Satz 3 SGB VIII), unverzüglich zu unterrichten, damit dieses die erforderlichen sorgerechtlichen Maßnahmen zum Wohl des Kindes oder Jugendlichen herbeiführen kann. In diesem Zusammenhang kann „unverzüglich" nur **sofort** bedeuten. Hier sind keine tatsächlichen oder rechtlichen Gründe denkbar, die eine Verzögerung rechtfertigen könnten.

Entscheidung des Familiengerichts

Die Entscheidung des Familiengerichts bezieht sich lediglich auf sorgerechtliche Maßnahmen, insbesondere die Herausgabeverfügung nach § 1632 BGB oder die (vorläufige) Beschränkung oder Entziehung der Personensorge nach §§ 1666, 1666a BGB, nicht aber auf die Rechtmäßigkeit der Inobhutnahme als solche.[500] Die Beurteilung der fachlichen Voraussetzungen der Inobhutnahme ist dem Familiengericht entzogen und steht lediglich den Verwaltungsgerichten in verwaltungsrechtlichen Streitigkeiten (§ 40 VwGO) bzw. den Strafgerichten im Hinblick auf eine unbefugte Entziehung Minderjähriger (§ 235 StGB) zu. Entsprechendes gilt für über die Sorgerechtsentscheidung hinausreichende, oftmals zur Unterstützung der Familie notwendigen Hilfeleistungen (zur Steuerungsverantwortung des Jugendamts vgl. § 36a SGB VIII, s.o. in Kap. 3.3.1, S. 153). Die Leistungen des kommunalen Jugendamts sind dem anordnenden Zugriff des Familiengerichts entzogen, seine Entscheidungen unterliegen auch insoweit der verwaltungsgerichtlichen Kontrolle.

500 Vgl. OLG Bamberg 11.8.1998 – 2 Ufn 169/98 – FamRZ 1999, 663 f.; Czerner 2000, 378; Kunkel/Röchling 2006 § 42 Rz. 82; Münder u.a. 2006 § 42 Rz. 45; Trenczek 2007a Rz. 26; Wiesner/Wiesner 2006 § 42 Rz. 46; vgl. auch oben Kap. 3.2.3, S. 140.

Sind die Eltern nicht mit der Inobhutnahme einverstanden, so reicht es im familiengerichtlichen Widerspruchsverfahren nicht aus, die Zustimmung der Eltern nach § 1666 Abs. 3 BGB zu ersetzen, da es sich hierbei nicht nur um eine punktuelle Angelegenheit handelt, sondern mit der Obhut auch sonstige personensorgerechtliche Befugnisse suspendiert und auf das Jugendamt übertragen werden (s. o. Kap. 4.2.2.5). Das Familiengericht muss vielmehr die elterliche Sorge nach §§ 1666, 1666a BGB umfassender regeln und zumindest vorläufig ggf. die gesamte Personensorge (jedenfalls nicht nur das Aufenthaltsbestimmungsrecht[501]) entziehen und einen Vormund bzw. einen Ergänzungspfleger (nicht zwingend das Jugendamt) bestellen, da die Verweigerung der Zustimmung zur Krisenintervention im Rahmen der Inobhutnahme ein elterliches „Versagen" darstellt.[502] Darüber hinaus kann das Familiengericht die Eltern mittels Weisungen zu weiteren Handlungen anhalten (s. o. Kap. 3.2.3), wobei freilich stets der Vorrang öffentlicher Hilfen, insbesondere der Jugendhilfe, zu beachten ist.

Sind die Eltern bei einem Widerspruch auch nicht dazu bereit, (anstelle der Inobhutnahme) angebotene Hilfe zur Erziehung (insb. außerhalb des Elternhauses) anzunehmen, bedarf es insofern im Hinblick auf § 1666 Abs. 3 Nr. 1 u. 5 BGB n. F. zumindest einer einstweiligen Anordnung des Familiengerichtes (vgl. auch § 50e FGG n. F.). Ansonsten kann weder die Inobhutnahme (wegen Vorliegens einer Kindeswohlgefährdung) beendet noch diese mangels Zustimmung der Personensorgeberechtigten in eine Erziehungshilfe übergeleitet werden.

Verfahrensdauer

Bis zur Entscheidung des Familiengerichts verbleibt der Minderjährige in der Obhut des Jugendamts mit den entsprechenden öffentlich-rechtlichen Pflichten und Kompetenzen.[503] Das Familiengericht hat im Eilverfahren eine zumindest vorläufige Anordnung (§§ 620 ff. ZPO) nach §§ 1666, 1666a BGB zu treffen. Auf die Rechtmäßigkeit der Inobhutnahme hat eine überlange Dauer (von mehr als einem Monat)

---

501 So auch Staudinger-Salgo 2007 § 1631 Rz. 21a.

502 So auch Kunkel/Röchling 2006 § 42 Rz. 84; Röchling 1997, 281 ff. u. 289.

503 OLG Köln 25.9.2000 – 14 UF 66/00 – ZfJ 2001, 158; OLG Zweibrücken 9.2.1996 – 5 UF 13/96 – FamRZ 1996, 1026; Lakies 1997, 35.

des Verfahrens vor dem Familiengericht keinen Einfluss. Gegen diese kann man sich lediglich mit einer Dienstaufsichts- oder Untätigkeitsbeschwerde zum OLG wehren. Die Inobhutnahme **endet** erst entweder mit der rechtmäßigen Übergabe des Kindes an die Eltern (weil mittlerweile eine Kindeswohlgefährdung nicht mehr besteht oder gemeinsam mit den Eltern abgewendet werden kann), oder – sofern aufgrund einer Entscheidung des Familiengerichts ihr Personensorgerecht beschränkt oder entzogen wurde – durch alsbaldige Überleitung in eine durch den Vormund bzw. Pfleger in Anspruch genommene Hilfe (zu den Beendigungstatbeständen nachfolgend Kap. 4.2.4).

4.2.4 Ende der Inobhutnahme (§ 42 Abs. 4 SGB VIII)

Dauer der Inobhutnahme

Das Gesetz gibt eine genaue Zeitgrenze für die Dauer der Inobhutnahme zu Recht nicht vor. Krisenintervention muss auf die konkrete Konflikt- und Notlage im Einzelfall gerichtet sein und verträgt keine pauschale Begrenzung auf einen bestimmten Zeitraum.[504] Eine von vornherein zeitliche Befristung der Inobhutnahme – wie sie mitunter bei unbegleiteten minderjährigen Flüchtlingen vorgenommen wurde[505] – ist unzulässig. Sie darf und muss erst beendet werden, wenn die (Hilfe auslösenden und damit gleichzeitig normativen) Voraussetzungen der Inobhutnahme nicht mehr vorliegen und ihr Zweck erfüllt ist. Die Inobhutnahme muss sich grundsätzlich auf kurzfristige, vorläufige Interventionen beschränken, insbesondere wenn es sich um einen Eingriff in das Personensorgerecht der vorrangig für das Kindeswohl verantwortlichen Eltern handelt. Sie dient der Bewältigung einer akuten Krise und ersetzt keine längerfristige Hilfe(planung). Schutzmaßnahmen müssen darauf gerichtet sein, möglichst schnell beendet zu werden. In der Praxis teilweise gehandelte

504 S.o. Kap. 1.1. Vgl. BVerwG 5 C 63.03 v. 8.7.2004 – JAmt 2004, 438/ZfJ 2005, 25; Lakies 1992, 50; DIJuF JAmt 2001, 76f.; Kunkel-Röchling 2006 § 42 Rz. 40; Meysen/Schindler 2004, 462; Münder u. a. § 2006 § 42 Rz. 50; Trenczek 2007a Rz. 27.

505 Vgl. Peter 2006, 62. Zur Überleitung der Inobhutnahme bei minderjährigen unbegleiteten Flüchtlingen in eine anschließende Erziehungshilfe vgl. DIJuF JAmt 2003, 237f.

z. B. 3-Tages- bis 3-Monats-Regeln entbehren aber jeder fachlichen oder rechtlichen Grundlage. Die Inobhutnahme ist nur zulässig, soweit und solange sie geeignet, erforderlich und angemessen ist. Dies ist zum Beispiel nicht der Fall, wenn die Krisensituation oder Gefährdung des Kindes nicht mehr besteht, das Kind ohne Gefahren für sein Wohl den Eltern übergeben oder die Inobhutnahme in eine längerfristige (nicht zwingend stationäre) Hilfe übergeleitet werden kann.

Übergabe

Das Gesetz nennt in § 42 Abs. 4 SGB VIII nur zwei Formen der Beendigung. Solange ein solcher Beendungstatbestand nicht vorliegt dauert die Inobhutnahme an. Nach § 42 Abs. 4 Nr. 1 SGB VIII endet die Inobhutnahme mit der Übergabe des Minderjährigen an den Personensorgeberechtigten (oder nachrangig den Erziehungsberechtigten). Dies wird vor allem dann der Fall sein können, wenn sich die Wogen mittlerweile wieder geglättet haben oder sonst für sein Wohl keine (weiteren) Gefahren drohen. Dann ist es die vorrangige Verpflichtung der Eltern bzw. der Personensorgeberechtigten für ihr Kind zu sorgen und damit es abzuholen. Wenn dies nicht möglich ist, ist das Jugendamt bis zur Übergabe zur Aufsicht verpflichtet und damit, insbesondere Kinder bis nach Hause bzw. zu dem Ort der Übergabe zu begleiten. Im Hinblick auf den in § 42 Abs. 4 Nr. 1 SGB VIII geregelten Beendigungstatbestand ist nun geklärt, dass die Inobhutnahme nicht schon mit Verlassen des Unterbringungsortes endet, sondern erst mit der Übergabe des Minderjährigen in die Obhut der Personensorge- bzw. Erziehungsberechtigten. Die bei der Begleitung und Rückführung anfallenden Aufwendungen sind damit Kosten der Inobhutnahme und deshalb von dem für die Inobhutnahme verantwortlichen Jugendamt zu tragen.[506] Diese Kosten sollten deshalb im Tagessatz als Faktor enthal-

506 So schon nach der alten Rechtslage vgl. BVerwG NDV 1993, 278; Münder u. a. 2006 § 42 Rz. 49; Mrozynski 2004 § 42 Rz. 8; aufgrund der Neuregelung überholt Schellhorn-Mann 2007 § 42 Rz. 24, BayLJA 2007, 16 u. 20. Nach Kunkel/Röchling 2006 § 42 Rz. 80 sei das vielmehr die Verantwortung des gemäß § 86 SGB VIII zuständigen Heimatjugendamts. Dies verkennt allerdings, dass die Inobhutnahme erst mit erfolgter Übergabe endet. Ein Ausgleich ist insoweit aber über die Berücksichtigung in der Kostenpauschale zu erreichen.

ten sein, um im Rahmen der Kostenerstattung und -heranziehung berücksichtigt werden zu können.

Mittelbare Übergabe

Eine Übergabe an die Personensorge- bzw. Erziehungsberechtigten liegt auch dann vor, wenn der Minderjährige nicht nach Hause zurückkehrt, sondern mit ihrem Einverständnis an einem anderen Ort, z. B. bei Verwandten oder in einem Internat untergebracht wird. Das schließt aufgrund der vorrangigen Elternverantwortung auch die mit ihrer Zustimmung vorgenommene (u. U. mit dem Heimatjugendamt abgesprochene) Überführung in eine Jugendhilfeeinrichtung (z. B. eine ortsnähere Inobhutnahmestelle oder Heimeinrichtung) mit ein.[507] Im Übrigen ist eine Übergabe an Dritte ohne Einverständnis der Personensorgeberechtigten (z. B. auch an die Polizei) unzulässig und muss verweigert werden, sofern dieser Eingriff in das Elternrecht nicht durch ein Gericht als rechtmäßiger Eingriff in das Elternrecht nach Art. 6 Abs. 2 GG legitimiert wurde.[508]

Durch diese (mittelbare) Übergabe wird die Inobhutnahme beendet. Gleiches gilt, wenn die Personensorgeberechtigten unterhalb der Schwelle der Kindeswohlgefährdung das Leben „auf der Straße“ (in einem besetzten Haus, in einer Wagenburg etc.) akzeptieren. Auch hier wird der Jugendliche den Personensorgeberechtigten i. S. d. § 42 Abs. 4 Nr. 1 SGB VIII „übergeben“.[509] Kinder darf das Jugendamt dagegen aufgrund seiner Aufsichtspflichten im Hinblick auf die ihnen drohenden Gefahren in aller Regel nicht alleine „nach Hause“ auf die Straße schicken, selbst dann nicht, wenn die Personensorgeberechtigten dies – aus welchen Gründen auch immer – wünschen.

Anschlusshilfen

Nach der zweiten Alternative wird die Inobhutnahme durch Entscheidung über die Hilfegewährung beendet. Mit Hilfen sind nicht nur die Leistungen des SGB VIII gemeint, sondern alle ambulanten und stationären Leistungen des SGB eingeschlossen (z. B. Aufenthalt in Krankenhäusern oder Rehabilitationseinrichtungen nach SGB V, Eingliederungs-

---

507 A.A. Wiesner/Wiesner 2006 § 42 Rz. 52. Hinzuweisen ist aber darauf, dass es sich dabei nicht schon um eine HzE nach § 27 SGB VIII handelt.

508 DIJuF 2007492 (494).

509 Meysen/Schindler 2004, 462; Münder u. a. 2006 § 42 Rz. 55; Trenczek 2007 Rz. 28.

einrichtungen nach §§ 53 ff. SGB XII, aber auch ggf. eine Haushaltshilfe in der Wohnung der Familie nach § 38 SGB V, § 28 SGB VI, § 42 SGB VII, § 54 SGB IX).

Der wesentliche Mangel dieser 2005 getroffenen Formulierung liegt darin, dass mit der Entscheidung über die Hilfegewährung die tatsächliche Hilfeleistung sehr häufig nicht unmittelbar einsetzt. Die Betroffenen fallen in dieser Wartephase, insbesondere wenn die notwendigen Plätze der bewilligten Hilfeleistung nicht verfügbar sind oder erst geschaffen werden müssen, in einen „rechtsfreien Zeitraum",[510] der insbesondere bei Refinanzierungsfragen zwischen den öffentlichen aber auch mit freien Trägern Konflikte produziert. Die gesetzliche Lücke muss deshalb durch eine gesetzeskonforme Auslegung geschlossen werden. Zwar stellt der klare Wortlaut einer Regelung grundsätzlich eine Auslegungsgrenze dar, im Hinblick auf die grundlegenden Wertentscheidungen des Art. 6 Abs. 2 GG sowie der in §§ 1 ff. SGB VIII niedergelegten Grundsätze und Handlungsmaximen der Jugendhilfe muss der Schutz von Kindern und Jugendlichen Vorrang vor jeder anderen Überlegung haben (Schutzzweck der Norm). Zudem kann systematisch an die Regelung des § 42 Abs. 4 Nr. 1 SGB VIII (Übergabe des Kindes an die Personensorge- bzw. Erziehungsberechtigten) angeknüpft werden. Im Hinblick auf § 42 Abs. 4 Nr. 2 SGB VIII ist eine Inobhutnahme nicht beendet, bevor nicht eine Übergabe, also **Überleitung** in eine andere Hilfeform **tatsächlich erfolgt** ist. Im Hinblick auf die Möglichkeiten der mittelbaren Übergabe ist insoweit klarzustellen, dass allein der ausbleibende Widerspruch bzw. die Zustimmung der Personensorgeberechtigten zur Inobhutnahme diese noch nicht beendet und in eine andere (billigere) Hilfeform umwandelt. Vielmehr liegt dann der von § 42 Abs. 1 SGB VIII umfasste Normalfall einer Inobhutnahme bis zur verbindlichen Entscheidung über die Gewährung von Anschlusshilfen vor. Bis zur einsetzenden Leistungsgewährung ist die Unterbringung und Betreuung der Minderjährigen als Inobhutnahme zu qualifizieren.

---

510 Meysen/Schindler 2004, 462; Münder u. a. 2006 § 42 Rz. 50; Trenczek 2007 Rz. 29.

Mangelnde Hilfeplanung

Hinzuweisen ist in diesem Zusammenhang auf die Praxisprobleme bei der vorschnellen Überleitung der Inobhutnahme in – aufgrund unzureichender fachlicher Diagnose und Hilfeplanung – ungeeignete bzw. nicht erforderliche Erziehungshilfen, nur weil dies (vermeintlich) die billigere Intervention darstellt. Ein mitunter verkürzt kommunizierter Kostendruck führt letztlich zu sozialpädagogisch tragischen und ökonomisch unsinnigen Fehlplatzierungen. Insoweit könnte sich dieses Problem noch verschärfen, da nunmehr als Krisen beendende Hilfen nicht nur die Erziehungshilfen des SGB VIII, sondern alle Sozialleistungen des SGB in Betracht kommen.

Auch wenn $^2/_3$ der Inobhutnahmen innerhalb von 3 Wochen beendet werden (s.o. Kap. 2.2, S. 94ff.), kann man immer wieder Einzelfälle feststellen, in denen Kinder und Jugendliche oft wochen- bis sogar monatelang in (teuren) Jugendschutzstellen verbleiben, ohne dass eine Beendigung der Inobhutnahme angestrebt wird, weil die Eltern keinen „Antrag" auf Erziehungshilfen gestellt (andererseits der Unterbringung nicht ausdrücklich widersprochen) haben, weil die notwendige Diagnose, Hilfeplanung und Verwaltungsentscheidung nicht durchgeführt wurde oder geeignete Anschlusshilfen nicht gleich verfügbar sind. Hier werden die Grenzen der Inobhutnahme überzogen.[511] Letztlich kommt es immer auf die konkreten Umstände des Einzelfalls an.[512] Häufig sind jedoch auch die formalen Anforderungen an die „Beantragung" von weiterführenden Hilfen zu hoch gesetzt.[513]

Familiengerichtliche Entscheidung

Die Inobhutnahme endet, insbesondere im Fall des § 42 Abs. 1 Nr. 3 SGB VIII (Inobhutnahme minderjähriger unbegleiteter Flüchtlinge, s.o. Kap. 4.2.1.3), aber auch bei sonstigen personenrechtlichen Maßnahmen nicht bereits mit der

511 Problematisch insoweit DIV ZfJ 1997, 421: „mehrere Monate"; vgl. auch VGH BW nach BVerwG 8.7.2004 – 5 C 63.03 – JAmt 2004, 438/ZfJ 2005, 23ff.: bis zu 3 Monaten zur Abklärung des Hilfebedarfs rechtmäßig.

512 In einem Fall sah das VG Würzburg (NDV-RD 2000, 80) eine Inobhutnahme von elf Tagen bereits als ungewöhnlich lang an, während in einem anderen Fall selbst eine Dauer von 19 Tagen nicht die zulässigen Grenzen überschreitet (VG Würzburg 17.5.2004 – W 6 K 03.102 – JAmt 2004, 597).

513 Zum vermeintlichen „Antragserfordernis" s.o. Kap. 3.3.1, S. 154; Münder u.a. 2006 § 27 Rz. 44; Tammen 2007 Rz. 59.

Bestellung eines Vormunds oder der Entscheidung des Familiengerichts.[514] Nur im Fall des Widerspruchs der Personensorgeberechtigten und der daraufhin ergehenden Feststellung des Gerichts, dass eine Kindeswohlgefährdung entgegen der Annahme des Jugendamts nicht vorliegt, ist die Inobhutnahme mit der Entscheidung des Gerichts sofort durch die Übergabe des Kindes zu beenden. Bis zur Entscheidung des Familiengerichts verbleibt der Minderjährige in der Obhut des Jugendamts, es sei denn eine Kindeswohlgefährdung kann ausgeschlossen werden.

Entweichen

Trotz der Initiative der sich selbst meldenden Minderjährigen, sich in die Obhut des Jugendamts zu begeben, können sie die Inobhutnahme grundsätzlich nicht selbst beenden. Das Ende der Inobhutnahme steht an sich nicht zu ihrer Disposition.[515] Erst wenn das Jugendamt davon überzeugt ist, dass dem jungen Menschen bei Verlassen der Jugendschutzstelle keine (neue) Gefahr (i. S. d. § 42 Abs. 1 Nr. 2 SGB VIII) droht, darf und muss die Inobhutnahme beendet werden. Damit soll ein sich immer wiederholendes Fortlaufen des Jugendlichen verhindert werden, der einer notwendigen Auseinandersetzung mit den Mitarbeitern des Jugendamts oder der Jugendschutzstelle ausweichen will. Die Anwendung von Zwang ist allerdings ebenso wie freiheitsentziehende Maßnahmen nur in engen Grenzen gemäß § 42 Abs. 5 u. 6 SGB VIII zulässig (s. u. Kap. 4.2.5 u. 4.2.6). Die Mitarbeiter der Inobhutnahmeeinrichtung können deshalb i. d. R. nur mit pädagogischen Mitteln auf die Minderjährigen einwirken. Wenn insbesondere ältere Kinder und Jugendliche aus eigenem Entschluss wieder „weg“ oder „auf die Straße“ wollen und dadurch noch nicht besondere Gefahren drohen, wird das Jugendamt bzw. die Inobhutnahmestelle vielfach außer Gesprächs- und Beziehungsangeboten zur Umsetzung ihrer Aufsichtspflichten und

---

514 Vgl. BVerwG 8.7.2004 – 5 C 63.03 – JAmt 2004, 439.

515 Czerner 2000, 378; Kunkel/Röchling 2006 42 Rz. 98; Münder u. a. 2006 § 42 Rz. 54; Trenczek 2007a Rz. 30; Wiesner/Wiesner § 42 Rz. 54; a. A. Busch 1993, 133 f.; Hauck-Bohnert 2007 § 42 Rz. 20 (bei „reinen“ Selbstmeldern, d. h. wenn nicht gleichzeitig auch eine Kindeswohlgefahr vorgelegen hat), im Ergebnis letztlich gleich, da auch nach der hier vertretenen Ansicht der Minderjährige grds. nicht mit Zwang am Entweichen gehindert werden kann (Ausnahme: nicht anders abwendbare Lebensgefahr, s. u. Kap. 4.2.5.3, S. 248 ff.).

Erziehungsaufgaben (s. o. Kap. 4.2.2.5) nicht viel mehr unternehmen können. Man darf sich die Inobhutnahme gerade nicht als geschlossene Unterbringung (s. u. Kap. 4.2.5.1, S. 242) vorstellen, vielmehr soll der normale Alltag, soweit dies ohne erhebliche Gefahren für ihr Wohl möglich ist, aufrecht erhalten werden, d. h. die Kinder und Jugendlichen gehen zur Schule, sie haben Kontakt zu Freunden etc. Eine Inobhutnahme wird deshalb auch dadurch (zunächst faktisch, dann rechtlich) beendet, dass der in Obhut genommene Minderjährige nicht in die Einrichtung bzw. zur Pflegestelle zurückkehrt, er entweicht und das Jugendamt nicht mehr seine Aufsichtspflicht und sonstige sorgerechtliche Verantwortung wahrnehmen kann. Ist der Minderjährige nicht nur vorübergehend (unerheblich) „abgängig", kehrt er in die Einrichtung nicht zu einem abgesprochenen Termin nach kurzer Zeit[516] zurück, muss die Inobhutnahme als beendet gelten und dies – schon im Hinblick auf die Refinanzierung der Unterbringung – entsprechend dokumentiert werden.[517] In diesen Fällen sind die Personensorgeberechtigten unverzüglich, im Fall des Scheiterns das Familiengericht zu unterrichten. Meldet sich der Minderjährige ggf. später wieder oder wird erneut aufgegriffen, so beginnt die Inobhutnahme von neuem. Haben die Mitarbeiter der Einrichtung ihre Aufsichtspflicht nicht im gebotenen Umfang wahrgenommen und den Jugendlichen „einfach" entweichen lassen, so können sie bzw. der Einrichtungsträger bei Schadensfällen durchaus zur Haftung herangezogen werden.

---

516 Hierfür lässt sich zwar keine feste Stundenzahl angeben, da dies insbesondere altersabhängig und im Hinblick auf die ggf. drohenden Gefahren zu beurteilen ist. Angesichts der Verantwortung und Aufsichtspflicht der Unterbringungsstelle und des Jugendamts darf es sich aber i. d. R., insbesondere wenn eine konkrete Uhrzeit abgesprochen war, nur um wenige Stunden, aller höchstens um 24 Std. handeln. Viel zu lang Schellhorn/Mann 2007 § 42 Rz. 31 „innerhalb weniger Tage".

517 Nach Wiesner/Wiesner 2006 § 42 Rz. 54 ist sie dann „formell für beendet zu erklären".

4.2.5 Freiheitsentziehende Maßnahmen (§ 42 Abs. 5 SGB VIII)

4.2.5.1 Verfassungsrechtliche Grundlage und notwendige Definitionen

Freiheitsentzug/Geschlossene Unterbringung

Einschränkungen der Garantie der persönlichen Freiheit nach Art. 2 Abs. 2 GG sind nach **Art. 104 GG** nur unter sehr eingeschränkten Voraussetzungen zulässig. Freiheitsentzug (Art. 104 Abs. 2 GG) ist dadurch gekennzeichnet, dass besondere Eingrenzungs- und Abschlussvorrichtungen oder andere Sicherungsmaßnahmen vorhanden sind, um ein Entweichen, also ein unerlaubtes Verlassen des gesicherten Bereiches zu erschweren oder zu verhindern und die Anwesenheit des Jugendlichen sicherzustellen.[518] Die betroffene Person wird zur Anwesenheit gezwungen. In der Jugendhilfe bezeichnet man freiheitsentziehende Maßnahmen i. d. R. als „geschlossene Unterbringung“.[519]

Freiheitsentziehung liegt aber nicht nur dann vor, wenn der Betroffene durch äußere Hindernisse davon abgehalten wird, sich über einen beschränkten Raum hinaus zu bewegen, sondern auch, wenn er dies aufgrund unterbringungsähnlicher Maßnahmen (vgl. § 1906 Abs. 4 BGB) nicht ohne ständige Überwachung und Kontrolle tun kann, durch mechanische Vorrichtungen, durch die Verabreichung von Medikamen-

---

518 Marschner/Volckart 2001 § 1631b Rz. 5; Trenczek 1994, 288; 2000, 127 m. w. N.; Wolffersdorf/Sprau-Kuhlen 1990, 58 ff.

519 In der Bundesrepublik Deutschland bestehen in sechs Bundesländern 19 Einrichtungen der Jugendhilfe, die insgesamt 260 Plätze zur geschlossenen oder „fakultativ“ geschlossenen Unterbringung anbieten (Stand Oktober 2006; BT-Drs. 16/6816, 10). Als rechtsstaatlich bedenklich müssen die Versuche bewertet werden, die Formen des Freiheitsentzuges phänomenologisch und begrifflich umzudeuten („fakultative“, „temporäre“, „individuelle“ Geschlossenheit), um damit den rechtlichen Problemen aus dem Weg zu gehen (vgl. Hoops/Permien 2006; Kindler/Permien/Hoops 2007, 40). Die Tatsache, dass sich Konzeptionen geschlossener Unterbringung heute in aller Regel nicht mehr auf ganze Einrichtungen beziehen, diese sich mittlerweile „faktisch überholt“ haben, ändert nichts an der im Rechtsstaat notwendig am Maßstab der verfassungsrechtlichen Vorgaben zu klärenden Legitimation von Eingriffen in das individuelle Freiheitsrecht junger Menschen im konkreten Einzelfall.

ten[520] oder auf andere Weise (z.B. aufgrund psychischen Drucks, Angst vor Sanktionen) am Verlassen des Orts gehindert wird.[521] Freiheitsentziehung liegt auch dann vor, wenn der Betroffene zwar den Raum, nicht aber die Wohnung oder das Gebäude verlassen kann. Entscheidend ist, ob die körperliche Bewegungsfreiheit allseitig beeinträchtigt ist, ob dies aus „erzieherischen" Gründen erfolgt, spielt keine Rolle.[522] Eine Freiheitsentziehung liegt dagegen **nicht** vor bei einer nur kurzfristigen Maßnahme, bei der die körperliche Bewegungsfreiheit unvermeidlich aufgehoben wird,[523] z.B. beim An- und kurzfristigen Festhalten, bei der Anwendung unmittelbaren Zwangs, der Mitnahme in einem Dienstfahrzeug des Jugendamts oder der Polizei (zur Sistierung oder Zuführung) und nicht auf die Einschränkung der Bewegungsfreiheit gerichtet ist, sondern lediglich der Ermöglichung einer Inobhutnahme dient.

Freiheitsbeschränkung

Ebenso wenig liegt eine Freiheitsentziehung vor, wenn die Unterbringung in einer Einrichtung mit (vom Erziehungsrecht der Eltern nach Art. 6 Abs. 2 GG noch umfassten) altersgemäßen Freiheitsbeschränkungen (Ausgehverbote, Hausarrest) verbunden ist.[524] Die Abgrenzung ist im Einzelfall schwierig. So sind begrenzte Ausgangszeiten ebenso wie das nächtliche Verschließen der Haustür von innen üblich und stellen unter Berücksichtigung des Alters des Minderjährigen und der Vereinbarungen mit den Personensorgeberechtigten eine zulässige Freiheitsbeschränkung dar.[525] Das Einschließen von Minderjährigen in ihren Zimmern (tagsüber wie zur

---

520 Eine aus gesundheitlichen Gründen nicht indizierte und/oder ohne ärztliche Entscheidung vorgenommene Verabreichung von Medikamenten ist unzulässig; vgl. Hauck/Bohnert 2007 § 42 Rz. 57.

521 Vgl. OLG Düsseldorf 2.11.1962 – 3 W 362, 383/62 – NJW 1963, 398; Dreier/Schulze-Fielitz 2000 Art. 104 Rz. 23.

522 Vgl. BVerfGE 10, 302 (322f.); OLG Düsseldorf NJW 1963, 398; Dreier/Schulze-Fielitz 2000 Art. 104 Rz. 23; Jarass/Pieroth 2007 Art. 104 Rz. 12.

523 Vgl. BVerwGE 82, 243 (245), NJW 2004, 3697; Dreier/Schulze-Fielitz 2000 Art. 104 Rz. 24; Jarass/Pieroth 2007 Art. 104 Rz. 11.

524 A.A. enger Marschner/Volckart 2001 § 1631b Rz. 6.

525 Ebenso Wiesner/Wiesner 2006 § 42 Rz. 56. Steckt der Schlüssel in der Haustür, handelt es sich grds. nicht einmal um eine Freiheitsbeschränkung.

Nachtzeit) ist dagegen bereits Freiheitsentzug, selbst wenn sich an den Fenstern keine Gitter befinden sollten.[526]

Zustimmung der Eltern

Unbeachtlich im Hinblick auf das Vorliegen einer Freiheitsentziehung (nicht im Hinblick auf den Eingriff in ihr Personensorgerecht; s. u. S. 252 f.) ist dagegen, ob die Eltern oder andere Personensorgeberechtigte (z. B. das Jugendamt als Vormund) der Maßnahme zustimmen. Maßgebliches Entscheidungskriterium ist das Festhalten des Minderjährigen gegen seinen Willen. Eine Freiheitsentziehung liegt tatbestandlich nur dann nicht vor, wenn der Betroffene kraft autonomer Entscheidung eingewilligt hat. Nach dem Grundrechtsverständnis des GG ist das Kind in seiner Individualität selbst Grundrechtsträger.[527] Deshalb beseitigt lediglich das Einverständnis des (einsichtsfähigen minderjährigen) Betroffenen den Zwangscharakter der Maßnahme.[528]

4.2.5.2 Rechtsgrundlagen

Geschlossene Unterbringung

Freiheitsentziehende Maßnahmen der Jugendhilfe finden ihren einzigen jugendhilferechtlichen Anknüpfungspunkt[529] in § 42 Abs. 5 SGB VIII als besondere Intervention im Rahmen einer Inobhutnahme,[530] da die Krisensituation aber auch die Inobhutnahme selbst weitere Kurzschluss- und Fluchtreak-

526 Vgl. AG Kamen FamRZ 1983, 299 zur sog. „halboffenen" Unterbringung.

527 Vgl. BVerfG 29.7.1968 – 1 BvL 20/63 – E 24, 119, 144.

528 BVerfGE 10, 302 (309 f.); Dreier/Schulze-Fielitz 2000 Art. 104 Rz. 24 u. 59; Hauck-Bohnert 2007 § 42 Rz. 55; Jarass/Pieroth 2007 Art. 2 Rz. 116; Marschner/Volckart 2001 § 1631b Rz. 6; Jans u. a. 2006 § 42 Rz. 55; a. A. Kunkel/Röchling 2006 § 42 Rz. 105; Schellhorn/Mann 2007 § 42 Rz. 25.

529 Nach Art. 19 Abs. 1 Satz 2 GG muss ein Gesetz, das ein Grundrecht einschränkt, dieses zitieren. Bei freiheitsentziehenden Maßnahmen muss auf jeden Fall die dadurch gegebene Einschränkung der Freiheit der Person (Art. 2 Abs. 2 Satz 2 GG) und der Freizügigkeit (Art. 11 GG) zitiert werden. Dies ist durch Art. 20 des Gesetzes zur Neuordnung des Kinder- und Jugendhilferechts geschehen. Nicht zitiert dagegen wurde Art. 104 GG, weder in § 42 SGB VIII noch in den Überleitungs- und Schlussvorschriften des KJHG. Strittig ist allerdings bis heute, ob das **Zitiergebot** auch hinsichtlich des Art. 104 GG gilt, weil dieser ein eigenständiges Grundrecht normiert, oder ob Art. 104 GG lediglich eine Ordnungsvorschrift ist, bei der dann Art. 19 Abs. 1 Satz 2 GG nicht gelten würde (vgl. BVerfGE 35, 183, 188).

530 Hauck/Bohnert 2007 § 42 Rz. 54 u. 64; Münder u. a. 2006 § 42 Rz. 56; Trenczek 2007a Rz. 31.

tionen der Kinder und Jugendlichen auslösen können. In diesen extremen Ausnahmesituationen reicht dann u. U. eine „einfache“ Inobhutnahme zum Schutz von Kindern und Jugendlichen nicht aus, um extreme Gefährdungen und Schäden zu verhindern. Dies hat aber **nichts** mit einer institutionell vorgehaltenen „geschlossenen Unterbringung“ von Kindern und Jugendlichen zu tun, deren Wiedereinführung in teilweise sehr populistisch geführten Debatten insbesondere aus Anlass der (vermeintlich) „explosionsartig“ steigenden Jugendkriminalität[531] in unschöner Regelmäßigkeit gefordert wird.[532]

Aus der Systematik der gesetzlichen Regelung folgt nicht nur, dass die Voraussetzungen und Anforderungen für eine Inobhutnahme (Kap. 4.2) zwingend auch für freiheitsentziehende Maßnahmen gelten, sondern vielmehr auch, dass eine Unterbringung in der Jugendhilfe, die mit Freiheitsentziehung verbunden ist, jugendhilferechtlich **nicht** anders zu legitimieren ist. Nach dem SGB VIII stellen weder die Heimerziehung nach § 34 SGB VIII noch die Befugnis zur Inobhutnahme nach § 42 SGB VIII als solche eine ausreichende Rechtsgrundlage für die geschlossene Unterbringung in der Jugendhilfe dar, selbst dann nicht, wenn die Eltern damit einverstanden sind.[533] Die häufig zu hörende Formulierung, jemand sei „nach § 1631b BGB untergebracht“ täuscht darüber hinweg, dass **§ 1631b BGB** auch in der neuen Fassung 2008 keine Rechtsgrundlage für öffentlich-rechtliches Handeln darstellt, sondern lediglich das elterliche Sorge- und Aufenthaltsbestimmungsrecht begrenzt. Das Kind soll davor geschützt werden, dass sich Eltern, Vormünder (§ 1800 BGB) oder Pfleger (§ 1915 BGB) schwieriger Kinder in einer geschlossenen Unterbringung entledigen. Es geht um eine Überprüfung der sorgerechtlichen Entscheidung und damit

§ 1631 b BGB

531 Zu Umfang und Erscheinungsformen der Jugendkriminalität vgl. Walter 2005. 216 ff.

532 Hierzu m.w.N. vgl. Trenczek 1994 u. 2000, Bernzen/Trenczek 2003, 64 ff.; v. Wolffersdorf 2003.

533 Vgl. BT-Drs. 11/5948, 67 u. 80; Czerner 2000, 379; Salgo 2001, 26 ff.; Trenczek 2000, 123 f. u. 2007a Rz. 31; Marschner/Volckart 2001 § 1631b Rz. 8; Jans u. a. 2006 § 42 Rz. 66 vgl. aber § 34 Rz. 50 ff; a. A. Kunkel 2003, 278; Wiesner/Wiesner 2006 Vor § 27 Rz. 26, § 34 Rz. 21 obwohl auch er ausdrücklich § 34 SGB VIII als Rechtsgrundlage verneint.

um einen zusätzlichen Schutz der Minderjährigen. Im Hinblick auf den gerade im Sozialrecht hervorgehobenen strikten Gesetzesvorbehalt (Art. 2 Abs. 2 Satz 3, 20 Abs. 3 GG; § 31 SGB I) muss ganz nüchtern festgestellt werden, dass es immer noch an einer für das Handeln der öffentlichen Jugendhilfe erforderlichen Rechtsgrundlage fehlt.[534] Das Familiengericht kann das Fehlen einer gesetzlichen Erlaubnis für eine mit Freiheitsentzug verbundene Unterbringung in Einrichtungen der öffentlichen Jugendhilfe nicht ersetzen. Die Inobhutnahme bzw. die Gewährung einer stationären Jugendhilfeleistung ist keine zivilrechtliche Unterbringung; sie können auch nicht zivilrechtlich aufrechterhalten werden.[535]

Die freiheitsentziehende Unterbringung in Einrichtungen der Jugendhilfe außerhalb der besonderen Krisensituation des § 42 SGB VIII ist deshalb weiterhin ebenso rechtswidrig wie eine auf § 34 SGB VIII gestützte Praxis oder Betriebserlaubnis. Eine Ausnahme besteht lediglich im Rahmen der richterlich angeordneten **U-Haft-Vermeidung** nach § 71 Abs. 2, § 72 Abs. 4 JGG.[536] Darüber hinaus sind (geschlossene) Unterbringungen wegen psychischer Krankheiten in **psychiatrischen Krankenhäusern** aufgrund landesrechtlicher Unterbringungsgesetze auf Veranlassung der örtlichen Ordnungsbehörden durch die Vormundschaftsgerichte möglich.

---

534 Der Richtervorbehalt nach Art. 104 Abs. 2 GG/§ 1631b BGB ergänzt lediglich das Erfordernis einer formellgesetzlichen Eingriffsgrundlage; vgl. Dreher/Schulze-Fielitz 2007 Art. 104 Rz. 59; Münchner Kommentar-Huber 2002 § 1631b Rz. 12. Obwohl der Gesetzgeber mit dem KICK im Jahr 2005 bei § 42 SGB VIII einige Änderungen vorgenommen hat, wurde gerade in diesem Punkt trotz Kenntnis um die Problematik der bisherige Normtext wortgleich übernommen, ohne eine Rechtsgrundlage für die (öffentliche) Jugendhilfe zu schaffen. Angesichts der bei diesem Thema emotional und politisch aufgepeitschten, höchst unsachlichen Diskussion sieht sich der Verfasser geradezu genötigt, darauf hinzuweisen, dass es ihm nicht um die Verhinderung des Freiheitsentzugs um jeden Preis geht, sondern vielmehr um eine streng rechtsstaatliche Vorgehensweise, die auch im Hinblick auf minderjährige Grundrechtsträger selbstverständlich sein sollte, leider immer wieder mit Verweis auf (vermeintlich) „erzieherische Gründe" hintangestellt wird. Rechtstaatlichkeit schließt insbesondere auch die Beantwortung der Frage der **Verhältnismäßigkeit** (Geeignetheit, Erforderlichkeit und Angemessenheit; s. o. Kap. 3.1) mit ein.

535 Münder u. a. § 2006 Rz. 12 u. 57; Hauck/Bohnert 2007 § 42 Rz. 55.

536 Hierzu Banike 2004; Bindel-Kögel/Heßler 1999, 289 ff.; Cornel 2008; Münder u. a. 2006 § 52 Rz. 64 ff.; Trenczek 1997 u. 2000, 130 f.

Gesetzesnovellierung

Mittlerweile wurden im Rahmen des „Gesetzes zur Erleichterung familiengerichtlicher Maßnahmen" auch die Voraussetzungen für die Erteilung einer nach **§ 1631b BGB** erforderlichen Genehmigung für die geschlossene Unterbringung eines Minderjährigen konkretisiert. Der Bundestag hat im April 2008 klargestellt, dass die geschlossene Unterbringung nur aus Gründen des **Kindeswohls** genehmigt werden darf und im Übrigen der Verhältnismäßigkeitsgrundsatz (s. o. Kap. 3.1, S. 118 f.), insbesondere der Vorrang anderer öffentlicher Hilfen, zu beachten ist.[537]
Der Gesetzgeber hat darauf verzichtet, die Gründe für eine geschlossene Unterbringung aufzuzählen, da diese zu vielschichtig seien, um abschließend aufgezählt werden zu können.[538] Es wird daher beispielhaft die Abwendung einer erheblichen Selbst- oder Fremdgefährdung genannt. In der Begründung zum Gesetzentwurf wird darauf hingewiesen, dass im Fall der Fremdgefährdung die Unterbringung des Kindes geboten sein könne, wenn das Kind sich sonst dem Risiko von Notwehrmaßnahmen, Ersatzansprüchen und Prozessen aussetze. Eigen- und Fremdgefährdung seien insoweit eng miteinander verbunden. Eine geschlossene Unterbringung allein zu Zwecken einer Sanktionierung ist dagegen weiterhin nicht zulässig.
Ob das Ziel des Gesetzentwurfes, der Rechtssicherheit und Rechtsklarheit zu dienen, damit allerdings erreicht wurde, ist zweifelhaft, da sich § 1631b BGB lediglich auf die Befugnisse der Eltern bezieht und weiterhin keine den Anforderungen des Grundgesetzes ausreichende Rechtsgrundlage für öffentlich-rechtliches Handeln darstellt. In der Begründung zum Gesetzentwurf wurde gerade ausdrücklich darauf hingewiesen, dass eine materielle Verschärfung mit der Novellierung nicht verbunden ist.

Rechtsstaat vs. Praxisindikationen?

Bedenklich ist der Versuch, sich dem Phänomen der geschlossenen Unterbringung unter Ausblendung der rechtlichen Problematik rein sozialwissenschaftlich-phänomenologisch (gar mit einer medizinisch aufgeladenen Begrifflichkeit) zu nähern, um „Indikationen" herauszuarbeiten, mit denen die Anwendung freiheitsentziehender Maßnahmen begründet werden kann. Damit werden, was die Autorinnen einer unlängst durchgeführten DJI-Studie freimütig beken-

537 BT-Drs. 16/6816, 12 (III.6).

538 Vgl. Gesetzentwurf vom 24.10.2007, BT-Drs. 16/6816, 10.

nen, „die rechtlichen Möglichkeiten des Einsatzes einer Intervention … von der Frage der Indikation logisch getrennt".[539] Im Rechtsstaat gibt es außerhalb des **Gesetzes** und der darin enthaltenen formellen und materiellen Tatbestandsvoraussetzungen keine (anderen, weiteren …) zulässigen Indikatoren. Das gilt umso mehr, als sich im Ergebnis selbst unter rechtsfreier Perspektive offenbar keine belastbaren Indikationen feststellen lassen, nach denen die geschlossene Unterbringung gerechtfertig sein könnte, sondern in der Praxis offenbar der (willkürliche?) Einzelfall entscheidend ist.[540] Liegen keine normativen Regelungen für den Freiheitsentzug vor bzw. sind die Tatbestandsvoraussetzungen für freiheitsentziehende Maßnahmen nicht erfüllt, dürfen diese im Rechtsstaat nicht durchgeführt werden, welche „medizinischen", „erzieherischen" oder sonstigen Gründe und „Indikatoren" hierfür auch angegeben werden mögen.

4.2.5.3 Materielle Voraussetzungen des Freiheitsentzugs

Freiheitsentziehung aus „erzieherischen" Gründen ist unzulässig. Nach dem klaren Wortlaut des § 42 Abs. 5 Satz 1 SGB VIII sind freiheitsentziehende Maßnahmen nur rechtmäßig, wenn und soweit sie erforderlich sind, um eine **Gefahr für Leib und Leben** des Minderjährigen oder eines Dritten abzuwenden.[541] Das deckt sich nun mit dem neuen Wortlaut des § 1631b BGB, nach dem die freiheitsentziehende Unterbringung nur zulässig ist, wenn sie zum Wohl des Kindes, insbesondere zur Abwendung einer erheblichen Selbst- oder Fremdgefährdung, erforderlich ist. Dies kann z. B. bei einer ungeschützten Prostitution (Selbst- und ggf. Fremdgefährdung), unkontrolliertem todbringendem Suchtverhalten, dem verhängnisvollen Pkw-, S-Bahn- oder Aufzug-Surfen

539 Hoops/Permien 2006; Kinder/Permien/Hoops 2007, 41.

540 Kindler/Permien/Hoops 2007, 41 f.; vgl. auch BT-Drs. 16/6815, 10; vgl. Gerken 1982; Wolffersdorf-Ehlert/Srau-Kuhlen 1990, 79 ff.

541 Mit Änderung des § 42 SGB VIII hat der Gesetzgeber 2005 klar gestellt, dass im Hinblick auf die freiheitsentziehenden Schutzmaßnahmen die Unterscheidung von Anlass und Zugang der Inobhutnahme (Selbstmelder oder Kindeswohlgefahr) unbeachtlich ist und damit frühere Abgrenzungsdiskussionen obsolet sind. Entscheidend ist jetzt allein die Gefährdungssituation für den jungen Menschen.

(Selbstgefährdung), sowie anderen Fällen (gerade bei vorausgegangenem sexuellem Missbrauch durchaus häufigerer) deutlicher Suizidgefährdung[542] oder bei den sog. „Crash-Kids" der Fall sein, die mit entwendeten Autos durch die Straßen jagen (Selbst- und Fremdgefährdung), nicht aber schon bei jeder drohenden einfachen Körperverletzung. Eine Gefährdung anderer Rechtsgüter wie Besitz und Eigentum, die auch wiederholte Begehung von (sonstigen) Straftaten oder die Störung der öffentlichen Ordnung ist nach dem eindeutigen Wortlaut kein Anlass für freiheitsentziehende Maßnahmen.[543]

§ 1631b BGB

§ 1631b BGB eröffnet auch in der n.F. keine niedrigeren Eingriffsschwellen, sondern unterwirft die Entscheidung des Sorgeberechtigten bzw. den auf dem elterlichen Ersuchen beruhenden Eingriff in das Personensorgerecht einer zusätzlichen gerichtlichen Genehmigungspflicht.[544] Zwar sollte der Richter nach der sich aus § 1631b Satz 2, **§ 1697a BGB** ergebenden Zielsetzung ausschließlich zum **Wohl des betroffenen Kindes** tätig werden, darüber hinaus gaben aber diese Bestimmungen materiell-rechtlich nichts vor,[545] weshalb ihr Inhalt durch eine verfassungskonforme Auslegung bestimmt werden musste. Nach dem neuen Wortlaut des § 1631b BGB ist eine freiheitsentziehende Unterbringung nur zulässig, wenn sie zum Wohl des Kindes, insbesondere zur Abwendung einer erheblichen Selbst- oder Fremdgefährdung, erforderlich ist.[546] Da es sich bei § 1631b BGB – wie bereits oben dargelegt (S. 245) – **nicht** um eine materiell-rechtliche Eingriffgrundlage und selbstständige Anordnungsbefugnis des Gerichts handelt, stellt § 42 Abs. 5 SGB VIII weiterhin die **materiell-rechtliche Grundnorm** (*lex specialis*) für die außerhalb des Strafrechts und der Unterbringung psychisch Kranker statt-

542 Vgl. Czerner 2000, 389; Klosinski 1999; Sonneck 2000, 151ff.

543 Kunkel/Röchling 2006 § 42 Rz. 101; Lakies 1997, 42; Staudinger-Salgo 2007 § 1631b Rz. 17; Trenczek 2000, 127; 2007a Rz. 32.

544 Dreher/Schulze-Fielitz 2007 Art. 104 Rz. 59; Münchner Kommentar-Huber 2002 § 1631b Rz. 12; Salgo 2001, 26.

545 Vgl. Schlink 1997, 52 sowie Schlink/Schattenfroh 2001, 112, für die § 1631b BGB in „frappierender Weise" unbestimmt formuliert und damit verfassungswidrig war; vgl. auch Dreier/Schulze-Fielitz 2000 Art. 104 Rz. 27ff.; AG Hamburg-Bergedorf 415c F 20/05 v. 21.10.05. – ZJJ 2005, 451.

546 S. o. S. 247; vgl. BT-Drs. 16/6816, 10.

findende, mit Freiheitsentziehung verbundene Unterbringung von Kindern und Jugendlichen dar.[547] **Materiell-rechtlich** ist deshalb das Familiengericht bei der Überprüfung der Rechtmäßigkeit einer durch die Eltern initiierten freiheitsentziehenden Unterbringung in Einrichtungen der Jugendhilfe inhaltlich an dieselben Grenzen wie das Jugendamt gebunden.

Dringende Gefahr

Freiheitsentziehende Maßnahmen sind zudem nur zulässig, soweit eine **dringende Gefahr** für Leib und Leben besteht. Diese Voraussetzung der Inobhutnahme (§ 42 Abs. 1 Nr. 2 SGB VIII; s. o. Kap. 4.2.1.2, S. 200) ist immanente Voraussetzung für freiheitsentziehende Zwangsmaßnahmen (Regelungszusammenhang) und ergibt sich zudem auch aus dem verfassungsrechtlichen Verhältnismäßigkeitsprinzip.[548]

Verhältnismäßigkeitsgebot

Alle staatlichen Interventionen müssen dem Grundsatz der Verhältnismäßigkeit genügen, d. h. geeignet, erforderlich und angemessen sein (s. o. Kap. 3.1, S. 118), im Hinblick auf freiheitsentziehende Maßnahmen ist das Verhältnismäßigkeitsgebot besonders strikt einzuhalten.[549] Geeignet sind Interventionen nur, wenn sie den gesetzlich angestrebten Zweck erreichen können. Insofern wird gerne ignoriert, dass geschlossene Heime ihren spezifischen Zweck, das Entweichen zu verhindern, nicht einzulösen vermögen, da aus „geschlossenen" ebenso viele Jugendliche ausreißen wie aus offenen Einrichtungen.[550] Freiheitsentziehende Maßnahmen müssen zur Abwehr der Gefahr von Leib und Leben aber nicht nur geeignet, sondern auch erforderlich sein (§ 42 Abs. 5 Satz 1 SGB VIII). Es muss deshalb objektiv eine große Wahrscheinlichkeit bestehen, dass Leib und Leben des Minderjäh-

---

547 Vgl. Kunkel/Röchling 2006 § 42 Rz. 109; Marschner/Volckart 2001 § 1631b Rz. 14; Salgo 2001, 26; Staudinger-Salgo 2007 § 1631b Rz. 17; Trenczek 2000, 128; 2007a Rz. 31; selbst Wiesner/Wiesner 2006 § 42 Rz. 58.

548 A. A. Kunkel (2003, 279), der diesen normativ-systematischen Zusammenhang ohne weitere Begründung bestreitet, obwohl sich schon nach § 42 Abs. 3 Satz 2 SGB VIII (freiheitsentziehende Maßnahmen) ausdrücklich („dabei") auf Satz 1 (Verpflichtung zur Inobhutnahme) bezieht.

549 Vgl. BVerfGE 70, 297 = NJW 1986, 767; NJW 1993, 778.

550 BT-Drs. 11/5948, 72; vgl. hierzu v. Wolffersdorf/Sprau-Kuhlen 1990, 303 ff. Zu den in Relation zu positiven Effekten erheblichen negativen Wirkungen geschlossener Unterbringung (insb. auch gewaltsame Übergriffe) vgl. Kindler/Permien/Hoops 2007, 44 ff.; Dodge u. a. 2007, 190 ff.

rigen oder eines Dritten gegenwärtig oder in allernächster Zeit nicht unerheblich in Mitleidenschaft gezogen werden. Die Gefahrenlage muss sich hierbei aus konkreten Tatsachen ergeben, reine Spekulationen, hypothetische Erwägungen oder lediglich auf Alltagserfahrungen gestützte, fallunabhängige Vermutungen reichen gerade im Hinblick auf den erheblichen Grundrechtseingriff nicht aus für die Annahme einer dringenden Gefahr.[551] Erforderlich sind in die Rechtsposition eines Bürgers eingreifende Maßnahmen darüber hinaus nur, wenn und soweit es kein milderes, weniger stark in die Rechte eingreifendes Mittel gibt, mit dem das Ziel der Maßnahme erreicht werden kann (Prinzip des geringst möglichen Eingriffs).[552] Die freiheitsentziehende Unterbringung ist deshalb nur zulässig, wenn nicht-freiheitsentziehende, lediglich räumlich und zeitlich („wenn und soweit") freiheitsbeschränkende Maßnahmen (z.B. die Hinderung des Jugendlichen, einen bestimmten Ort aufzusuchen), insbesondere der Personensorgeberechtigte oder sozialpädagogische Hilfen (z.B. eine intensive Einzelbetreuung nach § 35 SGB VIII) nicht zur Verfügung stehen, um Leib und Leben zu schützen.[553] Hierauf weist nun auch die Neuformulierung des § 1631b BGB hin.

Menschen statt Mauern

Die Jugendhilfe sollte allerdings auch in diesen außergewöhnlichen, extremen Situationen in der Lage sein, eine weitere Gefährdung ohne Einschließen z.B. durch eine (personal)intensive, sozialpädagogische Einzelbetreuung (vgl. z.B. §§ 27 Abs. 2, 35 SGB VIII: „Menschen statt Mauern") abzuwenden. Damit ist die geschlossene Unterbringung auch nicht erforderlich und damit unzulässig. Die Eltern und das Jugendamt haben in einem Antrag auf gerichtliche Entscheidung ausreichend darzulegen und substantiiert zu begründen, warum Alternativen zur freiheitsentziehenden Unterbringung nicht ausreichen, nicht vorliegen oder geschaffen werden können. Deutlich wird hier die Wechselbeziehung zwischen dem verfassungsrechtlichen Verhältnismäßigkeitsprinzip und der **Leistungsfähigkeit der Jugendhilfe**. Die

551 Vgl. BVerfG 20.2.2001 – 2 BvR 1444/00 – NJW 2001, 1122f.; NJW 1993, 778.

552 Vgl. BVerfGE 20, 45 (49f.); 30, 292 (316); 33, 171 (187).

553 BVerfG NJW 1993, 778; vgl. Marschner/Volckart 2001 § 1631b Rz. 8.

geschlossene Unterbringung von jungen Menschen ist sehr teuer. Schon ohne Berücksichtigung von Investitionskosten muss man mit einem Tagessatz von durchschnittlich 250 € rechnen. Diese hohen Kosten werden die ohnehin schon engen kommunalen Haushalte weiter strapazieren und die Handlungsspielräume der Jugendhilfe zulasten bedarfsgerechter, präventiver Hilfen weiter verengen.[554]

Notwendiger Zwang in extremen Ausnahmesituationen?

Pädagogik zielt auf Akzeptanz, Einsicht und die Förderung der Handlungskompetenz. Das setzt nicht immer Freiwilligkeit voraus. Aus Sicht der Pädagogik sind Prozesse der Erziehung nicht allein in Freiheit und Selbstbestimmung vorstellbar, sondern eine weite Spannung von Abhängigkeit und Autonomie, von Fremdbestimmung und Eigensinn möglich.[555] Es mag immer wieder Einzelfälle und Notsituationen geben, bei denen ein junger Mensch auch (kurzfristig) physisch festgehalten werden muss, weil er seine Selbststeuerung verloren hat und um ihn und andere in einer nicht mehr tolerierbaren Gefahrsituationen zu schützen und zur Besinnung kommen zu lassen (s. o. Kap. 1.1, S. 17). Das können aber immer nur extreme Ausnahmefälle zur nicht anders möglichen unmittelbaren Schutzgewährung sein, die sich zur Legitimation einer **institutionellen Regelpraxis**, in der geschlossene Einrichtungen vorgehalten werden (sollen), **nicht** eignen.[556] Denn je länger der Freiheitsentzug dauert, umso strenger werden die Anforderungen an die Verhältnismäßigkeit.[557] Eine längerfristig intendierte geschlossene Unterbringung ist deshalb nicht zulässig, nicht im Rahmen einer der Krisenintervention dienenden Inobhutnahme und mangels einer entsprechenden Rechtsgrundlage schon gar nicht im Rahmen einer geplanten „Erziehungshilfe“. Allerdings scheint in der Praxis gelegentlich ein rigoroser Pragmatismus Platz zu greifen, der rechtsstaatliche Grenzen aus (vermeintlich) „erzieherischen Gründen“ faktisch außer Kraft setzt, von der Einhaltung höchster rechtsstaatlicher und fachlicher Standards ganz zu schweigen.

---

554 Trenczek 2000, 130; v. Wolffersdorf 1999, 325.

555 S.o. in Kap. 1.1, S. 17; vgl. Conen 2007, 370ff.; Kähler 2005; Salgo 2007, 14ff.; Schrapper 2003, 119; Stoppel 2007.

556 Trenczek 2000, 121; Wiesner 2003, 112.

557 BVerfG NJW 1993, 778.

Wenn die Personensorgeberechtigten die freiheitsentziehende Unterbringung ihres Kindes beabsichtigen, bedürfen sie nach § 1631b BGB einer familiengerichtlichen Genehmigung. Die gerichtliche Entscheidung ist also immer notwendig, selbst wenn die Eltern der geschlossenen Unterbringung zustimmen. Die Schwellen der Rechtmäßigkeit des Freiheitsentzugs liegen allerdings noch höher, wenn die Eltern (oder andere Personensorgeberechtigte, z.B. das Jugendamt als Amtsvormund) nicht mit einer freiheitsentziehenden Unterbringung einverstanden sind.[558] In diesen Fällen reicht eine Entscheidung nach § 1631b BGB nicht aus, da es sich insoweit nur um eine Kontrolle der Ausübung des Personensorgerechts handelt, wenn der Freiheitsentzug von den Eltern gewollt und beantragt wird. Im anderen Fall müsste ein Gericht das Personensorgerecht der Eltern beschränken oder entziehen, um ihr vorrangiges Erziehungs- und Aufenthaltsbestimmungsrecht zu brechen. Und dies ist wiederum an die Voraussetzungen des § 1666 BGB gebunden, d.h. gerade die verweigerte Zustimmung, sein Kind einsperren zu lassen, müsste eine Gefährdung des Kindeswohls und ein elterliches Versagen darstellen. Das Gericht kann dabei selbst keine freiheitsentziehenden Maßnahmen der Jugendhilfe anordnen, sondern überprüft und ggf. genehmigt lediglich deren Zulässigkeit.[559] Auch die §§ 1666, 1666a BGB ermächtigen – sollten die Eltern nicht mit der Unterbringung einverstanden sein – bei Gefährdung des Kindeswohls lediglich zum Eingriff in das elterliche Sorgerecht und damit im Hinblick auf das Aufenthaltsbestimmungsrecht zur Trennung des Kindes von der elterlichen Familie, sie legitimieren aber nicht zur Anordnung bestimmter Leistungen oder (freiheitsentziehender) Maßnahmen.[560] Der Entzug des Aufenthaltsbestimmungsrecht reicht deshalb im Hinblick auf die freiheitsentziehende

§ 1666 BGB

558 Vgl. Münchner Kommentar-Huber 2002 § 1631b Rz. 12; Staudinger-Salgo 2007 § 1631b Rz. 17.

559 Münchner Kommentar-Huber 2002 § 1631b Rz. 12; Salgo 2001, 48.

560 So ausdrücklich BT-Drs. 11/5948, 66f.; Trenczek 2000, 128; zur Trennung von sorgerechtlichem Eingriff und leistungsrechtlicher Entscheidung s. o. Kap. 3.3.1, S. 151f.; vgl. Münder 2003; Münder u. a. 2006 § 50 Rz. 12.

Unterbringung nicht (noch weniger als im Hinblick auf die Inobhutnahme selbst s. o. Kap. 4.2.3.3, S. 233 f.) aus.

Verpflichtung zum Freiheitsentzug?

Liegen die Voraussetzungen des § 42 Abs. 5 Satz 1 SGB VIII vor, so ist eine geschlossene Unterbringung zulässig, die öffentliche Jugendhilfe ist aber nach dem Wortlaut der Vorschrift nicht schon deshalb auch zur Durchführung von freiheitsentziehenden Maßnahmen verpflichtet. Das Entschließungs- und Auswahlermessen der Jugendhilfe kann allerdings im konkreten Fall eingeschränkt und im Extremfall auf Null reduziert sein. Denn nach § 42 Abs. 1 Nr. 2 SGB VIII ist das Jugendamt bei einer dringenden Gefahr für das Wohl des Minderjährigen zur Inobhutnahme verpflichtet. Kann die Gefahr für Leib und Leben des Minderjährigen oder eines Dritten nicht anders als durch den vorläufigen Freiheitsentzug abgewendet werden, dann muss diese im Rahmen der Inobhutnahme verfügt werden, will das Jugendamt nicht seine Obhutspflicht verletzen.[561] Angesichts der bestehenden und ggf. auszubauenden Alternativen ist dies nur in extremsten Ausnahmesituationen denkbar.

4.2.5.4 Verfahren in Unterbringungssachen

Da die Zulässigkeit des Freiheitsentzuges im Rahmen der Jugendhilfe aufgrund der ungeklärten materiellen Voraussetzungen sehr umstritten ist, kommt dem Verfahren selbst eine besondere Schutzfunktion zu (Grundrechtsschutz durch Verfahren).[562] Allerdings zeigen Untersuchungen und Berichte aus der Praxis, dass es mit der Einhaltung der verfahrensrechtlichen Bestimmungen nicht überall zum Besten bestellt ist.[563]

Gerichtliche Zustimmung

Die Freiheitsentziehung erfordert nach Art. 104 Abs. 2 Satz 1 GG grundsätzlich eine vorherige richterliche Überprüfung.[564] Verfahrensrechtlich ist deshalb eine Freiheitsentziehung nach § 42 Abs. 5 SGB VIII nur mit vorheriger Zustimmung des Gerichts zulässig (Art. 104 Abs. 2 GG; § 1631b BGB),

561 Lakies 1997, 44.

562 Vgl. Salgo 1996, 405 ff.; 2001, 45; Späth 2001.

563 Vgl. Hoops/Permien 2006 Kap. 4; Kindler/Permien/Hoops 2007, 43 ff; Salgo 2001, 27; Späth 2001, 60; Wille 2000, 453 f.

564 BVerfG 2 BvR 447/05 – 13.12.2005, Rz. 37.

auch wenn § 1631b BGB n.F. nun von familiengerichtlichen „Genehmigung“ spricht.[565]

Ohne richterliche Entscheidung sind freiheitsentziehende Maßnahmen auch nach dem Jugendhilferecht nicht zulässig. § 42 Abs. 5 SGB VIII ist keine eigenständige Rechtsgrundlage für freiheitsentziehende Maßnahmen der Jugendhilfe (s.o.), sondern ermöglicht lediglich bei einer akuten Gefahr, welche ein sofortiges Einschreiten zum Schutz von Leib und Leben gebietet, eine freiheitsentziehende Unterbringung ausnahmsweise ohne *vorherige* Einholung der richterlichen Anordnung.[566] Ist dies nicht möglich, muss die gerichtliche Entscheidung unverzüglich (Art. 104 Abs. 2 Satz 2 GG) erfolgen. Angesichts des erheblichen Grundrechtseingriffs bedeutet unverzüglich hier nichts anderes als **sofort**, sofern eine Verzögerung nicht ausnahmsweise aus tatsächlichen oder rechtlichen Gründen zwingend geboten ist.[567] Dies bedeutet in aller Regel, dass das Gericht spätestens in ein bis drei Stunden nach Beginn des Freiheitsentzugs eingeschaltet werden muss, ungeachtet ob dies tagsüber, in den Abendstunden oder am Wochenende erfolgt. Der Antrag muss so rasch wie nur irgendwie möglich gestellt werden, keinesfalls darf die Frist des § 42 Abs. 5 Satz 2 SGB VIII abgewartet werden.[568] Die richterliche Entscheidung ist selbst dann einzuholen, wenn erwartet wird, dass der Freiheitsentzug voraussichtlich innerhalb der Frist beendet werden kann.

---

565 Nach § 184 BGB bezeichnet „Genehmigung“ die nachträgliche Zustimmung, während die „Einwilligung“ die vorherige Zustimmung beinhaltet (§ 183 BGB). Man muss die neue Formulierung des § 1631b BGB deshalb als redaktionellen Fehler bezeichnen, da eine bewusste Entscheidung für eine nachträgliche Zustimmung im Hinblick auf Art. 104 GG verfassungswidrig wäre.

566 Trenczek 2000, 128; vgl. Dreher/Schulze-Fielitz 2007 Art. 104 Rz. 41; Staudinger-Salgo 2007 § 1631b Rz. 19.

567 Im Hinblick auf den gravierenden Grundrechtseingriff bedeutet unverzüglich nach verfassungsrechtlicher Sicht hier nicht einmal „ohne schuldhaftes Verzögern“, sondern sofort, es sei denn, eine Verzögerung ist zwingend geboten; vgl. BVerfGE 22, 311 (317); 105, 239 (249); BVerwGE 45 (63); Dreier/Schulze-Fielitz 2000 Art. 104 Rz. 42, Jarass/Pieroth 2007 Art. 104 Rz. 25; Maunz/Dürig-Dürig Art. 2007 Rz. 38.

568 Czerner 2000, 382; Mrozynski 2004 § 42 Rz. 17; Hauck/Bohnert 2007 § 42 Rz. 64.

Welches Gericht?

Strittig war, welches Gericht zuständig und damit wer der gesetzliche Richter i. S. d. Art. 102 Abs. 1 Satz 2 GG ist, das Familiengericht oder (wie vor der Gesetzesänderung) das Vormundschaftsgericht. § 42 Abs. 5 SGB VIII spricht nur von einer gerichtlichen Entscheidung, der Sachzusammenhang legt aber nahe, dass eine Entscheidung des **Familiengerichts** herbeigeführt werden muss.[569] Auch bestimmt § 70 Abs. 1 Satz 3 FGG eindeutig, dass für Unterbringungsmaßnahmen nach § 1631b BGB nicht das Vormundschafts-, sondern nach § 70 Abs. 1 Nr. 1 a FGG, § 23 b Abs. 1 Satz 2 Nr. 2 GVG und § 621 Abs. 1 Nr. 1 ZPO das Familiengericht zuständig ist. Das gilt auch für die in diesem Zusammenhang durchgeführte Freiheitsentziehung, auch wenn es sich bei dieser um einen gegenüber der Inobhutnahme zusätzlichen, selbständigen Verwaltungsakt handelt. Allerdings kann dieser selbständig auf seine Rechtsmäßigkeit nur dann auf dem Verwaltungsrechtsweg überprüft werden, wenn nicht auch die Inobhutnahme und der Eingriff in das Personensorgerecht in Frage steht (zum Rechtsschutz bei Zwangsmaßnahmen s. u. Kap. 4.2.7.5, S. 272). Der Gesetzgeber hat durch die Regelungen des Kindschaftsreformgesetzes und die Änderungen des § 70 FGG eine Erweiterung der Zuständigkeiten des Familiengerichts auf Verfahren nicht nur der zivilrechtlichen, sondern auch der öffentlich-rechtlichen Unterbringung bezweckt.[570] Deswegen ist für die Freiheitsentziehung eines unter elterlicher Sorge stehenden Kindes im Rahmen einer Inobhutnahme das Familiengericht zuständig.

Verfahrensrechtliche Besonderheiten in Unterbringungssachen

Verfahrensrechtlich sind die Bestimmungen des FGG in den sog. Unterbringungssachen und insbesondere auch die §§ 70 ff. FGG zu beachten, auch wenn § 42 SGB VIII in § 70 FGG nicht gesondert genannt ist, da der Gesetzgeber ausnahmslos jede Form freiheitsentziehender Unterbringung

---

569 Vgl. OLG Dresden 21 WF 0473/05 v. 8.7.2005 – JAmt 2006, 161 (anders nur wenn § 1631b BGB über die Verweisungsnorm der §§ 1915, 1800 BGB zur Anwendung kommt); Hauck/Bohnert 2007 § 42 Rz. 62; Marschner/Volckart 2001 § 1631b Rz. 4; Wiesner/Wiesner 2006 § 42 Rz. 63; a. A. (Vormundschaftsgericht) Czerner 2000, 383; mittlerweile aufgegeben Jans u. a. 2006 § 42 Rz. 55 (anders noch 2003 Rz. 65).

570 Bumiller/Winkler 2006 § 70 Rz. 1; Keidel/Kuntze/Winkler 2005 § 70 Rz. 3 u. 10/Nachtrag Rz. 2.

von Minderjährigen unter den Richtervorbehalt des § 1631b BGB stellen wollte.[571] Das betrifft nicht nur die Verfahrensfähigkeit des 14-Jährigen (§ 70a FGG), die Pflicht zur persönlichen Anhörung des Betroffenen unabhängig von ihrem Alter (§ 70c FGG)[572] und naher Angehöriger und Vertrauenspersonen (§ 70d FGG) und die Pflicht zur Einholung eines Sachverständigengutachtens (§ 70e FGG).[573] Es ist deshalb erschreckend festzustellen, dass nur ein Teil der Minderjährigen von den Gerichten vor deren Entscheidung über freiheitsentziehende Maßnahmen überhaupt angehört oder begutachtet wird.[574]

Verfahrenspfleger

Äußerst bedenklich ist auch die Tatsache, dass nur für einen (kleinen) Teil der Kinder und Jugendlichen vor der freiheitsentziehenden Unterbringung ein Verfahrenspfleger bestellt wird.[575] Nach § 70 Abs. 1 Nr. 1a), § **70b FGG** ist in Unterbringungssachen ein Verfahrenspfleger zur Wahrnehmung der Interessen des Betroffenen zu bestellen. Der Ansicht, dass die Bestellung nicht notwendig sei, weil § 42 SGB VIII in § 70 FGG nicht genannt werde,[576] berücksichtigt weder diese Konstellation noch kann ihr mit Blick auf den vom Gesetzgeber bei Unterbringungssachen intendierten sowie aktuellen Schutzzweck der Norm gefolgt werden.[577] Zudem ist eine Bestellung eines Verfahrenspflegers ohnehin nach § 50 Abs. 2 Nr. 1 u. 2 FGG bei einer (von den Eltern gewünschten) geschlossenen Unterbringung notwendig, da hier per se von einem Interessensgegensatz zwischen Kind und Personensorgeberechtigten auszugehen ist und zudem die Trennung des Kindes von seiner Familie beabsichtigt ist. Ein effektiver Grundrechtsschutz lässt sich gerade durch ein

571 Kunkel/Röchling 2006 § 42 Rz. 113; vgl. BT-Drs 8/2788, 38 u. 50f.

572 Hierzu Salgo 2001, 47f.

573 Hierzu ausführlich Salgo 2001, 42ff.; Späth 2001, 63ff.

574 Nach Kinder/Permien/Hoops (2007, 43) waren dies nur 42 % (Anhörung) bzw. 50 % (Begutachtung). Vgl. Paetzold 2001, 196 (keine Anhörung in 27 %); Salgo 2001, 27.

575 Kinder/Permien/Hoops 2007, 43 (nur in 30 % vor Beginn und für weitere 9 % am Tag der Unterbringung; Salgo 2001, 27 und 44 mit Bezug Pätzold 2001 nur 39,4 %; vgl. Wille 2000, 453.

576 So Kunkel 2003, 279.

577 Ebenso Kunkel/Röchling 2006 § 42 Rz. 112.

rechtsstaatlich sauberes Verfahren sicherstellen.[578] Die UN-KRK ist hier sehr eindeutig. Sie verleiht jedem Kind, dem die Freiheit entzogen ist, das Recht auf ungehinderten Zugang zu einem rechtskundigen oder anderen geeigneten Beistand (Art. 37 d UN-KRK).[579] Die Hoffnung, dass mit der durch die Kindschaftsrechtsreform vorgenommenen Zuständigkeitsverlagerung auf die Familiengerichte und die allgemeine Einführung des Verfahrenspflegers als „Anwalt des Kindes" in § 50 FGG eine stärkere Sensibilisierung und nahezu „ausnahmslose" Bestellung[580] zumindest im Hinblick auf freiheitsentziehende Maßnahmen eintritt, hat sich empirisch bislang allerdings nicht in dem erwarteten Umfang bestätigt.[581]

4.2.5.5 Ausgestaltung und Dauer des Freiheitsentzuges

Kontakt nach draußen

Kommt es in den extrem seltenen Ausnahmefällen zu einer rechtmäßigen Freiheitsentziehung, muss trotz der Geschlossenheit der Unterbringung der regelmäßige Kontakt des Minderjährigen zu seinen Eltern und ggf. anderen Personensorgeberechtigten durch Briefwechsel und Besuche erhalten bleiben. Dies ergibt sich unmittelbar aus dem vorrangigen Elternrecht des Art. 6 Abs. 2 GG (vgl. auch Art. 37c UN-KR). Der Kontakt darf nur aufgrund richterlicher Anordnung beschränkt oder unterbunden werden, wenn gerade durch ihn eine Gefährdung des Wohls des Minderjährigen zu besorgen ist (vgl. § 1666 BGB).

Dauer des Freiheitsentzugs

Der vorläufige Charakter der Inobhutnahme wirkt sich auch auf die Dauer von freiheitsentziehenden Maßnahmen aus. Diese sind nur dann und nur solange zulässig, wenn bzw. solange eine dringende Gefahr für Leib und Leben besteht und nur durch freiheitsentziehende Maßnahmen begegnet werden kann. Sobald dies nicht mehr der Fall ist, ist der Freiheitsentzug **sofort** zu beenden. Die längerfristig angelegte oder gar dauerhafte geschlossene Unterbringung von (früher als „schwer erziehbar" bezeichneten) jungen Menschen in

578 Salgo 1996, 405 ff. m. w. N.

579 Vgl. Trenczek 1999, 170 f. Zum Vorbehalt der Bundesregierung bei der Ratifizierung, s. o. S. 206, Fn. 442.

580 Hellmann 2000, 80.

581 Vgl. Salgo 1999, 319; Koenig von und zu Warthausen 2004, 207.

Einrichtungen der Jugendhilfe ist weder nach § 34 SGB VIII noch nach § 42 Abs. 5 SGB VIII zulässig und – wird sie dennoch durchgeführt – eine rechtswidrige Freiheitsberaubung (§ 239 StGB). Darüber hinaus kann eine die Haftung des Jugendamts auslösende Amtspflichtverletzung (Art. 34 GG i. V. m. § 839 BGB) vorliegen, wenn der Minderjährige gegen seinen Willen und ohne Vorliegen der gesetzlichen Voraussetzungen zwangsweise in „Obhut" genommen wird.

Freiheitsentziehende Maßnahmen sind nach § 42 Abs. 5 Satz 2 SGB VIII (entsprechend der Regelung in Art. 104 Abs. 2 Satz 3 GG) ohne gerichtliche Entscheidung spätestens mit Ablauf des Tages, der dem Tag der Freiheitsentziehung folgt (d. h. Rest des ersten Tages, an dem die Maßnahme begonnen hat, und bis spätestens 24 Uhr des Folgetages, also in maximal und in aller Regel nicht erst innerhalb 48 Stunden), zu beenden. Nach dem klaren Wortlaut des Gesetzes reicht allein ein innerhalb dieser Zeit gestellter Antrag an das Gericht nicht aus. Erfolgt die gerichtliche Entscheidung – unter Beachtung der verfassungsunmittelbaren Pflicht zur persönlichen Anhörung des Betroffenen (vgl. Art. 104 Abs. 3 Satz 1 GG, § 70c FGG; eine Entscheidung nach Aktenlage ist grundsätzlich nicht und nur im Fall einer Verhinderung aus Krankheitsgründen zulässig) – nicht innerhalb dieser kurzen Frist, dann ist die Maßnahme zwingend aufzuheben und der Betroffene sofort freizulassen.[582] Der zugrunde liegende Verwaltungsakt ist nichtig (§ 40 Abs. 1 SGB X). Da dies vom Gesetzgeber angesichts der verfassungsrechtlichen Vorgabe des Art. 104 Abs. 2 GG ausdrücklich so gewollt ist (**absolute zeitliche Schutzgrenze**[583]), müsste sich bei einer tatsächlich (weiter) beste-

582 Jarass/Pieroth 2007 Art. 104 Rz. 28; Lakies 1997, 44; Mrozynski 2004 § 42 Rz. 17; Marschner/Volckart 2001 § 1631b Rz. 12; Trenczek 2000, 128.

583 Vgl. BVerfG 105, 249; Dreier/Schulze-Fielitz 2000 Art. 104 Rz. 49; Jarass/Pieroth 2007 Art. 104 Rz. 25 ff.; Maunz/Dürig-Dürig 2007 Art. 104 Rz. 37. Jedes weitere Festhalten einer Person ist als als Freiheitsberaubung (§ 239 StGB) im Amte (§ 341 StGB a. F.) zu qualifizieren. Nach Wiesner/Wiesner 2006 § 42 Rz. 64 (vgl. auch die „ausnahmsweise" eröffnete Lücke bei Czerner 2000, 382 a.E.) sei die Frist des Art. 104 GG auf die Fallkonstellationen des § 42 SGB VIII „nicht sachgerecht". Freilich erlaubt diese Einschätzung keine Abweichung von den verbindlichen Verfassungsvorgaben. Mit „Polizei" sind alle mit hoheitlichen Befugnissen ausgestattete Behörden ge-

henden Lebensgefahr eine neue Inobhutnahme nach § 42 Abs. 1 Nr. 2 SGB VIII anschließen, sodass ein durchgängiges Festhalten allenfalls durch die Nothilfebestimmungen (§§ 32, 34 StGB) gerechtfertigt werden könnte.

4.2.5.6 Verschiebebahnhöfe und Entsorgungsparks

Kinder- und Jugendpsychiatrie

In der Praxis geht eine kleine Gruppe besonders problematischer Jugendlicher mitunter zwischen Jugendhilfe und Psychiatrie „verloren“. Immerhin sind etwa 4000 Kinder und Jugendliche in Einrichtungen der Kinder- und Jugendpsychiatrie (geschlossen) untergebracht und damit bedeutend mehr als in den Einrichtungen der Jugendhilfe.[584] Zwar sind im Hinblick auf die freiheitsentziehende Unterbringung die notwendigen Rechtsgrundlagen nach den Gesetzen der Länder über die Schutzmaßnahmen für psychisch Kranke in psychiatrischen Krankenhäusern vorhanden (sog. PsychKG oder UBG). Dabei bezwecken diese ungeachtet ihrer teilweise gesundheitspolitischen Ausrichtung aber die Unterbringung zur Gefahrenabwehr und dies auch unter Zwang, wenn und solange durch das krankheitsbedingte Verhalten einer (minderjährigen) Person ihr Leben, ihre Gesundheit, bedeutende eigene oder entsprechender Rechtsgüter Dritter in erheblichem Maße gefährdet sind und diese Gefahr nicht anders abgewehrt werden kann. Die Freiheitsentziehung erfolgt insoweit letztlich immer im öffentlichen Interesse, sei es zum Schutz des Betroffenen selbst oder zum Schutz von Dritten. Das Kindeswohl ist im Rahmen der allgemeinen ordnungsrechtlichen Gefahrenabwehr kein relevantes Kriterium. Die freiheitsentziehende Zwangsunterbringung junger Menschen in der Psychiatrie ist damit nicht weniger problematisch als unter der Schirmherrschaft der Jugendhilfe. Darüber hinaus

---

meint, Art. 104 GG darf auch nicht aus (vermeintlich) „erzieherischen Gründen“ unterlaufen werden.

584 Rüth u. a. 2002, 375. In Deutschland werden derzeit in 19 Einrichtungen der Jugendhilfe in sechs Bundesländern insgesamt 260 Plätze zur geschlossenen Unterbringung angeboten (Stand Oktober 2006; BT-Drs. 16/6816, 10). Angesichts von über 20 000 jährlich neu beginnenden Heimerziehungen nach § 34 SGB VIII spielt die geschlossene Unterbringung nach § 1631b BGB nur eine marginale Rolle, nichts desto trotz muss die Rechtsstaatlichkeit in jedem Einzelfall gewahrt bleiben.

ist die Unterbringung in einer geschlossenen Anstalt mit erheblichen Belastungen und Stigmatisierungen verbunden. Eine Unterbringung von jungen Menschen in der Psychiatrie ist aber nicht nur problematisch, sondern skandalös im Hinblick auf die Fälle, in denen es sich um als problematisch angesehene Jugendliche handelt, die als „Dissoziale“ gekennzeichnet von der Jugendhilfe ausgegrenzt und in die Psychiatrie „entsorgt“ werden, weil die Jugendhilfe aus Überforderung oder Kostengründen keine angemessenen Angebote bereitstellt.[585] Mit Alternative ist gerade nicht die geschlossene Unterbringung durch die Jugendhilfe gemeint. Die Geschlossenheit, also der Freiheitsentzug, wird der Problemlage nicht gerecht. Befunde zu den positiven Wirkungen einer geschlossenen Unterbringung fehlen weitgehend. Aus diesem Grund lassen sich derzeit keine Kriterien einer Indikation für die geschlossene Unterbringung angeben.[586] Eine freiheitsentziehende Unterbringung kommt daher nur als letztes Mittel und nur für die kürzeste angemessene Zeit in Betracht (vgl. auch Artikel 37b der UN-KRK). Stattdessen werden Kinder und Jugendliche mit emotionalen und seelischen Störungen, die darüber hinaus sozial auffällig und delinquent werden, relativ planlos zwischen den Institutionen hin und her geschoben. Dabei ist die einseitige Betonung stationärer Maßnahmen auch im Hinblick auf die Psychiatrie keineswegs zwingend. Vielmehr muss hier frühzeitig Hilfe verzahnt werden zugunsten von jungen Menschen, die ambulanter therapeutischer Hilfen bedürfen, ohne dass sie damit aus dem Verantwortungsbereich der Jugendhilfe ausgegrenzt werden.

4.2.6 Unmittelbarer Zwang (§ 42 Abs. 6 SGB VIII)

Mit der Inobhutnahme ist ungeachtet der Zulässigkeit der Weg- oder Herausnahme (s.o. Kap. 4.2.2.2, S. 210f.) **keine Befugnis zur Gewaltanwendung** verbunden. Die Jugendhilfe (auch das Jugendamt) hat keine Befugnis zur Anwendung

585 Petersen 2001, 18f.; vgl. auch Henkel u.a. 2002; Rüth u.a. 2002, 371f.; Schrapper 2003, 119; Wille 2000, 450.

586 BT-Drs. 16/6815, 10; vgl. Gerken 1982; Kindler/Permien/Hoops 2007, 41f.; Wolffersdorf-Ehlert/Srau-Kuhlen 1990, 79ff.

unmittelbaren Zwanges, weder bei der Herausnahme (z.B. Aufbrechen von Haustüren, Unterdrückung der Gegenwehr einer Person oder sonstige Zwangsmaßnahmen) noch bei der nachfolgenden Durchführung der Inobhutnahme. Die Jugendhilfe ist auf ihr (sozial-)pädagogisches Handlungsrepertoire zurückgeworfen (vgl. Kap. 4.2.2.5, S. 223 f.). Pädagogik zielt auf Akzeptanz und Einsicht und die Förderung der Handlungskompetenz. Die Jugendhilfe darf und muss dabei nicht auf Verbindlichkeit und pädagogische Grenzsetzung verzichten, sie darf sich aber keiner ihr nicht zustehenden (hoheitlichen) Zwangsbefugnisse bedienen.

Eine unmittelbare, u. U. durch Gewaltanwendung in das Sorgerecht der Eltern (Art. 6 Abs. 2 GG) oder allgemeine Freiheitsrechts des Minderjährigen (Art. 2 GG) eingreifende Maßnahme durch die Mitarbeiter des Jugendamts kann zwar im Ausnahmefall – wie bei jedem anderen Bürger auch – durch den allgemeinen Notwehrtatbestand (vgl. §§ 32, 34 StGB, §§ 227 ff. BGB) gerechtfertigt sein. Grundsätzlich ist das Jugendamt aber im Hinblick auf die Gewaltanwendung (anders als ein Gerichtsvollzieher zur Durchsetzung eines gerichtlichen Herausgabebeschlusses; vgl. § 33 Abs. 2 FGG) auf die Unterstützung durch die **Polizei** angewiesen (vgl. z. B. § 20 Abs. 3 ThürKJHAG). Hierauf wird nun ausdrücklich in § 42 Abs. 6 SGB VIII hingewiesen.

Aufgaben der Polizei

Hiermit korrespondiert die Pflicht der Polizei, das Jugendamt bei der Abwehr von Gefahren für das Kindeswohl zu unterstützen, wenn ohne deren Hilfe der Kinder- und Jugendschutz nicht gewährleistet werden kann (Vollzugshilfe). Das ergibt sich aus verfassungsrechtlichen Gründen zwar nicht unmittelbar aus den bundesrechtlichen Regelungen (§§ 8a Abs. 4, 42 Abs. 6 SGB VIII; § 8 JuSchG), wohl aber aus den Polizeigesetzen der Länder im Rahmen der allgemeinen Gefahrenabwehr (vgl. z. B. Art. 50 ff. BayPAG; §§ 47 ff. PolG NRW; § 51 Nds. SOG). Liegt eine drohende Kindeswohlgefahr vor, handelt es sich gleichzeitig um eine polizeirechtlich relevante Gefährdungslage, die die Polizei zur Gefahrenabwehr verpflichtet (vgl. z. B. Art. 2 Abs. 2 Bay. PAG; § 1 Abs. 2 Nds. SOG; §§ 1 Abs. 1 Satz 3, 47 ff. PolG NRW; PDV 382/1995 2.2 und 2.3).[587]

587 Münder u. a. 2006 § 42 Rz.76 ff; DIJuF JAmt 2004, 242; 2006, 79; 2007, 493.

Eine verlässliche **Kooperation** mit der Polizei kann nicht erst im akuten Krisenfall aufgebaut werden. Die Jugendhilfe und Polizei müssen sich bereits im Vorfeld um tragfähige Kooperationsbeziehungen bemühen. Bei dieser Kooperation sind die gesetzlichen Grenzen einzuhalten, Aufgaben, Rollen und Kompetenzen der Beteiligten eindeutig und für die betroffenen Zielgruppen verständlich offen zu legen. Erforderlich sind klare Informationsstrukturen, wobei der jugendhilferechtlich gebotene Vertrauens- und **Datenschutz** kein lästiges Hindernis, sondern notwendige Arbeitsgrundlage einer vertrauensvollen Zusammenarbeit im Rahmen der Institutionen übergreifenden Kooperation ist. Dies ist gerade auch deshalb von Bedeutung, weil junge Menschen in Krisen regelmäßig (strafrechtliche) Grenzen übertreten. Wenn von Krisenintervention die Rede ist, darf es aber nicht um eine möglichst frühzeitige („präventive") strafrechtliche Ermittlung gehen.[588]

4.2.7 Verfahrensrecht

Bei der Inobhutnahme handelt es sich nicht um eine zivilrechtliche Unterbringung. Im Hinblick auf die Durchführung der Inobhutnahme gelten vielmehr die allgemeinen verfahrensrechtlichen Regelungen der §§ 1 ff., 8 ff. SGB X, sofern das SGB VIII keine Sonderregelungen vorsieht. Als „andere", hoheitliche Aufgabe ist die Schutzgewährung durch Inobhutnahme nicht von der Mitwirkungsbereitschaft der betroffenen Kinder, Jugendlichen und deren Eltern (vgl. §§ 60 ff. SGB I) abhängig.

Chronologischer Ablauf der Inobhutnahme

Die nachfolgende Übersicht ermöglicht einen schnellen Einstieg in den chronologischen Ablauf und das Verfahren der Inobhutnahme und ergänzt die notwendigen Erläuterungen der rechtlichen Regelung.

588 Zu den unterschiedlichen Perspektiven von Jugendhilfe und Strafverfolgungsbehörden vgl. Breternitz/Trenczek 2001; Trenczek 2001, 9 ff.

Übersicht 10: Chronologischer Ablauf und Verfahren der Inobhutnahme § 42 SGB VIII

24 h-Bereitschaftsdienst des JA (Information der Mitarbeiter ggf. über Polizei oder Rettungsleitstelle), ausgebautes System zielgruppenspezifischer Jugendschutz- und Bereitschaftspflegestellen

Anlass der Inobhutnahme (Abs. 1 Nr. 1–3)

- Selbstmelder
- dringende Gefahr für das Wohl des Kindes
- unbegleiteter minderjähriger Ausländer

nur im Fall Nr. 2: vor Entscheidung erste Risikoabschätzung insb. mit den Eltern; Vorliegen einer Gefährdungssituation, deren Abwendung keinen Aufschub duldet (PSB widersprechen nicht oder Entscheidung des FamG kann nicht abgewartet werden)

- Zugang über Jugendschutzstelle eines freien Trägers: **sofortige** Information des JA!
- **Entscheidung** durch das JA, dass Mj. in Obhut genommen wird (Verwaltungsakt, nicht an freie Träger delegierbar) = **Beginn** der Inobhutnahme;
- ggf. Heraus- und **Wegnahme** (aus der das Kindeswohl gefährdenden Situation (Abs. 1 Satz 2 a.E.).
- unter **Zwang** (grds. nur) mit polizeilicher Hilfe (Abs. 6);
- **Schutzgewährung** (Sicherstellung von Kindeswohls, Unterhalt und Krankenhilfe (Abs. 2 Satz 3)
- ggf. sofortige **ärztliche Versorgung**!
- **Unterbringung** bei einer geeigneten Person oder Einrichtung und **Betreuung** (Abs. 1 Satz 2, Abs. 2);
- **Situationsklärung** und Risikoabschätzung mit dem Kind bzw. Jugendlichen (Abs. 2 Satz 1) und
- unverzüglich (sofort) dem Mj. Gelegenheit geben, eine **Vertrauensperson** zu informieren (Abs. 2 Satz 1);
- bei mj. **unbegleiteten Migranten**: unverzügliche Bestellung eines Vormunds/Pflegers (Abs. 3 Satz 3);
- (unverzügliche) **Unterrichtung der Personensorgeberechtigten** (bzw. EB) und gemeinsame Risikoabschätzung (Abs. 3 Satz 1):

Zustimmung

- vorläufige Fortführung der Inobhutnahme
- Einstieg in die **Hilfeplanung** (Abs. 3 Satz 5)

Widerspruch

- wenn keine Kindeswohlgefährdung: Beendigung der Inobhutnahme durch **Übergabe** des Mj. an die Eltern (Abs. 3 Satz 2 Nr. 1)
- bei Vorliegen einer Kindeswohlgefährdung unverzüglich (hier: sofortige) Herbeiführung einer Entscheidung des **FamG** (Abs. 3 Satz 2 Nr. 2)
- vorläufige Fortführung der Inobhutnahme bis zur Entscheidung des FamG, in der Zwischenzeit **Hilfeplanung** (§ 36)

Scheitern der Kontaktaufnahme

- unverzüglich (hier: sofortige) Herbeiführung einer Entscheidung des **FamG** (Abs. 3 Satz 3)
- vorläufige Fortführung der Inobhutnahme bis zur Entscheidung des FamG oder Beendigung der Kindeswohlgefährdung

- **Beendigung** der Inobhutnahme durch Übergabe des Mj. an die Eltern oder Überleitung in eine andere Hilfeform (Abs. 4).

Beachte: Vor **freiheitsentziehenden Maßnahmen** ist die Genehmigung des FamG einzuholen (Art. 104 Abs. 2 Satz 1 GG), ausnahmsweise **sofort** nach Beginn. Ohne richterliche Entscheidung ist der Freiheitsentzug spätestens am Ende des nächsten Tages zu beenden (Abs. 5 Satz 2).

Verwaltungsakt

Die Entscheidung des Jugendamts, einen Minderjährigen in Obhut zu nehmen, ist ein Verwaltungsakt, d. h. eine hoheitliche Entscheidung einer Behörde (§ 31 Satz 1 SGB X). Adressat ist der Minderjährige als unmittelbar Betroffener selbst sowie die Personensorgeberechtigten im Hinblick auf ihre Elternrechte. Dabei stellt sich der Verwaltungsakt für den Minderjährigen im Fall des § 42 Abs. 1 Nr. 1 SGB VIII als begünstigende Leistungsentscheidung (mit Drittwirkung gegenüber den Eltern), für die Personensorgeberechtigten zumeist aufgrund des faktischen Eingriffs in ihr Erziehungs- und Aufenthaltsbestimmungsrecht mitunter als belastender Verwaltungsakt dar. § 42 Abs. 1 Nr. 2a SGB VIII korrespondiert mit der allgemeinen Regel des Verwaltungsverfahrens, dass bei in Rechte eingreifenden Verwaltungsakten die Betroffenen grundsätzlich vor Erlass des Verwaltungsaktes anzuhören sind (§ 24 SGB X). Der Verwaltungsakt ist nach allgemeinen Regeln (§ 37 Abs. 1 SGB X) beiden Adressaten bekannt zu geben.[589] Aufgrund der Notwendigkeit zum schnellen Handeln genügt zunächst die mündliche Form, in der Praxis wird er zunächst meist durch faktisches (konkludentes) Handeln ergehen. Allerdings bedarf der Verwaltungsakt nach § 33 Abs. 2 Satz 2 SGB X i. d. R. der schriftlichen Bestätigung; dies sollte selbst dann erfolgen, wenn die Betroffenen (meist aus Unkenntnis) dies nicht selbst unverzüglich verlangen.[590] Bei der Begründung der Inobhutnahme (§ 35 Abs. 1 SGB X) reichen formelhafte oder formularmäßige Textbausteine nicht aus. Vielmehr sind neben den rechtlichen die wesentlichen tatsächlichen Gründe mitzuteilen, die das Jugendamt zur Inobhutnahme bewogen haben (§ 35 Abs. 1 Satz 2 SGB X). Eine korrekte Rechtsbehelfsbelehrung (§ 36 SGB X, s. u. S. 271) sollte zwar selbstverständlich sein, in der Praxis trifft man aber immer wieder auf fehlerhafte Versionen (z. B. Angabe des falschen Gerichtes, z. B. des Verwaltungsgerichtes für den Widerspruch gegen die Inobhutnahme nach § 42 Abs. 3 Satz 2 SGB VIII, das Fehlen des Hinweises für das ver-

589 Münder u. a. 2006 § 42 Rz. 82; zu den allgemeinen Regeln des Verwaltungsverfahrens insb. im Hinblick auf die Jugendhilfe vgl. Münder u. a. 2006 Anhang Verfahren; Trenczek u. a. 2008, 320 ff.

590 Ebenso Kunkel/Röchling 2006 § 42 Rz. 117; Hauck-Bohnert 2007 § 42 Rz. 25.

waltungsrechtliche Widerspruchs- und Klageverfahren im Hinblick auf die übrigen Streitfragen, s. u. Kap. 4.2.7.5; falsche Fristen: „4 Wochen").

4.2.7.1 Zuständigkeit

§ 8a-Vereinbarungen

Mangels einer ausdrücklichen gesetzlichen Regelung ergibt sich die **Zuständigkeit der öffentlichen Träger** für den Abschluss der Vereinbarungen nach § 8a SGB VIII aus § 78e SGB VIII analog. Danach ist der für den Abschluss von Leistungs- und Entgeltvereinbarungen nach § 78b Abs. 1 SGB VIII zuständige örtliche Träger auch für den Abschluss der Vereinbarungen nach § 8a SGB VIII zuständig. Damit handelt dasjenige Jugendamt, in dessen Bereich die Einrichtung gelegen ist.

Inobhutnahme

Für die Inobhutnahme sind die örtlichen Träger der Jugendhilfe **sachlich** zuständig (§ 85 Abs. 1 SGB VIII), dabei hat das SGB VIII die institutionelle Verpflichtung und **funktionale Zuständigkeit** des **Jugendamts** in § 42 SGB VIII hervorgehoben. Örtlich (geografisch) ist der örtliche Jugendhilfeträger (i. d. R. Landkreis oder kreisfreie Stadt; § 69 Abs. 1 Satz 2 SGB VIII) zuständig, in dessen Bereich sich der oder die Minderjährige vor Beginn der Unterbringung tatsächlich aufhält (§ 87 SGB VIII), womit eine schnelle unzweifelhafte Zuständigkeitsklärung möglich ist. Der tatsächliche Aufenthalt ist der Ort, an dem der Minderjährige um Inobhutnahme bittet oder aufgegriffen (nicht hingebracht) wird. Selbst wenn die Inobhutnahmestelle einer anderen Stadt oder eines benachbarten Landkreises geografisch näher sein sollte, ist die Inobhutnahme vom zuständigen Jugendamt zu veranlassen. Eine Amtshilfe zur Durchführung einer Inobhutnahme für ein auswärtiges Jugendamt (z. B. „Heimatjugendamt" des Minderjährigen) ist normativ nicht möglich, entsprechende Ersuchen sind als Bitte und Anregung um ein Tätigwerden zu werten.

Unbegleitete, i. S. d. § 14 Aufenthaltsgesetz (insb. wegen fehlendem Visums) „unerlaubt" nach Deutschland eingereiste Minderjährige unterliegen einem Verteilverfahren nach § 15a Aufenthaltsgesetz. Die Verteilung auf die Länder erfolgt durch eine vom Bundesministerium des Innern bestimmte zentrale Verteilungsstelle. Die örtliche Zuständigkeit der kommunalen Träger richtet sich dann nach der Zuweisungsentscheidung der zuständigen Landesbehörde.

Gewährleistungspflicht

Mit der Zuständigkeit ist aufgrund der Gesamtverantwortung nach § 79 SGB VIII eine Gewährleistungspflicht des örtlichen Trägers verbunden, für ein bedarfsgerechtes Angebot an Inobhutnahmestellen zu sorgen. Das bedeutet nicht, dass dieser Träger alle Unterbringungsmöglichkeiten selbst vorhalten müsste, wohl aber dass er für alle Fälle Zugang zu zielgruppenspezifischen und im Einzelfall bedarfsgerechten Angeboten hat. Hierzu kann der verantwortliche öffentliche Träger anerkannte freie Träger mit einbeziehen (hierzu Kap. 4.2.8, S. 273 ff.) und diese an der Durchführung dieser Aufgabe beteiligen oder deren Ausführung an sie übertragen.

Rufbereitschaft

Nicht übertragbar ist aber die originär hoheitliche Befugnis der Behörde, durch Verwaltungsakt zu entscheiden, dass eine Inobhutnahme durchgeführt wird.[591] Da eine solche Entscheidung ggf. zu jeder Tages- und Nachtzeit getroffen können werden muss, gehört zur Gewährleitungspflicht auch das Vorhalten eines 24-stündigen **Bereitschaftsdienstes** (Rufbereitschaft) durch entsprechend qualifizierte und befugte Mitarbeiter.

Zusammenarbeit von Jugendämtern

Möglich ist auch die überörtliche, regionale Kooperation von öffentlichen Trägern, ohne dass sich durch den Ort der Unterbringung etwas an der örtlichen Zuständigkeit und Gewährleistungspflicht verändert.

4.2.7.2 Betriebsgenehmigung

Inobhutnahmeeinrichtungen sowohl freier als auch öffentlicher Träger bedürfen im Hinblick auf die Unterbringung nach § 45 SGB VIII grundsätzlich einer Betriebsgenehmigung. Aufnahmeeinrichtungen und Gemeinschaftsunterkünfte zur Unterbringung von Asylbegehrenden und Flüchtlingen bzw. Spätaussiedlern sind nach §§ 44 Abs. 3, 53 Abs. 3 AsylVfG bzw. § 8 Abs. 7 BVFG ausdrücklich hiervon ausgenommen (zu

591 Münder u. a. 2006 § 42 Rz. 86; Krug u. a. 2007 § 42, 19; Hauck-Bohnert 2007 § 42 Rz. 26; Lakies 1997, 100; Mrozynski 2004 § 42 Rz. 2; Trenczek 2007a Rz. 35. A.A. nur noch Kunkel 2006, 361 f., der die Übertragung von behördlichen Eingriffsbefugnissen auf freie Träger im Rahmen der Jugendhilfe für beteiligungsfähig hält.

den Problemen der Inobhutnahme minderjähriger unbegleiteter Flüchtlinge, s. o. Kap. 4.2.1.3).

Zuständigkeit

Für die Erteilung der für den Betrieb einer Inobhutnahmeeinrichtung erforderlichen Betriebsgenehmigung ist nach § 85 Abs. 2 SGB VIII der überörtliche Träger (in der Regel die Länder, die durch ihr Landesjugendamt handeln; vgl. §§ 69 Abs. 1, Satz 3, Abs. 3 SGB VIII) sachlich zuständig. Sofern Bereitschaftspflegestellen eine Pflegeerlaubnis nach § 44 SGB VIII benötigen, ist hierfür der örtliche Träger sachlich zuständig (§ 85 Abs. 1 SGB VIII). Örtlich ist der überörtliche bzw. örtliche Träger zuständig, in dessen Bereich die Einrichtung gelegen ist (§ 87a Abs. 2 und 3 SGB VIII).

Im Rahmen der sog. Heimaufsicht geht es aber nicht nur um die Erteilung von Betriebsgenehmigungen, sondern vor allem auch um die fachliche Beratung der Einrichtungsträger und die Fortentwicklung fachlicher Standards, für die die Ausführungen in diesem Buch eine wesentliche Grundlage sein sollten.[592]

4.2.7.3 Kostenerstattung

Der zuständige öffentliche Jugendhilfeträger trägt im Rahmen seiner Gesamtverantwortung (§ 79 SGB VIII) zunächst auch die Kosten der Inobhutnahme. Allerdings besteht bei einer (rechtmäßig) durchgeführten Inobhutnahme nach §§ 89b, 89f SGB VIII eine Kostenerstattungspflicht des für Jugendhilfeleistungen örtlich zuständigen öffentlichen Jugendhilfeträgers, welcher sich in aller Regel durch den gewöhnlichen Aufenthalt der personensorgeberechtigten Eltern nach § 86 SGB VIII bestimmt (§ 89b Abs. 1 SGB VIII). Ist ein kostenerstattungspflichtiger örtlicher Träger nicht vorhanden, so sind die Kosten von dem überörtlichen Träger zu erstatten, zu dessen Bereich der örtliche Träger gehört (§ 89b Abs. 2 SGB VIII). Das Gleiche gilt bei der Inobhutnahme im Anschluss an ein anonym in eine Babyklappe abgegebenes Kind.[593]

592 Ausführlich zu den Inhalten und Verfahren im Rahmen der sog. Heimaufsicht vgl. Schmid 2007; Münder u. a. 2006 § 45; Wiesner/Wiesner u. a. § 45.

593 BayVGH 12 BV 03.1971 v. 9.6.2005 – JAmt 2006, 148 (149); a. A. Mielitz 2006, 124, die aber nicht beachtet, dass eine anonyme Inobhutnahme insb.

Prüfung der Rechtmäßigkeit der Inobhutnahme

Nach § 89f SGB VIII sind die aufgewendeten Kosten nur zu erstatten, soweit die Erfüllung der Aufgaben den Vorschriften dieses Buches entspricht. Entsprechend der allgemeinen Regel ist Voraussetzung des Erstattungsanspruches, dass die Inobhutnahme formell und materiell rechtmäßig abgelaufen ist. Gerade im Rahmen von Kostenerstattungsverfahren kommt es deshalb zu einer inzidenten Prüfung der Rechtmäßigkeit der Inobhutnahmen und insoweit zu rechtsklärenden Auseinandersetzungen zwischen den Jugendhilfeträgern, da diese ganz anders als die betroffenen Familien sich trauen, sich gegen ungerechtfertigte Kostenansprüche zur Wehr zu setzen.

Kostenarten

Nach § 89f Abs. 1 Satz 2 SGB VIII gelten im Hinblick auf die Kostenerstattung die Grundsätze, die im Bereich des tätig gewordenen örtlichen Trägers zur Zeit des Tätigwerdens angewandt werden. Zu den nach § 89f SGB VIII zu erstattenden Kosten gehören neben den Kosten der Unterbringung, Betreuung und Unterstützung auch Aufwendungen für Taschen-, Kleidergeld sowie schließlich auch die Rückführungskosten.[594] Soweit man mit Bezug auf § 109 SGB X die sog. Verwaltungskosten als nicht erstattungsfähig ansieht, betrifft dies lediglich die zur Erfüllung der Aufgabe vorgehaltenen und nicht gesondert abgrenzbaren Personal- und Sachmittel.[595] Zur Kostenerstattung im Fall nicht rechtzeitig installierter Haushaltshilfen und deshalb notwendiger Inobhutnahmen s. o. Kap. 4.2.1.2, S. 204.

4.2.7.4 Kostenheranziehung

Zu den Kosten einer rechtmäßig durchgeführten Inobhutnahme können die Minderjährigen und deren Eltern gemäß § 91 Abs. 1 Nr. 7, § 92 Abs. 1 Nr. 1 bzw. 5 SGB VIII herangezogen werden.

bei Selbstmeldern sehr wohl möglich und rechtmäßig ist (s.o Kap. 4.2.3.1, S. 228).

594 BVerwG NDV 1993, 278; Münder u. a. 2006 § 42 Rz. 49; Mrozynski 2004 § 42 Rz. 8; aufgrund der Neuregelung überholt Schellhorn-Mann 2007 § 42 Rz. 24, BayLJA 2007, 16 u. 20; Kunkel/Röchling 2006 § 42 Rz. 80.

595 DIJuF 2006, 80.

Informationspflicht

Eine Kostenheranziehung setzt grundsätzlich voraus, dass die Betroffenen hierüber informiert und angehört wurden (§ 24 Abs. 1 SGB X), insbesondere wenn ihr Einverständnis bzgl. der (weiteren) Unterbringung zu erreichen versucht wird. Nach § 92 Abs. 3 SGB VIII kann ein Kostenbeitrag bei Eltern, Ehegatten und Lebenspartnern erst ab dem Zeitpunkt erhoben werden, ab welchem dem Pflichtigen die Gewährung der Leistung mitgeteilt und er über die Folgen für seine Unterhaltspflicht gegenüber dem jungen Menschen aufgeklärt wurde. Eine Kostenbeteiligung der Eltern kommt deshalb nicht in Betracht, wenn es – sei es unbewusst oder gar bewusst, um deren Widerspruch nicht zu provozieren – unterlassen wurde, die Eltern auf die Kostenfolgen hinzuweisen (Ermessensreduzierung auf Null).

Absehen von einer Kostenheranziehung

Stets ist zu prüfen, ob von der Kostenheranziehung abzusehen ist. Nach § 92 Abs. 4 Satz 1 SGB VIII darf ein Kostenbeitrag nur erhoben werden, soweit Unterhaltsansprüche vorrangig Berechtigter nicht geschmälert werden. Von der Heranziehung der Eltern ist nach § 92 Abs. 4 Satz 2 SGB VIII abzusehen, wenn das Kind oder die Jugendliche schwanger ist oder ein leibliches Kind bis zur Vollendung des sechsten Lebensjahres betreut. Nach 92 Abs. 5 Satz 1 SGB VIII soll ganz oder teilweise davon abgesehen werden, wenn sonst Ziel und Zweck der Leistung gefährdet würden oder sich aus der Heranziehung eine besondere Härte ergäbe. Von der Heranziehung kann abgesehen werden, wenn anzunehmen ist, dass der damit verbundene Verwaltungsaufwand in keinem angemessenen Verhältnis zu dem Kostenbeitrag stehen wird.

4.2.7.5 Rechtsschutz

Familiengerichtlicher Rechtsschutz

Aufgrund des möglichen Eingriffs in ihr Sorgerecht können die Personensorgeberechtigte gegen die Entscheidung des Jugendamts Widerspruch (§ 42 Abs. 3 Satz 2 SGB VIII) einlegen (s. o. Kap. 4.2.3.3, S. 230 ff.). Aus der Rechtsbehelfsbelehrung (§ 36 SGB X) muss sich ergeben, dass insoweit der **Zivilrechtsweg** vor das **Familiengericht** eröffnet ist. Bei diesem durch einen **Widerspruch ausgelösten familiengerichtlichen Rechtsschutzverfahren** handelt es sich um einen der durch Bundesgesetz geregelten Ausnahmefälle nach § 62 SGB X,

§ 40 Abs. 1 VwGO, d.h. insofern gelten – anders als sonst bei Verwaltungsakten des Jugendamtes – **nicht** die Regelungen des Widerspruchverfahrens nach §§ 40 ff., 68–80b VwGO.[596] Der Widerspruch hat deshalb auch keine aufschiebende Wirkung, ohne dass dies wie bei § 80 Abs. 2 Nr. 4 VwGO besonders angeordnet und hierauf hingewiesen werden müsste. Schon bei der Durchführung der Inobhutnahme und bei der schriftlichen Bestätigung des Verwaltungsaktes sollten die Betroffenen eine Rechtsbehelfsbelehrung mit im Wesentlichen folgenden Inhalt haben:

Rechtsbehelfsbelehrung

> Als Personensorge- oder Erziehungsberechtigte/r können Sie der Entscheidung über die Inobhutnahme widersprechen. Solange die Inobhutnahme andauert, kann der Widerspruch formlos (mündlich oder schriftlich) beim Jugendamt der kreisfreien Stadt X (Adresse) eingelegt werden. Wird die Inobhutnahme darauf hin nicht beendet und Ihnen das Kind nicht übergeben, ist das Jugendamt verpflichtet, das **Familiengericht** anzurufen, das über die notwendigen sorgerechtlichen Maßnahmen zu entscheiden hat (§ 42 Abs. 3 Satz 2 SGB VIII). Sie können auch unmittelbar beim Familiengericht (Adresse) die Herausgabe Ihres Kindes beantragen.

Verwaltungsgerichtlicher Rechtsschutz?

Daneben scheint auf den ersten Blick aufgrund der besonderen gesetzlichen Rechtswegzuweisung des § 42 Abs. 3 Satz 2 SGB VIII für einen Widerspruch und die Anfechtungsklage nach §§ 40, 42, 68 VwGO kein Raum zu sein. Allerdings gilt es hier zu beachten, dass das Familiengericht allein über den sorgerechtlichen Eingriff entscheidet, nicht über die Rechtmäßigkeit der Inobhutnahme als solche (vgl. Kap. 3.2.3, 3.4, 4.2.3.3). Soweit diese sozialrechtlich in Frage steht (z.B. inhaltliche Durchführung im Hinblick auf die Auswahl des Unterbringungsortes, der Unverzüglichkeit der Benachrichtigung, die Dauer der Inobhutnahme), ist der **Verwaltungsrechtsweg** nach § 62 SGB X, § 40 Abs. 1 Satz 1 VwGO eröffnet. Dies ist insbesondere der Fall, wenn nachträglich über die Kosten der Inobhutnahme und damit aufgrund § 89f Abs. 1 SGB VIII („soweit die Erfüllung der Aufgabe den Vorschriften

596 A.A. Kunkel (2003, 279), der selbst im Fall des Widerspruchs gegen die Inobhutnahme Anfechtungswiderspruch und -klage auf dem verwaltungsgerichtlichen Rechtsweg für zulässig ansieht.

dieses Buches entspricht") auch inzident über deren Rechtmäßigkeit gestritten wird.[597] Der Kostenbescheid muss deshalb eine entsprechende Rechtsbehelfsbelehrung enthalten. Anders als beim Widerspruch gegen eine noch andauernde Inobhutnahme (s. o.) gelten hier u. a. die Form- und Fristerfordernisse nach § 70 VwGO (schriftlich oder zur Niederschrift innerhalb eines Monats nach Bekanntgabe).

Darüber hinaus ist auch eine Fortsetzungsfeststellungsklage denkbar, in der – bei entsprechendem Feststellungsinteresse – die Rechtswidrigkeit des Vorgehens oder der Inobhutnahme insgesamt festgestellt werden kann. Dieses Verfahren kann aber erst betrieben werden, wenn sich die Inobhutnahme durch Beendigung erledigt hat. Bis dahin bleibt die Klärung der Frage einer (weiteren) Zulässigkeit der hoheitlichen Eingriffe in die elterliche Sorge dem Familiengericht vorbehalten.

Wird die Bitte um Unterbringung eines sich selbst meldenden Minderjährigen abgelehnt, hat er zwar theoretisch als Beteiligter (§ 12 SGB X, 62 Abs. 1 Nr. 2 VwGO, § 36 Abs. 1 SGB I) die üblichen verwaltungsrechtlichen Verfahrensmöglichkeiten (Widerspruch und Klage, § 62 SGB X, §§ 40, 68 VwGO), allerdings werden sich diese in der Praxis nicht in der Schnelle umsetzen lassen. Für eine Feststellungsklage (§ 43 Abs. 1 VwGO) ist nur Raum, wenn eine Widerholungsgefahr zu befürchten ist und der Betroffene (deshalb) ein berechtigtes Interesse an der Feststellung als solcher hat.

Die Anordnung von Zwangsmaßnahmen, insbesondere des vorläufigen Freiheitsentzuges (§ 42 Abs. 5 SGB VIII) stellt zur Inobhutnahme einen weiteren Verwaltungsakt dar,[598] der gesondert anzugreifen wäre. Der Rechtsschutz wird, solange die Inobhutnahme andauert, vorrangig im Rahmen des gerichtlichen Verfahrens nach §§ 1631b, 1666 BGB gewährt (s. o. Kap. 4.2.5.4, S. 254 ff.).[599] Wird die erforderliche richterliche Genehmigung nach § 42 Abs. 5 SGB VIII nicht rechtzei-

597 Vgl. VG Münster ZfJ 1997, 427; OVG NW ZfJ 1998, 467 ff. und BVerwG 24.6.1999 – 5 C 24.98 – DÖV 2000, 204 ff.

598 Maunz/Dürig-Dürig 2007 Art. 104 Rz. 37; Lakies 1997, 46; Trenczek 2000, 129.

599 A.A. Kunkel 2003, 279.

tig eingeholt, ist der Verwaltungsakt nichtig (§ 40 Abs. 1 SGB X).[600]

Zwangsmaßnahmen können selbständig auf ihre Rechtmäßigkeit nur dann auf dem Verwaltungsrechtsweg mit Widerspruch und Klage (§ 62 SGB X, §§ 40, 68 ff. VwGO) überprüft werden, wenn nicht auch die Inobhutnahme und der Eingriff in das Personensorgerecht in Frage stehen. Darüber hinaus kann eine verwaltungsgerichtliche Überprüfung im Rahmen der nachträglichen Kontrolle der Rechtmäßigkeit bei einem entsprechenden Feststellungsinteresse stattfinden.

4.2.8 Beteiligung freier Träger

Eine Beteiligung anerkannter freier Träger ist nach § 3 Abs. 3 Satz 2, § 76 Abs. 1 SGB VIII möglich. Oft werden sog. Jugendschutzstellen und Bereitschaftspflegestellen von freien Trägern zur Verfügung gestellt, nicht zuletzt weil ein einzelnes Jugendamt (aus Kostengründen) nicht alle notwendigen, zielgruppenspezifischen Unterbringungsmöglichkeiten in eigener Regie vorhalten kann (hierzu Kap. 2.3, S. 106 f.). Zwar können die anerkannten Träger der freien Jugendhilfe bei der Durchführung „anderer Aufgaben" nach § 76 Abs. 1 SGB VIII beteiligt oder die anderen Aufgaben zur Ausführung vollständig übertragen werden. „Durchführung" und „Ausführung" betreffen aber nicht die hoheitlichen Entscheidungsbefugnisse. Mangels einer ausdrücklichen gesetzlichen Regelung ist deshalb die hoheitliche Befugnis, durch Verwaltungsakt zu entscheiden, ob eine Inobhutnahme erfolgt, nicht übertragbar.[601] Eine öffentlich-rechtliche Beleihung findet im Bereich der Jugendhilfe nicht statt noch werden sie als Verwaltungs-

---

600 Maunz/Dürig-Dürig 2007 Art. 104 Rz. 37.

601 GK-Schleicher 2007 § 42 Rz. 36a; Münder u. a. 2006 § 42 Rz. 86; Krug u. a. 2007 § 42, 19; Hauck-Bohnert 2007 § 42 Rz. 26; Lakies 1997, 100; Mrozynski 2004 § 42 Rz. 2; Schellhorn/Schellhorn 2006 § 76, Rz. 7; Trenczek 2007a Rz. 35. Insoweit sind die Empfehlungen der BAGLJÄ (ZfJ 1995, 541) sowie des Bay LJA (2007, 5: „Der öffentliche Träger ist von jeder Inobhutnahme unverzüglich zu unterrichten.") unglücklich formuliert. A. A. nur noch Kunkel 2006, 361 f., der die Übertragung von Eingriffsbefugnissen auf freie Träger hier für möglich hält.

helfer eingesetzt.[602] Das bedeutet, dass eine **Inobhutnahme ohne** oder erst aufgrund der nachträglichen Einschaltung und **Zustimmung des Jugendamts unzulässig** ist. Wurde das Jugendamt bei einer Unterbringung (nicht schon bei einer Beratung) nicht bzw. erst nachträglich eingeschaltet, liegt kein Verwaltungsakt und damit keine hoheitliche, den (möglichen) Eingriff in das Sorgerecht der Eltern legitimierende Entscheidung vor. Fehlt auch die Zustimmung der Eltern, handelt es sich um ein nicht autorisiertes, rechtswidriges Vorgehen (zur Strafbarkeit der Entziehung Minderjähriger vgl. § 235 StGB). Dies gilt auch dann, wenn Selbstmelder bei Einrichtungen der freien Jugendhilfe um Inobhutnahme bitten (bei Kindern ist damit nach § 235 Abs. 1 Nr. 2 StGB u. U. schon ohne weiteres der Straftatbestand erfüllt[603]). Schon deshalb muss im Jugendamt eine 24-stündige **Rufbereitschaft** des Jugendamts (s. o. Kap. 4.2.7.1, S. 267) vorgehalten werden. Eine solche darf organisatorisch nur dann über Dritte (z. B. Rettungsleitstelle) betreut werden, wenn auf diesem Wege die sofortige Einschaltung des Bereitschaft habenden Mitarbeiters des Jugendamtes (z. B. über Mobilfon, Pager) gewährleistet ist. Eine nachträgliche Zustimmung (Genehmigung) einer von einem freien Träger durchgeführten Unterbringung ist nicht möglich. Es besteht deshalb grundsätzlich auch kein Refinanzierungsanspruch des freien Trägers oder eine Kostenerstattungspflicht eines auswärtigen Heimatjugendamts.

Wenn anerkannte freie Träger im Rahmen der Inobhutnahme tätig werden, bleiben die Träger der öffentlichen Jugendhilfe für die Erfüllung der Aufgabe verantwortlich (§ 76 Abs. 2 SGB VIII). Im Rahmen des zwischen dem öffentlichen und anerkannten freien Träger bestehenden öffentlich-rechtlichen Auftragsverhältnisses sind die freien Träger im Hinblick auf die Entscheidungen, ob eine Inobhutnahme

---

602 Vgl. BGH III ZR 164/05 v. 23.2.2006 – FamRZ 2006, 544 = NJW 2006, 1121. Auch eine Stellvertretung des öffentlichen Trägers durch den freien Träger ist im Hinblick auf hoheitliche Befugnisse insoweit nicht möglich (missverständlich deshalb Wiesner/Wiesner 2006 § 76 Rz. 16).

603 Insoweit stehen einer Strafbarkeit mitunter nur noch die allgemeinen Rechtfertigungsgründe, z. B. das Notwehr- und Notstandsrecht (§§ 32 f. StGB, §§ 227 f. BGB) entgegen.

durchgeführt oder beendet werden soll, gebunden.[604] Eine darüber hinaus gehende, generelle Weisungsabhängigkeit, z. B. im Hinblick auf die Art und Weise der Durchführung der Inobhutnahme, verstieße aber gegen die vom SGB VIII vorgesehene Struktur der partnerschaftlichen Zusammenarbeit zwischen öffentlichen und freien Trägern. Auf dieser Basis sind auch die erforderlichen Vereinbarungen im Hinblick auf die Schutzverpflichtung abzuschließen (s.o. Kap. 3.3.3, S. 158 ff.).

Freiheitsentziehende Maßnahmen

Die Anordnung des vorläufigen Freiheitsentzugs (§ 42 Abs. 5 SGB VIII) ist als originär hoheitliche Maßnahme nicht auf freie Träger übertragbar.[605] Darüber hinaus betrifft der Vollzug des Freiheitsentzugs das staatliche Gewaltmonopol und darf im Kernbereich (ausgenommen die u.U. mit dem Freiheitsentzug verbundene pädagogische Betreuung) nicht in privaten Formen durchgeführt werden.[606] Die freiheitsentziehende Unterbringung durch freie Träger der Jugendhilfe wird man deshalb als rechtswidrig ansehen müssen, da es sich hierbei nicht um eine zivilrechtliche Unterbringung handelt und § 1631b BGB bislang keine ausreichende Rechtsgrundlage darstellt.

Den freien Trägern sind die im Rahmen der (rechtmäßigen) Inobhutnahme entstandenen Kosten auf der Basis entsprechender Vereinbarungen über das Leistungsangebot und das Entgelt für die Bereitstellung von Plätzen zur Durchführung der Inobhutnahme zu erstatten. Landesrecht kann bestimmen, dass die §§ 78b bis 78 g SGB VIII auch für andere Leistungen nach diesem Buch sowie für vorläufige Maßnahmen zum Schutz von Kindern und Jugendlichen gelten (vgl. § 78a Abs. 2 SGB VIII).

604 Ebenso GK-Schleicher 2007 § 42 Rz. 36a.
605 Mrozynski 2004 § 42 Rz. 17; Trenczek 2000, 129.
606 Braum u.a. 1999; Kruis 2000; Kutscha 1997.

5 Literaturverzeichnis

Ader, S./Schrapper, C./Thiesmeier, M. (Hrsg.): Sozialpädagogisches Fallverstehen und sozialpädagogische Diagnostik in Forschung und Praxis; Münster 2001.

AFET – Bundesverband für Erziehungshilfen e.V.: Sicherstellungsvereinbarungen nach SGB VIII zwischen öffentlichem und freiem Träger – Gesamtverantwortung versus Autonomie; Hannover 2006.

Albrecht, G.: Möglichkeiten und Grenzen der Prognose „krimineller Karrieren"; in: DVJJ (Hrsg.) Mehrfach Auffällige – Mehrfach Betroffene; Dokumentation des 21. Deutschen Jugendgerichtstages 1989; Bonn 2000, S. 99.

Arbeitskreis Inobhutnahme der IGFH: Inobhutnahme und der Geldmangel der Kommunen; http://www.igfh.de/aki/geldmangel.html – Stand Dez. 2006 (zit. AKI 2002).

Arbeitskreis Inobhutnahme der IGFH: Kindeswohl und Elternsorge – Gegensätzliche Perspektiven bei Inobhutnahme von Kindern und Jugendlichen? (http://www.igfh.de/aki/sr-kindeswohl-elternsorge.html – Stand Dez. 2006) (zit. AKI 2006).

Balgo, R.: Lehren und Lernen, Der Versuch einer (Re-)Konstruktion; Pädagogik 7–8/1998, S. 58.

Balloff, R.: Kinder vor dem Familiengericht; München 2004.

Banike, K.: Haftvermeidungsprojekte für jugendliche Straftäter als Alternative; ZJJ 2004, S. 290.

Bayerisches Landesjugendamt (Hrsg.): Sozialpädagogische Diagnose. Arbeitshilfe zur Feststellung des erzieherischen Bedarfs; München 2001.

Bayerisches Landesjugendamt (Hrsg.): Fachliche Empfehlungen zur Inobhutnahme von Kindern und Jugendlichen gemäß § 42 SGB VIII; München 2007.

Becker, P./Petermann, F.: Diagnostik und Indikation im Rahmen der Hilfeplanung; Jugendwohl 1997, S. 257.

Beelmann, A.: Prognose und Prävention von sozialen Fehlentwicklungen im Kindes- und Jugendalter; in: Bay. Landesjugendamt (Hrsg.). Sozialpädagogische Diagnose; 2001, S. 77.

Bender, D./Lösel, F.: Misshandlung von Kindern: Risikofaktoren und Schutzfaktoren; in: Deegener, G./Körner, W. (Hrsg.) Kindesmisshandlung und Vernachlässigung. Ein Handbuch; Göttingen 2005, S. 317.

Bernzen, C./Trenczek, T.: Rechtliche Fragen zur geschlossenen Unterbringung von Kindern und Jugendlichen; Forum Jugendhilfe 2003, S. 64.

Bieritz-Harder, R: Die „Babyklappe" – Hilfe zur Erziehung oder Inobhutnahme? Beiträge zum Recht der sozialen Dienste und Einrichtungen (RsDE) Heft 46, Köln 2000 S. 33.

Bindel-Kögel, G./Heßler, M.: Vermeidung von Untersuchungshaft in Berlin. Vereinbarungen und Standards zur einstweiligen Unterbringung gemäß §§ 71, 72 JGG; DVJJ-J 1999, S. 289.

Birtsch, V.: Wenn ihr uns nicht einschließt, schließen wir uns nicht aus! (ISS-Materialien Nr. 25); Frankfurt 1983.

Blank, U./Deegener, G.: Kooperation und Vernetzung von Institutionen zur Abschätzung der Risiko- und Schutzfaktoren bei Kindeswohlgefährdung; Deutsches Institut für Jugendhilfe und Familienrecht (DIJuF) (Hrsg.): Verantwortlich Handeln – Schutz und Hilfe bei Kindeswohlgefährdung, Saarbrücker Memorandum; Bonn 2004, S. 113.

Böckenförde, E.-W.: Elternrecht – Recht des Kindes – Recht des Staates; in: Essener Gespräche zum Thema Staat und Kirche; Münster 1980, S. 54.

Brandt, E.: Die Bedeutung des Subsidiaritätsprinzips für Entpoenalisierungen im Kriminalrecht; Ammersbek bei Hamburg 1988.

Brassard, M./Hardy, D.: Psychische Misshandlung; in: Helfer, M. u. a. (Hrsg.): Das misshandelte Kind; Frankfurt 2002, S. 585.

Braum, S./Varwig, M./Bader, C.: Die „Privatisierung des Strafvollzuges" zwischen fiskalischen Interessen und verfassungsrechtlichen Prinzipien; ZfStrVo 1999, S. 67.

Breternitz, S./Trenczek, T.: Mühsam ernährt sich das Eichhörnchen … Die Praxis der Kriminalprävention in Thüringen – ein Werkstattbericht über das zähe Bemühen um Veränderung; DVJJ-J 2001, S. 54.

Bringewat, P.: Tod eines Kindes – Soziale Arbeit und strafrechtliche Risiken, Baden-Baden 1997.

Bringewat, P.: Schutzauftrag bei Kindeswohlgefährdung (§ 8a SGB VIII) und strafrechtliche Garantenhaftung in der Kinder- und Jugendhilfe; ZKJ 2006, S. 233.

Bringewat, P.: Schutz des Kindeswohls – eine Aufgabe des Strafrechts?!; ZKJ 2007, S. 225.

Bürgin, D./Rost, B.: Psychische und psychosomatische Erkrankungen bei Kindern und Jugendlichen; in: Egle u. a. (Hrsg.) Sexueller Missbrauch, Misshandlung, Vernachlässigung: Erkennung und Behandlung psychischer und psychosomatischer Folgen früherer Traumatisierungen; Stuttgart 2005, S. 247.

Bumiller, U./Winkler, K.: Freiwillige Gerichtsbarkeit; Kommentar; München 8. Auflage 2006.

Bundesarbeitsgemeinschaft der Landesjugendämter (BAGLÄJ): Empfehlungen zur Inobhutnahme gemäß § 42 SGB VIII; ZfJ 1995, S. 540.

Bundeskriminalamt (BKA): Polizeiliche Kriminalstatistik 2006; www.bka.de.

Bundesministerium für Jugend, Familie, Frauen und Gesundheit (BMJFFG): Achter Jugendbericht. Bericht über die Bestrebungen und Leistungen der Jugendhilfe; BT-Drs. 11/6576 (Bonn 6.3.1990).

Bundesministerium für Familie, Senioren, Frauen und Jugend (BMFSFJ): Bereitschaftspflege – Familiäre Bereitschaftsbetreuung; Empirische Ergebnisse und praktische Empfehlungen SR Band 231; Kohlhammer Verlag Stuttgart 2002, (zit. BMFSFJ 2002).

Bundesministerium für Familie, Senioren, Frauen und Jugend (BMFSFJ): Krisenintervention im Rahmen der Jugendhilfe. Konzentrierte Aktion Bundes Innovationen (KABI) Nr. 24, Juli 1995.

Bundesministerium der Justiz – Arbeitsgruppe „Familiengerichtliche Maßnahmen bei Gefährdung des Kindeswohls"; Abschlussbericht vom 17.11. 2006 (zit. BMJ/AG Kindeswohl); Berlin 2006.

Busch, M.: Begriff, Inhalt und Umfang der Inobhutnahme nach § 42 KJHG; ZfJ 1993, S. 129.

Bussmann, K.-D.: Studie zu den Auswirkungen des Gesetzes zur Ächtung der Gewalt in der Erziehung und der begleitenden Kampagne „Mehr Respekt vor den Kindern“; Elternstudie Schlussbericht; Halle-Wittenberg 2002.
Bussmann, K.-D.: Verbot elterlicher Gewalt gegen Kinder – Auswirkungen des Rechts auf gewaltfreie Erziehung; in: Deegener, G./Körner, W. (Hrsg.) Kindesmisshandlung und Vernachlässigung. Ein Handbuch; Göttingen 2005, S. 243 (zit. 2005a).
Bussmann, K.-D.: Rechtliche Konsequenzen des neuen Rechts auf gewaltfreie Erziehung; in: Deegener, G./Körner, W. (Hrsg.) Kindesmisshandlung und Vernachlässigung. Ein Handbuch; Göttingen 2005, S. 259 (zit. 2005b).
Caplan, G.: Principles of preventive psychiatry; New York/London 1964.
Caplan, G.: Bevölkerungsorientierte Familienpsychiatrie; Stuttgart 1989.
Cantwell, H.: Kindesvernachlässigung – ein vernachlässigtes Thema; in: Helfer, M. u. a. (Hrsg.); Das misshandelte Kind; Frankfurt 2002, S. 515.
Coester, M.: Die Bedeutung des Kinder- und Jugendhilfegesetzes (KJHG) für das Familienrecht; FamRZ 1991, S. 253.
Coester, M.: Kindeswohl als Rechtsbegriff; in: Vierter Deutscher Familiengerichtstag (Hrsg.), Brühler Schriften zum Familienrecht; Band 4, Bielefeld 1986, S. 31.
Coester, M.: Inhalt und Funktionen des Begriffs der Kindeswohlgefährdung – Erfordernis einer Neudefinition?; Das Jugendamt 2008, S. 1.
Conen, M.-L.: Eigenverantwortung, Freiwilligkeit und Zwang; ZJJ 2007, S. 370.
Cornel, H.: Haftentscheidungshilfe und Untersuchungshaftvermeidung: in Cornel, H./Kawamura-Reindl, G./Maelicke, B./Sonnen, B.-R.: Handbuch der Resozialisierung; Baden-Baden 3. Auflage 2008 (im Druck).
Cullberg, J.: Krisen und Krisentherapie; Psychiatrische Praxis (5) 1978, S. 25.
Czerner, F.: Rechtsprobleme bei der Inobhutnahme gemäß § 42 SGB VIII; ZfJ 2000, S. 372.
Dettenborn, H.: Kindeswille und Kindeswohl; München 2001.
Dettenborn, H.: Die Beurteilung der Kindeswohlgefährdung als Risikoentscheidung; Familie, Partnerschaft, Recht 2003, S. 293.
Deutscher Kinderschutzbund (Landesverband NRW): Kindesvernachlässigung. Erkennen – Beurteilen – Helfen; in: Zusammenarbeit mit ISA Münster; 2. Auflage; Wuppertal/Münster 2006.
Deutscher Verein für öffentliche und private Fürsorge: Unterstützung von Familien in Krisensituationen – Ein Leitfaden für die Gewährung familienunterstützender Hilfen; Frankfurt 2003 {http://www.deutscher-verein.de/05-empfehlungen/empfehlungen_archiv/2003/maerz/200303_02/}
Deutsches Institut für Jugendhilfe und Familienrecht e.V.: DIJuF Rechtsgutachten (zu unterschiedlichen Themen veröffentlicht in) Das Jugendamt (zit. nach Erscheinungsjahr und Seite).
Deutsche Gesellschaft für Kinder- und Jugendpsychiatrie und -psychotherapie (Hrsg.): Leitlinien zur Diagnostik und Therapie von psychischen Störungen im Säuglings-, Kindes- und Jugendalter; Köln 2000.
Deutscher Städtetag (Hrsg.): Strafrechtliche Relevanz sozialarbeiterischen Handelns. Empfehlungen des Deutschen Städtetages zur Festlegung fachlicher Verfahrensstandards in den Jugendämtern bei akut schwerwiegender Gefährdung des Kindeswohls (Stand 1.4.2003); Das Jugendamt 2003, S. 226.

Deutsches Institut für Jugendhilfe und Familienrecht (DIJuF) (Hrsg.): Verantwortlich Handeln – Schutz und Hilfe bei Kindeswohlgefährdung, Saarbrücker Memorandum; Bonn 2004.

Diering, B./Timme, H./Waschull, D. (Hrsg.): Sozialgesetzbuch X – Sozialverwaltungsverfahren und Sozialdatenschutz. Lehr- und Praxiskommentar; Baden-Baden 2004 (zit. LPK SGB X).

Dreier, H. (Hrsg.): Grundgesetz Kommentar; Bd. I (Art. 1–19) 2004; Bd. III (Art. 83–146); Mohr Siebeck, Tübingen 2000; Supplementum 2007.

Dross, M.: Krisenintervention; Göttingen 2001.

Deegener, G.: Formen und Häufigkeiten der Kindesmisshandlung; in: Deegener, G./Körner, W. (Hrsg.) Kindesmisshandlung und Vernachlässigung. Ein Handbuch; Göttingen 2005, S. 37.

Dietz, H. u. a.: Familienmediation und Kinder. Grundlagen, Methodik, Techniken; Köln 2002.

Dodge, K./Dishion, T./Lansford, J.: Deviante Peer-Einflüsse in der Invervention und der Jugendpolitik; ZJJ 2007, S. 190.

Döpfner, M. u. a. (Hrsg.): Diagnostik psychischer Störungen im Kindes- und Jugendalter; Göttingen 2000.

Dolzer, R./Vogel, K./Graßhof, K. (Hrsg.): Bonner Kommentar zum Grundgesetz; Heidelberg 2006 (zit. Dolzer u. a./Bearbeiter 2006).

Dose, H.-J.: Einstweiliger Rechtsschutz in Familiensachen. Berlin 2000.

Elger, W.: Bereitschaftspflegestellen: Eine Alternative zu Jugendschutzstellen; Unsere Jugend 1986, S. 56.

Egle, U./Hoffmann, S./Joraschky, P. (Hrsg.): Sexueller Missbrauch, Misshandlung, Vernachlässigung: Erkennung und Behandlung psychischer und psychosomatischer Folgen früherer Traumatisierungen; Stuttgart 2005.

Engfer, A.: Formen der Misshandlung von Kindern – Definitionen, Häufigkeiten, Erklärungsansätze; in Egle u. a. (Hrsg.): Sexueller Missbrauch, Misshandlung, Vernachlässigung: Erkennung und Behandlung psychischer und psychosomatischer Folgen früherer Traumatisierungen; Stuttgart 2005, S. 3.

Erikson, Erik H: Identität und Lebenszyklus, Frankfurt 17. Aufl. 1998 (Original 1959).

Erikson, Erik H.: Jugend und Krise. Die Psychodynamik im sozialen Wandel; Stuttgart 1970.

Evangelischer Fachverband für Erziehungshilfen (Hrsg.): Inobhutnahme. Dokumentation einer Fachtagung im September 1992; Münster 1992.

Fallner, H./Gräßlin, H.-M.: Kollegiale Beratung. Eine Systematik zur Reflexion des beruflichen Alltags; Hille 1990.

Faltermeier, J.: Zum Hilfeverständnis von Herkunftseltern und ihren erzieherischen Ressourcen – Erste Ergebnisse einer biographieanalytischen Studie. Expertise zum Projekt: „Familiäre Bereitschaftsbetreuung". München 2000 (DJI-Arbeitspapier Nr. 5–161).

Fegert, J. M./Berger, C./Breuer, B. u. a.: „Das Dilemma zwischen familienbezogenen Hilfen und staatlichem Wächteramt"; ZfJ 1996, S. 448 und S. 483.

Fegert, J. M./Späth, K./Salgo, L. (Hrsg.): Freiheitsentziehende Maßnahmen in der Jugendhilfe und Kinder- und Jugendpsychiatrie; Münster 2001.

Fegert, J. M. (Hrsg.): Begutachtung sexuell missbrauchter Kinder; Neuwied 2001.

Fegert, J.: Vorschläge zur Entwicklung eines Diagnoseinventars sowie zur verbesserten Koordinierung und Vernetzung im Kinderschutz; in: Ziegenhain, U./

Fegert, J. (Hrsg.) Kindeswohlgefährdung und Vernachlässigung; München 2007, S. 195.

Fieseler, G./Schleicher, H. (Hrsg.): Kinder- und Jugendhilferecht. Gemeinschaftskommentar zum SGB VIII. Neuwied Loseblattsammlung Stand April 2007 (zitiert: GK-SGB VIII-Bearbeiter).

Feldmann, K: Die Untersuchung der körperlichen Misshandlung; in: Helfer, M. u. a. (Hrsg.) Das misshandelte Kind; Frankfurt 2002, S. 269.

Filipp, S.-H. (Hrsg.): Kritische Lebensereignisse; Weinheim 3. Auflage 1995.

Finke, B.: Elternwohl; Das Jugendamt 2008, S. 10.

Frank, Vernachlässigung im Säuglings- und Kleinkindalter aus ärztlicher Sicht; in: Ziegenhain, U./Fegert, J. (Hrsg.) Kindeswohlgefährdung und Vernachlässigung; München 2007, S. 84.

Fthenakis, W.: Kindeswohl – gesetzlicher Anspruch und Wirklichkeit, Bielefeld 1984.

Galuske, M.: Methoden der Sozialen Arbeit – Eine Einführung; 7. Aufl. Weinheim 2007.

Gerken, J.: Indikationen für die Einweisung von Minderjährigen in geschlossene Unterbringung; in: Bundesjugendkuratorium (Hrsg.), Erziehung in geschlossenen Heimen; München 1982.

Gildemeister, R./Robert, G.: Therapie und Soziale Arbeit; Otto, H.-U./Thiersch, H. (Hrsg.) Handbuch Sozialarbeit/Sozialpädagogik; 2. Aufl. Neuwied 2001, S. 1901.

Goldstein, J./Freud, A./Solnit, A.: Diesseits des Kindeswohls; Frankfurt 1982.

Goldstein, J./Freud, A./Solnit, A.: Jenseits des Kindeswohls; Frankfurt 1991.

Gründer, M./Kleiner, R./Nagel, H.: Wie man mit Kindern darüber reden kann. Ein Leitfaden zur Aufdeckung sexueller Misshandlung; 3. Aufl., Weinheim 2004.

Gutke, M./Neveling, S.: Der Einzelvormund als Interessensvertreter; Das Jugendamt 2003, S. 278.

Harnach, V.: Psychosoziale Diagnostik in der Jugendhilfe. Grundlagen und Methoden für Hilfeplan, Bericht und Stellungnahme; 3. Aufl., Weinheim/München 2007.

Hartwig, L./Hensen, G.: Sexueller Missbrauch und Jugendhilfe; Weinheim 2003.

Hauck, K./Noftz, W./Stähr, A. (Hrsg.): SGB VIII, Kinder- und Jugendhilfe; Stand 2007 (zit. Hauck-Bearbeiter).

Heck, M./Weber, R.: Zehn Jahre Bereitschaftspflegefamilien im Landkreis Saarlouis; Zentralblatt für Jugendhilfe 1999, S. 214.

Heiner, M.: Diagnostik, psychosoziale; in: Otto, H.-U./Thiersch, H. (Hrsg.) Handbuch Sozialarbeit/Sozialpädagogik; 2. Aufl. Neuwied 2001, S. 253.

Heiner, M. (Hrsg.) Diagnostik und Diagnosen in der Sozialen Arbeit. Ein Handbuch; Frankfurt 2004.

Helfer, M./Kempe, R./Krugmann, R. (Hrsg.): Das misshandelte Kind; Frankfurt 2002.

Hellmann, S.: Die Verfahrenspflegschaft in den Fällen des § 1666 BGB; Kind-Prax 2000, S. 79.

Henkel, J./Schnappka, M./Schrapper, C. (Hrsg.): Was tun mit schwierigen Kindern? Sozialpädagogisches Verstehen und Handeln in der Jugendhilfe; Münster 2002.

Herriger, N.: Der mächtige Klient. Anmerkungen zum Verhältnis von Alltagskompetenz und Berufskompetenz; Soziale Arbeit (5) 1989, S. 165.

Herriger, N.: Empowerment in der Sozialen Arbeit; 3. Aufl. Stuttgart 2006.
Hoffmann, B.: Beistandschaft, Vormundschaft, Pflegschaft; in: Münder. J./Wiesner, R. (Hrsg.) Kinder- und Jugendhilferecht. Handbuch; Baden-Baden 2007, S. 328.
Hoops, S./Permien, H.: „Mildere Maßnahmen sind nicht möglich!“ Freiheitsentziehende Maßnahmen nach § 1631b BGB in Jugendhilfe und Jugendpsychiatrie; München 2006.
Huber, P./Scherrer, H.: Die Neuregelung zur Ächtung der Gewalt in der Erziehung; FamRZ 2001, S. 797.
Institut für Soziale Arbeit e.V. Münster (Hrsg.): Der Schutzauftrag bei Kindeswohlgefährdung. Arbeitshilfe zur Kooperation zwischen Jugendamt und Trägern der freien Kinder- und Jugendhilfe; Münster 2006.
Interdisziplinäre Arbeitsgruppe Hannover: Kindeswohlgefährdung – Suche nach Orientierung; Forum Erziehungshilfe 1997, S. 22.
Jäger, R. (Hrsg.): Psychologische Diagnostik; München 1999.
Jans, K.-W./Happe, G./Sauerbier, H./Maas, U.: Kinder- und Jugendhilferecht. Kommentar. Loseblattsammlung, 3. Aufl., Stand 35. Lfg. 12/2006.
Jarass, H./Pieroth, B.: Grundgesetz für die Bundesrepublik Deutschland; Kommentar 9. Aufl. München 2007.
Jeand'Heur, B.: Verfassungsrechtliche Schutzgebote zum Wohl des Kindes und staatliche Interventionspflichten aus der Garantienorm des Art. 6 Abs. 2 GG, Berlin 1993.
Jestaedt, M.: Das Kinder- und Jugendhilferecht und das Verfassungsrecht; in: Münder, J./Wiesner, R. (Hrsg.) Kinder- und Jugendhilferecht. Handbuch; Baden-Baden 2007, S. 106.
Joraschky, P./Petrowski, K.: Sexueller Missbrauch und Vernachlässigung in Familien; in: Egle u. a. (Hrsg.): Sexueller Missbrauch, Misshandlung, Vernachlässigung: Erkennung und Behandlung psychischer und psychosomatischer Folgen früherer Traumatisierungen; Stuttgart 2005, S. 129.
Jordan, E.: Jugendschutzstellen und Bereitschaftspflegefamilien – Hilfen für Kinder und Jugendliche in Krisensituationen. In: Blandow J./Faltermeier J. (Hrsg.): Erziehungshilfen in der Bundesrepublik Deutschland. Frankfurt a. M.: Deutscher Verein Eigenverlag, Arbeitshilfen Heft 36, 1989, S. 349.
Jordan, E./Münder, J.: Pädagogische Arbeit in Jugendschutzstellen, Neuwied 1987.
Jordan, E./Schone, R. (Hrsg.): Handbuch Jugendhilfeplanung, 2. Aufl., Münster 2000.
Jordan, E.: Zwischen Kunst und Fertigkeit – Sozialpädagogisches Können auf dem Prüfstand, in: ZfJ S. 2001, S. 48.
Jordan, E. (Hrsg.): Kindeswohlgefährdung: rechtliche Neuregelungen und Konsequenzen für den Schutzauftrag der Kinder- und Jugendhilfe; Weinheim 2006.
Kähler, H.: Soziale Arbeit in Zwangskontexten. Wie unerwünschte Hilfe erfolgreich sein kann; München-Basel 2005.
Kanthak, T.: Kindeswohlgefährdung: Diagnostische Verfahren und Methoden; ZfJ 2004, S. 180.
Kappis, B./Hardt, J: Standardisierte Verfahren zur retrospektiven Erfassung von Kindheitsbelastungen; in: Egle, U. u.a. (Hrsg.) Sexueller Missbrauch, Miss-

handlung, Vernachlässigung: Erkennung und Behandlung psychischer und psychosomatischer Folgen früherer Traumatisierungen; Stuttgart 2005, S. 211.

Kast, V.: Der schöpferische Sprung. Vom therapeutischen Umgang mit Krisen; München 1989.

Keidel, T./Kuntze, J./Winkler, K.: Freiwillige Gerichtsbarkeit. Kommentar zum Gesetz über Angelegenheiten der Freiwilligen Gerichtsbarkeit, 15. Aufl./Nachtrag München 2005.

Keupp, H.: Die Normalität der Krise oder die Krise der Normalität – Krisenpotentiale im globalisierten Netzwerkkapitalismus; in: Müller, W./Scheuermann, U. (Hrsg.): Praxis Krisenintervention; Stuttgart 2004, S. 20.

Kinderschutz-Zentrum Berlin (Hrsg.): Kindesmisshandlung. Erkennen und Helfen; 9. Auflage 2000.

Kindhäuser, U.: Strafgesetzbuch, Lehr- und Praxiskommentar; 2. Auflage Baden-Baden 2005.

Kindler, H.: Verfahren und Perspektiven zur Risikoeinschätzung bei Misshandlung und Vernachlässigung; in: Bay. Landesjugendamt (Hrsg.) Sozialpädagogische Diagnose; München 2001, S. 127.

Kindler, H.: Verfahren zur Einschätzung der Gefahr zukünftiger Misshandlung bzw. Vernachlässigung: Ein Forschungsüberblick; in: Deegener, G./Körner, W. (Hrsg.) Kindesmisshandlung und Vernachlässigung. Ein Handbuch; Göttingen 2005, S. 385.

Kindler, H.: Prävention von Vernachlässigung und Kindeswohlgefährdung im Säuglings- und Kleinkindalter; in: Ziegenhain, U./Fegert, J. (Hrsg.) Kindeswohlgefährdung und Vernachlässigung; München 2007, S. 94.

Kindler, H./Lillig, S./Blüml, H./Meysen, T./Werner, A. (Hrsg.): Handbuch Kindeswohlgefährdung nach § 1666 BGB und Allgemeiner Sozialer Dienst (ASD); Deutsches Jugendinstitut e.V. München 2006.

Kindler, H./Permien, H./Hoops, H.: Geschlossene Formen der Heimunterbringung als Maßnahme der Kinder- und Jugendhilfe; ZJJ 2007, S. 40.

Klatezki, T.: Kollegiale Beratung als Problem, sozialpädagogische Diagnostik ohne Organisation; in: Ader u. a. (Hrsg.): Sozialpädagogisches Fallverstehen und sozialpädagogische Diagnostik in Forschung und Praxis; Münster 2001, S. 22.

Kleve, H.: Konstruktivismus und Soziale Arbeit. Die konstruktivistische Wirklichkeitsauffassung und ihre Bedeutung für die Sozialarbeit/Sozialpädagogik und Supervision; Aachen 2003.

Klosinki, G.: Wenn Kinder Hand an sich legen – Selbstzerstörerisches Verhalten bei Kindern und Jugendlichen; München 1999.

Kohaupt, G.: Wirkungen des Rechts auf Hilfebeziehungen im Kinderschutz; JAmt 2003, S. 567.

Kohaupt, G.: Hurry slowly! Oder: Was man nicht kann erfliegen, muss man erhinken – Konflikthafter Kontakt zu Eltern bei Kindeswohlgefährdung; JAmt 2005, S. 218.

Koenig von und zu Warthausen, B.: Das Kindeswohl in der Praxis der Jugendämter und Familiengerichte im Land Brandenburg und im Freistaat Bayern bei Inobhutnahme und Herausnahme gemäß §§ 42, 43 SGB VIII, Osnabrück 2004.

Kolvenbach, F.-J.: Sorgerechtsmaßnahmen. Entwicklung einer wenig(er) beachteten Aufgabe des Jugendamtes; in: Rauschenbach, T./Schilling, M. (Hrsg.):

Kinder- und Jugendhilfereport 2. Analysen, Befunde und Perspektiven, Weinheim/München 2005, S. 109.

Krauß, E. J.: Methoden Sozialer Arbeit; in: Kreft, D./Mielenz, I. (Hrsg.) Wörterbuch Sozialer Arbeit; 5. Aufl. Weinheim 2005, S. 580.

Kreft, D./Mielenz, I. (Hrsg.) Wörterbuch Sozialer Arbeit; 5. Aufl. Weinheim 2005.

Krug, H./Grüner, H./Dalichau, G.: Kinder- und Jugendhilfe. Kommentar. Loseblattsammlung (Stand 1.10.2007); Starnberg/Percha 2007.

Kruis, K.: Haftvollzug als Staatsaufgabe; ZRP 2000, S. 1.

Kunkel, P.: Geschlossene Unterbringung nach § 42 SGB VIII zum Schutz des Kindes; FPR 2003, S. 277.

Kunkel, P. (Hrsg.): Sozialgesetzbuch VIII – Kinder- und Jugendhilfe. Lehr- und Praxiskommentar; 3. Aufl., Baden-Baden 2006 (zit. Kunkel/Bearbeiter).

Kunkel, P.-C.: Inwieweit kann ein freier Träger die Aufgabe der Inobhutnahme nach § 42 SGB VIII wahrnehmen?; ZKJ 2006, 361.

Kutscha, M.: Verfassungsfragen der Privatisierung von Staatsaufgaben; Neue Justiz 1997, S. 393.

Lakies, T.: Vorläufige Maßnahmen zum Schutz von Kindern und Jugendlichen, §§ 42 und 43 SGB VIII; Stuttgart 1997.

Lambers, H.: Heimerziehung als kritisches Lebensereignis. Eine empirische Längsschnittuntersuchung über Hilfeverläufe im Heim aus systemischer Sicht; Münster 1996.

Liegle, L.: Erziehungs- und Lebenssituationen im Erleben des Kindes; Neue Praxis 2000, S. 92.

Löhlein, H./Struck, N.: Im Grenzgelände von Jugendhilfe und Ausländerrecht. Die Inobhutnahme minderjähriger unbegleiteter Flüchtlinge ist in Deutschland ein ungelöstes Problem; Blätter für die Wohlfahrtspflege 2007, S. 189.

Lösel, F./Bliesener, T.: Resilience in Adolescence: A Study on the Generalizability of Protective Factors; in: Hurrelmann K./Lösel, F. (Hrsg.): Health Hazards in Adolescence; Walter de Gruyter, Berlin/N. Y. 1990, S. 299.

Marquardt, C./Lossen, J.: Sexuell missbrauchte Kinder in Gerichtsverfahren. Juristische Möglichkeiten zum Schutz missbrauchter Kinder im Gerichtsverfahren; Münster 1999.

Marschner, R./Volckart, B.: Freiheitsentzug und Unterbringung, München, 4. Aufl. 2001.

Maunz, T./Dürig, G.: Grundgesetz, hrsg. v. Herzog, R. u. a.; 49. Lfg. München (März) 2007 (zit. Maunz/Dürig-Bearbeiter).

Meier, B.-D.: Strafrechtliche Sanktionen; 2. Aufl. Berlin 2006.

Meinhold, M.: Einzelfallhilfe/Case-Management; in: Kreft, D./Mielenz, I. (Hrsg.) Wörterbuch Sozialer Arbeit; 5. Aufl. Weinheim 2005, S. 58.

Mennemann, H.: Krise als ein Zentralbegriff der (Sozial-)Pädagogik – eine ungenutzte Möglichkeit? Neue Praxis, Heft 3, 2000, S. 207.

Merchel, J.: Von der psychosozialen Diagnose zur Hilfeplanung: Aspekte des Perspektivenwandels in der Erziehungshilfe; Institut für Soziale Arbeit e.V. (ISA), Münster 1994, S. 44.

Merchel, J. (Hrsg.): Qualität in der Jugendhilfe. Kriterien und Bewertungsmöglichkeiten; Münster 1998.

Merchel, J.: Hilfeplanung bei den Hilfen zur Erziehung; Stuttgart 2006.

Merton, R. K.; Social Theory and Social Structure; New York 1968.

Meurer, S.: „Wenn ich das machen würde ... wäre ich ja wirklich tot.“ – Krisenintervention bei Kindern und Jugendlichen; in: Müller, W./Scheuermann, U. (Hrsg.): Praxis Krisenintervention; Stuttgart 2004, S. 195.

Meysen, T./Schindler, G.: Schutzauftrag bei Kindeswohlgefährdung: Hilfreiches Recht beim Helfen; Das Jugendamt 2004, S. 449.

Meysen, T.: Welche Bedeutung haben im Fall einer Kindeswohlgefährdung die Datenschutzbestimmungen?; in: Kindler, H. u. a. (Hrsg.) Handbuch Kindeswohlgefährdung nach § 1666 BGB und Allgemeiner Sozialer Dienst (ASD). Kap. 40; München: Deutsches Jugendinstitut e.V. 2006.

Meysen, T.: Kooperation beim Schutzauftrag und Datenschutz – alles rechtens?; in: Jordan, E. (Hrsg.): Kindeswohlgefährdung: rechtliche Neuregelungen und Konsequenzen für den Schutzauftrag der Kinder- und Jugendhilfe; Weinheim 2006a, S. 63.

Mielitz, C.: Die anonyme Kindesabgabe im Kinder- und Jugendhilferecht; Das Jugendamt 2006, S. 120.

Mitscherlich, A.: Der Reflex bleibt nicht aus. Grundzüge der Sozialpsychologie (1960). GS VII; Frankfurt 1983 S. 264.

Moggi, F.: Folgen von Kindesmisshandlung: Ein Überblick; in: Deegener, G./Körner, W. (Hrsg.): Kindesmisshandlung und Vernachlässigung. Ein Handbuch; Göttingen 2005, S. 94.

Mörsberger, T.: Wirklichkeit und Wahrheit. Warum sich Jugendhilfe und Justiz so oft missverstehen; in: Verein für Kommunalwissenschaften e.V. (Hrsg.): Die Verantwortung der Jugendhilfe zur Sicherung des Kindeswohls. Aktuelle Beiträge zur Kinder- und Jugendhilfe; Bd. 34; Berlin 2001, S. 33 (= JAmt 2002, S. 434).

Mörsberger, T.: Zur Aufgabenstellung des Jugendamts bei Vernachlässigung, Misshandlung und sexuellem Missbrauch von Kindern und Jugendlichen; in: DIJuF (Hrsg.) Verantwortlich handeln – Schutz und Hilfe bei Kindeswohlgefährdung. Saarbrücker Memorandum, Köln 2004.

Mörsberger, T./Restemeier, J. (Hrsg.): Helfen mit Risiko. Zur Pflichtenstellung des Jugendamts bei Kindesvernachlässigung. Neuwied 1997.

Motzkau, E.: Hinweise und diagnostisches Vorgehen bei Misshandlung und Missbrauch; in: Egle u. a. (Hrsg.) Sexueller Missbrauch, Misshandlung, Vernachlässigung: Erkennung und Behandlung psychischer und psychosomatischer Folgen früherer Traumatisierungen; Stuttgart 2005, S. 143.

Mrozynski, P.: SGB VIII Kinder- und Jugendhilfegesetz; 4. Aufl. München 2004.

Müller, B.: Probleme der Qualitätsdiskussion in sozialpädagogischen Handlungsfeldern; in: Merchel, J. (Hrsg.): Qualität in der Jugendhilfe; Münster 1998, S. 43.

Müller, B.: Methoden; in: Otto, H.-U./Thiersch, H. (Hrsg.): Handbuch Sozialarbeit/Sozialpädagogik; 2. Aufl. Neuwied 2001, S. 1194.

Müller, W./Scheuermann, U. (Hrsg.): Praxis Krisenintervention; Stuttgart 2004.

Münchner Kommentar zum Bürgerlichen Gesetzbuch (Hrsg. Rebmann, K./Säcker, F. J./Rixecker, R.): Band 8, Familienrecht II (§§ 1589–1921); 4. Aufl. München 2002, Ergänzungsband 3.Lfg. Febr. 2006 (zit.: Münchner Kommentar – Bearbeiter).

Münder, J.: Verhältnis zwischen Hilfen nach dem SGB VIII und familiengerichtlichen Maßnahmen nach § 1666 BGB; FPR 2003, S. 280.

Münder, J.: Familienrecht, 5. Aufl., Neuwied 2005.

Münder, J.: Vereinbarung zwischen den Trägern der öffentlichen Jugendhilfe und den Trägern von Einrichtungen und Diensten nach § 8a SGB VIII; in: Jordan, E. (Hrsg.): Kindeswohlgefährdung: rechtliche Neuregelungen und Konsequenzen für den Schutzauftrag der Kinder- und Jugendhilfe; Weinheim 2006, S. 51.

Münder, J.: Kinder- und Jugendhilferecht. 6. Auflage, Köln 2007.

Münder, J./Baltz, J./Kreft, D./Lakies, T./Meysen, T./Proksch, R./Schäfer, K./ Schindler, G./Struck, N./Tammen, B./Trenczek, T.: Frankfurter Kommentar zum SGB VIII: Kinder- und Jugendhilfe, 4. Auflage 2003 u. 5. Auflage, Weinheim 2006.

Münder, J./Wiesner, R. (Hrsg.): Kinder- und Jugendhilferecht. Handbuch, Baden-Baden 2007.

Münder, J/Mutke, B./Schone, R.: Kindeswohl zwischen Jugendhilfe und Justiz. Professionelles Handeln in Kindeswohlverfahren. Münster 2000.

Noeker, M./Tourneur, D.: Das Münchhausen-by-proxy-Syndrom: Familienrechtliche und forensisch-psychiatrische Aspekte; JAmt 2005, S. 167.

Nölke, E.: Pädagogische Professionalität. Strukturelle Paradoxien im Handlungsfeld der Maßnahmen öffentlicher Ersatzerziehung; in: Combe, A./Helsper, W. (Hrsg.): Pädagogische Professionalität. Untersuchungen zum Typus pädagogischen Handelns; Frankfurt 1999, S. 649.

Nowara, S.: Das Münchhausen-by-proxy-Syndrom; in: Deegener/Körner. (Hrsg.) Kindesmisshandlung und Vernachlässigung; Göttingen 2005, S. 128.

Nowotny, E.: Wie kann der Kontakt mit Kindern und Jugendlichen gestaltet werden?; Kindler u. a. (Hrsg.) Handbuch Kindeswohlgefährdung nach § 1666 BGB und Allgemeiner Sozialer Dienst (ASD). München: Deutsches Jugendinstitut e.V. 2006, Kap. 58.

Oberloskamp, H.: Der Schutz von Kindern nach dem Gewaltschutzgesetz und Kinderrechteverbesserungsgesetz einerseits und den Vorschriften der §§ 1666, 1666a BGB andererseits; FPR 2003, S. 285.

Offe, H.: Methoden zur Beurteilung des Verdachts auf Kindeswohlgefährdung; ZKJ 2007, S. 236.

Olbrich, E.: Normative Übergänge im menschlichen Lebenslauf: Entwicklungskrisen oder Herausforderungen?; in: Filipp, S.-H. (Hrsg.): Kritische Lebensereignisse; Weinheim 1995, S. 123.

Ollmann, R.: Zum Geltungsbereich des § 42 SGB VIII (Inobhutnahme); FamRZ 2000, S. 263.

Ostler, T./Ziegenhain, U.: Risikoeinschätzung bei (drohender) Kindeswohlgefährdung; in: Ziegenhain, U./Fegert, J. (Hrsg.): Kindeswohlgefährdung und Vernachlässigung; München 2007, S. 67.

Paetzold, U.: Ergebnisse einer Untersuchung zu freiheitsentziehenden Maßnahmen nach § 1631b BGB in Brandenburg; in: Fegert, J. u. a. Freiheitsentziehende Maßnahmen in der Jugendhilfe und der Kinder- und Jugendpsychiatrie, Münster, 2001, S. 193.

Peter, E.: Die Inobhutnahme unbegleiteter ausländischer Minderjähriger. Grundlegende Erläuterungen zur Neuregelung des § 42 Abs. 1 S. 1 Nr. 3 SGB VIII; Das Jugendamt 2006, S. 60.

Petersen, D. 2001: Entsorgungspark? Auffällige junge Menschen zwischen Jugendhilfe und Psychiatrie; Praktikerrundbrief der DVJJ-Landesgruppe Niedersachsen Nr. 11, 2001, S. 18.

Pfeiffer, C./Wetzels, P.: Kinder als Täter und Opfer. Eine Analyse auf Basis der PKS und einer repräsentativen Opferbefragung; Kriminologisches Forschungsinstitut Niedersachsen, Forschungsbericht Nr. 68; Hannover 1997.

Pluto, L./Gragert, N./Santen, E. van/Seckinger, M.: Kinder- und Jugendhilfe im Wandel. Eine empirische Strukturanalyse; DJI München 2007.

Proksch, R.: Verfahrensbestimmungen der Inobhutnahme; Jugendhilfe 1994, S. 26.

Proksch, R.: Theorie und Praxis von Mediation in Familienkonflikten; Köln 2004.

Recht, P.: Hilfesysteme bei Missbrauch und Misshandlung von jungen Menschen – eine empirische Studie zur Kooperation professioneller Dienste; Jugendwohl 1998, S. 233.

Riedelsheimer, A./Wiesinger, I. (Hrsg.): Der erste Augenblick entscheidet. Clearingverfahren für unbegleitete minderjährige Flüchtlinge in Deutschland; Karlsruhe 2004.

Rosenberg, D.: Das Münchhausen-by-proxy-Syndrom: Falsches Spiel mit der Krankheit; in: Helfer, M./Kempe, R./Krugmann, R. (Hrsg.): Das misshandelte Kind; Frankfurt 2002, S. 615.

Röchling, W.: Vormundschaftsgerichtliches Eingriffsrecht und KJHG, Neuwied 1997.

Röchling, W.: Handbuch Anwalt des Kindes. Verfahrenspflegschaft für Kinder und Jugendliche, Baden-Baden 2002.

Röchling, W.: Anmerkungen zum Abschlussbericht der Arbeitgruppe „Familiengerichtliche Maßnahmen bei Gefährdung des Kindeswohls" v. 17.11.2006; FamRZ 2007, S. 431.

Rosenboom, E.: Die familiengerichtliche Praxis in Hamburg bei Gefährdung des Kindeswohls durch Gewalt und Vernachlässigung nach §§ 1666, 1666a BGB; Bielefeld 2006.

Rosenboom, E.: Kindeswohlgefährdung – eine Untersuchung der familiengerichtlichen Praxis in Hamburg; ZKJ 2007, S. 55.

Rotering, B./Lengemann, M.: Krisenintervention und Inobhutnahme; in: Birtsch, V./Münstermann, K./Trede, W. (Hrsg.): Handbuch Erziehungshilfen. Leitfaden für Ausbildung, Praxis und Forschung; Münster 2001, S. 702.

Rüth, U./Noterdaeme, M./Freisleder, F.: Die geschlossene Unterbringung in der Jugendhilfe – derzeitige Datenlage und eigene Untersuchung zu jugendpsychiatrischen Gutachten zur geschlossenen Unterbringung in der Jugendhilfe gem. § 1631b BGB; ZfJ 2002, S. 370.

Rutter, M: Resilience in the face of adversity. Protective factors and resistance to psychiatric disorder; British Journal of Psychiatry (vol. 147) 1985, S. 508.

Rutter, M.: Psychosocial resilience and protective mechanism; Psychosocial resilience and protective mechanisms. American Journal of Orthopsychiatry 57 (3), 1987, S. 316 sowie in: Rolf, A. S./Masten, D. u. a. (Hrsg.): Risk and protective factors in the development of pychopathology; 1990, S. 181.

Salgo, L.: Das Verhältnis von Eltern, Kind und Staat in der Verfassungsordnung der Bundesrepublik Deutschland; Familie und Recht 1990, S. 363.

Salgo, L.: Konflikte zwischen elterlichen Ansprüchen und kindlichen Bedürfnissen in den Hilfen zu Erziehung; Praxis der Kinderpsychologie und Kinderpsychiatrie, 1994, S. 359.

Salgo, L.: Der Anwalt des Kindes. Die Vertretung von Kindern in zivilrechtlichen Kindesschutzverfahren; Frankfurt 1996.

Salgo, L.: Die Implementierung der Verfahrenspflegschaft (§ 50 FGG); FuR 1999, S. 313.

Salgo, L.: Freiheitsentziehende Maßnahmen nach § 1631 b BGB – materiellrechtliche Voraussetzungen und gerichtliches Verfahren; in: Fegert u. a. (Hrsg.): Freiheitsentziehende Maßnahmen in der Jugendhilfe und der Kinder- und Jugendpsychiatrie, Münster 2001, S. 25.

Salgo, L.: § 8a SGB VIII – Anmerkungen und Überlegungen zur Vorgeschichte und den Konsequenzen der Gesetzesänderung; in: Ziegenhain, U./Fegert, J. (Hrsg.): Kindeswohlgefährdung und Vernachlässigung; München 2007, S. 9 (= ZKJ 2006, S. 531 u. 2007, S. 12).

Salgo, L./Zenz, G./Fegert, J./Bauer, A./Weber, C./Zitelmann, M.: Verfahrenspflegschaft für Kinder und Jugendliche. Ein Handbuch für die Praxis; Bonn 2002.

Schefold, W.: Hilfeprozesse und Hilfeverfahren; in: Schröer, W./Struck, N./Wolff, M. (Hrsg.): Handbuch Kinder- und Jugendhilfe; Weinheim 2002, S. 1085.

Schellhorn, W./Fischer, L./Mann, H.: SGB VIII/KJHG, Kommentar zur Sozialgesetzbuch VIII. Kinder – und Jugendhilfe; München 2007.

Schlink, B.: Die Zulässigkeit der geschlossenen Unterbringung Minderjähriger in Einrichtungen der Jugendhilfe (unter Mitarbeit von Ass. Sebastian Schattenfroh); Gutachten im Auftrag der Bundesarbeitsgemeinschaft der Landesjugendämter; nicht veröffentlichtes Manuskript 1997.

Schlink, B./Schattenfroh, S.: Zulässigkeit der geschlossenen Unterbringung in Heimen der öffentlichen Jugendhilfe, in: Fegert u. a. (Hrsg.): Freiheitsentziehende Maßnahmen in der Jugendhilfe und Kinder- und Jugendpsychiatrie, Münster 2001, S. 73.

Schmid, H.: Schutz von Kindern und Jugendlichen in Familien(tages)pflege und Einrichtungen, §§ 43 bis 49 SGB VIII; in: Münder, J./Wiesner, R. (Hrsg.): Handbuch des Jugendhilferechts, Baden-Baden 2007, S. 367.

Schmid, H./Meysen, T.: Was ist unter Kindeswohlgefährdung zu verstehen?; in: Kindler u. a. (Hrsg.): Handbuch Kindeswohlgefährdung nach § 1666 BGB und Allgemeiner Sozialer Dienst (ASD). München: Deutsches Jugendinstitut e.V. 2006, Kap. 2.

Schmidt, G.: „Den Albtraum beenden ..." – Krisenintervention nach Traumatisierungen – ein Überblick; in: Müller, W./Scheuermann, U. (Hrsg.): Praxis Krisenintervention; Stuttgart 2004, S. 229.

Schmidt, K.: Krisenintervention und Inobhutnahme; Jugendhilfe 1993, S. 296.

Schmidt, M.: Begutachtung von Kindern und Jugendlichen; in: Egle, U. u. a. (Hrsg.) Sexueller Missbrauch, Misshandlung, Vernachlässigung: Erkennung und Behandlung psychischer und psychosomatischer Folgen früherer Traumatisierungen; Stuttgart 2005, S. 211.

Schomburg, G.: Das Gesetz zur weiteren Verbesserung von Kinderrechten; Kind-Prax 2002, S. 75.

Schön, A.: Die Inobhutnahme im Kinder- und Jugendhilferecht und der Schutz gefährdeter Kinder und Jugendlicher durch die betreuenden Einrichtungen; Diplomarbeit Frankfurt 2004.

Schone, R.: Kommunikation und Kooperation – Anforderungen an die Arbeitsweise des Allgemeinen Sozialen Dienstes im Kontext der Kindeswohlgefährdung; in: Verein für Kommunalwissenschaften 1998, S. 30.

Schone, R.: Formelle und informelle Verfahren zur Sicherung des Kindeswohls zwischen Jugendhilfe und Justiz; in: Bay. Landesjugendamt (Hrsg.): Sozialpädagogische Diagnose; München 2001, S. 113.

Schrapper, C.: Welchen Beitrag kann die Jugendhilfe zur Sicherung des Kindeswohls leisten; in: Verein für Kommunalwissenschaften e.V. (Hrsg.): Die Verantwortung der Jugendhilfe zur Sicherung des Kindeswohls. Aktuelle Beiträge zur Kinder- und Jugendhilfe; Bd. 34; Berlin 2001, S. 12.

Schrapper, C.: Schwierige Kinder, schwierige Fälle und die pädagogische Verantwortung der Jugendhilfe; JAmt 2003, S. 116.

Schrapper, C.: Sozialpädagogische Diagnostik – Anforderungen, Konzepte, Bausteine; ZJJ 2003, S. 336 (2003a).

Schrapper, C. (Hg.): Sozialpädagogische Diagnostik und Fallverstehen in der Jugendhilfe, Weinheim 2004.

Schrapper, C.: Diagnostik, sozialpädagogische und Fallverstehen; in: Kreft, D./ Mielenz, I. (Hrsg.): Wörterbuch Sozialer Arbeit; 5. Aufl. Weinheim 2005, S. 189.

Schuchardt, E.: Jede Krise ist ein neuer Anfang; 4. Aufl. Düsseldorf 1988.

Schulze, R./Dörner, H./Ebert, I./Eckert, J./Hoeren, T./Kemper, R./Saenger, I./ Schulte-Nölke, H./Staudinger, A.: Bürgerliches Gesetzbuch; Handkommentar. 3. Auflage, Baden-Baden 2007 (zit. Schulze u. a./Bearbeiter).

Simitis, S./Rosenkötter, L./Vogel, R./Boost-Muss, B./Fromann, M./Koch, H./ Zenz, G.: Kindeswohl – Eine interdisziplinäre Untersuchung über seine Verwirklichung in der vormundschaftsgerichtlichen Praxis; Frankfurt 1979.

Simitis, S.: Das „Kindeswohl" – neu betrachtet; in: Goldstein, J. u. a. Jenseits des Kindeswohls; Frankfurt 1991, S. 95.

Simitis, S.: Kindeswohl – eine Diskussion ohne Ende? in Goldstein u. a. Diesseits des Kindeswohls 1982, S. 169.

Sonneck, G. (Hrsg.): Krisenintervention und Suizidverhütung. Ein Leitfaden für den Umgang mit Menschen in Krisen; Wien 2000.

Späth, K.: Konzeption und Praxis der Inobhutnahme nach § 42 KJHG; ZfJ 1998, S. 303.

Späth, K.: Vorläufige Maßnahmen zum Schutz von Kindern und Jugendlichen (§§ 42 und 43 SGB VIII); in: Deutscher Verein für öffentliche und private Fürsorge e.V. (Hrsg.): Wächteramt und Jugendhilfe. Dokumentation einer Fachtagung; Frankfurt/M., 2001, S. 71.

Späth, K.: Die Partizipation Minderjähriger in gerichtlichen Verfahren zur Genehmigung oder Anordnung freiheitsentziehender Maßnahmen unter besonderer Berücksichtigung der Rolle und Aufgabenstellung von Verfahrenspflegern; in: Fegert u. a. (Hrsg.): Freiheitsentziehende Maßnahmen in der Jugendhilfe und der Kinder- und Jugendpsychiatrie, Münster, 2001, S. 59.

Späth, K.: Das Taschengeld in der Heimerziehung; Evangelische Jugendhilfe, 2002, S. I-IV.

Speck, O.: Chaos und Autonomie in der Erziehung. Erziehungsschwierigkeiten unter moralischem Aspekt; München 1991.

Spiegel, H. v.: Methodisches Handeln in der Sozialen Arbeit; in: Kreft, D./Mielenz, I. (Hrsg.): Wörterbuch Sozialer Arbeit; 5. Aufl. Weinheim 2005, S. 585.

Stadt Dormagen (Hrsg.): Dormagener Qualitätskatalog Jugendhilfe; Opladen 2001.

Stadt Recklinghausen/Fachbereich Kinder, Jugend und Familie (Hrsg.): Qualitätsentwicklung im Allgemeinen Sozialen Dienst; Recklinghausen 2001.

Staudinger, J: Kommentar zum Bürgerlichen Gesetzbuch, 4. Buch Familienrecht §§ 1626–1633 (14. Bearbeitung) Berlin 2007; §§ 1638–1683 (13. Bearbeitung) Berlin 2004; (zit. Staudinger-Bearbeiter).

Stoppel, M.: Stärkung des Kinderschutzes; Zeitschrift für Jugendhilfe und Jugendkriminalrecht 2007, S. 357.

Streng, F.: Strafrechtliche Sanktionen. Grundlagen und Anwendung. 2. Auflage, Stuttgart 2002.

Sturzbecher, D.: Ressourcen fördern – Zauberwort oder realistische Chance für Jugendhilfe und Ambulante Maßnahmen; unveröff. Vortragsmanuskript 21.–23. 11.2007, 25. BAG NAM/DVJJ Praktikertagung, Hofgeismar 2007.

Tammen, B.: Der Schutzauftrag der Jugendhilfe nach § 8a SGB VIII; Unsere Jugend 2006, S. 373.

Tammen, B.: § 36a SGB VIII – Gesamtverantwortung des öffentlichen Trägers/ Vereinbarungen zwischen Öffentlichem und Freien Träger; in: AFET (Hrsg.): Sicherstellungsvereinbarungen nach SGB VIII zwischen öffentlichem und freiem Träger – Gesamtverantwortung versus Autonomie; Hannover 2006b, S. 29.

Tammen, B.: § 72a SGB VIII – Persönliche Eignung von Fachkräften; in: AFET (Hrsg.): Sicherstellungsvereinbarungen nach SGB VIII zwischen öffentlichem und freiem Träger – Gesamtverantwortung versus Autonomie; Hannover 2006c, S. 41.

Tammen, B.: Hilfen zur Erziehung; in: Münder, J./Wiesner, R. (Hrsg.): Handbuch des Jugendhilferechts, Baden-Baden 2007, S. 244.

Trauth, W.: Tödliche Kindesmisshandlung und Kindesvernachlässigung in der Bundesrepublik Deutschland im Zeitraum 1985–1989; Dissertation Würzburg 2000.

Trenczek, T.: Subsidiarität des Jugendstrafrechts – Programm oder Leerformel? Vorschläge für eine materiell-rechtliche Neukonzeption der jugendstrafrechtlichen Sozialkontrolle; ZRP 1993, S. 184.

Trenczek, T.: Geschlossene Unterbringung oder Inobhutnahme. Rechtliche, sozialpädagogische und jugendpolitische Anmerkungen zu den freiheitsentziehenden Maßnahmen in der Jugendhilfe; DVJJ-J 1994, S. 288.

Trenczek, T.: Der fehlende Schutz der Kinder vor sexuellem Mißbrauch: Eine rechts- und kulturhistorische Betrachtung; in: Pfeiffer, C./Greve, W. (Hrsg.): Forschungsthema „Kriminalität"- Festschrift für Heinz Barth; Nomos, Baden-Baden 1996, S. 93.

Trenczek, T.: Untersuchungshaft und Untersuchungshaftvermeidung bei jungen Menschen; Jugendhilfe in Niedersachsen 1997 (Nr. 7), S. 16.

Trenczek, T.: Kinder haben Rechte – Kinderrechtskonvention und Kinderrechtshäuser; ZfJ 1999, S. 170.

Trenczek, T.: Inobhutnahme und geschlossene Unterbringung; ZfJ 2000, S. 121.

Trenczek, T.: Rechtliche Grundlagen der Neuen Ambulanten Maßnahmen und sozialpädagogischen Hilfeangebote für straffällige Jugendliche. In: BAG NAM (Hrsg.): Neue Ambulante Maßnahmen – Grundlagen, Hintergründe, Praxis. Bonn 2000, S. 17.

Trenczek, T.: Fachliche Verantwortung und gemeinsames Handeln. Institutionen übergreifende Kommunikation und Verfahrensoptimierung nach Jugendstraftaten; AGJ Forum Jugendhilfe 2001, S. 9.

Trenczek, T.: Garantenstellung und Fachlichkeit – Anmerkungen zur strafrechtlich aufgezwungenen aber inhaltlich notwendigen Qualitätsdiskussion in der Jugendhilfe; ZfJ 10/2002, S. 383.

Trenczek, T.: Streitregelung in der Zivilgesellschaft; Zeitschrift für Rechtssoziologie, Bd. 26, Dez. 2005, S. 3 (2005a).

Trenczek, T.: Leitfaden zur Konfliktmediation; Zeitschrift für Konfliktmanagement 2005, S. 193 (2005b).

Trenczek, T: Eilmaßnahmen zum Schutz von Minderjährigen; in: Münder, J./ Wiesner, R. (Hrsg.) Handbuch des Jugendhilferechts. Baden-Baden 2007, 165 (zit. 2007a).

Trenczek, T.: Die Mitwirkung der Jugendhilfe in gerichtlichen Verfahren; in: Münder, J./Wiesner, R. (Hrsg.) Kinder- und Jugendhilferecht. Handbuch; Baden-Baden 2007, S. 342 (zit. 2007b).

Trenczek, T.: Trennungs- und Scheidungsmediation. Regelungsbedürftige Aspekte und Vereinbarungsmöglichkeiten; ZKJ 2007, S. 138 ff. (zit 2007c).

Uhlendorff, U.: Sozialpädagogische Diagnosen III. Ein sozialpädagogisch-hermeneutisches Disagnoseverfahren für die Hilfeplanung, Weinheim 1997.

Uhlendorff, U./Cinkl, C.: Sozialpädagogik, Professionalität und Diagnostik; ZJJ 2003, S. 343.

Uhlendorff, U.: Sozialpädagogische Diagnosen. Traditionslinien und aktuelle Herausforderungen; Neue Praxis 2005, 524.

Ulich, D.: Krise und Entwicklung. Zur Psychologie der seelischen Gesundheit; München/Weinheim 1987.

Ulich, M.: Risiko- und Schutzfaktoren in der Entwicklung von Kindern und Jugendlichen. In: Zeitschrift für Entwicklungspsychologie und Pädagogische Psychologie. Band XX, Heft 2, 1988, S. 146.

Unterstaller, A.: Was ist unter sexuellem Missbrauch zu verstehen?; in: Kindler u. a. (Hrsg.): Handbuch Kindeswohlgefährdung nach § 1666 BGB und Allgemeiner Sozialer Dienst (ASD). München: Deutsches Jugendinstitut e.V. 2006, Kap. 6.

Unterstaller, A.: Wie wirkt sich sexueller Missbrauch auf Kinder aus?; in: Kindler u. a. (Hrsg.): Handbuch Kindeswohlgefährdung nach § 1666 BGB und Allgemeiner Sozialer Dienst (ASD). München: Deutsches Jugendinstitut e.V. 2006, Kap. 27 (zit. 2006b).

Unterstaller, A.: Wie kann ein Verdacht auf sexuellen Missbrauch abgeklärt werden? in Kindler u. a. (Hrsg.): Handbuch Kindeswohlgefährdung nach § 1666 BGB und Allgemeiner Sozialer Dienst (ASD). München: Deutsches Jugendinstitut e.V. 2006, Kap. 69 (zit. 2006c).

Vanistendael, S.: Wachsen im Auf und Ab des Lebens; in: Sturzbecher, D.: Kinder stark machen …; Potsdamer Beiträge zur Kinder- und Jugendforschung; Potsdam 2003, S. 7.

Wabnitz, R.: Mitwirkung der Jugendhilfe im familiengerichtlichen Verfahren; ZfJ 2000, S. 36.

Walter, M.: Jugendkriminalität; 3. Aufl., Stuttgart 2005.

Watzlawick, P.: Anleitung zum Unglücklichsein; 16. Aufl. München 1985.

Watzlawick, P./Kreuzer, F.: Die Unsicherheit unserer Wirklichkeit. Ein Gespräch über den Konstruktivismus; München 2007.
Westermann, A.: Zur psychosozialen Diagnostik der Kindesmisshandlung; Stiftung „Zum Wohl des Pflegekindes" (Hrsg.): Jahrbuch des Pflegekinderwesens; Idstein 1998, S. 32.
Wetzels, P.: Gewalterfahrungen in der Kindheit: Sexueller Missbrauch, körperliche Misshandlung und deren langfristige Konsequenzen; Baden-Baden 1997.
Wiesner, R.: Freiheitsentzug in pädagogischer Verantwortung?; JAmt 2003, S. 112.
Wiesner, R.: Das Wächteramt des Staates und die Garantenstellung der Sozialarbeiterin/des Sozialarbeiters zur Abwehr von Gefahren für das Kindeswohl; ZfJ 2004, S. 161.
Wiesner, R.: Rechtliche Grundlagen der Intervention bei Misshandlung, Vernachlässigung und sexuellem Missbrauch; in: Deegener, G./Körner, W. (Hrsg.): Kindesmisshandlung und Vernachlässigung. Ein Handbuch; Göttingen 2005, S. 282.
Wiesner, R. Sozialpädagogische Angebote und staatliches Wächteramt; in: Münder, J./Wiesner, R. (Hrsg.): Kinder- und Jugendhilferecht. Handbuch; Baden-Baden 2007, S. 162.
Wille, J.: Freiheitsentziehung bei Kindern und Jugendlichen nach § 1631b BGB in der familienrechtlichen Praxis; Der Amtsvormund 2000, S. 450.
Willutzki, S.: Familiengericht und Jugendamt; ZfJ 1994, S. 202.
Wolffersdorff, C., v.: Wohin mit den schwierigen Fällen; RdJB 1999, S. 319.
Wolffersdorff, C., v.: Was tun, wenn nichts mehr geht? Zur alten und neuen Diskussion um geschlossene Unterbringung; in: Struck, N./Galuske, M./Thole, W. (Hrsg.): Reform der Heimerziehung – Eine Bilanz, Opladen 2003, S. 53.
Wolffersdorff-Ehlert, C., v./Sprau-Kuhlen, V.: Geschlossene Unterbringung in Heimen, DJI München 1990.
Ziegenhain, U./Fegert, J. (Hrsg.): Kindeswohlgefährdung und Vernachlässigung; München 2007.
Zitelmann, M.: Kindeswohl und Kindeswille im Spannungsfeld von Pädagogik und Recht, Münster 2001.
Zitelmann, M.: Erste Streiflichter im Dunkelfeld; Forum Erziehungshilfen, Heft 3/2005, S. 171.
Zitelmann, M.: Kindeswohl und Kindesrechte in Gerichtsverfahren bei häuslicher Gewalt; in: Kavemann, B./Kryssig, U. (Hrsg.): Handbuch Kinder und häusliche Gewalt; Wiesbaden 2006, S. 147.
Zitelmann, M.: Sozialpädagogische Diagnostik in Einrichtungen der Notaufnahme. Ergebnisse einer bundesweiten Studie; unveröffentlichtes Manuskript 2007.

6
Abkürzungsverzeichnis

a. A.	anderer Ansicht
ÄndG	Änderungsgesetz
a.E.	am Ende
a. F.	alte Fassung
AG	Amtsgericht/Arbeitsgemeinschaft
AGKJHG	Ausführungsgesetz zum KJHG
Alt.	Alternative
Anm.	Anmerkung
Art.	Artikel
ASD	Allgemeiner Sozialer Dienst
AsylbLG	Asylbewerberleistungsgesetz
AsylVfG	Asylverfahrensgesetz
Aufl.	Auflage
BAG	Bundesarbeitsgemeinschaft
BAG NAM	Bundesarbeitsgemeinschaft für ambulante Maßnahmen nach dem Jugendrecht
Bay	Bayern/Bayerisch
BayObLG	Bayerisches Oberstes Landesgericht
BayVwBl.	Bayerische Verwaltungsblätter
Bd.	Band
BDSG	Bundesdatenschutzgesetz
BGH	Bundesgerichtshof
BGHZ	Entscheidungen des BGH in Zivilsachen
BKA	Bundeskriminalamt
BMFSFJ	Bundesministerium für Familie, Senioren, Frauen und Jugend
BMJ	Bundesministerium der Justiz
BMJFFG	Bundesminister für Jugend, Familie, Frauen und Gesundheit
BMJFG	Bundesminister für Jugend, Familie und Gesundheit
Brbg	Brandenburg
BR-Drs.	Bundesrats-Drucksache
BSG	Bundessozialgericht
BSGE	Entscheidungen des Bundessozialgerichts
BT	Bundestag
BT-Drs.	Bundestags-Drucksache
BVerfG	Bundesverfassungsgericht
BVerfGE	Entscheidungen des BVerfG
BVerwG	Bundesverwaltungsgericht
BVerwGE	Entscheidungen des Bundesverwaltungsgerichts
BVFG	Gesetz über die Angelegenheiten der Vertriebenen und Flüchtlinge
B-W	Baden-Württemberg

DAVorm	Der Amtsvormund
DDR	Deutsche Demokratische Republik
DIJuF	Deutsches Institut für Jugendhilfe und Familienrecht
DJI	Deutsches Jugendinstitut
DPWV	Deutscher Paritätischer Wohlfahrtsverband
DÖV	Die öffentliche Verwaltung
Drs.	Drucksache
DV	Deutscher Verein für öffentliche und private Fürsorge
DVBl.	Deutsches Verwaltungsblatt (Zeitschrift)
DVJJ-J	Deutsche Vereinigung für Jugendgerichte und Jugendgerichtshilfen e.V. Journal (Zeitschrift)
DVO	Durchführungsverordnung
E	Entscheidungssammlung
EB	Erziehungsberechtigte/r
e.V.	eingetragener Verein
EG	Einführungsgesetz
f., ff.	folgende (Singular/Plural)
FamG	Familiengericht
FamRZ	Zeitschrift für das gesamte Familienrecht
FEVS	Fürsorgerechtliche Entscheidungen der Verwaltungs- und Sozialgerichte
FGG	Gesetz über die Angelegenheiten der Freiwilligen Gerichtsbarkeit
FPR	Familie Partnerschaft Recht (Zeitschrift)
FuR	Familie und Recht
GBl.	Gesetzblatt
GewSchG	Gewaltschutzgesetz
GG	Grundgesetz
ggf.	gegebenenfalls
h. M.	herrschende Meinung
Hrsg.	Herausgeber
HzE	Hilfe zur Erziehung
i. d. R.	in der Regel
i. d. S.	in diesem Sinne
i. e. S.	im engeren Sinne
IGfH	Internationale Gesellschaft für erzieherische Hilfen
insb.	insbesondere
i.R.v.	im Rahmen von
i. S.	im Sinne
ISA	Institut für soziale Arbeit e.V.
i. V. m.	in Verbindung mit
JAmt	Das Jugendamt (Zeitschrift)
JGG	Jugendgerichtsgesetz
JuSchG	Jugendschutzgesetz
JugR	Rechtsprechungssammlung zur Kinder- und Jugendhilfe
KGSt	Kommunale Gemeinschaftsstelle
KICK	Kinder- und Jugendhilfeweiterentwicklungsgesetz (2005)
Kind-Prax	Kindschaftsrechtliche Praxis (Zeitschrift)
KindRG	Kindschaftsrechtsreformgesetz

KJHG	Kinder- und Jugendhilfegesetz (Gesetz insb. zur Einführung des SGB VIII)
Lfg.	(Nach-)Lieferung (bei Loseblattsammlungen)
LG	Landgericht
LJA	Landesjugendamt
LPK	Lehr- und Praxiskommentar
Mj./mj.	Minderjährige/r
MSA	Haager Minderjährigenschutzabkommen von 1961
M-V	Mecklenburg-Vorpommern
m. w. N.	mit weiteren Nachweisen
Nds	Niedersachsen
NDV	Nachrichtendienst des DV
n. F.	neue Fassung
NJ	Neue Justiz (Zeitschrift)
NJW	Neue Juristische Wochenschrift
NJW-RR	NJW-Rechtsprechungs-Report Zivilrecht
NP	Neue Praxis
NRW	Nordrhein-Westfalen
NVwZ	Neue Zeitschrift für Verwaltungsrecht (Zeitschrift)
NZA	Neue Zeitschrift für Arbeits- und Sozialrecht
NZS	Neue Zeitschrift für Sozialrecht
o. J.	ohne Jahr
OLG	Oberlandesgericht
OVG	Oberverwaltungsgericht
PAG	Polizeiaufgabengesetz
PSB	Personensorgeberechtigte/r
PolG	Polizeigesetz
PsychKG	Gesetz für Psychisch Kranke
RdJ	Recht der Jugend
RdJB	Recht der Jugend und des Bildungswesens
RegE	Regierungsentwurf
R-P	Rheinland-Pfalz
Rpflege	Der Deutsche Rechtspfleger
RsDE	Beiträge zum Recht der sozialen Dienste und Einrichtungen
Rspr.	Rechtsprechung
Rz	Randziffer
S.	Seite
Saarl	Saarland
s. a.	siehe auch
S-A	Sachsen-Anhalt
SGb	Die Sozialgerichtsbarkeit – Zeitschrift für das aktuelle Sozialrecht
SGB	Sozialgesetzbuch (nachgestellte Ziffer = Buch des SGB)
SGG	Sozialgerichtsgesetz
S-H	Schleswig-Holstein
SjE	Sammlung jugendrechtlicher Entscheidungen
StGB	Strafgesetzbuch
StPO	Strafprozessordnung

st. Rspr.	ständige Rechtsprechung
TAG	Tagesbetreuungsausbaugesetz
Thür	Thüringen
TuP	Theorie und Praxis der sozialen Arbeit
u. a.	unter anderem, und anderes
UBG	Unterbringungsgesetz
UJ	Unsere Jugend (Zeitschrift)
UN	United Nations/Vereinte Nationen
Urt.	Urteil
u. U.	unter Umständen
v. a.	vor allem
vs.	versus (gegen)
VG	Verwaltungsgericht
VGH	Verwaltungsgerichtshof
VO	Verordnung
Vor	Vorbemerkung
Vor§	Vorbemerkung zu einem Paragraphen
VorKap	Vorbemerkung zu einem Kapitel
VormG	Vormundschaftsgericht
VwGO	Verwaltungsgerichtsordnung
ZfF	Zeitschrift für das Fürsorgewesen
ZfJ	Zentralblatt für Jugendrecht
ZfSH/SGB	Zeitschrift für Sozialhilfe und Sozialgesetzbuch
ZfStrVo	Zeitschrift für Strafvollzug
ZKJ	Zeitschrift für Kindschaftsrecht und Jugendhilfe
zit.	zitiert als
ZJJ	Zeitschrift für Jugendhilfe und Kriminalrecht
ZPO	Zivilprozessordnung
ZRP	Zeitschrift für Rechtspolitik
z. T.	zum Teil

7 Stichwortverzeichnis